THEODOR FRIEDRICH
LOTHAR J. SCHEITHAUER

Kommentar
zu Goethes Faust

MIT EINEM FAUST-WÖRTERBUCH
UND EINER FAUST-BIBLIOGRAPHIE

PHILIPP RECLAM JUN. STUTTGART

Universal-Bibliothek Nr. 7177 [5]
Alle Rechte vorbehalten. © 1974, 1980 Philipp Reclam jun., Stuttgart
Gesamtherstellung: Reclam, Ditzingen. Printed in Germany 1986
ISBN 3-15-007177-1

VORWORT

Der zuerst im Goethejahr 1932 von Prof. Dr. Theodor Friedrich herausgegebene Reclam-Kommentar zu Goethes »Faust« wurde unter doppeltem Anspruch einer Neubearbeitung unterzogen. Einerseits mußten die Forschungsergebnisse der letzten 25 Jahre die Darstellung weitgehend neu bestimmen, andererseits sollte die Einführung beim Leser keine Vorkenntnisse voraussetzen und als Hilfe für die selbständige Vertiefung brauchbar bleiben.

In der Neubearbeitung wurde versucht, den Teil I EINFÜHRUNG in strengerer Folge und engerem Zusammenhang zu entwickeln. Am Anfang steht deshalb jetzt die »Geschichte des Fauststoffes« und seiner dichterischen Gestaltungen vor Goethe. Dann folgt ein Bericht über den »Inhalt des Geschehens« in Goethes Faustdichtung. Aus entwicklungsgeschichtlichem Zusammenhang werden in drei weiteren Abschnitten Entstehung und »Datierung« der einzelnen Niederschriften, biographische Hintergründe bei der »Aufnahme des Stoffes« und die künstlerischen »Gestaltungsprobleme« dargestellt sowie die Voraussetzungen für das Verständnis der »ästhetischen Struktur« der Dichtung gewonnen. Ein letzter Abschnitt erörtert die »Bedeutung und Geltung« des philosophischen Anspruchs nach thematischen Hauptlinien der Dichtung. – Der ZEILEN-KOMMENTAR bietet die Erklärung schwieriger Textstellen und nimmt philologische Anmerkungen und Nachweise auf, soweit sie nicht unter einem Stichwort (auf das im Text durch * hingewiesen wird) im FAUST-WÖRTERBUCH erfaßt werden konnten. Dem Bedürfnis nach weiterer Vertiefung wurde Rechnung getragen durch ein Verzeichnis der neueren FAUST-LITERATUR.

Göttingen 1959   *Lothar J. Scheithauer*

EINFÜHRUNG

1. Geschichte des Faust-Stoffes

Allgemeine geschichtliche Voraussetzungen

An den großen Stoffen der Weltliteratur, zum Beispiel an Homers »Ilias« und »Odyssee«, an Dantes »Göttlicher Komödie«, an Shakespeares Dramen und Brechts Stücken haben Jahrhunderte poetischer Tradition gestaltend und umgestaltend mitgewirkt. Alle diese großen Stoffe zeigen menschliche Charaktere, Konflikte und Schicksale, demonstrieren gesellschaftliche Normen und Werturteile, aber auch ein individuelles Ausbrechen aus solcher Geregeltheit der Lebensverhältnisse. Einer, der gegen den Strom schwimmt, gegen die geltenden Gesetze und Tabus verstößt, wird besonders in den Epochen eines kulturgeschichtlichen Umbruchs interessant, und von den Gestaltern eines Stoffes wird solch ein Außenseiter unterschiedlich gesehen und bewertet. Wo immer ein ideelles Engagement in der Geschichte eines Stoffes neu hervortritt, zeigt sich ein bestimmtes menschliches Selbstverständnis in der didaktisch differenzierten Darstellung zwischen Rühmung und Verlästerung.

Gewiß ist Goethe, als sich in ihm die Faust-Gestalt der Sage zur Faust-Gestalt seiner Dichtung umformte, unmittelbar nur von d e m Faustbuch und d e m Puppenspiel beeinflußt worden, wie es damals im Volk allgemein umlief. Selbst das Faust-Drama des Engländers Marlowe ist so spät in seinen Gesichtskreis getreten, daß es ihn kaum noch wesentlich gefördert hat. Wohl wirkten die früheren Gestaltungen des Faust-Stoffes durch die Volksüberlieferung hindurch. Darin lebten sogar wesentliche Züge des geschichtlichen Faust, denen nachzuspüren Goethe selbst nie in den Sinn gekommen ist. Aber in der mit dem Namen Faust verknüpften Überlieferung, und auch neben ihr her, floß seit Jahrhunderten, wenn nicht seit Jahrtausenden, noch ein S t r o m   v o n   Ü b e r l i e f e r u n g e n, die, mit den verschiedensten Menschen der Geschichte oder Sage verknüpft, im Grunde alle dem gleichen Gedankenkreis angehören.

Die Goethesche Faust-Gestalt hat in ihrem Erkenntnisdrang und Erlebnishunger eine unabsehbare Zahl von Vorgängern. Dennoch wurde sie erst am Anfang unserer Epoche der industriellen Revolutionen geboren, in der technischer Fortschritt selbstverständlich geworden ist und kein Mangel unabwendbar erscheint. Während heute der populäre Glaube an die Allmacht des Menschen und der Wissenschaft schon Züge eines neuen Aberglaubens gewinnt, ist die Einstellung des Menschen im Mittelalter aufs genaue Gegenteil orientiert. Gegen bornierten abergläubischen Widerstand ist damals fast jeder Fortschritt im Wissen und Können, in der Forschung und in der Technik von F a u s t - N a t u r e n ersehnt und erzwungen worden. Der Durchschnittsmensch bescheidet sich mit dem bereits von den Vätern Gewußten und Erreichten, er sucht sich im Bereich des Üblichen und Möglichen einzurichten. Ausnahmemenschen richten ihre Blicke auf die Grenzen dieses Bereichs, sie streben darüber hinaus ins Ungekannte und Ungekonnte. Jede in der Menschheitsgeschichte neugewonnene Erkenntnis, jede zuvor für nicht vollbringbar gehaltene Leistung bedeutet ein Hinausrücken der bis dahin als unverrückbar geltenden Grenzen.

Die breite Masse verfolgt das Denken und Tun dieser einzelnen mit argwöhnischem Blick. Wer die zu Glaubenssätzen gewordene Weisheit der Väter hinter sich lassen will, erscheint vorwitzig; Unmögliches möglich machen zu wollen gilt als F r e v e l , dem göttliche Weisheit und Macht strafend entgegentreten muß. Hat sich einer zu hoch vom Boden, zu weit aufs Meer, zu tief in die Erde gewagt und seinen Wagemut mit dem Tod bezahlt oder ist ein Denker an seinem Denken gescheitert, dann klingt durch das Mitgefühl der anderen die Genugtuung, daß überhebliches Ableugnen der gottbestimmten Grenzen seinen Ausgleich gefunden hat. Sind aber die Schranken mit Erfolg durchbrochen worden, dann mischt sich in das Staunen und den Neid der Schauer vor dem Unheimlichen.

Wer über die Sinnenwelt hinausdenkt oder handelt, der strebt, nach der Meinung des Volkes, in das Reich der G e i s t e r . Wer unerwartete Kenntnisse offenbart, verdankt sie dem Verkehr mit Geistern, und auch nur mit ihrer

Hilfe sind außerordentliche Wirkungen hervorzubringen. Sie
sich irgendwie zu verpflichten und dienstbar zu machen, sie
zu bannen, das ist das Ziel und Wesen des Zaubers, der
M a g i e.

In ähnlichem Sinne bewahrt jede Religion etwas Zauberi-
sches, die in ihrem Kult die Darbringung von Opfern vor-
sieht, um die Gottheit wohlwollend zu stimmen, und auch
das mit dem Opfer verbundene und in höheren Religionen
allein gebrauchte Gebet, zumal das formelhaft wiederholte,
richtet darauf seine letzte Absicht. Von Amts wegen sind die
Verwalter von Opfer und Gebet die Priester. Neben ihnen
wirken aber noch die durch besondere Erweckung berufenen
oder durch Schulung herangebildeten Propheten, Zeichen-
deuter, Sternseher, auch Wundärzte und Totenbeschwörer.
Sie sind vollgültig anerkannt, solange sie im Dienste der
Volksreligion oder wenigstens im Einklang mit ihr handeln.
Die Religionen des Altertums sind in dieser Beziehung weit-
herzig. Aber schon das Judentum wendet sich mit zunehmender Schärfe gegen alles Zauberwesen. Moses und Elias
werden als Streiter gegen falsche Priester, Propheten und
Zauberer dargestellt. Auch die späteren, schriftstellernden
Propheten eifern gegen Zauberei, und noch die Pharisäer
glauben gegen Jesus keine schärfere Anklage erheben zu können, als daß sie von ihm behaupten, er treibe die Dämonen
mit dem Beelzebub als dem obersten der Teufel aus.

Das letzte Beispiel zeigt, wie sich parallel der Entwicklung
zum Glauben an e i n e n Gott auch eine Vereinheitlichung
der widergöttlichen Mächte vollzogen hat. Dem obersten
Gott tritt ein o b e r s t e r Teufel gegenüber. Der Satan,
ursprünglich und noch im Hiobbuch lediglich der Anklage-
engel, wird zum Inbegriff des Bösen. Um ihn scharen sich
in dem Maße, wie das mittelalterliche Christentum Gott mit
einem Hofstaat von göttlichen Kräften, Engeln und Erzengeln umgibt, die Dämonen, Halbgötter und teilweise auch
die Götter der früheren Religionen zu einem teuflischen
Heer. Die Weltgeschichte erscheint mehr und mehr als ein
fortwährender K a m p f zwischen dem himmlischen und
dem höllischen Reich. Die sichtbare Welt wird dabei Kampf-
gegenstand, Kampfschauplatz, Kampfpreis; den endgültigen
Sieg des Guten und damit die Vernichtung des Teufels bringt

das Weltgericht. Träger der göttlichen Macht auf Erden wird
die Kirche, die Kampf (ecclesia militans) und Herrschaft
(ecclesia triumphans) als ihr irdisches Amt auffaßt. Ihr den
Boden zu entziehen und damit die Dauer seiner eigenen
Macht zu verlängern, ringt der Teufel samt seinen Helfers-
helfern um jede einzelne Menschenseele, die er lebend oder
tot an sich zu reißen sucht. Wer sich irgendwie dem Glauben,
den Sakramenten, den Sitten der Kirche entzog, den erach-
tete die Volksmeinung als dem Teufel oder einem einzelnen
Teufel verfallen. Leistete er auf irgendeinem Gebiet Außer-
gewöhnliches oder zeichnete er sich durch unerklärbare Einsicht oder Kenntnisse aus, so schien seine Verbindung mit
dem Teufel gewiß (vgl. V. 591–593). Eine besonders erreg-
bare Einbildungskraft, zumal wenn sie noch durch Angst
oder Eitelkeit gesteigert wurde, hat aber einzelne Menschen
schließlich zu der Überzeugung gebracht, auch selbst vom
Teufel oder von Teufeln besessen zu sein, den Teufel zum
Bundesgenossen zu haben, mit ihm in einem Vertragsver-
hältnis zu stehen. So sind in den schauerlichen Hexenpro-
zessen, die übrigens ohne Mitglauben und Mitwirken gebildeter Kreise nicht möglich gewesen wären, sicher viele mit
gerichtet worden, die sich selbst als T e u f e l s b ü n d n e r
und darum als zu Recht verurteilt gefühlt haben.

Aus der großen Schar der Träger geheimnisvoller Kräfte
ragen in Geschichte und Sage einige hervor, die wir im
besonderen Sinne als V o r l ä u f e r Fausts ansprechen dürfen. Der griechische Philosoph E m p e d o k l e s * von Agrigent wurde nicht nur als Lehrer und Wunderarzt begrüßt, er
empfand sich selbst als unsterblichen Gott. Weiterhin galt
der Philosoph P y t h a g o r a s * der Nachwelt als Götter-
sohn, Prophet und Wundertäter, und der Neupythagoreer
A p o l l o n i u s * von Tyana wurde als heidnischer Jesus
dargestellt. Die talmudische Sage erzählt vom König S a -
l o m o , er habe, um das Wunderwerk des Tempelbaus
vollbringen zu können, dem Teufel Adramelech den Stein
der Weisen abgerungen und sei erst nach langer Buße wieder
zu Gnaden gelangt.

Von entscheidender Bedeutung für die Ausbildung der Sage
sind aber vor allem drei Teufelsbündner: Simon Magus,
Cyprian von Antiochia und Theophilus von Adana.

Von dem samaritischen Zauberer S i m o n berichtet die Apostelgeschichte (Kap. 8, V. 9 und 18 f.), er habe den Aposteln die Gnadengabe des Heiligen Geistes abkaufen wollen, habe sich aber schließlich bekehren lassen. Die späteren »Petrusakten« erzählen darüber hinaus noch, daß zwischen diesem Irrlehrer und Satansdiener und dem Apostel Petrus zu Rom ein Wettstreit im Wundertun stattfand, bei dem sich Simon zu letzter Überbietung des Gegners von seinem Dämon in die Lüfte tragen ließ, aber durch des Apostelfürsten Gebet zu tödlichem Absturz gebracht wurde. Übrigens bringt eine spätere gnostische Sage den Simon Magus auch in Verbindung mit der hier der Mondgöttin Selene gleichgesetzten Helena. Aus beider Vermählung – unter Verwandlung von Feuer über die Zwischenstufen Luft, Wasser und Blut in Fleisch – entsteht ein Knabe: Homunkulus. Indessen ist dieser Homunkulus nicht in die Faust-Sage eingegangen, und als Goethe sich dieser Figur für seine Helena-Tragödie bediente, war er durch Paracelsus angeregt.

Die Sage ließ, um die Macht der Kirche darzutun, den Zauberer Simon im Wettkampf mit dem Apostel Petrus zugrunde gehen. Ihre Überlegenheit nicht durch den Tod des Sünders, sondern durch seine Bekehrung zu erweisen, war der letzte Sinn der Legende vom Zauberer C y p r i a n von Antiochia. In ihrem Mittelpunkt steht eigentlich die heilige Justina, die sich allen widergöttlichen Anfechtungen gegenüber standhaft zum himmlischen Bräutigam bekennt. Cyprian hat seit seiner Jugend nacheinander alle offenen und geheimen Kulte, einschließlich des Gestirndienstes, kennengelernt und sich zuletzt auch dem Obersten der Dämonen durch einen Vertrag verschrieben, der ihm, gegen die Verpflichtung zu ewiger Höllenzugehörigkeit, im diesseitigen Leben die Hilfe der höllischen Geister zusichert. Nach der ursprünglichen Sage für einen andern, nach der späteren – im 5. Jahrhundert von Eudokia, der Gattin des Kaisers Theodosius II. als Epos gestalteten – für sich selbst, sendet er einen der Geister nach dem andern aus, um Justina zu sündiger Liebe willfährig zu machen. Als aber alle, selbst der Teufelsoberste, gegen das von ihr zur Abwehr vorgehaltene Kreuzeszeichen nichts auszurichten vermögen, bekehrt sich Cyprian zum Christentum. In noch späterer Fassung der

Sage, wie sie in der »legenda aurea« erhalten ist – nach der übrigens Calderón 1637 sein Drama vom »Wundertätigen Magus« geschaffen hat –, sterben zuletzt Justina und Cyprian gemeinsam den Märtyrertod.

Auch A n t h e m i o s hat sich, wie eine andere alte Legende berichtet, vom Satan verführen lassen; er wird aber, als dieser voll Hohn den Blutvertrag zum Himmel aufhebt, von Reue erfaßt und weiht sich einsamem Büßerleben.

Am bekanntesten unter allen mittelalterlichen Teufelsbündnern ist aber T h e o p h i l u s, dessen Schicksale seit dem 10. Jahrhundert in Prosa und Versform fast in allen bekannten Sprachen erzählt wurden. Als Verwalter der Kirche von Adana in Kilikien hatte er aus Demut die ihm angetragene Bischofswürde abgelehnt. Als aber der neue Bischof ihn seines bisherigen Amtes entsetzen läßt, wird er von Rachsucht und Ehrgeiz so ergriffen, daß er sich durch den Höllenfürsten, dem er auf sein Verlangen eine schriftliche Ableugnung von Christus und Maria aushändigt, im Jahre 558 in sein Amt wieder einsetzen ließ. Er wurde aber sofort, bewegt durch eine Bußpredigt, von Reue erfaßt und unterwarf sich schwersten Bußübungen, bis die Gottesmutter dem Teufel den Blutvertrag entriß und dem unter der Last der Gewissensnöte Zusammengebrochenen ein seliges Ende verschaffte.

Es wäre aber falsch, eine dieser Teufelsbundgeschichten als unmittelbare Vorform der Faust-Sage oder gar als Modell für Goethes Faust-Dichtung anzusehen. Dazu floß der Strom der Überlieferung viel zu breit. Auch die weltliche Dichtung des Mittelalters kannte ja Z a u b e r e r in Menge. Der der Artussage angehörige »Klingsor«, »der Teufelssohn Merlin«* und »Herzog Robert* der Teufel« waren im Volke lebendig, und selbst Männer der Geschichte, wie die Päpste Sylvester II.*, Gregor VII.*, Paul II.* sowie Alexander VI.*, standen im Verdacht, Höllenbündnisse geschlossen zu haben und dafür auf ewig verdammt zu sein.

Die größte Rolle aber spielte der Teufelsglaube in den Jahrhunderten des Übergangs vom Mittelalter zur N e u z e i t. Auch in dieser Zeit bezog der Volksglaube alles Unheimliche ohne weiteres auf Teufel und Hölle. Genährt wurde diese Vorstellung noch durch die Kirche, die alles ihren Lehrsätzen oder Bräuchen sich Widersetzende auf satanischen Ursprung zurückführte und es unter solchem Gesichtspunkt bis auf den Tod bekämpfte. Aber auch der Kampf gegen die andersgläubige Kirche stand unter diesem Glauben: Luther, vom Dasein und Wirken eines persönlichen Teufels fest überzeugt, sah schließlich im Papst den leibhaftigen Antichrist. Seine Anhänger folgten ihm hierin, und so ist es nicht auffällig, wenn gerade in protestantischen Kreisen der Teufel gern in der Mönchskutte dargestellt wurde. Auf der anderen Seite hielten viele Verteidiger der katholischen Kirche die Reformation für Teufelswerk.

Auch die Renaissance und der Humanismus gaben dem Aberglauben frische Nahrung. Schon das Streben nach der Welt des griechischen Altertums, das ja der damaligen Frömmigkeit als heidnisch galt, schien verdächtig. Daß die Humanisten ihre Weisheit aus Büchern mit griechischen, ja hebräischen Schriftzeichen schöpften, machte sie auch den nur des Lateins, und zwar nur des mittelalterlichen Lateins kundigen Durchschnittsgelehrten unheimlich.

Allein die neue Wissenschaft dachte bei ihrem Ruf »Zu den Quellen!« keineswegs nur an Bücher. Wenn die meisten auch im Gedruckten und Geschriebenen ihr Genüge fanden, die andern drängte es nach unmittelbarer Erfahrung.

Wir haben somit einerseits das Jahrhundert der fahrenden Gelehrten und Schüler, anderseits das der Alchimisten, die in geheimer Küche verschiedenster Art am Feuer mischten und wieder mischten, um den Stein der Weisen und damit das Geheimnis des Goldmachens zu finden oder aus totem Gestein künstlich Leben entstehen zu lassen. Ebenso versuchten die Sterndeuter aus dem Stand und der Bewegung von Gestirnen Menschenschicksale abzulesen. Wir wissen wohl, daß in jenen Jahrhunderten die heutige Heilkunde und Heilmittellehre, die Chemie sowie die gegenwärtige Sternwissenschaft ihre Wurzeln haben. Damals jedoch vermengte sich durchaus richtig Beobachtetes mit Eingebildetem; in einfach gesetzmäßige Vorgänge wurde ein tiefer Sinn hineingedeutet; vor allem wurde alles unmittelbar auf den Menschen, auf sein Schicksal, sein Wünschen, seine Lebenssteigerung bezogen. Der Erkenntnisdrang übersprang das Nächst- und Zwischenliegende, jede Einzelerscheinung sollte

sofort den Urgrund des Weltgeschehens offenbaren; und
noch mehr als zur geschlossenen Reihe von Ursache und Wirkung und mehr als zum gegliederten Aufbau des Wissens
drängte das Denken zur Wesensschau. Diese aber war durchaus von dem wiedererwachten neuplatonischen Denken sowie von der jüdischen Kabbala* beeinflußt. Man sah im
Weltall und seinen Vorgängen die Äußerungen übersinnlicher, gottgearteter Vernunftwesen. So diente nicht nur die
Philosophie, sondern auch die angewandte Wissenschaft vorwiegend der Sinndeutung der Welt und der durch sie bestimmten Schicksale des Menschen. Das ideologische Interesse der mächtigen Kirche konnte die Philosophie zur Magd
der Theologie erklären und zog eine scharfe Grenze zwischen »schwarzer« und »weißer Magie«.
Die Wissenden jener Tage betonten den Einklang ihrer Lehren und ihres Tuns mit der Kirchenlehre und lehnten als
»weiße« Magier jede Gemeinschaft mit der »schwarzen«
Kunst ab. Sie konnten aber nicht verhindern, daß das Volk
sie beargwöhnte und die Geister, an die sie selbst wohl auch
glaubten, für deren Lauterkeit sie sich aber verbürgten, mit
der Welt des Teufels in Verbindung brachte. So mußte sich
der gelehrte Abt Johannes T r i t h e m i u s* gegen den
Verdacht der Zauberei und des Teufelsbündnisses wehren.
A g r i p p a* von Nettesheim aber, dem wir die erste zu-
sammenfassende Darstellung der Geheimwissenschaft verdanken, sowie Theophrastus Bombastus P a r a c e l s u s*
von Hohenheim, auf den noch heute die ärztliche Wissenschaft mit Achtung zurückweist, waren beide davon überzeugt, ihr bestes Wissen den Mitteilungen höherer Geistwesen zu schulden. Übrigens war in Krakau, Toledo, Salamanca
die Magie sogar Lehrfach an der Hochschule.
Wenn aber führende Wissenschaftler so eingestellt waren,
dann werden wir uns nicht wundern dürfen, in den Kreisen
der Halbgebildeten und Ungebildeten Scharen von Menschen
zu finden, denen Beziehungen zu höllischen Geistern nach-
gesagt wurden oder die sich sogar solcher Beziehungen
rühmten. Gewiß hat es auch damals schon mediumistisch
Veranlagte gegeben. Gewiß sind viele von der Echtheit ihrer
Geistererscheinungen überzeugt gewesen. Manche mögen den
Ruf, mit höheren Mächten im Bunde zu stehen, gar nicht so

ungern ertragen, ja vielleicht, soweit es ohne Selbstgefährdung anging, genährt haben. Aber sicher gab es außerdem nicht nur betrogene B e t r ü g e r . Sonst hätte Hans Sachs kaum seinen »Fahrend Schüler mit dem Teufelsbanner« schreiben können, der durchaus dem Leben abgelauscht zu sein scheint.

Gebildet wurde diese Gruppe durch ruhelos von einer Hochschule zur andern ziehende Gelehrte, durch verbummelte Studenten, Abenteurer, Hochstapler, Gaukler, Sprüchemacher. Sie alle wußten sich durch Vielrederei rasch einzuführen, sicherten sich als Hausgäste oder in Herbergen kostenlose Verpflegung, machten sich durch allerhand Scheinwundertätigkeit eine Zeitlang zum Mittelpunkt öffentlicher Aufmerksamkeit, mußten dann aber meist bald entweichen, um nicht entdeckt oder für die gemachten Schulden haftbar gemacht zu werden. Aus dem Kreis solcher helldunklen Erscheinungen erhebt sich nun die eine Gestalt, die wie ein Kristallisationskern Sagenstoff der Jahrhunderte an sich zog und so erst den Faustbüchern (die sich durch ihren gelehrten Anspruch von den damaligen Volksbüchern abheben), dann dem Puppenspiel und schließlich auch ernsten Dramen und Romanen den Namen gegeben hat: D o k t o r F a u s t u s .

Der geschichtliche Faust

Der g e s c h i c h t l i c h e F a u s t * ist uns nicht aus einer zusammenhängenden Lebensbeschreibung bekannt. Wir müssen uns sein Bild aus gelegentlichen Äußerungen seiner Zeitgenossen zusammenstellen, und auch da vermengen sich bereits Sage und Wirklichkeit.

Die Unsicherheit beginnt bereits beim Namen. Geschichtlich gesichert ist der Name G e o r g F a u s t . Der Vorname Johann gehört ursprünglich vielleicht einem älteren Namensvetter aus Simmern, der am 15. Januar 1509 an der Universität Heidelberg das Bakkalaureat erwarb. Melanchthon, geb. 1497 in Bretten, war am 1. Januar 1509 dort immatrikuliert worden, für ihn waren offenbar Johannes und Georg identisch, auch noch, als Faust ihm um 1530 in Wittenberg begegnete. Und Melanchthon ist es, der die lutherisch bestimmte l i t e r a r i s c h e Tradition der Faust-

bücher eröffnete, die sämtlich mit dem Namen Johannes verknüpft
sind. Seine Erzählung von Fausts Tod beginnt: »Ante paucos
annos idem Joannes Faustus« (Vor wenigen Jahren derselbe Johannes Faust). In seinen Tischreden (Collectanea locorum comm.
hrsg. von Manlius, Basel 1563) heißt es: »Novi quendam nomine
Faustum de Kundling, quod est parvum oppidum, patriae meae
vicinum« (Ich kenne einen unter dem Namen Faust von Kund-
lingen, das ist eine kleine Stadt, meiner Heimat benachbart). Um
1480 ist Faust geboren, vielleicht in dem württembergischen Städt-
chen Knittlingen. Doch nannte er sich später, wie Ingolstädter
Ratsakten berichten, Dr. Jörg Faust von Heidelberg. Eben dahin
weist die Selbstbezeichnung Helmitheus Hedebergensis, wobei das
erste Wort auf Helmstädt bei Heidelberg zu beziehen wäre. In
Krakau soll er Magie studiert haben, ein Universitätseintrag hierüber ist allerdings nicht nachweisbar. Geschichtlich bestimmbar ist
sein Wanderleben. Als er 1506 in Gelnhausen ein Zusammentreffen mit dem gelehrten Sponheimer Abt Johannes Trithemeus*
vermeiden wollte, hinterließ er ihm, wie dieser selbst erzählt,
eine Art Besuchskarte mit der Aufschrift: »Magister Georgius
Sabellicus, Faustus junior, fons necromanticorum, astrologus, magus secundus, chiromanticus, aeromanticus, pyromanticus, in arte
hydra secundus.« Sabellicus nennt er sich wohl nach den zauberkundigen alten Sabinern, es könnte außerdem eine Latinisierung
des Familiennamens Zabel sein. Wer die Vokabeln junior als »der
Jüngere« und secundus als »der Zweite« übersetzt, muß sich – wie
W. E. Peukert in seiner Göttinger Rektoratsrede 1946 – auf die
Suche nach dem Faustus senior als dem magus primus bequemen
und die Identität von Johannes und Georg Faust bezweifeln.
Doch secundus bedeutet auch »günstig, erfolgreich, heilverkün-
dend, heilkundig«, wie faustus »glücklich« und »glückbringend«
heißt. Junior ist eine im Mittelalter beliebte Latinisierung des
Titels Junker, der ursprünglich nur den Söhnen adliger Familien
zustand, damals aber vom stadtbürgerlichen Patriziat (z. B. Waid-
junker in Erfurt) zur Hebung des sozialen Geltungsanspruchs
übernommen wurde. Die weiteren Titel, mit denen sich der Junker
Faust um Zulauf bemüht, besagen: »Quelle der Totenbeschwörer,
Sterndeuter, heilverkündender Magier, Handleser, Luftdeuter,
Feuerdeuter und heilkundiger Harnbeschauer.« – So wie er sich in
Gelnhausen gerühmt hatte, die Schriften des Platon und Aristoteles, wenn sie verlorengingen, besser wiederherzustellen, so machte
er sich in Würzburg anheischig, die Wunder Christi zu wieder-
holen, und im nächsten Jahr in Kreuznach prahlte er, jeden
Wunsch der Menschen erfüllen zu können und auch die Kunst der
Alchimisten zu übertreffen. Als jedoch Franz von Sickingen, der
sich übrigens auch mit magischen Studien abgab, mit ihm als
Schulmeister einen Versuch machte, erwies er sich als Knabenver-

führer und vermochte sich der Bestrafung nur durch Flucht zu entziehen.

1513 herbergte er, wie der Humanist Konrad Muth berichtet, zu
Erfurt im Anker beim Junker von Dennstädt. Dort soll er den
Studenten Vorlesungen über Homer gehalten und dabei dessen
Helden leibhaftig vorgeführt haben. Auch soll er sich für fähig
erklärt haben, die verlorenen Komödien des Plautus und Terenz
herbeizuschaffen, damit von ihnen Abschriften gemacht werden
könnten. Den Versuch des Franziskaners Konrad Klinge, ihn von
seinem gottlosen Treiben zu bekehren, habe er mit der Erklärung
abgelehnt, daß er sich dem Teufel mit seinem eigenen Blut verschrieben habe und ihm, der seine Zusicherung redlich gehalten
habe, ebenso redlich zu dienen verpflichtet sei. Nach der Auswei-
sung aus Erfurt verflüchtigt sich seine Spur. Dann, 1520, ließ sich
Fürstbischof Georg III. von Bamberg die Sternzeichen seiner Geburt deuten und zahlte dafür, nach dem bischöflichen Rechnungs-
buch, den sehr hohen Preis von zehn Gulden. In Wittenberg
kannte Melanchthon, der oft von seinem Landsmann sprach, seine
Behauptungen, er habe durch Zauberei des Kaisers italienische
Siege erfochten und in Venedig einen Wunderflug unternommen.
Doch glaubhaft bezeugt ist höchstens seine Flucht aus Wittenberg
unter Kurfürst Johann. Ausgewiesen wurde er 1528 aus Ingol-
stadt, wo er geloben mußte, sich nicht zu rächen, sowie 1532 aus
Nürnberg. Die Leipziger Faust-Erinnerungen beruhen auf späterer
Sage.

1534 gab er dem für das Handelshaus Welser nach Venezuela reisenden Philipp von Hutten eine Voraussage, die nach dessen eigener Erklärung auch eintraf. Glauben schenkte ihm auch der Philo-
loge Joachim Camerarius, der von ihm 1536 den künftigen Ausgang des Krieges zwischen Karl V. und Franz I. von Frankreich
zu erfahren hofft. Der Wormser Stadtarzt Philipp Begardi allerdings rechnet 1539 den Philosophus Faustus unter die be-
trügerischen Ärzte; er habe nichts geleistet und sei, obwohl er
seine Kunst teuer verkaufte, überall mit Schulden davongezogen.
So ist durchaus möglich, daß Faust schließlich verelendet ist. Gestorben ist er zwischen 1540 und 1541 in einem Dorf bei Staufen
im Breisgau in hohem Alter und eines nicht natürlichen Todes; so
weiß es die 1564—66 entstandene Chronik der Grafen von Zim-
mern.

Die Faustbücher

Schon 1548 behauptet der Baseler Pfarrer Gast, daß Faust,
dessen Leichnam man auf dem Gesicht liegend gefunden
habe, vom Teufel geholt worden sei. Ein paar Jahre später

nennt eine Chronik Staufen im Breisgau als Todesort. Nach 1556 wurden in Universitätskreisen die Erfurter Faust-Geschichten aufgezeichnet. Um 1570 schrieb in Nürnberg Schulmeister Roßhirt, der einst in Wittenberg studiert hatte, auf die freien Blätter seiner Sammlung von Luthers Tischreden allerhand Faust-Sagen. Etwa gleichzeitig verbreitete sich von Wittenberg aus eine Sammlung von Faust-Sagen, zuerst in lateinischer, dann in deutscher Sprache. Aus ihr ging das erste Faustbuch hervor. Es ist aber erst durch J o h a n n S p i e ß 1587 in Frankfurt a. M. zum Druck gebracht worden.

»HISTORIA Von D. Johann Fausten / dem weit beschreyten Zauberer vnnd Schwartzkünstler / wie er sich gegen dem Teuffel auff seine benandte zeit verschrieben. / Was er hierzwischen für seltzame Abentheuwer gesehen / selbs angerichtet vnd getrieben / biß er endtlich seinen wol verdienten Lohn empfangen. Mehrertheils auß seinen eygenen hinderlassenen Schrifften / allen hochtragenden / fürwitzigen und Gottlosen Menschen zum schrecklichen Beyspiel abscheuwlichen Exempel / und treuwhertziger Warnung zusammen gezogen / vnd in den Druck verfertiget Jacobi IIII. Seyt Gott vnderthänig / widerstehet dem Teuffel / so fleuhet er von euch CUM GRATIA ET PRIVILEGIO. Gedruckt zu Franckfurt am Mayn durch Johann Spies. MDLXXXVII.«

Das Buch umfaßt 69 Kapitel und wird eingeleitet durch zwei Vorreden, wovon die eine an zwei angesehene Beamte, die andere an den christlichen Leser gerichtet ist. Der Herausgeber behauptet, die Handschrift von einem guten Freund zur Veröffentlichung erhalten zu haben. Zugrunde liegen sollen ihr Aufzeichnungen Fausts und seiner Bekannten, die nun durch allerhand wissenschaftliche Belehrungen und theologisch-biblische Warnungen unter lutherischem Gesichtspunkt erweitert worden sind.

Nach dieser Darstellung ist Faust ein Bauernsohn aus Roda bei Weimar. Ein reicher Vetter läßt ihn in Wittenberg Theologie studieren, er wird aber Astrolog, Mathematikus und Arzt. Im Spesserwald (Spessart?) bei Wittenberg (Miltenberg?) beschwört er den Teufel nachts zwischen neun und zehn Uhr auf einem Kreuzweg und bestellt den sich als Mönch zeigenden Geist für den nächsten Tag auf Mitternacht in seine Wohnung. Jedoch erst beim übernächsten Erscheinen verpflichtet sich der Geist, der inzwischen erst die Einwilligung seines höllischen Herrn einholen mußte, zu vierundzwanzigjährigem Dienst, wofür Faust unter Ableugnung des christlichen Glaubens Leib und Seele preisgibt. Als Faust zur Unterschrift des Blutvertrags sich die Hand ritzt, erscheinen die blutigen Worte: »O homo fuge« (Mensch fliehe). Der Geist erfüllt ihm von da an alle Wünsche. Nur als Faust eine Ehe eingehen will, erscheint der Teufel selbst, läßt ihm dann aber von seinem Geist Buhlteufel in weiblicher Gestalt zuführen. In langen, viele Kapitel umfassenden Ausführungen erhält Faust Aufklärung über Himmel und Hölle. Er fährt sogar zum Sternenhimmel auf und reist hin und her durch Europa, wobei auch Papst und Sultan getroffen werden. Selbst Afrika und Asien werden aufgesucht. Der letzte Teil enthält außer allerhand Zauberstreichen die Beschwörung Alexanders des Großen vor dem Kaiser, ferner die Beschwörung Helenas und das Zusammenleben mit ihr sowie die Geburt seines Sohnes Justus: »Als er aber hernach um sein Leben kam, verschwanden zugleich mit ihm Mutter und Sohn.« An seinem vertragsgemäß letzten Lebenstag läßt sich Faust von seinen Studenten in das Dorf Rimlich bei Wittenberg begleiten. Nachts zwischen zwölf und ein Uhr, als Faust nach tränenreichem Abschied bereits zu Bett gegangen ist, entstehen ungeheurer Lärm und Hilfegeschrei im Zimmer, und am nächsten Morgen finden die Studenten nur noch blutbespritzte Wände sowie die Augen und einige Zähne von Faust. Sein Leichnam liegt draußen auf dem Mist. Nach seinem Begräbnis finden die Studenten in Wittenberg die von ihm selbst aufgezeichnete Lebensgeschichte, der sie nur das Ende noch hinzuzufügen brauchen.

Ein solches Buch, das mit dem geschichtlichen Faust allerdings kaum noch etwas zu tun hatte, kam dem Zeitgeschmack entgegen. Allein aus dem Erscheinungsjahr kennen wir fünf verschiedene Drucke. Vermehrte Ausgaben und umgearbeitete Fassungen folgten. Dabei wurden auch Geschichten von anderen Teufelsbündnern auf Faust übertragen. Besonders wichtig ist die zwei Jahre später eingeschobene Folge neuer Kapitel, die auf Erfurter Erzählungen beruhen. Darin findet sich die wohl ungeschichtliche Vermahnung Fausts durch

Doktor Klinge, ferner auch erstmalig der Faßritt zu Leipzig,
wobei jedoch der Name des Weinkellers noch nicht genannt
ist, sowie, davon unabhängig, das Hervorzaubern von Wei-
nen aus einem angebohrten Holztisch.

Dem Bedürfnis, von dem Schwarzkünstler und Erzzauberer
immer mehr zu erfahren, gleichviel ob es Geschichte oder
Sage war, kam G e o r g   W i d m a n n mit einem 1599 zu
Hamburg gedruckten und 671 Seiten umfassenden Quart-
band entgegen. Er trägt die Aufschrift: »Die wahrhaftigen
Historien von den greulichen und abscheulichen Sünden und
Lastern / auch von viel wunderlichen und seltsamen Aben-
teuern, so Doktor Johann Faustus, ein weitberufener
Schwarzkünstler und Erzzauberer, durch seine Schwarzkunst
bis an seinen erschrecklichen End' hat getrieben [...].«
Widmann läßt Fausts Liebschaften und die ihm unsinnig
erscheinenden naturwissenschaftlichen Disputationen weg,
versucht die Ereignisse aus der Zeit Karls V. in die von Kaiser Maximilian zurückzuverlegen und damit von der Gegenwart abzurücken; er gewinnt vor allem Raum zu allerhand
Erinnerungen und Exempeln, die zu lutherisch-theologisch
bestimmter Lehre und Warnung dienen sollen.

In einer Neubearbeitung von Widmanns Buch verzichtete
der Nürnberger Arzt N i k o l a u s   P f i t z e r 1674 auf
viele unnötige Längen, nahm dafür die Liebesgeschichten
wieder auf und brachte dabei auch Fausts Liebe zu einer
»ziemlich schönen doch armen Magd«. Wichtig ist bei ihm
auch der Hinweis auf das Buch Hiob, in dem der Satan
dem Herrn eine Probe auf Hiobs Gottergebenheit vor-
schlägt. (Wir wissen, daß Goethe um die Zeit, als er seinen
Prolog im Himmel schuf, aus der Weimarer Bibliothek das
Pfitzersche Faustbuch entlieh.) Wie sehr dieses Buch die
Aufmerksamkeit von neuem auf den Erzzauberer lenkte,
zeigt, daß es sogar zum Gegenstand wissenschaftlicher Untersuchung gemacht wurde. Die »disquisitio historica de
Fausto praestigiatore« (Wittenberg 1683 u. ö.) lag einer
Disputation unter dem Vorsitz des Magisters Neumann zugrunde, deren Übersetzung unter dem Titel »J. G. Neu-
manns curieuse Betrachtungen D. Faustens« 1702 erschien
und noch 1743 nachgedruckt wurde.

Durch diese Erörterung beeinflußt, zog unter Weglassung

des theologischen, philosophischen und sich naturwissen-
schaftlich gebenden Beiwerks ein C h r i s t l i c h M e y -
n e n d e r, der seinen wirklichen Namen verschweigt, 1725
Pfitzers Buch »in eine beliebte Kürze« zusammen. In dieser
Fassung, die sich durch einen flüssigeren Stil auszeichnet
und die Glaubwürdigkeit der Sagen kritisch beurteilt, verbreitet sich das Faustbuch im Jahrhundert der Aufklärung.
Es wurde auf schlechtem Löschpapier gedruckt und auf
Jahrmärkten feilgeboten. In dieser Form hat Goethe wohl
schon als Kind die Sage gelesen.

Faust-Dramen

Aber das gelehrt-kritische Faustbuch ist keineswegs die einzige literarische Gattung, in der der Faust-Stoff auf das
folgende Jahrhundert einwirkte. Daneben bildete sich noch
das F a u s t - D r a m a.
Die bühnengemäße Fassung nahm ihren Weg von England
her. Bereits unmittelbar nach dem Erscheinen des ersten
Faustbuches muß die Faust-Sage dort bekanntgeworden sein,
denn wir wissen nicht nur von einer bald danach gedruckten
Faust-Ballade, sondern schon das erste englische Faustbuch
von 1592 gibt sich als neue und verbesserte Ausgabe. Vor
allem aber ist bereits am 1. Juni 1593 der Mann gestorben,
der das erste Faust-Drama geschrieben hat. C h r i s t o -
p h e r M a r l o w e * ist vor Shakespeare der erste bedeutende Dramatiker, der im Zeitalter der Königin Elisabeth
die Bühnenkunst von den Moralitäten und Staatsaktionen
zum wirklichen Drama emporhob. Allerdings ist uns sein
Drama »The tragical history of Doctor Faustus«, das er
wohl schon vor 1589 geschrieben hat, nicht mehr in der Ur-
fassung, sondern in verschlechternden Bearbeitungen erhalten. Aber auch so noch läßt es erkennen, wie der Dichter, der
sich bis in Einzelheiten an das Faustbuch anschließt, den
Stoff seelisch vertieft und tragisch erhöht hat.
Zuerst Marlowe, der seine Dichtung mit einer Ansprache
des Chors einleitet, bringt zu Beginn im Studierzimmer das
nächtliche Selbstgespräch, in dem Faust die verschiedenen
Universitätswissenschaften abwägt und verwirft und ins-

besondere auch der Theologie entsagt, um dafür aus den
Büchern der Magier letzte Erkenntnis und zugleich höchste
Macht zu schöpfen. Weiterhin stellt er Faust zwischen zwei
rechts und links von ihm erscheinende Engel, von denen ihn
der gute warnt, der böse lockt. Faust beschwört dann, von
zwei Deutschen in die Magie eingeführt, den Mephostophilis
– so heißt er hier – und veranlaßt diesen, sich in Gestalt
eines Franziskanermönchs zu offenbaren. Obwohl dieser
über die Qual verlorener Seligkeit klagt, läßt sich Faust
nicht schrecken und nimmt den ewigen Tod in Kauf, wenn
ihm nur 24 Jahre lang der Genuß aller Wonnen der Erde
zuteil wird. Auch bei Marlowe noch wird der Vertrag erst
abgeschlossen, nachdem Mephostophilis die Erlaubnis dazu
von Lucifer eingeholt hat. Faust kann den Blutvertrag un-
terschreiben, weil er ein Weiterleben der Seele nach dem
Tode nicht ernst nimmt. Nach dem Flug in den Himmel,
von dem der Chor berichtet, erscheinen Faust und Mephostophilis erst im päpstlichen Palast, wo sie den höchsten
kirchlichen Würdenträger mit Zaubereien verhöhnen, und
dann am Kaiserhof, wo Faust auf Verlangen Alexander
und seine Geliebte erscheinen läßt. Als sein Ende naht, läßt
er auf Bitten seiner Studenten die schöne Helena von Griechenland erscheinen und setzt, aufs höchste entzückt von ihr,
noch durch, daß Mephostophilis sie ihm als Geliebte herbei-
schafft, damit er in ihrem Kuß den verlorenen Himmel
wieder genießen kann. Auf diese Liebschaft aber folgt entsprechend der Überlieferung sofort Fausts Tod. Diesem geht
ein letztes Selbstgespräch voraus, in dem sich der Verzweifelnde in seiner Todesangst schließlich sogar zur Verbren-
nung der Zauberbücher bereit erklärt, wozu es aber zu
spät ist. Ein Nachspruch des Chores warnt die Klugen,
Unerlaubtes zu begehren, erkennt aber zugleich Faust an
als Apollos stolzen Lorbeerbaum, der frei gen Himmel
strebte.

Das didaktische Interesse der Theologen, die um 1570
(wahrscheinlich auch noch aus den heute verschollenen
Schriften Fausts) einen Schauerroman zur Warnung vor
Grenzüberschreitungen komponierten, betont die niederen
Motive: Der Faust der Sage hatte sich aus bloßer Erkennt-
nisneugier und aus Macht- und Sinnlichkeitsdrang zu wider-

göttlichem Tun verleiten lassen. In der englischen Dichtung
wuchs er schon empor zu dem Menschen von Übermaß, der
ringend am Urbösen zugrunde geht und fallend den Zuschauer, der sich mit und in ihm bedroht fühlt, erschüttert.
Doch ließ sich eine solche Höhenlage noch nicht durchhalten.
Dem Volksgeschmack zuliebe mußten auch Rüpelszenen eingefügt werden.

Englische Komödianten brachten das Faust-
Drama nach Deutschland. In Graz 1608 und in Dresden
1626 sind die ersten Aufführungen belegt. Auf deutschem
Boden verlangten die besonderen staatlich-kirchlichen Verhältnisse sowie die Wünsche der breiten Masse Berücksichti-
gung. So wurde z. B. in Wien, um niemand zu verletzen, der
Kaiser durch den Herzog von Parma und das Mönchsge-
wand des höllischen Geistes durch die spanische Hoftracht
ersetzt. Außerdem durfte sich der Hanswurst oder Kasperle
mit seinem Humor immer mehr ausbreiten, und schließlich
sorgte die Freude an Ausstattungs- und Verwandlungsstük-
ken dafür, daß das Faust-Drama auch zu einer »großen
Maschinenkomödie« wurde. In solcher Gestalt konnte es
Goethe nach seiner Heimkehr aus Leipzig in Frankfurt 1768
und danach auch in Straßburg 1770, wo es die Illgnersche
Truppe aufführte, kennenlernen.

Noch früher ist ihm allerdings der Doktor Faust auf der
Puppenspielbühne bekanntgeworden. In deren
Dramenbestand hatte er bereits längst einen festen Platz ein-
genommen, der ihm auch bis in unsere Gegenwart nicht
streitig gemacht worden ist. Bei der Treue, mit der die
Puppenspieler den mündlich überlieferten Wortlaut ihrer
Dramen vom Vater und Großvater übernehmen und auf
Sohn und Enkel weitergeben, dürfen wir annehmen, daß
der Knabe Goethe das Puppenspiel vom Doktor Faust im
wesentlichen in der Form kennengelernt hat, wie wir es
gelegentlich noch heute zu sehen bekommen. Aber in dem
Maße, wie das Faust-Drama dem Geschmack der Jugend
und der unteren Volksschichten angepaßt wurde, verlor es
auch seine Literaturfähigkeit. Schon Gottsched war der Meinung, daß niemand mehr gern solche »Alfanzereien« wie
das Märchen vom Doktor Faust sähe, und Lessing wurde
vor der Behandlung des Faust-Stoffes gewarnt: »Eine ein-

zige Exklamation, o Faustus, Faustus, könnte das ganze
Parterre lachen machen.«
Und doch hat gerade L e s s i n g die Entwicklung der
Faust-Dichtung in einem bedeutenden Punkte nachhaltig gefördert. Sein Denken wurde zwar bestimmt durch die Weltanschauung der Aufklärung, die für alles, was sich mit den
Sinnen nicht unmittelbar wahrnehmen und mit dem natürlichen Verstande nicht begreifen ließ, kein Verständnis auf-
zubringen wußte und die darum für Zaubereien und Teufe-
leien auch auf der Bühne nichts übrig hatte. Deshalb dachte
Lessing eine Zeitlang daran, unter Verzicht auf außerwelt-
liche Geister einen »Erzbösewicht gegen einen Unschuldigen
die Rolle des schwarzen Verführers« vertreten zu lassen. Er
wollte die Faust-Sage in eine Art bürgerlichen Dramas umschaffen, dessen Geschehen durch die Ränke dieser einzelnen
Person vorwärtsgetrieben war. Aber wie er bei aller Kritik
der geltenden kirchlichen Glaubenssätze im Grunde doch
der wirklichen Frömmigkeit demütig-ehrfürchtig gegenüber-
stand und höchste und letzte Fragen lediglich aufwarf, ohne
sie überheblich abschließend lösen zu wollen, so fühlte er
sich zuletzt doch angezogen vom Faust-Stoff in der
überlieferten Form, also mit Einschluß des Teufels.
So beginnt Lessing seinen Entwurf mit einem »Vorspiel«,
das Beelzebub und seine Höllengeister in einem alten Dome
bei mitternächtlicher Beratung zeigt. Hier erklärt sich einer
der Teufel bereit, den durch »zuviel Wißbegierde« gefähr-
deten Faust zu verführen: »Aus einem Fehler können alle
Laster entspringen, wenn man ihm zu sehr nachhänget.« Der
Teufel will – so erfahren wir aus späteren Berichten von
Lessings Freunden – »Gott seinen Liebling rauben. Einen
denkenden, einsamen Jüngling, ganz der Weisheit ergeben;
ganz nur für sie atmend, für sie empfindend; jeder Leidenschaft absagend außer der einzigen für die Wahrheit«. Man
erkennt bereits hier, wie der Dichter für seinen Helden Partei nimmt. Ganz neu und alle bisherige Überlieferung über-
bietend ist aber, daß noch in jenem Dom eine Engelstimme
feierlich das Endergebnis der satanischen Bemühungen vor-
ausverkündet: »Ihr sollt nicht siegen.« Entsprechend wollte
Lessing auch den Schluß gestalten. Ein Engel sollte die Hölle,
die sich ihres ausersehenen Opfers bemächtigen will, zurück-

weisen mit den Worten: »Triumphiert nicht, ihr habt nicht über Menschheit und Wissenschaft gesiegt; die Gottheit hat dem Menschen nicht den edelsten der Triebe gegeben, um ihn ewig unglücklich zu machen; was ihr sahet und jetzt zu besitzen glaubt, war nichts als ein Phantom.« Die ganze eigentliche Handlung sollte sich also als ein Traumerlebnis Fausts abspielen. Auch damit kam Lessing dem Anspruch des Jahrhunderts der Vernunft entgegen.

Da der »theatralische Nachlaß Lessings« 1786 erschien und Goethe gerade in den nächsten Jahren sich um das Wiederauffinden seines »Plans« bemühte, wäre eine Anregung denkbar. Aber auch ohnedies ist der Gedanke der Rettung Fausts so sehr dem optimistischen Geist jener Zeit angemessen, daß Goethe sich auch ohne Lessing für die neue Lösung entscheiden konnte.

Was sonst noch im 18. Jahrhundert an Faust-Dichtungen erschienen ist, hat sich n e b e n Goethes »Faust« entwickelt und hat dessen Gestaltung kaum wesentlich beeinflußt.

Der Wiener P a u l W e i d m a n n stellt 1775 in seinem »Johann Faust, ein allegorisches Drama in fünf Aufzügen« den Titelhelden wieder zwischen gute und böse Geister und läßt den verschiedenen im Verlauf der Handlung vorgeführten Sündern am Schluß eine allerdings nicht recht begründete Begnadigung zuteil werden: »Die unendliche Barmherzigkeit hat ihre Laster weit überwogen!« Dagegen wollte der Pfälzer Dichter-Maler F r i e d r i c h M ü l l e r , einer der Stürmer und Dränger, in seinem allerdings nie vollendeten Drama »Doktor Fausts Leben und Tod dramatisiert« (1778) den »Ingolstädter« Professor hinstellen als »einen Kerl, der alle seine Kraft gefühlt«. Ihn ließ er den Augenblick erfahren, »wo das Herz sich selbst überspringt, wo der herrlichste beste Kerl, trotz Gerechtigkeit und Gesetze absolut über sich selbst hinaus begehrt. So folgerichtig denkt und handelt er, daß er nach zwölfjähriger Gemeinschaft mit dem Teufel, nochmals vor die Wahl gestellt, wiederum ewiges Verderben wählt.« Allerdings erwog auch Müller, ob er nicht in der eigentlichen Handlung Faust durch ein Phantom, ein Trugbild ersetzen und damit die Rettung des wirklichen Faust ermöglichen solle.

Auch der Roman »Fausts Leben, Taten und Höllenfahrt«

(1791) von Friedrich Maximilian K l i n g e r , einem Jugendgefährten Goethes aus der Frankfurter Zeit, wurzelt im Sturm und Drang. Hier sollte Faust, der übrigens dem Erfinder der Buchdruckerkunst gleichgesetzt wird, in wilder Leidenschaftlichkeit auf dem Kampfplatz des Lebens – »worauf sich ein kraftvoller Geist, durch das ihn Empörende aufgeregt, aus innerem Grimme schlägt« – gezeigt werden. Faust schließt den Teufelsbund, um mit seiner übermenschlichen Macht der Ungerechtigkeit der Welt zu steuern. Allein er bringt es nicht weiter als zum spottenden Zweifler, zu dem sich sein Dichter inzwischen selbst entwickelt hatte, und so fordert dieser Faust schließlich vom Teufel selbst das Ende seines Daseins.

2. Das Geschehen

Zueignung

Was an Fragen und Gedanken, an Möglichkeiten und Entwürfen in den Jahren stillen Reifens ausschließlich Eigentum des Dichters war, das übereignet er, wenn es endgültige Gestalt gewonnen hat, dem Leser gern mit einem Widmungsgedicht.

Auch vor der berühmtesten deutschen Dichtung steht eine *Zueignung*. Allein vergebens suchen wir die Beziehung zum Leser. Einem Selbstgespräch lauschen wir oder vielmehr einer traumhaften Unterhaltung mit Geistern, die sich aus verschwommener Nebelwelt in seine Gedanken drängen. Es sind die Geschöpfe seiner dichterischen Einbildungskraft, die Gestalten des »Faust«. Schon oft hat er sie zum dramatischen Ganzen vereinigen wollen, doch sie haben sich immer wieder verflüchtigt. Sie haben ihn aber auch nie völlig losgelassen, deshalb lastete das Bewußtsein von etwas Unvollendetem immer wie ein Druck auf ihm. Wenn er sich nunmehr, wo sie sich wieder zudrängen, ihrem Walten aufnahmebereit hingibt, so tut er es in der Hoffnung, diesmal endlich werde sich das bisher nur innerlich Geschaute zu einer wirklichen, auch dem Leser erfaßbaren Dichtung umschaffen und damit abschließen lassen.

In der Tat ist die *Zueignung* in dem Augenblick entstanden, als Goethe den Entschluß faßte, die frühbegonnene und in großen Teilen auch schon fertig vorliegende, aber immer wieder abgebrochene Dichtung wirklich der Vollendung entgegenzuführen. Seit früher Jugend waren ihm Gestalt und Welt des Erzzauberers vertraut, in den letzten Frankfurter Jahren hatte er in dichterischem Enthusiasmus eine ganze Folge dramatischer Dialoge »aufs Papier gewühlt«. Aber mit dem Übergang nach Weimar waren Denken und Handeln in andere Richtung gelenkt worden, und selbst der italienische Aufenthalt vermochte nur ein paar neue Szenen zu liefern. Darum hatte die Erstausgabe seiner Werke das Drama nur als »Fragment« bringen können. Ein Bruchstück bekanntgeben heißt aber, auf seine Vollendung verzichten. Daß die Arbeit doch wieder aufgenommen worden ist, das verdankte Goethe und verdankt die Nachwelt nur dem unermüdlichen Drängen Schillers. Allerdings bedurfte es dabei einer poetischen Einfühlung des Dichters in die Stimmung seiner Jugend, denn die Gestalten seiner ersten Faust-Dichtung entstammen seiner f r ü h e r e n Erlebniswelt. Wollte Goethe den »Faust« in der Stimmung des ersten kühnen Entwurfs zum Abschluß bringen, so blieb ihm nichts anderes übrig, als während des Schaffens und um des Schaffens willen Gegenwart und Umwelt vor sich versinken und dafür das längst Entschwundene wieder zur Wirklichkeit werden zu lassen.

Das ist der Sinn der *Zueignung*, wie sie Goethe am 24. Juni 1797 als ein fast Fünfzigjähriger niederschrieb. Sie steht also nicht am Ende und auch nicht am Anfang, sie bezeichnet vielmehr den Wiederbeginn seiner Arbeit am »Faust«. Einen Tag zuvor hatte er den entscheidenden Plan entworfen, der das Drama erst im eigentlichen Sinne zur Weltdichtung machte. Die Vollendung hat zwar noch über ein Menschenalter in Anspruch genommen, und das abgeschlossene Werk ist erst nach des Dichters Tode erschienen. Aber in dieser ganzen Zeit hat er die Arbeit an ihm nie wieder völlig aus den Augen verloren.

Wohl auch zeitlich im Anschluß an die *Zueignung* – genau wissen wir allerdings die Entstehungszeit nicht – ist das *Vorspiel auf dem Theater* niedergeschrieben worden. Ein kurz zuvor in Deutschland bekanntgewordenes indisches Drama hat das Vorbild gegeben.

Der Dichter nimmt an, es sei eine der damals häufig zu treffenden Schauspielertruppen in die Stadt gekommen. Das bretterne Theater ist aufgeschlagen, auf der Bühne stehen bereits die Hintergründe und Seitenwände, die Beleuchtungskörper und die für besondere Wirkungen erfundenen Theatermaschinen. Im Zuschauerraum sitzt, teilweise schon seit einigen Stunden, eine bunt zusammengewürfelte Menschenmenge, gespannt dem Augenblick entgegenharrend, da sich der Vorhang öffnet. Auf der Bühne allerdings weiß man noch nicht einmal, w a s man bieten soll. Der Theater*direktor*, als reiner Geschäftsunternehmer nur auf den Geldertrag bedacht und darum jederzeit bereit, auch dem üblen Geschmack der Bezahlenden nachzugeben, möchte ein möglichst ereignisreiches, sinnfälliges, auf die Masse wirkendes Zugstück aufführen. Der Schauspieler, hier verkörpert durch den beliebtesten Vertreter seines Standes, den Komiker, ist zufrieden, wenn ihm das Stück nur Gelegenheit bietet, vor einer beifallsfrohen *Menge* recht behaglich sich selbst zu geben; es war ihm ja damals noch das Stegreifsprechen erlaubt. Ihnen beiden steht der Theater*dichter* gegenüber. Er gehört in jener Zeit – wir denken an den Hamburger Dramaturgen Lessing – zu allen besseren Truppen. Ihm lag ob, die aufzuführenden Stücke bühnengerecht zu machen, zu ihnen Vor- und Nachspiele zu verfassen, oft auch im Jahre mehrere eigene Schauspiele zu liefern. Wenn Theaterdirektor und Schauspieler teils aus Gewinnsucht, teils aus Laune der *Menge* zu Willen sein können, der *Dichter* muß, falls er seinen Namen wirklich mit Recht tragen will, beim Schaffen eben jene *Menge* vergessen. Was ihm an *Liebe, Freundschaft* und anderem zum inneren Erlebnis geworden ist, daraus keimt nur in schöpferischer Einsamkeit eine Dichtung. Erst nach langsamem, oftmals sogar erst nach jahrelangem innerem Reifen tritt das fertige Werk vor die Mitwelt; nicht

selten erfährt überhaupt erst die Nachwelt von ihm. Ein
Vergehen gegen die hohe Auffassung vom Amt des Dichters
wäre es, den Bildungsauftrag und die künstlerische Kraft
um voller Kassen willen im Spiel um die Gunst der Menge
zu verscherzen. Der Dichter hat einen höheren Beruf. Denn
er vermag das Leid und die Freude im menschlichen Erleben
nicht nur zu fühlen wie andere, sondern er besitzt darüber
hinaus auch die Gabe, all das auszusprechen, menschlich bedeutend zu machen und damit die Erlebniskraft seiner Mit-
menschen zu vertiefen, indem er ihnen vorfühlt, was sie treft
angeht. Er vor allen befriedigt das allgemeine Bedürfnis des
Menschen, in seiner Wirklichkeit einen Sinn und im Leben
solche Werte zu finden, die Rang und Dauer haben. Er
stellt die Fragen, er wirft die echten Probleme auf, er vor
allen gestaltet das Bild des Menschen, seine Schicksale, seine
Bestimmung.

Es liegt nahe, den im *Vorspiel* sprechenden *Dichter* als eine
Selbstdarstellung Goethes zu nehmen. Aber Goethe war, als
er jene Verse schrieb, keineswegs nur Dichter. Gerade damals
leitete er das Weimarer Hoftheater. Wie er vor Jahren auf
der herzoglichen Liebhaberbühne mitgewirkt hatte, so spielte
er jetzt hier seinen Schauspielern ihre Rollen gelegentlich
selbst vor. Aber auch dem Dichter Goethe waren die Grenzen alles Theaterwesens vertraut. Manches Zugeständnis
hatte er der Zuhörerschaft seines Theaters bereits machen
müssen, und die Vor- und Nachspiele, die Übersetzungen und
Zeit- und Gelegenheitsdramen bieten genug Beispiele dafür,
daß gelegentlich auch er die Dichtkunst zu *kommandieren*
wußte.

So spiegeln alle drei Personen des Vorspiels, nur jede unter
anderem Gesichtspunkt, Gedanken, Gefühle und Erlebnisse
des Dichters wider, und so kann auch trotz des scheinbar un-
ausgeglichenen Meinungsstreites schließlich der Theaterdirektor seine Helfer auffordern, nunmehr kurzerhand ans
Werk zu gehen. Eine wirklich bühnenfähige Dichtung
kommt eben, so entsprach es Goethes Erfahrung, nur dann
zustande, wenn die Ansprüche des Dichters, des Schauspielers und des Theaterfachmanns sich auf einer Linie finden.
Aber noch in einem anderen Sinne ist das *Vorspiel* ein Bekenntnis Goethes. Auch sein »Faust« war aus erster »*Liebe*

und Freundschaft« entsprungen. Auch er war ein Griff *»ins volle Menschenleben«*, und scheinbar planlos hatte sich ein Stück der Dichtung zum anderen gefügt. Das bisher Veröffentlichte war nichts als »ein Stück in Stücken«, das die Menge tatsächlich nur zu verwirren, nicht aber zu befriedigen vermocht hatte. Jetzt, auf der Höhe seines Lebens, fühlt er sich selbst als den alten Herrn, der seine dichterische Einbildungskraft spielen läßt, um sie in überlegenem Können doch schließlich nach dem neu entworfenen Plan zu lenken. Ob sich freilich Altes und Neues wirklich zum Ganzen fügen werde, das ließ sich im Augenblick noch nicht absehen, und so bedeutet das *Vorspiel* zugleich eine im voraus erhobene Bitte um die Nachsicht des Hörers und Lesers.

Hinter den Vorhang hat uns das Vorspiel geführt. Selbstverständlich ist es unmöglich, ein Drama von solchem Ausmaß erst dann zu entwerfen, wenn sich der Zuschauerraum vor dem Vorhang bereits gefüllt hat. Aber wer sich den Gedankengängen des Vorspieles willig hingegeben hat, stellt solche Erwägungen an. Er ist nur gespannt, nunmehr auf der Bühne das Ergebnis der bisherigen Vorverhandlungen zu sehen: Das eigentliche Faust-Drama kann beginnen.

Prolog im Himmel

»Vom Himmel durch die Welt zur Hölle« zu führen, war die Absicht des Theaterdirektors gewesen. Allerdings dürfen seine Worte nicht zu eng gefaßt werden, da ja die wirkliche Handlung schließlich wieder durch die irdische Welt aufwärts bis in die höchsten himmlischen Höhen führt.

So verwendet der Dichter hier die Vorstellungswelt der alten und mittelalterlichen Kirche, die ja von jeher höchste Gedanken zu vermenschlichen wußte. Wie ein König der Vorzeit hält der *Herr* des Prologs Heerschau über seine himmlischen Untertanen, die zugleich seine Vermittler gegenüber der Erscheinungswelt sind. Ihr dreifacher L o b p r e i s weitet den Blick über das Weltall. Von der *Sonne*, deren Lichtfülle so überwältigend empfunden wird, daß sie als ein betäubendes Tönen erscheint, lenkt sich die Aufmerksamkeit auf die in ungeheurer Selbstumdrehung befindliche *Erde* mit ihrem ewigen Wechsel von Tag und Nacht und von Fels und Meer. Sie haftet schließlich an den gewaltigen Naturvorgängen auf dieser Erde selbst, die, wie das Ganze, letzten Grundes eine alle menschliche Fassungskraft übersteigende Selbstoffenbarung Gottes sind.

Es ist »die beste aller möglichen Welten«, die hier in die Erscheinung tritt. Das wird uns noch deutlicher, wenn wir unmittelbar nach dem Engelgesang den T e u f e l sprechen hören. Nicht in den Faustbüchern tritt der Teufel als der Gottesfeind an sich auf. Er ist Gott untergeordnet. Er fühlt sich dem *Gesinde* des Herrn zugehörig, spielt die Rolle des *Schalks* und hat im Weltplan des Herrn neben den *echten Göttersöhnen* die Aufgabe, als grundsätzlicher Verneiner alles Gewordenen den sonst zu leicht erschlaffenden Geist des Menschen mit dem Stachel der Kritik und ständig höheren Bedürfnissen zu immer neuer *Tätigkeit* anzureizen.

Vom Weltall zur Erde, von der Erde zum Menschen hat sich der Gedankengang vorwärts geschoben. Jetzt ist es Zeit, den Namen des Einzelmenschen zu nennen, der im Mittelpunkt der nun folgenden Handlung stehen soll. Aber was vom *Doktor Faust* mitgeteilt wird, sein ewiges Unbefriedigtsein, sein unendliches Sehnen, sein Aufstreben ins Übersinnliche und sein sich immer wiederholendes Versinken ins Sinnliche, das teilt dieser mit jedem tiefer veranlagten Menschen. Wir ahnen, daß an diesem Einzelschicksal sich Allgemeinmenschliches vollziehen und entscheiden wird.

Über den Ausgang dieses inneren, in der menschlichen Natur begründeten Widerstreites sind die beiden ewigen Mächte verschiedener Meinung. *Mephistopheles** betrachtet das Streben des Menschen ins Übersinnliche nur als eine überhebliche Selbsttäuschung, die sich bei der geringsten Nachhilfe zuletzt im Sinnlichen und Gewöhnlichen auflösen werde. Er glaubt darauf sogar eine *Wette* eingehen zu dürfen. Der Herr aber nimmt sie an, weil für ihn der schließliche Sieg des Guten auch im Menschen ein Hauptstück seines Weltplans ist. Das *hohe Streben* ist doch letzten Grundes erst von ihm selbst in den Menschen gelegt worden, es muß sich darum auch ohne seine unmittelbare Führung wirksam erweisen, und so kann er den Menschen Faust dem Versucher *überlassen*.

Der Mensch, dessen Bestimmung durch den Prolog im Himmel in den Blickpunkt der Ewigkeit gerückt worden ist, steht vor uns.

Ein Gelehrter in der Gelehrtentracht des ausgehenden Mittelalters. Wie wir später erfahren, ist er der Sohn eines Arztes und hat sich schon in früher Jugend bei den mit seinem Vater unternommenen Krankenbesuchen, gleich ihm zwischen Wissenschaft und Aberglauben suchend, um das rechte Heilverfahren bemüht. Auch sein Streben ging auf Wissen. Alle Gebiete gelehrten Denkens hat er durchforscht, eine Hochschulwürde nach der andern erreicht, und schon längst ist er der wissenschaftlichen Welt, aber auch den einfachen Leuten zum Inbegriff höchster Gelehrsamkeit und Weisheit geworden.

Er selbst aber hat weder in den Schriften der Väter noch bei den Versuchen mit chemischen und physikalischen Geräten, noch auch beim Sammeln von Naturgegenständen verschiedenster Herkunft den ersehnten inneren Frieden gefunden. Sein Denken ging ja nicht wie das seiner Mitgelehrten auf bloße Vermehrung seines Vorstellungsschatzes und auf einen sorgfältig gegliederten Aufbau von Begriffsbestimmungen aller Art. Ihn verlangte nach unmittelbarer Erkenntnis, nach Wesensschau der Urgründe alles Seins.

Voll inneren Ekels hat er sich darum von seiner bisherigen Welt abgewandt. Was Denken und Wissen nicht vermochten, soll ihm jetzt die Zauberkunst verschaffen: den unmittelbaren Zugang zum Übersinnlichen. Mit dem *Zeichen des Makrokosmus* will er den W e l t g e i s t selbst, also den Grund alles Weltgeschehens, zwingen, sich ihm unmittelbar zu offenbaren. Aber so gewaltig schön das Ineinandergreifen und Aufeinanderwirken der übersinnlichen Kräfte beim Betrachten des bloßen Zeichens dieses Geistes auf ihn wirkt, dieses Sinnbild ist zu übermächtig, es bleibt ihm unfaßbar. So will er sich mit dem *Erdgeist* begnügen. Ihm fühlt er sich als Erdensohn wesensverwandt, und schon das Zeichen erregt seine Vorstellungskraft und Aktivität. Es gelingt ihm auch, ihn zu beschwören und sich nach dem ersten Überwältigtsein ihm gegenüber zu behaupten. Allein der Geist, der *der Gottheit lebendiges Kleid wirkt,* der also die Erscheinungswelt in ihrer ganzen Ausdehnung darstellt, entzieht sich ihm wieder. Faust hatte, von sich selbst aus schließend, im bloßen *Weltumschweifen,* im bloßen *Geschäftigsein* sein Wesen zu erfassen geglaubt. Er hatte damit dargetan, daß der tiefste Sinn solchen Wirkens seine Menschenbegriffe überstieg. So hatte er den *Erdgeist* zwar an sich zu ziehen, nicht aber zu halten vermocht. Der *Übermensch* bricht verzweifelnd zusammen.

Die obere Welt hat ihn verschmäht. Die Welt aber, in die er sich zurückgestoßen sieht und die bisher seine eigentliche gewesen ist, wird ihm in der Gestalt seines eintretenden *Famulus Wagner* noch einmal so in ihrer Engstirnigkeit, so in ihrem Haften am Äußersten, so in ihrer Selbstzufriedenheit vor Augen geführt, daß der bereits früher geweckte Lebensekel sich nun zum Entschluß steigert, aus dieser Welt zu scheiden. Aber es ist doch kein Selbstmord im gewöhnlichen Sinne, was er beabsichtigt. Gewiß nimmt er die *Gefahr* auf sich, »*ins Nichts dahinzufließen*«. Im Grunde aber hofft er doch, mit seinem Entschluß verriegelte *Pforten,* und zwar »*heiter*«, *aufreißen* zu können, »*auf neuer Bahn den Äther zu durchdringen*« und »*zu neuen Sphären reiner Tätigkeit*« zu gelangen. Was ihm gelehrtes Studium nicht zu gewähren vermochte und was ihm die beschworene Geisterwelt verwehrt hat, will er sich mit kühner Hand unmittelbar erzwingen: höchste und letzte Erkenntnis durch ein radikales Experiment.

In diesem Augenblick verkündet Glockenklang den Frühgottesdienst des *Osterfestes.* Aus dem Chorgesang des Doms spricht das Auferstehungswunder. Zwar der Kirchenglaube ist in Faust längst erstorben, aber der altgewohnte Ton erinnert ihn an die Kindheit, lenkt ihn von seinem einsamen Entschluß ab und weckt wieder die fast verlorene alte Frühlings-, Hoffnungs- und Lebensstimmung.

Der Ostertag ist mit einer Pracht aufgegangen, die fast schon auf Pfingsten weist. *Vor dem Tor* der Stadt, deren Häusergedräng und Giebel- und Türmegewirr zugleich den behaglich-engen Bürgergeist versinnbildlicht, die aber doch auch die Gelehrtenstube Fausts in sich schließt, dehnt sich eine

weite Frühlingslandschaft mit Gärten und Feldern, durch-
flossen vom schiffbeladenen Strom und begrenzt von Dörfern und Höhenzügen in der Ferne. In dieser Landschaft
verstreut, bewegt sich eine bunte Menschenmenge, die, froh
der auferstandenen Natur, in solchem Gelände und in solcher Gegenwart ihr volles Genügen findet. In diese Welt
tritt Faust mit Wagner. Sein Osterspaziergang führt vom
Tore hinaus zum Dorf, in dem man Kegel schiebt und um
die Linde tanzt, und dann wieder zurück nach einer nahe
der Stadt gelegenen Anhöhe, von der aus sich die Landschaft
im Schein der sinkenden Sonne noch einmal überblicken
läßt.

Der Stubengelehrte erscheint hier zum erstenmal im Tageslicht. Er hat Sinn für die Natur und wohlwollendes Verständnis für die Menschen und wird von diesen nicht nur als
Wissenschaftler, sondern auch als tatkräftiger Helfer verehrt. Aber er selbst steht ihnen allen, wie auch seinem nach
der Studierstube zurückverlangenden Famulus, innerlich
fern. Wenn die Landleute ihm danken für das, was er ihnen
während der Pestzeit als Arzt gewesen ist, so wird sein
Wahrheitssinn dadurch nur an das damals Mißlungene und
an menschliches Unvermögen überhaupt erinnert, und selbst
die Abendsonne weckt in ihm nur den Trieb, über diese
Welt hinaus in eine übersinnliche vorzudringen. *Zwei Seelen*
fühlt er in sich, von denen die eine in der Sinnenwelt aufgehen, die andere ins Geistige entfliehen möchte, und zwischen denen beiden er eine Vermittlung vergebens erstrebt.

Mit dem *»O gibt es Geister in der Luft«* und *»Ja, wäre nur
ein Zaubermantel mein!«* hat er aber das Stichwort gegeben
für die Geisterwelt, die in der Abenddämmerung rege wird,
und vor allem für den einen Geist, der sich, wenn auch zunächst nur in Hundsgestalt, an ihn heranschleicht.

Im ganzen aber hat der Osterspaziergang wohltätig auf
Faust gewirkt. Die *wilden Triebe* haben sich gelegt. Der
Drang ins Überirdische hat eine Ablenkung ins Gebiet der
Religion gefunden. Im *Studierzimmer* schlägt Faust das
griechische Johannes-Evangelium auf und beginnt, dessen
tiefsinnigen und vielgedeuteten Eingangsvers zu übersetzen.
Seiner inneren Einstellung nach aber wird daraus mehr als
eine bloße Übertragung, es entsteht eine Neuschöpfung des

Wortlauts, wie er seiner Weltanschauung gemäß ist: »*Im Anfang war die Tat!*«

Allein die Beschäftigung mit der Heiligen Schrift wirkt auf den mit heimgebrachten Pudel so beunruhigend, daß Faust, in ihm ein Widergöttliches vermutend, mit Zauberformeln gegen ihn vorgeht. Feuer, Wasser, Luft, Erde werden beschwörend angerufen, um ihn zur Selbstoffenbarung zu zwingen. Indessen, keinem dieser Grundelemente gehört der Geist an, der in dem Tiere steckt. Da hält ihm Faust das heilige Kreuz entgegen, und plötzlich, ehe Faust das noch stärkere Zeichen der Dreieinigkeit ausgesprochen hat, steht in der Kleidung eines fahrenden Schülers *Mephistopheles* vor ihm. Er stellt sich vor als einen »*Teil des Teils, der anfangs alles war*«, als den »*Geist, der stets verneint*«, als »*Teil von jener Kraft, / Die stets das Böse will und stets das Gute schafft*«. Faust möchte die Gelegenheit wahrnehmen, von ihm noch mehr über sein Wesen zu erfahren. Aber Mephistopheles weiß sich ihm mit Geisterhilfe für diesmal zu entziehen.

Erst bei der z w e i t e n Unterredung im Studierzimmer ist Mephistopheles zur Verhandlung bereit. Dabei aber rät er Faust gleich eingangs, das Gelehrtengewand mit einer Hof- und Welttracht zu vertauschen, »*Damit du, losgebunden, frei, / Erfahrest, was das Leben sei*«. Aber Faust glaubt nicht, daß das Leben in irgendeiner Gestalt seinem Sehnen und Wünschen Befriedigung zu gewähren vermöge. Von Mephistos Spott überdies gereizt, stößt er einen ungeheueren *Fluch* aus, mit dem er alles zerbricht, was ihn bis jetzt gefesselt hat, selbst eingeschlossen *Liebe, Hoffnung**, *Glaube und Geduld*, die sittlichen Gebote der christlichen Religion.

Dies ist für Mephistopheles der erwünschte Augenblick, in dem er ihm seine Dienste auf Lebenszeit anbieten kann, um dafür seiner ewigen Seele habhaft zu werden. Aber die B e d i n g u n g, die Faust stellt, geht nicht auf die Erfüllung irgendwelcher bestimmten Wünsche, nicht auf die Gewährung bestimmter, dem Menschen sonst unerreichbarer Güter. Sie läuft auf die Frage hinaus, ob Mephistopheles mit allem, was auch immer er zu bieten imstande ist, ihm einen *Genuß* zu verschaffen vermag, der das Wünschen an sich, das Unbefriedigtsein, das Sehnen, das Streben über-

haupt, woran ja Faust so schwer leidet, zum Schweigen
bringt. Faust glaubt auch nicht an den Teufel, er fürchtet
ihn nicht, denn er kennt sich selbst so genau, daß er seine
Wette schon gewonnen weiß. Fausts Lebenserfahrung liegt
in der Erkenntnis, daß jedes befriedigte Bedürfnis neue
Wünsche weckt. Er wettet, daß es Mephistopheles nicht ge-
lingen wird, diese Erfahrung zu erschüttern. Faust durchschaut von vornherein die unechten Möglichkeiten des Genusses, die der *arme Teufel geben kann*; damit wird er sich
nicht betrügen lassen. Der Genuß der Lebenswirklichkeit
schließt den Schmerz ja mit ein als den notwendigen Gegen-
begriff zur Lust, ja er wird durch den *Taumel* der sinnlichen
Lust immer neu hervorgebracht. Diese Dialektik des Lebensgenusses durchschaut Faust, er hat die darinliegende Tragik
begriffen und weiß: Mephistopheles vermag ihre Spannung
unerhört zu steigern, aber aufheben kann er sie nicht.

> *Werd ich beruhigt je mich auf ein Faulbett legen,*
> *So sei es gleich um mich getan!*
> *Kannst du mich schmeichelnd je belügen,*
> *Daß ich mir selbst gefallen mag,*
> *Kannst du mich mit Genuß betrügen:*
> *Das sei für mich der letzte Tag!*
> *Die Wette biet ich!*
>
> . . . .
>
> *Werd ich zum Augenblicke sagen:*
> *Verweile doch! du bist so schön!*
> *Dann magst du mich in Fesseln schlagen,*
> *Dann will ich gern zugrunde gehn!«*   (V. 1692–1702)

Damit Mephistopheles den außergewöhnlichen Sinn des Verlangens nach Genuß richtig erfaßt, betont Faust später noch
einmal: *»Du hörest ja, von Freud' ist nicht die Rede.«*
Schmerzen und Glück, Wohl und Wehe, Höchstes und Tiefstes soll ihn Mephistopheles unmittelbar erleben lassen.
Mit seinem Blut verschreibt sich Faust dem Teufel und ist
nun bereit, die von Mephistopheles vorgeschlagene Welt-
und Lebensreise anzutreten. Die im Himmel geschlossene
Wette zwischen dem *Herrn* und dem Teufel hat ihr menschliches Gegen- und Ergänzungsstück gefunden, das nun die
eigentliche Erdenhandlung in Bewegung setzt.

Während er sich zur Reise umkleidet, fertigt Mephistopheles in Fausts Gewandung einen *Schüler* ab, der dem berühmten Gelehrten seine Aufwartung machen und von ihm einen Eintrag in sein Stammbuch erbitten will. Im Gespräch mit diesem Anfänger der Gelehrtenlaufbahn, der später ebensowohl ein Faust wie ein Wagner werden kann, macht sich Mephistopheles ein teuflisches Vergnügen daraus, über den Universitätsbetrieb in seiner damaligen Form die Schale seines Spottes auszugießen. Er bestärkt damit auch in uns das Verständnis dafür, daß sich ein Faust von einer so wenig befriedigenden Tätigkeit lösen und dieser in ihrer Beschränktheit eitlen und im Grunde doch engen und kleinen Welt absagen muß.

Einen exemplarischen *Cursum* will Mephistopheles für den skeptischen Faust veranstalten und ihm *»die kleine, dann die große Welt«* zeigen.
Im feuchtfröhlichen Gelage, wie es sich in *Auerbachs Keller* laut und derb vollzieht, hat gewiß schon mancher sein vornehmes Denken vergessen. Aber Faust sieht dem albernen Benehmen der Studenten wie auch den Gaukeleien des Teufels völlig teilnahmslos zu. Mephisto hält eine Verjüngung Fausts für nötig. Ein Zaubertrank in der *Hexenküche* soll sie bewirken.
Mephistopheles hatte Faust versprochen, der Zaubertrank werde ihn bald in jedem Weibe eine *Helena*, also den Inbegriff aller Schönheit, schauen lassen. Der rüde Ton, in dem Faust von Mephistopheles im folgenden Bild sogleich das unschuldige Gretchen für sich fordert, bestätigt ebenso wie später seine völlige Ergriffenheit von echter Liebe zu diesem Mädchen, daß Mephistopheles Wort gehalten hat; Faust erscheint von Grund auf verwandelt. Nicht eine Ausnahmegestalt wirkt auf ihn ein, nicht ein Sonderfall trägt sich hier zu, in ihrem Schicksal erfüllt sich wirklich das später so teuflisch grausam gemeinte *»Sie ist die erste nicht«.*
So kann auch der Schauplatz jede Stadt sein, die einen Dom, einen Zwinger mit Muttergottesbild, einen Turm mit Kerker hat, jede Stadt, in der kleinbürgerliche Verhältnisse bestehen und wo Nachbarbesuch, Kirchgang oder auch nächtliche Schlägereien möglich sind, also überall und auch

heute noch. Aber es kennzeichnet doch Fausts tiefere Veranlagung, daß das erste weibliche Wesen, das er vielleicht überhaupt in seinem Leben auf der *Straße* anzusprechen wagt, ein ehrbares, wirklich frommes und reines Mädchen aus zwar nicht vornehmem, aber doch gutem Hause ist. Für Gretchen allerdings ist das um so schlimmer, als ja Faust vom ersten Augenblick an durch sinnliche Begier zu ihr getrieben wird. In ihrem *kleinen reinlichen Zimmer,* zu dem Mephistopheles ihm den Zutritt verschafft, erwacht zwar in ihm, der »so grade zu genießen« kam, das Verantwortungsgefühl: »Fort! fort! Ich kehre nimmermehr!« Aber schließlich ist er doch mit dem teuflischen Geschenk für Gretchen einverstanden. Er fordert auch, als der Schmuck der Kirche anheimgefallen ist, sofort ein neues Geschmeid und ist bereit, *Frau Marthe,* die Mephistopheles zur Gelegenheitmacherin ausersehen hat, als Vorwand zum Besuch bei ihr den Tod ihres ihm völlig unbekannten Ehemannes zu bezeugen.

In Frau Marthens *Garten,* wo die beiden auf und ab gehenden Paare Faust und Gretchen und Frau Marthe und Mephistopheles in Bild und Gegenbild einander kontrastreich beleuchten und erläutern und wo Gretchen sich mit ihren hausmütterlichen Sorgen in wunderbarer Reinheit offenbart, folgt das erste Liebesgeständnis, im *Gartenhäuschen* der erste Kuß. Aber der Idylle fehlt auch die tragische Vordeutung nicht. Faust m u ß die gegenwärtige Wonne als »ewig« fühlen: »Ihr Ende würde Verzweiflung sein.«

Bevor sich aber das Unabwendbare vollzieht, erfährt Faust noch einen Augenblick der Besinnung. Er findet und sammelt sich in *Wald und Höhle* zu ernst-feierhaftem Genuß der unendlichen Natur. Deren Einzelwesen erscheinen ihm innerlich verwandt, und Dankesgefühl erfüllt ihn dem *großen,* sie alle umfassenden *Geist* gegenüber, der ihn nicht *verschmäht* hat, denn vor ihm erschließt sich die Natur: »Geheime, tiefe Wunder öffnen sich.« Aber gerade in solcher Stimmung kommt ihm seine Gebundenheit an den Teufel, den er auch als Gabe dieses Geistes begreift, um so schmerzlicher zum Bewußtsein. Gerade hier vermag der dazukommende Mephistopheles, durch grausam spottende Schilderung von Gretchens Liebeskummer Fausts Sinnlichkeit aufs höchste zu steigern, so daß dieser sich ihr wie etwas Schicksalhaftem anheimgibt: »*Du, Hölle, mußtest dieses Opfer haben! [. . .] Was muß geschehn, mag's gleich geschehn!*«

In der stillen Stube *am Spinnrade* klagt Gretchen um den gestörten Seelenfrieden und muß doch fühlen, wie sich alles in ihr zu dem Geliebten hindrängt. Ihre Sorge um das Seelenheil des Geliebten löst in Marthens Garten Fausts tiefsinniges G l a u b e n s b e k e n n t n i s zu dem namenlosen und unnennbaren *Allumfasser* und *Allerhalter* aus. Es gelingt ihm auch, ihr Mißtrauen gegen seinen Gefährten zu beschwichtigen und ihre letzten Bedenken gegen eine nächtliche Verabredung in ihrer Kammer zu zerstreuen.

Am Brunnen muß sich Gretchen bereits eingestehen, daß sie nicht mehr wie früher leichtfertig und überheblich schmälen kann, wenn ein armes Mädchen einen Fehltritt tat. Im *Zwinger* klagt ihre tief zerrissene Seele der schmerzenreichen Gottesmutter ihre Not. Aber sie soll schuldlos noch tiefer verstrickt werden. *Vor Gretchens Tür* gerät ihr Bruder *Valentin* mit dem zu neuem nächtlichem Besuche kommenden Faust in Händel und fällt. Und als sie sich mit ihrem Herzenskummer in den *Dom* geflüchtet hat, darf ihr der *böse Geist* unter anderen Anklagen auch zuflüstern, daß sie mit dem Schlaftrunk in der Glücks- und Unglücksnacht auch den Tod ihrer Mutter verschuldet hat. Unter der Wucht der Vorwürfe, die schließlich nur Selbstanklagen sind, bricht sie zusammen.

Den Geliebten hat indes Mephistopheles, da auf ihnen beiden wegen des Totschlags der Blutbann liegt, aus der Stadt entfernen müssen. Er benutzt die Zwischenzeit zu einem schaurig großartigen Versuch, Fausts Gewissensregungen, die seiner Absicht zuwiderlaufen, in einer wüsten Orgie zur *Walpurgisnacht* auf dem Brocken zu ersticken.

Wir müssen uns den Harz zunächst in einer Zeit vorstellen, als er touristisch noch unerschlossen, besonders für die volkstümliche Einbildungskraft etwas Rauhes, Wildes, Unheimliches an sich hatte. Dieser Eindruck mußte sich noch verstärken im Oberharz, wo oberhalb der in der Dichtung genannten Orte *Schierke** und *Elend** ein Felsen-, Urwald- und Moorgewirr begann, das den damaligen Wanderer stündlich mit Gefahr bedrohte.

In diese verworren grausige Welt versetzt Mephistopheles den Faust in tiefer Nacht, und noch dazu in einem Augenblick, als Sturmgewölk mit wütendem Rasen rings Äste brechen und Stämme bersten läßt. Aber all das gipfelaufwärts jagende Wüten, Fauchen, Heulen ist in dieser Nacht tausendfach beseelt. Gespenster aller Art, *Hexen* und *Hexenmeister* kommen von allen Seiten gekrochen, gegangen, geritten, geflogen, untermischt auch von Menschenwesen der wirklichen oder jüngst vergangenen Welt, die sich durch Wesen oder Treiben irgendwie teufelswürdig erweisen. Alles aber strebt hinauf zur Brockenkuppe, wo der Teufelsfürst selber über seine Getreuen Heerschau halten will. Dort steht es, liegt es, hockt es in Massen und in Gruppen und gebärdet sich hier schaurig, dort wunderlich, dort lachhaft verrückt. Sogar ein Naturtheater ist vorhanden. Auch ein Stück, *Oberons und Titanias goldne Hochzeit,* soll aufgeführt werden. Allein es entsteht dabei ein solches Durcheinanderschwatzen der auf und vor der Bühne mitwirkenden Geister und Geistchen und musizierenden Kleinwesen, daß weder Zusammenhang noch Sinn zu erkennen ist, bis schließlich die ganze Vorstellung und mit ihr der wirbelig wirre Walpurgisspuk überhaupt ins Nichts zerfließt.

Inmitten dieses Gespensterwustes hat sich auch Faust, geführt von Mephistopheles, durch Gestrüpp und Wurzelgefitz den Weg nach oben gebahnt. In Wirklichkeit, im geistig-sittlichen Sinne, war es allerdings ein Abstieg, denn das ganze rasend zunehmende Teufelsgetreibe ist eine sinnbildliche Konzentration alles Widergöttlichen, Widersittlichen, Häßlichen, Gemeinen. Wieweit er sich in den Strudel hinein- und hinunterreißen läßt, zeigt sein Tanz mit der Hexe. Aber unmittelbar darauf wird er von einer Erscheinung angezogen, die auf Gretchen und Gretchens Schicksal deutet und ihn mit einem Male aus dem ringsum brodelnden Unflat, der ihn zu verschlingen droht, zurückreißt.

Auf den Sinnenrausch folgt die Ernüchterung fürchterlichster Art. Die vom Dichter gewählte Landschaftsbezeichnung *Trüber Tag. Feld* gibt dazu den entsprechend öden Hintergrund. Fausts gräßliche Flüche gegen seinen Ratgeber und Gelegenheitmacher sind ohnmächtige Selbstbeschuldigungen. Mephistopheles ist bereit, das inzwischen gefangene und

verurteilte Gretchen zu befreien. Es ist höchste Zeit, denn
beim Reiten durch *Nacht und offen Feld* spürt man schon
gespenstische Vorbereitungen am Hochgericht.
Im *Kerker* liegt in völliger Seelen- und Sinnenverwirrung
Gretchen, dasselbe Gretchen, das seinerzeit so rührend anschaulich von seinen Mutterdiensten am Schwesterchen zu
erzählen wußte und das nun in namenlosem Jammer sein
eigenes Kind getötet hat. Die Erinnerung an Liebeslust und
Todesleid, das Schuldgefühl gegen Kind, Bruder und Mutter
verwirren sich mit der Angst vor dem Henker und den grausigen Bildern von Hinrichtung und Begräbnis. Aber bei
allen Wahnvorstellungen ist ihr sittliches Empfinden doch
geradezu hellseherisch klar geblieben. Sie spürt, daß den Geliebten nur Schuldgefühl und Mitleid noch an sie fesseln,
und Mephistos Dazukommen läßt ihr den Kerker fast als
eine heilige Stätte erscheinen, die sie vor Entweihung durch
ihn schützen muß. So ergibt sie sich, jede Fluchthilfe ablehnend, dem *Gericht Gottes*. Heilige Engel sollen sich um sie,
die nach Menschenmaß doch eine Todsünderin ist, zur Abwehr lagern, damit sie durch gehorsame Hingabe an das
irdische Gericht ihre Schuld büßen und für ihre Seele Entsühnung erwirken kann. Die *Stimme von oben* bestätigt
ihren Glauben mit dem gnadenvollen, erlösenden Wort »gerettet«. Mephistopheles aber *verschwindet mit Faust*.

Der Tragödie zweiter Teil

ERSTER AKT

Nach dem *Kerker* eine *anmutige Gegend,* nach Kettengeklirr
das Getön zarter Windharfen, nach Flüchen und Schmer-
zenslauten, aus denen der »*Menschheit ganzer Jammer*« her-
vorschrie, feierliche Naturandacht. Es ist kaum ein größerer
Gegensatz in Szenerie und Stimmung denkbar.
Wohl wird auf »*erlebten Graus*« hingedeutet, wohl haften
»*des Vorwurfs glühend bittre Pfeile*« noch in der Seele
Fausts, aber von Gretchen ist nicht mehr die Rede. In Mephistos Programm für Faust hatte sie nur Bedeutung als
e i n e s der Erlebnisse, durch die seine unendlich leidvolle

Sehnsucht im sinnlichen Genuß gefangen werden sollte. Nun aber schreitet die Handlung darüber hinweg zu neuen Erlebnissen weiter. Es sind lichte Naturgeister, wohl Abgesandte des *»herrlich erhabenen Geistes«*, wenn nicht gar des *Herrn* selbst, die ihr verstehendes und entsühnendes Denken und Wirken nicht auf Gretchen, die ja als gerettet gilt, sondern ausschließlich auf Faust einstellen: *»Ob er heilig, ob er böse, / Jammert sie der Unglücksmann.«*
Durch sie mit heilendem V e r g e s s e n s schlaf erquickt, fühlt der erwachende Faust *»des Lebens Pulse frisch lebendig schlagen«* und festigt sich im Anblick der mit geradezu hörbarem Glanz aufgehenden Sonne zu dem Beschluß, *»zum höchsten Dasein immerfort zu streben«*. Aber dieses Streben richtet sich nicht mehr ins Überweltlich-Übersinnliche. In der neugewonnenen Erkenntnis: *»Am farbigen Abglanz haben wir das Leben«*, richtet es sich bewußt und freudig bejahend auf die Erscheinungswelt. Faust ist neu gekräftigt und bereit, nun auch die Fahrt in die sogenannte *große Welt* anzutreten.
Die *kaiserliche Pfalz**, in die wir völlig unvermittelt versetzt werden, ist Inbegriff und Mittelpunkt nicht nur des Reiches, sondern zugleich des Staatslebens überhaupt. Der junge *Kaiser* selbst, weit entfernt, in Taten Erfüllung seiner Aufgabe zu suchen, hat sich ausschließlich auf den Genuß seines Herrschertums eingestellt und empfindet den *Staatsrat*, den er hat berufen müssen, als eine unbequeme Einleitung zu dem willkommneren Fastnachtstreiben. Unerfreulich ist allerdings, was ihm nacheinander *Kanzler, Heermeister, Schatzmeister* und *Marschalk** zu berichten haben: Das Rechtsleben hat sich in Gesetzwidrigkeit verkehrt, das Heer ist wegen der Soldrückstände zuchtlos geworden, die Staatseinkünfte sind durch die Ich- und Habsucht aller zurückgegangen, und allgemeine Völlerei hat zur Verpfändung der erst später zu erwartenden Einnahmen geführt.
Dies ist für Mephistopheles, der sich als Ersatz des verunglückten Hofnarren in den Staatsrat gedrängt hat, der günstige Augenblick, teuflische Hilfe zu bringen und damit zugleich für Faust, der noch nicht auftritt, einen guten Boden zu bereiten. Mephistopheles erfindet das P a p i e r g e l d , das den künftigen Besitzern nicht nur Gegenwerte in wirk-

lich vorhandenem Edelmetall oder Grundbesitz, sondern auch in unterirdischen, v i e l l e i c h t vorhandenen und vielleicht einmal zu findenden Schätzen zusichert. Wenn auch der Schatzmeister den Schwindel durchschaut, den Staatsräten genügt schon, daß damit nur die augenblickliche Verlegenheit behoben wird. Kann man sich doch nunmehr unbesorgt der *Mummenschanz* hingeben.

Der Maskenzug, eingeleitet und fortlaufend erläutert durch einen Herold, beginnt mit dem Aufzug von *Gärtnerinnen* und *Gärtnern*, die selbstsprechende Blüten und Früchte ausbreiten. Es folgen *Fischer*, *Vogelsteller* und *Holzhauer*, aber auch Charakterfiguren verschiedener Art. Dann aber werden sie abgelöst durch s i n n - b i l d l i c h e Gestalten. Nach den *Grazien*, den *Parzen* und den *Furien* erscheint ein gewaltiger, die M a c h t darstellender Elefant, überragt von der Siegesgöttin und geleitet von der *Klugheit*. Diese führt an Ketten mit sich die *Furcht* und die *Hoffnung**, die sie beide je in ihrer Einseitigkeit für die *größten Menschenfeinde* und damit auch für Feinde des Gemeinlebens erklärt. Es folgt ein von Flügeldrachen gezogener Prunkwagen, auf dem *Plutus**, der Gott des Reichtums, steht, hinter ihm, in geduckter Stellung, der *Geiz*. Gefahren wird der Wagen vom *Knaben Wagenlenker*. Im Widerspiel zu der dinglich faßbaren Besitzesfülle des Plutus weiß dieser aus der Luft das Gedankengold dichterischer Einbildungskraft zu greifen. Er bezeichnet sich als die *Verschwendung*, die *Poesie*, und wird schließlich von Faust – dieser stellt den Plutus dar, während sich Mephisto unter der Maske des Geizes gefällt – in die schöpferische *Einsamkeit* entlassen, dort soll er seine ideale Welt des Guten und Schönen schaffen.

Alle diese Einzelpersonen und Gruppen werden umdrängt von einer Masse, die teils unmittelbar zum Spiel gehört, teils von der ja selbst maskierten Hofgesellschaft gebildet wird. In ihr farbenfrohes, bald lustiges, bald derbes Durcheinanderwogen drängt sich schließlich eine verworren stürmende Schar von *Faunen**, *Satyrn**, *Gnomen**, *Nymphen**, die mit sich den *großen Pan** führen. Es ist der Kaiser selbst, der in dieser Gestalt seine Rolle im Maskenzug übernommen hat. In diesem Augenblick aber geschieht ein Unglück. Der *Kaiser* beugt sich über die von Plutus mitgeführte Truhe, in der unaufhörlich leuchtendes Gold lodert, und plötzlich steht er, mit seinem künstlichen Bart dem Feuer zu nahe gekommen, samt seinem ganzen Maskenanzug in hellen Flammen. Es bedarf eines Zauberregens, den Plutus-Faust herabbeschwört, um die Flammen zu löschen und den Kaiser von seiner Pein zu befreien.

Das Flammengaukelspiel hat den Kaiser nach überstandener
Angst in heitere Laune versetzt. Diese steigert sich, als ihm
von allen Seiten Berichte über die günstigen Wirkungen des
Papiergelds, das er während des Maskenfestes mit seinem
Namenszug unterschrieben haben soll, zugetragen werden.
Er macht selbst einen Versuch damit, indem er solche Schatzanweisungen an seine Hofleute verteilt; er muß aber feststellen, daß nicht e i n e r der Beschenkten durch den empfangenen Geldsegen etwa Lust und Mut zu neuen Taten
erhält, es sei denn der inzwischen wiedererstandene *Narr*,
der das Scheingeld sofort sicher in *Grundbesitz* anlegt.

Das Flammengaukelspiel hat aber – wie uns das Zwiegespräch zwischen Faust und Mephistopheles in der *finsteren
Galerie* zeigt – noch eine folgenschwere Wirkung: Der Kaiser, einmal angeregt durch Fausts Zauberkunst, verlangt von
ihm die Heraufbeschwörung von *Helena* und *Paris*. Mephistopheles kennt wohl Weg und Mittel zu deren Wiederbele-
bung, warnt aber Faust vor dem Zugriff »*in ein fremdestes
Bereich*«, warnt vor *Öd und Einsamkeit*, warnt vor dem
weglosen Gang zu den *Müttern*.

Wer sind die Mütter, bei deren bloßem Namen es Faust
schaudert und von denen zu *sprechen* auch für Mephisophe-
les *Verlegenheit* ist? Ihr Aufenthalt liegt jenseits alles sinnlich Erfahrbaren im Bereich des Raum- und Zeitlosen, auf
das sich die Begriffe menschlicher Anschauung nicht anwen-
den lassen. Es ist das Reich der jeglichen Stoffes baren,
ewigen, reinen Formen. Diese aber sind die Urbilder aller
der Dinge, die innerhalb der Erscheinungswelt einmal waren oder jetzt noch sind oder künftig sein werden. Alles
Wirkliche entsteht, wenn sich eine solche ewige, reisig geistig
unsinnliche Form einem irdischen Stoff aufdrückt, es verfließt wieder in der rohen Stoffmasse, wenn sich die Form
vom Gehalt löst.

In diese Welt, die eigentlich überhaupt keine Welt mehr ist,
muß Faust hinabschwinden, wenn er die Urbilder von *Paris*
und *Helena* heranbringen will. Mit einem von Mephistopheles erhaltenen *Schlüssel* soll er dort einen geheimnisvollen *Dreifuß* berühren. Dieser wird ihn dann in die gegenwärtige sinnliche Welt zurückbegleiten und bei der Geisterbeschwörung unterstützen. Die Größe des beschlossenen

Wagnisses wird noch dadurch erhellt, daß nicht einmal der Teufel weiß, ob Faust sein Abenteuer lebend bestehen, ja ob er überhaupt noch einmal sichtbar werden wird.

Der *Hof* versammelt sich. Nach einem erheiternden Zwischenspiel, in dem *Mephistopheles* sich bei der Gesellschaft mit allerhand wunderärztlichen Künsten beliebt macht, übernimmt im dämmrig beleuchteten *Rittersaal* der *Herold* wieder die Einführung. Dann läßt der *Astrolog* durch die Wandteppiche hindurch einen dorischen Tempel sichtbar werden. Da erscheint *Faust* im Priestergewand vor der Geisterbühne, und sowie er den mitgebrachten Dreifuß mit dem glühenden Schlüssel berührt, treten aus dem Nebel erst *Paris**, dann *Helena** hervor, beide auf die männlichen und die weiblichen Zuschauer verschiedene Wirkung ausübend. Faust selbst aber fällt bei Helenas Erscheinen ganz aus der Rolle. Hier offenbart sich ihm ja die längst gesuchte, höchste menschliche Schönheit:

> *»Du bist's, der ich die Regung aller Kraft,*
> *Den Inbegriff der Leidenschaft,*
> *Dir Neigung, Lieb, Anbetung, Wahnsinn zolle.«*
>
> (V. 6498–6500)

Zunächst zwar gelingt es Mephistopheles noch, ihn zurückzuhalten. In dem Augenblick aber, als Paris die erwachende Helena entführen will, stürzt Faust auf die Scheinbühne, reißt unter Anrufung der Mütter Helena an sich und berührt Paris mit dem Zauberschlüssel. Er bewirkt aber damit nur eine furchtbare *Explosion*, die das ganze Scheinwerk *in Dunst aufgehen* und Faust selbst zusammenbrechen läßt.

ZWEITER AKT

Das Hof- und Staatsleben, die *große Welt*, ist für Faust ohne tieferen Eindruck geblieben. Wohl aber hat die zu bloßem Unterhaltungszweck veranstaltete Geisterbeschwörung ihm den Ausblick in ein neues Erleben geöffnet: Helena und die Schönheit der griechischen Antike.
Um Faust diese Welt erschließen zu können, muß sich Mephistopheles neue Wege überlegen. Dazu bringt er den

infolge der körperlich-seelischen Erschütterung immer noch Ohnmächtigen zunächst in sein ehemaliges S t u d i e r - z i m m e r zurück. Damit wird in wichtigem Augenblick der Schauplatz der ersten Seelenkämpfe sowie der Vertrags- schließung nochmals neuer Ausgangspunkt für Fausts Leb- ensfahrt, die ihn nun in die Welt des klassischen Altertums führen wird.

Obwohl seit dem Weggang Fausts Jahre vergangen sein müssen – wir erkennen das an dem Verhalten der auftreten- den Personen –, befindet sich die Wohnung noch völlig im früheren Zustand; man hofft immer noch auf die Wieder- kehr des rätselhaft Verschwundenen. So lockt es Mephisto- pheles, noch einmal in Fausts altem Pelze den Gelehrten zu spielen. Auf sein Läuten stellt sich zunächst Wagners *Famu- lus* ein, der, in demütiger Bescheidenheit und gläubiger Ehrfurcht vor der Wissenschaft, von den alchimistischen Ver- suchen seines inzwischen berühmt gewordenen Herrn berich- tet. Er wird abgelöst durch einen hereinstürmenden *Bakka- laureus*, der sich als der *Schüler* von ehemals vorstellt und den Teufel mit einem anmaßend überheblichen Reteguß überschüttet. Doch dieser erwidert spöttisch, daß auch solche, jeder Ehrfurcht bare und allein das eigene Ich zum Maß der Dinge nehmende Jugend bald abgeklärt und ungefährlich sein werde.

Im *Laboratorium* aber bemüht sich Professor *Wagner* an einer Aufgabe von unendlicher Tragweite, die die Alchimi- sten von jeher beschäftigt hat. Sein schon damals natur- abgewandter Sinn hat sich inzwischen zur Verachtung alles Natürlichen gesteigert. Jetzt hat er sein Bemühen daran ge- wendet, auf chemischem Wege einen künstlichen Menschen hervorzubringen. Der eintretende Mephistopheles kommt gerade zurecht, ihm zum letzten Erfolg zu verhelfen. Aller- dings ist das Ergebnis nicht ein Mensch, sondern ein Mensch- lein, ein *Homunkulus*, und noch dazu eins, das nur innerhalb seines Glasbehälters daseinsfähig ist: »*Natürlichem genügt das Weltall kaum, / Was künstlich ist, verlangt geschloßnen Raum.*« Als Erzeugnis gelehrten Denkens aber ist sein hoch- empfindlicher Glaskörper geladen mit Wissen und durch- dringendem Verstand. Er kann darum auch den Leda- Traum deuten, den Faust, ohnmächtig in dem sich nunmehr

öffnenden Nebenzimmer liegend, schaut. Er erweist sich
dann auch willig und fähig, den Sehnsuchtsvollen zu seinem
Elemente, in die altgriechische Welt zu bringen. Der Stubengelehrte Wagner vermag seinem entschwindenden Geistes-
erzeugnis allerdings nur wehmütig nachzuschauen; den Mephistopheles und den noch immer schlafenden Faust aber
trägt der Zaubermantel, in der Richtung bestimmt durch den
in seinem Glasbehälter voranleuchtenden Homunkulus, nach
Südosten, wo die Luftfahrer gerade zur *Klassischen Walpurgisnacht* zurechtkommen.

KLASSISCHE WALPURGISNACHT

Das Land der Griechen ist erreicht. Schier unbegrenzt dehnt
sich das thessalische Land, das Stromgebiet des *Peneios**.
Aber wie aus der Vogelschau rückt, was tageweit ausein-
anderliegt, eng zusammen, und zauberhaft leicht bewegt sich
der Schauplatz der Handlung von dem ganz im Süden liegenden *Pharsalus** nordwestlich hinauf zum *Oberlauf des
Peneios*, dann östlich hinab zur Ebene, wo der Strom kaum
merklich zwischen Schilfrohr, Weiden, Pappeln dahinzieht,
dann wieder zurück zum Oberlauf und schließlich abwärts
über die Mündung hinaus bis in die *Felsbuchten des Ägäischen Meeres*.
Nacht liegt über der teils in tiefe Finsternis gehüllten, teils
vom Mondlicht durchzitterten Landschaft. Alles Wirkliche
ist verschwommen, die gedachte, geträumte Welt hat das
Vorrecht. Wie die nordische Walpurgisnacht an den Übergang vom April zum Mai gebunden ist, so knüpft sich die
klassische an den Jahrestag der Schlacht von *Pharsalus*. In
dieser Nacht erscheint seit fast zwei Jahrtausenden alljähr-
lich ein schauerliches *Nachgesicht** gewaltiger Ereignisse:
Zwei Heerlager sind bereit, den Kampf zwischen Pompejus
und Cäsar, in dem die Republik dem herankommenden Kaisertum erlag, als Geisterschlacht wieder aufleben zu lassen.
Diese Nacht ist dem Geistwesen überhaupt freigegeben, und
wie auf dem Brocken Teufel und Hexen, so lagern oder bewegen sich hier zwischen den Wachtfeuern die Gestalten
altgriechischer Sage.

Die eigentlichen Götter allerdings bleiben in olympischer
Ferne. Den F a b e l w e s e n niederen Ranges, die aber um
so mehr naturverwachsen sind, gehört das Feld. Ihre Verteilung im Gelände scheint einen gewissen geschichtlichen Fortschritt darzustellen. *Am obern Peneios* herrschen vor die aus
Urzeiten stammenden Mischwesen, so die *Sphinxe**, die
Frauenkopf und -brust auf Löwenleib tragen, ferner die
*Greife**, die Adlerköpfe mit Löwenkörpern vereinigen, dann
die mensch- und vogelgestalteten *Sirenen**, aber auch der
Erdbebenerreger *Seismos** sowie *Oreas* als Vertreter des Ur-
gesteins. Der Unterlauf gehört nicht nur den menschen-
freundlichen *Nymphen**. Dort ist auch der Bereich des *Chiron*, der, zwar noch Pferdmensch, kraft seiner hohen Ver-
standesgaben bereits vielen Helden als Erzieher gedient hat,
und schließlich steht hier auch der Tempel der wohltätig
milden Seherin *Manto*. In den Meeresbuchten aber bewegt
sich die Welt der Schönheit, zuhöchst verkörpert in *Galatee**, die, seitdem Aphrodite-Venus sich dem Olymp zugesellt hat, in der irdischen Welt und zumal auf dem Meere
als ihre Vertreterin gilt.
Zu diesen führenden Gestalten treten noch andere Wesen in
so überreicher Fülle, daß nicht nur unsere Wanderer, die sich
zwischen ihnen durch bewegen, in Verwirrung geraten, sondern daß selbst der Leser oder Hörer eine ganz eingehende
Kenntnis der griechischen Götter- und Heldensage haben
muß, um alle die Beziehungen, in denen sie zueinander
stehen, sofort zu erkennen und richtig zu deuten. Erkenn-
bare dichterische Absicht ist, daß sich in der Klassischen
Walpurgisnacht, im Gegensatz zur mißgestaltet nordischen,
zuletzt alles in harmonischem Zusammenklang auflöst, der
selbst dem scheinbar Widerwärtigen einen tiefen Sinn gibt.

Zweimal werden wir auch Zeuge gewaltigen Geschehens. Das eine
Mal, als wir wieder zum *obern Peneios* zurückgeführt worden
sind, wölbt der Erderschütterer Seismos einen neuen B e r g über
die Erdoberfläche heraus. Kaum ist er aber zur Ruhe gekommen,
bedecken sich seine Felsen auch schon mit Wald. Lebewesen finden
sich herzu und erraffen das aus den Felsenritzen hervorschim-
mernde Gold. Mit den sammelnden *Ameisen* um die Wette mühen
sich Fäustlinge und Däumlinge – *Pygmäen** und Daktyle** – und
schmieden Metall zu Waffen. Da sie damit aber im Frevelmut

harmlose *Reiher* töten, um deren Federn als Helmschmuck zu verwenden, übernehmen *Kraniche* die Rache. Ein wütender Kampf tobt, bis schließlich ein neues Naturereignis Ruhe schafft: Aus dem Mond löst sich ein ungeheurer Fallstein. Er stürzt auf den eben erst in die Höhe gewuchteten Berg und zerquetscht nicht nur Freund und Feind, sondern gibt auch dem Berg selbst eine neue Form, so daß dieser in einer Nacht durch gewaltsames Zusammenwirken unter- und überirdischer Naturkräfte seine endgültige Gestalt erhalten hat.

Das andere zusammenhängende Ereignis vollzieht sich in den *Felsbuchten des Ägäischen Meeres.* Hier wirkt alles zusammen zu einem Bild des Friedens. *Nereus*,* ein gutmütig polternder Meeresgott, der mit seiner Seherkraft vielen zum Guten geraten, aber selten damit Erfolg gehabt hat, erwartet ein M e e r e s f e s t, an dem alle Wunderwesen der Wasserfluten teilnehmen sollen. Seine Töchter, *Nereiden** oder, nach seiner Gattin, *Doriden** genannt, holen zusammen mit den *Tritonen** auf dem Schild einer Riesenschildkröte aus dem fernen *Samothrace** die *Kabiren,* krugförmig gestaltete Schutzgötter der Schiffer, die dem Fest einen ruhigen Verlauf sichern sollen. Zu gleichem Zweck bringen die kunstgeübten *Telchinen* den von ihnen geschmiedeten Dreizack des Meeresgottes Neptun herbei, so daß die Wogen nicht aufgejagt werden können. Das Fest kann beginnen.

Als Vorboten kommen, in der Ferne wie ein Mondhof erscheinend, zunächst *Tauben* geflogen; sie sind die Begleiter der Liebesgöttin. Dann erscheinen als Vorreiter auf allerlei Meergetier die zauberkundigen *Psyllen* und *Marsen.* Sie bringen von *Zypern** her, das allem sonstigen Herrschaftswechsel zum Trotz der Herrschaft der Liebesgöttin treu geblieben ist, den von ihnen behüteten *Muschelwagen* der Göttin. Auf Delphinen umspielen ihn die *Doriden.* Sie haben sich Schifferknaben gerettet und möchten, um sich ihrer ewig zu erfreuen, ihnen Unsterblichkeit erwirken, wozu aber Vater Nereus nicht imstande ist. Und nun kommt auf dem *Muschelwagen Galatee* selbst. Ein herzlicher Blick, ein einmaliger kurzer Wortwechsel mit dem Vater, der einzige, der beiden im Jahre erlaubt ist, und schon ist der unaufhaltsam sich bewegende Zug vorüber und entschwindet in prachtvollen Windungen weit hinaus in die Ferne.

Hat schon die Zauberwelt der *Klassischen Walpurgisnacht* im ganzen und im einzelnen einen tiefen Sinn, so gilt dies im besonderen von den beiden hier ausführlich dargestellten Bildern. Übrigens helfen die beiden all das Wundertreiben durchschreitenden einzigen geschichtlichen Menschen selbst mit zur Deutung. Beide sind griechische Naturphilosophen, die sich über Wesen und Entstehung der Natur tiefsinnig Gedanken gemacht haben. *Anaxagoras* hält das Feuer, *Thales* das Wasser für die weltschöpferische Urkraft.

Wenn das Erdbeben im Zusammenwirken mit dem aus dem Mond gefallenen Felsklumpen den neuen Berg geschaffen hat, so soll das, auch wenn es hier nur ein Spuk ist, Beispiel dafür geben, daß die Gesamtgestalt der gegenwärtigen Erdoberfläche Ergebnis der Bewegungen feuerglutender Masse ist. Anaxagoras ist, wie man zu des Dichters Zeit sagte, Vulkanist. Demgegenüber gibt sich Thales als Neptunisten: Das Wasser, dessen Gott ja Neptun ist, und überhaupt das Feuchte, hat nicht polternd gewaltsam, sondern in jahrtausendelangem, allmählichem Arbeiten Berg und Tal zu jetziger Schönheit herausgearbeitet, vor allem hat es in seinem fruchtbaren Schlamm auch das Lebendige und durch dieses auch noch die gegenwärtigen Lebewesen hervorgebracht: »*Alles ist aus dem Wasser entsprungen!! Alles wird durch das Wasser erhalten!*« (V. 8435 f.) Auf welcher Seite der Dichter steht, ergibt der Gesang, mit dem das Meeresfest abschließt: »*Heil dem Meere! Heil den Wogen,*« (V. 8480). Allerdings läßt er die singenden Sirenen hinzufügen: »*Heil dem Wasser! Heil dem Feuer!*« Beides hat sich ja, von der allgewaltigen Liebeskraft des *Eros* gedrängt, zur Neuerzeugung des Homunkulus vereinigt. Ja, letzten Endes löst sich alles in einen schier überirdischen Ein- und Zusammenklang auf: »*Hochgefeiert seid allhier, Element' ihr alle vier!*«

Ein wundervoller Abschluß der nicht nur an verwirrender Fülle der Gesichte, sondern auch an einzelnen rein und klar geschauten Bildern überreichen Klassischen Walpurgisnacht. –

Aber wo sind unsere Lufttreisenden geblieben? Wir haben sie nur deswegen zunächst außer acht gelassen, weil ihre Erlebnisse und Schicksale erst Bedeutung erhalten durch den Hintergrund, auf dem sie sich vollziehen.

Nach der Landung von der Zauberfahrt hatte *Mephistopheles* vorgeschlagen, es möge jeder von ihnen dreien sich zwischen den Lagerfeuern sein eigenes Abenteuer suchen, und so sind sie auch nur gelegentlich aufeinandergetroffen. Mephistopheles war zunächst zu den *Sphinxen* und *Greifen** gekommen, aber ihre antike Nacktheit hatte den an lüsterne Halbverhülltheit Gewöhnten abgestoßen. Die Greife hat er beleidigt, indem er sie als Greise anredete, der Verführungsgesang der *Sirenen* erscheint ihm als unangenehmes *Trallern*, und als gar die Vögel des stymphalischen Sumpfes ihre Federn als Pfeile abschießen und die rumpfgetrennten *Köpfe der lernäischen Schlange** ihn umfliegen, steht der sonst durch nichts zu beirrende nordische Teufel »*wie verschüchtert*« und sehnt sich heim nach dem Blocksberg. Erst die *Lamien, lustfeine Dirnen,* machen ihn mit ihren Lockungen lebensfroh. Aber als er sich ihrer zu bemächtigen sucht, zergeht eine nach der anderen in Häßlichkeit und Nichtigkeit. Volle teuflische Befriedigung erfüllt ihn erst bei den *Phorkyaden**. Diese ältesten und urhäßlichen drei Frauengestalten, die sich gemeinsam nur eines Auges und eines Zahnes bedienen, machen so tiefen Eindruck auf ihn, daß er sich das Gesicht der einen erbittet. Es wird ihm gewährt, und damit ist er vorbereitet, als *Phorkyas**, das heißt als Urbild aller nur erdenkbaren Häßlichkeit, der urbildlichen Schönheit *Helenas* als Gegenbild zu dienen.

Während Mephisto an der Reise nach Griechenland ohne einen bestimmten Zweck, eigentlich mehr aus Neugier teilgenommen hat, gefällt sich das künstliche Menschlein nicht nur in der Rolle des Führers auf Fausts dritter Weltfahrt. *Homunkulus* fühlt das Unvollkommene seines an einen Glasbehälter gebundenen Daseins und hofft, auf klassischem Boden die volle Verselbständigung zu finden. Aber er geht eigene Wege. Weder am oberen noch am unteren Peneios erscheint er; auch als, wiederum am oberen Peneios, Seismos den neuen, sich rasch bevölkernden Berg emporgehoben hat, trifft er nur kurz mit Mephistopheles zusammen. Erst die beiden Naturphilosophen Anaxagoras und Thales, die sich bei aller Meinungsverschiedenheit doch in einem, in dem Ruf »*Natur*«, einig sind, scheinen seiner rein intellektuellen Daseinsform den Weg zu organischer Entwicklung und Steigerung zeigen zu können. Die gewaltsame Art zu entstehen, wie er sie an dem durch das Erdbeben emporgehobenen Berg erlebt hat und die Anaxagoras als das wesentliche Naturschaffen preist, gefällt ihm jedoch nicht. So ist er bereit, dem Thales, nach dessen Grundanschauung Lebendiges aus Feuchtem und allmählich entsteht, ans Meer zu folgen. Der Meergreis Nereus soll weitere Auskunft geben. Dieser aber, infolge schlimmer Erfahrungen überhaupt nicht zu Empfehlungen aufgelegt und außerdem gegenwärtig ganz auf den Festzug seiner Tochter Galatee eingestellt, verweist auf *Proteus*, der in seiner unablässigen Selbstverwandlung die ewig sich umgestaltende Natur darstellt. Auch nach dessen Rat muß der Anfang des Entstehens im weiten Meer geschehen. In Gestalt eines Delphins nimmt er ihn auf den Rücken, um ihn dem Ozean zu vermählen. In der Tat nimmt auf der Fahrt, und vor allem je näher man dem Muschelwagen der Galatee kommt, die tönende Leuchtkraft des Homunkulus immer mehr zu. Aber von Eros, der nach Vereinigung drängenden Liebessehnsucht, getrieben, zerschellt er unter wundervollsten Tönen und Leuchten am Thron der Liebesgöttin. Der Feuerglanz zerfließt im Wasser. Diese Selbstauflösung ist jedoch in Wirklichkeit ein neuer Anbeginn. Denn nun besteht für Homunkulus die Möglichkeit und Aussicht, sich mit und in der Natur »*durch tausend, aber tausend Formen*« aufwärts und immer höher zu entwickeln in der Richtung auf den Menschen zu, falls diese Daseinsform überhaupt die erstrebenswerteste ist. Der dramatischen Entwicklung nach ist die Vermählung des Homunkulus mit Galatee, des noch Körperlosen mit dem körperschaffenden Meere, überhaupt das Ziel und der Höhepunkt dieses

Aktes. Das künstlich Belebte ist in den schöpferischen Grund der Natur eingegangen, um wirklich lebendig zu werden.

Wie der erdgeborene Riese Antäus bei jeder Berührung mit dem mütterlichen Boden neue Kraft gewinnt, so erwacht F a u s t in demselben Augenblick, da sich der Zaubermantel mit ihm auf die griechische Erde niedersenkt, zu neuem Leben. Sein erstes Wort gilt Helena: »Wo ist sie?« Von Erde, Meer und Luft fühlt er seine Frage beantwortet: In dieser Welt wird er die Gesuchte finden. Um ihretwillen ist er bereit, den Irrgarten der *Klassischen Walpurgisnacht* mit seinen allenthalben geheimnisvoll leuchtenden Flammen zu durchforschen. »Ernst« will er forschen, ganz im Gegensatz zur lüsternen Neugier des Mephistopheles. So steht er auch vor der Fabelwesen der Urzeit, die Mephistopheles als ein *»niedrig Volk«* empfunden hatte, in tiefer Ergriffenheit: *»Wie wunderbar!«* Aber auch hier weicht das erste Erstaunen sofort der Frage: »Hat eins der Euren Helena gesehn?« Die Sphinxe verweisen ihn an den allkundigen *Chiron**.

Am unteren Peneios trifft er ihn. Während Faust in Rohrgeflüster und Stromrauschen den Traum von Leda und dem Schwan, also vom Ursprung der Helena, noch einmal erlebt, kommt Chiron, gleich einem Reiter auf blendendweißem Pferde, dahergesprengt. Seine ewige Unrast verbietet ihm stillzuhalten. So nimmt er Faust auf seinen Rücken und gibt im Weitertraben Aufschluß auf Fausts Frage nach der klassischen Welt. Auf dem Umwege über die Frage nach dem tüchtigsten und zugleich schönsten Mann, *Herkules**, wagt sich Faust an die ihn eigentlich bewegende Frage nach der schönsten Frau. Zu seiner tiefen Verwirrung erfährt er, daß derselbe Rücken, der jetzt ihn trägt, auch Helena getragen hat. Chiron will Faust von seiner Liebessehnsucht, die ihm als Verrücktheit erscheint, durch *Manto*, die Tochter des Gottes der Heilkunst, genesen lassen. Aber Faust will nicht Heilung, er wäre ja sonst wie andere *»niederträchtig«*, das heißt, er würde sein nach Höchstem trachtendes Streben aufgegeben haben. Manto selbst dagegen hat Verständnis für den hohen Anspruch: *»Den lieb ich, der Unmögliches begehrt.«* Darum geleitet sie ihn zu dem dunklen Gang, der hinab in das Reich der *Persephoneia*, in die Unterwelt, führt.

Während infolge des erwähnten Erdbebens am oberen

Peneios jener Berg sich erhebt, gestaltet und umgestaltet, während Mephistopheles bei den Phorkyaden die ihm in dieser Welt dienliche Maske erlangt und während in den ägäischen Felsbuchten beim Meeresfest Homunkulus um sein Entstehen ringt, weilt Faust, so haben wir anzunehmen, am Thron der Unterwelt, um Helena für sich zu erbitten.

DRITTER AKT

Wieder ein unerwarteter Wandel in Schauplatz, Stimmung und Handlung. Statt der thessalischen die südlich peloponnesische Landschaft, statt des Helldunkels der Mondnacht Tagesklarheit, statt der verwirrenden Fülle urzeitlicher Fabelwesen wieder eine klar anschauliche Menschenwelt aus wenigstens scheingeschichtlicher Zeit, statt eines krausen Durcheinanders mannigfaltigster Geschehnisse eine einzige gradlinige Handlung in erhabener, glanzvoller Schlichtheit gleich dem Palaste mit seinen Marmorsäulen, den wir uns ruhig weiß und unter ewig blauen Himmel aufragend zu denken haben. Wir befinden uns *vor dem Palaste des Menelas* zu Sparta.*
Homerische Luft umweht uns. Der Kampf um *Troja** ist vorüber. Auch die Irrfahrten der Heimkehr gehören der Vergangenheit an. Unten am Strande des Eurotas*-Mündung liegt die Flotte des Menelaos. Dieser selbst ist im Begriff, die Kriegsscharen vor der Entlassung noch einmal zu mustern. Nicht ihn sehen wir, wohl aber seine voraufgesandte Gemahlin, die um ihrer Schönheit willen *vielbewunderte*, aber wegen der verderblichen Wirkungen dieser Schönheit *vielgescholtene*, oft entführte, oft und auch jetzt wieder heimgeholte H e l e n a. Sie soll den lang verwaisten Palast zum Empfang des Königs bereiten. Aber die Füße tragen sie die hohen Stufen zum Palast nicht mutig empor. Das Verhalten des Gemahls, der sie auf der Herfahrt kaum anzublicken vermocht hat, hat sie ungewiß gemacht, ob sie wirklich noch als Gattin und Königin heimkehrt. Hat er ihr doch aufgegeben, ein Opfer zu rüsten, ohne auch nur von fern auf irgendein Lebendiges zu deuten, das er zur Ehrung der olympischen Götter schlachten will. Aber ihr hoher

Herrinnensinn läßt ängstliche Furcht nicht zu, und so betritt
sie ungesäumt das Königshaus.

Die ihr zum Dienst beigegebenen gefangenen Trojanerinnen
haben das Selbstgespräch der Königin in zaghaftem *Chor*
allmählich doch ermutigend untermalt. Nun richten sie sich
an Helenas entschlossener Haltung auf und finden die
Kraft, sich selbst der Gegenwart zu freuen und so der Herrin Glück zu teilen. Da werden sie jäh durch die aus dem
weitgeöffneten Palast Zurückkehrende aufgeschreckt. Die
Königin hat am Herde eine verhüllte, große, in sich versun-
kene Gestalt sitzen gesehen. Diese ist, als Helena sich zum
Schlafgemach wenden wollte, mit einem Male *in hagerer
Größe* und *hohlen, blutig-trüben Blicks* aufgestanden und
hat ihr mit fortweisender Gebärde den Weg vertreten.

Im selben Augenblick erscheint sie auch bereits in der Tür.
Es ist M e p h i s t o p h e l e s, der in der den Phorkyaden
entliehenen Gestalt die Rolle der Schaffnerin übernommen
hat. Seinem teuflischen Wesen entspricht es denn auch, wenn
er sofort eine häßliche Zänkerei entfaltet. Aus ihrer Vergangenheit ein Abenteuer nach dem andern herauszerrend,
bringt er Helena so in Verwirrung, daß diese an sich selbst
irre wird – *»War ich das alles? Bin ich's? Werd ich's künftig
sein [. . .] Ich werde selbst mir ein Idol«* – und ohnmächtig
ihren Dienerinnen in die Arme sinkt.

Jetzt hat Mephistopheles-*Phorkyas* die Frauen an dem
Punkt, wo er seine aus der Gretchen-Tragödie bekannte
Rolle eines Gelegenheitmachers wieder aufnehmen kann.
Helenas Ungewißheit über den Zweck des ihr erteilten Auf-
trags macht es ihm leicht, ihr einzureden, sie selbst zusammen mit ihren Begleiterinnen sei das ausersehene Opfer, und
er steigert die Wahrscheinlichkeit noch, indem er eine unheimliche Dienerschaft alles schon für die Schlachtung her-
richten läßt. Von den ihn jammernd umschmeichelnden
Frauen um Hilfe angefleht und sogar von der ihre Würde
bewahrenden Helena als Retter nicht verschmäht, berichtet
er von einer angeblich während der langen Abwesenheit des
Menelaos in der Nähe geschehenen Veränderung. Von Nor-
den gekommene germanische Scharen haben bei Sparta eine
»feste Burg« errichtet, ihr Führer, *»ein munterer, kecker,
wohlgebildeter, [. . .] verständiger Mann«*, wird den Bedroh-

ten wohl Schutz angedeihen lassen. Einen Augenblick zaudert Helena, sich auf eine bloße Vermutung hin nochmals dem rechtmäßigen Gatten zu entziehen. Aber als Trompetenklänge sein und seines Heeres Nahen und damit erneut ihre Lebensgefahr ankünden, willigt sie ein: So ist es Mephistopheles gelungen, unter kühnster Überwindung von Raum und Zeit, Deutschland und Griechenland, ausgehendes Mittelalter und griechische Vorzeit, Romantik und Klassik, Faust und Helena miteinander in Verbindung zu bringen.

Ein zunächst alles verhüllender und von neuem ängstender Nebel entrückt die Frauen in einen *inneren Burghof* gotischen Stils. Edelknaben errichten auf Stufen einen Thron, unter dessen Baldachin Helena zum Sitzen eingeladen wird. Die Burgtreppe herab kommt ein langer Zug von Edelknaben und Rittern, sie geleiten ihren Herrn.

F a u s t bringt einen Gefesselten mit sich, den Turmwärter *Lynceus*, der die rechtzeitige Anmeldung der neuen Herrin versäumt und damit einen noch würdigeren Empfang verhindert hat. Aber Helena, als Richterin angerufen, spricht ihn frei. Ihre Schönheit hat ja das Unheil angerichtet. Ihre Schönheit hat auch bereits das ganze Heer gefangengenommen, und indem Faust die Burg mit ihrem gesamten Inhalt als ihr Eigentum bezeichnet und den Thronplatz neben ihr nur als huldigender Mitherrscher einnimmt, bekennt auch er sich besiegt vom Urbild aller Schönheit.

Die erste Frage der Griechin an den Germanen gilt der Sprechweise des Türmers. In seinen paarig sich reimenden strophischen Vierzeilern gesellte sich zu jedem Wort ein anderes, »*dem ersten liebzukosen*«. Faust schlägt vor, diese Sprechweise gleich in der Wechselrede zu üben, die wichtigste Vorbedingung sei ja erfüllt: »*es muß von Herzen gehn.*«
In der Tat vermag Helena, die bisher in altgriechischen Trimetern gesprochen hat, wie durch ein Wunder zu jedem von Faust angeschlagenen Reim das ergänzende Reimwort nachzuschlagen, ja schließlich spricht sie selbst in Reimpaaren. Antiker Geist hat sich der romantischen Form bemächtigt.
Allerdings hält Phorkyas-Mephisopheles vor der völligen Vereinigung beider noch eine Störung für nötig. Vielleicht will er aber Faust auch nur Gelegenheit geben, durch die Sicherheit, mit der er seine germanischen Scharen zur Ab-

wehr des Heeres von Menelaos verteilt, sich als geborenen Herrscher zu erweisen, der solchen Liebesglücks auch würdig ist.

Für das folgende Liebesidyll verwandelt sich der Schauplatz vollständig. Im *schattigen Hain* mit *Felsenhöhlen* und *Lauben* pflegen Helenas Frauen der Ruhe. Phorkyas macht sich ein Vergnügen daraus, sie aufzuschrecken, diesmal aber mit einer Freudenbotschaft. Aus der Vermählung Fausts mit Helena ist ein Knabe hervorgegangen, aber ein Knabe von wunderbar frühreifer Art: *Euphorion**. *»Nackt, ein Genius ohne Flügel, faunenartig ohne Tierheit«*, so möchte er in rastloser Lebendigkeit Himmel und Erde in eins fassen. Musik setzt ein, als er mit seinen Eltern, *»In der Hand die goldne Leier, völlig wie ein kleiner Phöbus«*, auftritt. Musik begleitet die weitere Handlung bis zum Schluß.

Eins allerdings ist dem Wunderknaben, dem Mischling altgriechischen und neudeutschen Geistes, nicht gegeben: das Maßhalten. Das Fangspiel mit den Mädchen des Chors fesselt ihn nur kurze Zeit, herandringender Kriegslärm scheint ihm die Bahn des Ruhms zu eröffnen. Der Unbeflügelte fühlt sich Flügel wachsen, wirft sich vom höchsten Felsen tollkühn in die freie Luft, wird auch für einen Augenblick von seinen Gewändern getragen, stürzt aber dann, ein neuer Ikarus*, den entsetzten Eltern zu Füßen. Aber auch das damit zerschmetterte Körperliche verschwindet noch, und das Geistige verflüchtigt sich himmelwärts. Es bleibt dem Chor nur übrig, sich im Trauergesang an der Hoffnung aufzurichten: *»Denn der Boden zeugt sie wieder, / Wie von je er sie gezeugt.«*

Dem letzten Rufe Euphorions ist aber auch H e l e n a gefolgt. Sie entschwindet zur Unterwelt. Die Vereinigung der Vertreter zweier Welten war also in jeder Beziehung nur ein vorübergehender Zustand. Kleid und Schleier der Geliebten wandeln sich in eine Wolke, von der sich Faust auf Mephistos Empfehlung emportragen läßt.

Die altgriechische Welt in ihrer künstlichen Neubelebung hat ihre Aufgabe erfüllt. Die Königin darf im Schattenreich ihr selbständiges Dasein noch bewahren. Auch ihre erste Dienerin *Panthalis** hat sich durch Treue Anrecht auf die Bewahrung ihrer Persönlichkeit erworben. Die Mädchen des

Chors aber erweisen sich als Elementargeister ohne Eigenwesen, sie verflüchtigen sich in die Bäume, die Felsen, die
Gewässer, die Weinberge, kurz in die ewig lebendige, all-
umfassende Natur, der sie entnommen sind, in dieselbe Natur, die am Ende der Klassischen Walpurgisnacht unter dem
Bild des lebenschaffenden Meeres gepriesen worden war.
Mephisto aber gibt sich, indem er unter Ablegung der Phor-
kyasmaske am Schluß auf die Vorbühne tritt, als den eigentlichen Theatermeister des damit beendeten Helena-Dramas
zu erkennen.

VIERTER AKT

Auf einem der Gipfel des *Hochgebirgs*, etwa der Alpen,
landet *Faust*. Die Wolke, die ihn getragen hat, entfernt sich
ostwärts und läßt dabei in ihrer sich wandelnden Gestalt an
Juno, Leda und Helena, also überhaupt an griechische
Frauenschönheit denken, denn d i e s e hat ja Faust in der
Berührung mit der e i n e n Sagengestalt erleben wollen.
Wenn aber diese Wolke zuletzt, gleich *fernen Eisgebirgen*,
verharrt, so will das besagen, daß das Erlebnis sich zwar
von Faust gelöst hat, daß aber sein tiefer Sinn ihm unver-
loren bleibt. Aber noch ein anderes Luftgebilde deutet auf
eine weibliche Gestalt, und zwar auf die seiner ersten Ju-
gendliebe. Mit dieser Erscheinung in diesem Augenblick rückt
Gretchen nicht nur in eine Ebene mit Helena. Das erste
wirkliche Liebeserlebnis, das, wenn Faust es *festgehalten*
haben würde, »*jeden Schatz überglänzt*« hätte, erhebt sich
in der Erinnerung hoch über die eben erlebte Welt des
schönen Scheins. Mit tiefem Sinn und zarter Anschaulichkeit
hat damit der Dichter vor dem Höhepunkt des zweiten
Teils auf den des ersten zurückverwiesen und gibt mit den
bedeutungsschweren Schlußworten dieses Faustmonologs, die
Gretchen gelten, einen bedenklichen Ausblick auf Fausts
Alter und Ende, sie »*zieht das Beste meines Innern mit sich
fort*«.
Die Ankunft *Mephistopheles'* lenkt die Aufmerksamkeit
auf das Gebirge selbst. Das gibt zunächst Gelegenheit zu
neuen naturphilosophischen Erörterungen, bei denen Faust
jede gewaltsame Natur- und in diesem Falle Gebirgsent-

stehung ablehnt und sich zu d e r Natur bekennt, »*die sich in sich selbst gegründet hat*«. Mephistopheles sucht aber den einmal eingenommenen hohen Standort gleich auch für den Plan auszunutzen, den er mit Faust verfolgt.

Er hatte ihn mit Hilfe des Helena-Erlebnisses, also durch die Fesseln der Schönheit, nicht im Dauergenuß festhalten können, jetzt zeigt er ihm, wie der Versucher im Evangelium, »*die Reiche der Welt und ihre Herrlichkeiten*«, damit sich Faust irgendwo eine Hauptstadt zu bequemem Herrschergenuß aussuche. Aber dieser möchte kein moderner *Sardanapal** sein. Der *Erdenkreis* zieht Faust nur an, weil er *noch Raum zu großen Taten* gewährt.

Die Tat aber begehrt Faust nur um ihrer selbst willen: »*Die Tat ist alles, nichts der Ruhm.*« Er hat auch bereits ein Wirkensfeld ausersehen: Das Stück M e e r e s s t r a n d, das von Ebbe und Flut abwechselnd bedeckt und freigelegt wird, will er dem sinn- und zwecklosen Kampf der Naturmächte entreißen, er will ihm durch Urbarmachung einen Dauersinn und -zweck geben. Das wäre für ihn das von jeher erst unbewußt, jetzt bewußt gesuchte »*köstliche Genießen*«. Die Entscheidung der Wette reift heran und wird von einer letzten Kraftprobe abhängig gemacht. Im Studierzimmer schon fühlte Faust:

> »*Was willst du armer Teufel geben?*
> *Ward eines Menschen Geist, in seinem hohen Streben,*
> *Von deinesgleichen je gefaßt?*«   (V. 1675–77)

Auch jetzt weiß er sich Mephisto, dessen ganzes Wesen nach Verneinung und Vernichtung trachtet, in einem entscheidenden Punkt überlegen, denn er kann ihn zwingen zu einer Werte schaffenden Pionierarbeit:

> »*Was weißt du, was der Mensch begehrt?*
> *Dein widrig Wesen, bitter, scharf,*
> *Was weiß es, was der Mensch bedarf?*«   (V. 10 193–95)

Fausts Plan ist wohlerwogen, und so hat er keine Bedenken, dem Teufel nicht nur den Gedanken, sondern auch die Durchführung zu *vertrauen*:

> »*Das ist mein Wunsch, den wage zu befördern!*«
> (V. 10 233)

Der Teufel pariert den Hohn mit Leichtigkeit, für ihn ist
das Unternehmen kein Wagnis, er wird sich dabei schadlos
halten, er weiß, wer den längeren Atem hat (vgl. V. 11 544
bis 11 550); das genaue Gegenteil hatte er allerdings vor der
Wette behauptet:

> *»Das Etwas, diese plumpe Welt,*
> *So viel als ich schon unternommen,*
> *Ich wußte nicht ihr beizukommen,*
> *Mit Wellen, Stürmen, Schütteln, Brand –*
> *Geruhig bleibt am Ende Meer und Land!«*   (V. 1364–68)

Mephistopheles ist sofort einverstanden. Die Gelegenheit,
sich das Anrecht auf diesen Landstrich zu erwirken, ist gerade gegeben. Der K a i s e r , dessen Herrschertum durch
den Scheinreichtum des Papiergelds inzwischen noch völlig
aus den Fugen gegangen ist, steht in Gefahr, Land und
Würde an einen Gegenkaiser zu verlieren. Gelingt es Faust,
ihm beizustehen, so wird er ihn gewiß mit dem gewünschten
Küstenstrich belehnen. Mephistopheles trifft auch sofort die
Vorbereitungen und bringt drei aus der Bibel bekannte *Ge-*
waltige zur Stelle, von denen jeder in sich eine Heeresmacht
verkörpert.
Auf dem Vorgebirg, von dem aus der Kaiser soeben die
Aufstellung der eigenen verteidigenden und der fremden
angreifenden Truppen überblickt, stellt ihm Faust sich und
seine Wunderhelden zur Verfügung. Mephistopheles selbst
hat überdies die Waffensäle rings auf den Burgen des Lan-
des ausgeräumt und die leeren Rüstungen mit allerhand
Gespenstern belebt, und als auch ihr Scheinangriff nicht
wirkt, wendet er sich durch seine Raben noch an die Wasser-
geister. Sie leihen ihm zwar nicht das Wasser selbst, wohl
aber den Schein des Wassers, und dieser ergießt sich nun von
den Höhen des Gebirgs abwärts und bringt das feindliche
Heer völlig in Verwirrung.
So kann nach kurzer Zeit der Kaiser im *Zelt des Gegen-*
kaisers die Herrschaft wieder voll übernehmen und seine
obersten Ratgeber, den *Erzmarschall, Erzkämmerer, Erz-*
truchseß und *Erzschenken,* mit Besitz und Würden belohnen.
Er muß allerdings auch den Vorwurf des *Erzbischof-Erz-*
kanzlers über sich ergehen lassen, den Sieg mit Satans Hilfe

erfochten zu haben. Zur Sühne gewährt er der Kirche zu den bereits vorher bewilligten Rechten auch das Gelände, auf dem er gesiegt hat, und zwar mit allen seinen Erträgnissen. Schließlich muß er sogar schon jetzt zusichern, daß von *des Reiches Strand*, der Faust also inzwischen bewilligt worden ist, aller doch erst später zu erwartende Zins und alle Abgaben ebenfalls der Kirche zufließen.

Damit aber hat sich das staatlich-kirchliche Leben als ein Zerrbild dessen erwiesen, was es seiner vorgeblichen Idee nach sein sollte. Wie seinerzeit in der kaiserlichen Pfalz das Hofleben sich als ein zwar äußerlich prächtiges, aber innerlich gehalt- und tatenloses Schauspiel offenbarte, so haftet auch den hier erlebten kriegerischen Unternehmungen und vor allem der Staatslenkung, an denen beiden Faust doch Tatengenuß die Fülle haben könnte, so viel Menschlich-Allzumenschliches an, daß auch diese Szenen aus der großen Welt, die nur die ideologisch frech bemäntelte Ichsucht der leitenden Staatsmänner enthüllen, für Fausts politische Willensbildung, für seine bürgerlich-gemeinnützige Gesinnung nur den akuten Kontrast bilden.

Sie haben auch im Gang des Ganzen nicht eigentlich selbständige Bedeutung. Wie der Aufenthalt am Hofe für Faust schließlich nur dadurch Bedeutung gewann, daß der Kaiser von ihm die Beschwörung der Helena verlangte, so hat auch die Teilnahme am Feldzug nur Übergangswert. Faust tritt auch nirgends selbst handelnd auf — alles Nötige besorgt ja die Zauberkunst Mephistos. Wohl aber gewinnt er die Unterlagen zum ersten wirklichen Selbsthandeln, eben den Meeresstrand. Somit bleibt der Hauptfortschritt der Handlung nach dem Verlassen des Reiches der Kunst: der Entschluß zur T a t , der Wunsch, Bleibendes zu schaffen.

FÜNFTER AKT

»Im Anfang war die Tat!«, so hatte Faust seinerzeit den Eingang des Johannes-Evangeliums übersetzen wollen. So hatte sich der Denker im Studierzimmer den ersten aller Anfänge gedacht. Als dann der Teufel sich bereit erklärte, mit ihm einen Vertrag einzugehen, richtete sich seine Forde-

rung aber nicht auf die Tat, sondern auf den Genuß, diesen allerdings im Sinne eines allumfassenden Erlebens gedacht. So ist Faust in der *kleinen* wie in der *großen Welt* auch niemals eigentlich als Schaffender aufgetreten. Er war allenthalben der Aufnehmende, Betrachtende, innerlich Verarbeitende. Was doch zu tun war, damit er auf solche Weise genießen konnte, hat meist Mephistopheles auf sich genommen. Selbst in den Mephistopheles fremden Bereichen, in der Welt der Mütter und in der Welt der Antike, gab er die entscheidenden Hilfen: Was Faust sich schuf, leistete er durch Magie, auch die Welt der Schönheit war nur Phantasmagorie, magischer Traum von hohem idealem Wert zwar, aber eben ohne Wirklichkeit, ohne Dauer, damit ohne praktische Bedeutung im Sinne der Wette.

Jetzt tritt Faust als Mann der gemeinnützigen Tat auf.

Wie Helenas Schönheit am lebendigsten in ihrer Wirkung auf andere in Erscheinung trat, so läßt uns der Dichter auch Fausts Werk zunächst im Spiegel anderer schauen. Zwei Hochbetagte, *Philemon** und *Baucis*, schildern dem Wanderer, der sich bei ihnen nach Jahren für die Rettung aus Seenot bedanken will, die ungeheure Veränderung der Landschaft. Die Flut ist durch Dämme ins Meer hinausgedrängt, der weite, sonst nur während der Ebbe freiliegende Strand hat sich in eine paradiesische Wiesen-, Garten- und Waldlandschaft verwandelt, allenthalben sind bereits Siedlungen entstanden, und hinausgerückt bis zum Rande des Gesichtsfeldes liegt jetzt der Hafen. Von dem inzwischen auch entstandenen Palast aus sieht der *Türmer* auf dem Kanal einen schwerbeladenen Kahn heranziehen, einen Zeugen für die weltweite Wirkungskraft Fausts, der als Handelsherr, Großsiedler, Ingenieur, Organisator und patriarchalischer Gouverneur im Sinne des Gemeinwohls nun wirklich eine seinem hohen Anspruch angemessene Aufgabe vollendet zu haben scheint.

Eine Lebensarbeit hat sich vollzogen. Der in der Hexenküche verjüngte Faust steht bereits im höchsten Alter, er ist ein Hundertjähriger. Vor allem aber, diese Lebensarbeit ist grundsätzlich Fausts eigene Idee. E r ist der Handelnde, der Bestimmende. Mephistopheles, der ihn durchs Leben »*schleppen*« wollte, hat mit seinen drei gewaltigen Gesellen

die weitschauenden Gedanken seines Herrn nur noch in die
Tat umzusetzen. Er sorgt allerdings dabei auch dafür, daß
es immer noch teuflisch zugeht. Bei den Kanalbauten hat
man auch Menschenleben preisgegeben; die reiche Fracht,
die Mephistopheles dem Kahn entlädt, ist nicht nur dem
ehrlichen Handel, sondern auch der Seeräuberei zu verdanken; und als Faust trotz der Weigerung der beiden Alten an
Stelle ihres Hüttchens einen Luginsland zur Überschau seiner Werke errichten möchte, versagt er in der letzten und
schwersten Prüfung, die ein Mensch bestehen kann: Die
stärkste von Mephistos Versuchungskünsten ist die Verführung zu selbstsüchtigem Mißbrauch der Macht und Herrschaft über Menschen. Denn auch die reinste Idee und der
beste Wille zur Verbesserung menschlicher Verhältnisse werden in starken, ungeduldigen Machtnaturen wie *Faust* tief
gefährdet, wenn bei der Verwirklichung durch die ausfüh-
renden Organe wie *Mephisto* und seine *drei Gewaltigen* In-
humanität und Rechtsbruch zur Methode werden, weil es
auf solche Weise am schnellsten, billigsten und radikalsten
vorwärtsgeht. Alles, was Fausts humanes, letzten Endes aus
christlicher Ethik erwachsenes Gewissen aufruft, wird lästig.
Und das ganz besonders, wenn es äußerlich armselige Symbole sind wie das morsche Kirchlein und das Läuten *des
Glöckchens,* Widerstände, an denen sich *des allgewaltigen
Willens Kür bricht.* Es ist nicht nur die mit dem Genuß der
Macht gewachsene Ichsucht, die ihn sich beklagen läßt, *»Daß
man zu tiefer, grimmiger Pein, / Ermüden muß, gerecht zu
sein«.* Gefährlicher wirkt hier die Werkbesessenheit eines
alten Mannes, der angesichts seines nahen Todes erst die
Lebensaufgabe gefunden hat. Sein noch nicht buchstäblich
blind gewordener Eifer sieht zwar das Unrecht, aber seine
Sorge um die Sauberkeit seines Tuns und um das Schicksal
der gewaltsam umzusiedelnden Menschen wird zunächst von
Mephisto in blendender Dialektik ideologisch aus dem Felde
geschlagen mit dem teuflischen Argument:

> *»Was willst du dich denn hier genieren?*
> *Mußt du nicht längst kolonisieren?«*   (V. 11 273 f.)

Mephisto erledigt den Auftrag, die beiden mit sanfter Gewalt nach einem für sie ausersehenen Landgut zu bringen,

mit solcher Rücksichtslosigkeit, daß nicht nur beide samt
dem Gastfreund das Leben lassen müssen, sondern daß auch
ihre Hütte in Feuerrauch aufgeht. So heftet sich auch an
diese Tat die Schuld.

Als um *Mitternacht* mit dem *Rauch* und *Dunst* der ver-
lodernden Hütte die *vier grauen Weiber* schattenhaft heran-
schweben, müssen *Mangel, Schuld, Not* an der Tür umkeh-
ren: *»Drin wohnt ein Reicher, wir mögen nicht 'nein.«*
Einzuschleichen vermag sich lediglich die *Sorge* auch bei den
Mächtigen. Faust kann ihr nicht ausweichen und betrachtet
sie als nächtlichen *Spuk*. Aber er verzichtet jetzt auf die
vertrauten Bannformeln der magischen Künste und antwortet auf ihre zermürbende Litanei mit einer Besinnung auf
die eigene, rein diesseitig orientierte Weltanschauung.

Da Faust sich weigert, die *»bei vollkommen äußern Sinnen«* innerlich verdüsternde Sicht der Sorge anzuerkennen,
beraubt sie ihn des Augenlichts und trennt damit seine Vorstellungskraft von der Wirklichkeit, ohne daß es Faust begreift. Um so klarer schaut er dafür seine Zukunftsträume.
Faust wird nicht gelähmt, sondern ermuntert! Die Sorge hat
hier die gleiche Einwirkung wie der Teufel in den Versen
340 ff.; sie bewirkt Fausts letzten, aber herrlichen und
menschlich wohl notwendigen Irrtum: Der dialektische Dop-
pelsinn des Wortes Sorge ist die Voraussetzung für Fausts
letzte Umwertung; die unterschwellige Sorge um den Ausgang des Wettpaktes verwandelt sich ihm in ein »lumen
internum« und läßt ihn einen großartigen Entwurf menschlicher Vorsorge schauen und unternehmen. Aber höchst be-
denklich ist die Brutalität, zu der er seinen ohnehin teuflischen Aufseher nun ermuntert, der ihm für die ungeduldig
erwartete Realisierung der phantastischen Projekte die notwendigen Arbeitskräfte erzwingen muß (vgl. V. 11 552 bis
11 554).

Faust war dem *Faulbett* nie so fern wie jetzt, doch kann
Mephisto den für die Praxis seines Handelns Blinden nun
leicht *schmeichelnd belügen* und *mit* vorgestelltem *Genuß*
betrügen, wenn er Faust in dem recht selbstgefälligen Glauben läßt:

»Es ist die Menge, die mir frönet«.   (V. 11 540)

So findet Faust auch nach Mitternacht keine Ruhe. Spaten-
geklirr *im Vorhof des Palastes* deutet er auf Weiterarbeit an
seinem großen, der Eindämmung des Meeres geltenden
Werke. Aber sein Planen überspringt auch diese Tat. Ein
Sumpf, der das neugewonnene Land verpestet, soll abgeleitet werden. Nochmals neuer Raum soll entstehen, und zwar
gleich für viele Millionen Ansiedler. Die künftige Bewohner-
schaft aber sieht er vom höchsten gesellschaftlichen und volks-
wirtschaftlichen Standpunkt aus: »*auf freiem Grund mit freiem Volke*«, das in Gemeingesinnung und Gemeinarbeit sein
Daseinsrecht täglich neu erwirbt. Wie er für sich selbst und
damit überhaupt für den Einzelmenschen im »*Weiterschreiten*« das Höchsterlebenswerte erkannt hat, so sieht er jetzt
auch für die Gemeinschaft im Kampf ums Dasein nicht mehr
den Fluch, sondern das Glück: »*Das ist der Weisheit letzter
Schluß: / Nur der verdient sich Freiheit wie das Leben, /
Der täglich sie erobern muß.*« Zu einem solchen Augenblicke
ließe sich wohl sagen: »*Verweile doch, du bist so schön!*«
Der Gedanke an die Schönheit und den Wert eines Schaffens
von dieser Art überwältigt Faust so, daß er sterbend das
Zukunftserlebnis bereits als gegenwärtig empfindet: »*Im
Vorgefühl von solchem hohen Glück / Genieß ich jetzt den
höchsten Augenblick.*«
Lemuren, als gespenstische Totengräber, fangen den Um-
sinkenden auf. Ihre Spaten, deren Geklirr der Erblindete
für Arbeit am großen Werk gehalten hatte, haben bereits
das *Grab* geschaufelt. Mephistopheles glaubt Fausts Unsterbliches in seiner Gewalt. Er hat bei der G r a b l e g u n g
auch den blutgeschriebenen »*Titel*«, also den von Faust
selbst unterschriebenen Vertrag, bei sich, auf dessen Wortlaut »*Werd ich zum Augenblicke sagen: / Verweile doch! du
bist so schön! [...] Dann will ich gern zugrunde gehn!*« er
sich berufen kann. Nicht *vergessen* hat er außerdem Fausts
kühne Herausforderung:

> »*Kannst du mich schmeichelnd je belügen,*
> *Daß ich mir selbst gefallen mag,*
> *Kannst du mich mit Genuß betrügen:*
> *Das sei für mich der letzte Tag!*
> *Die Wette biet ich!*«   (V. 1694–98)

Sie ist mit dem Tod eindeutig besiegelt. Faust scheint also durch den Genuß der Macht vom Bösen zum Bösen verführt. Aber Macht ist an sich weder gut noch böse, sie ist zunächst nur das Vermögen, beabsichtigte Wirkungen erzwingbar zu machen. Darum ist Macht für die Selbstbehauptung des Menschen lebensnotwendig; wenn sie aber mißbraucht wird, ist sie lebensgefährlich wie die *»zwecklose Kraft unbändiger Elemente«*, gegen deren zerstörerische Wirkung Faust alle Macht zusammenraffte. Und so ist es letzten Grundes doch das *»hohe Streben«*, das in der erkannten Aufgabe und der Vision von sinnvoll verwalteter, ständig wachsender Macht Vollendung des Möglichen träumte. Für den Nihilisten Mephisto bleiben solche Einwände nur Grillen, für ihn bleibt Freiheit nur Illusion, alle Anstrengung nur zweckloses Spiel der Wellen, gleichgültiger Leerlauf *»seit hunderttausend Jahren«*.

Indessen, so weit auch der *Höllenrachen* sich schon öffnet und so viele der Teufel herbeieilen, um Fausts Seele beim Verlassen des Körpers zu fangen, Mephistopheles kann doch nicht verhindern, daß aus der oberen Welt himmlische Heerscharen kommen, um diese Seele in ihren Besitz zu bringen. Unablässig mahnt er seine Gesellen zur Wachsamkeit. Aber schließlich wird doch auch er selbst durch die überirdischen Wesen, durch die himmlischen Klänge und die gestreuten Himmelsrosen so verwirrt und abgedrängt, daß der Chor der Engel Faustens Unsterbliches himmelwärts entführen kann. Mephistopheles muß schließlich bekennen, so hart es ihn ankommt: *»Ein großer Aufwand, schmählich! ist vertan.«*

Das Schlimmste ist für ihn, daß er die Wette nicht völlig zu Unrecht verloren hat. Das *»Verweile doch, du bist so schön!«* hat Faust nicht auf einen gegenwärtig erlebten Augenblick bezogen, sondern auf die Verwirklichung eines Wunsches (V. 11 579), der für einen Erblindeten unerfüllbar geworden ist. In seinem letzten Augenblick kann er dieses höchste Glück nur als noch ungeprüfte Hoffnung vorfühlend genießen. Vor allem aber: Faust aufs *Faulbett* zu ziehn und so *mit Genuß* zu *betrügen*, ist Mephistopheles nicht gelungen. Das *»Verweilen«* erhofft er nicht als Stillstehen im gewöhnlichen Sinn. Was dem Durchschnittsmen-

schen als Unglück erscheint, was Faust einst als einen Fluch empfand und wovon er erlöst sein wollte, gerade dieses »*ewig Unbefriedigtsein*« hat er jetzt bejaht. Faust sieht den ewigen Zirkel, den Teufelskreis der Dialektik, nicht mehr n e g a t i v in seiner verfluchten Ausweglosigkeit (wie am Beginn der zweiten Studierzimmerszene) – womit der Teufel ohne Pakt gewonnen hätte –, sondern er durchschaut die Zwangsläufigkeit dieses Zirkels bis auf seinen morphologisch notwendigen Grund, d. h. bis auf das dialektische *Prinzip von Polarität und Steigerung*, also bis auf die aller Natur notwendig innewohnende p o s i t i v e M ö g l i c h - k e i t : Faust bringt auch am Ende seines Lebens nicht – wie jeder gläubige Christ – das »Opfer des Intellekts« (er polemisiert bis zuletzt gegen den christlichen Himmel: »*Tor! wer dorthin die Augen blinzelnd richtet*«), sondern als ihn die *Sorge* anfällt, erschaut er mit geistigem Auge die Idee der Steigerung. Aus dem tragischen Teufelskreis wird durch die neue Optik eine optimistische Spirale strebenden Aufstiegs, eine beglückende Zukunftsvision. Faust hat sich durch Einsicht in die Notwendigkeit schöpferischer Unruhe innerlich vom Teufel befreit. Er glaubt und hofft wieder, und zwar auf die Gültigkeit seiner persönlichen Leistung in der Bewährung seines Lebenswerkes (vgl. die Anm. zu V. 343). Faust ist der Höllenpein und dem ewigen Tode entrissen. Er ist in diesem Sinne bereits erlöst.
Aber j e n s e i t s a l l e s I r d i s c h e n vollzieht sich noch ein weiterer Werdevorgang. Wir erleben das in Wirklichkeit Unsinnliche und darum auch Unbeschreibliche in einer Stufenfolge anschaulicher Sinnbilder.
Hohes Gebirge bildet die Landschaft. Von unten herauf wächst der Wald nach den Gipfeln zu, von oben herunter stürzen die Bergwässer in schier unergründliche Tiefen. Noch ist alles irdisch, aber es liegt dem Himmel schon näher. Das stumm-freundliche Verhalten der Löwen deutet bereits auf paradiesische Gefilde. Vor allem, die Menschenwesen, die im Geklüft verstreut lagern, sind in ihrer Haltung alle erdentrückt. An Stelle der Unrast und Feindschaft des Erdenseins herrschen himmlische Ruhe und heiligst verklärte Liebe. Aber auch in diesem Zustand gibt es noch Entwicklung. Auf eine tiefe folgt eine mittlere Region, und die

höchste Region ist dort, wo die äußersten Gipfel in die Un-
endlichkeit übergehen. Wenn unten noch wirkliche Menschen
zu sehen sind, so deuten aufwärtssteigende Wölkchen auf
Verklärte, bis ganz oben alles nur wie ein Lufthauch angedeutet ist.

Die *gebirgauf* gelagerten *Anachoreten** sind Menschen, die
sich aus der Welt in die Einöde zurückgezogen haben, um in
stiller Betrachtung ganz ihrem ewigen Heil zu leben. Aus
ihnen heben sich drei heraus, die im besonderen Maße ein
Anrecht auf die den Einsiedlern zugebilligte Anrede »Vater«
haben. Der »verzückte«, in die Betrachtung des Ewigen völlig verlorene Vater ist als auf und ab schwebend gedacht. Er
ist in der Abtötung des Fleisches so weit gelangt, daß er
selbst Märtyrerqualen nur als Mittel zur Befreiung von der
Körperlichkeit und zur Entfaltung des in der Liebe sich aus-
drückenden Wesentlichen empfindet. Der zweite, nicht nur
nach der »tiefen« Region, sondern auch nach seiner tiefen
Einsicht benannte Vater vermag selbst in den scheinbar zerstörenden Naturgewalten die bildende Kraft allmächtiger
Liebe zu erkennen, so den Wogensturz als den Bewässerer
des grünen Tals, so den Blitz als den Reiniger der Luft. Und
der innerlich bereits den Engeln verwandte »seraphische«
Vater, der der mittleren Region angehört, hat schon erkannt,
daß tätiges Lieben den Geistwesen höherer Art nicht nur als
Kennzeichen und Ausdrucksform dient, sondern daß solches
Lieben für sie überhaupt Wachstumsvoraussetzung ist. *»In
der höchsten reinlichsten Zelle«* schließlich wohnt der *Doctor
Marianus,* der Träger und Lehrer der höchsten, ganz der
Marienverehrung hingegebenen Gelehrsamkeit.

An den »Vätern« vorüber vollzieht sich, aufschwebenden
Wölkchen gleichend, der Aufstieg derer, die bereits das
Erdendasein hinter sich haben. Dem Doktor Marianus allein
öffnet sich die völlig freie Aussicht in die reine Geistwelt.
Ihm ist vergönnt, nicht nur die Seligen, darunter die begna-
digten und verklärten Büßerinnen zu schauen, er schaut
auch die H i m m e l s k ö n i g i n selbst in ihrem Strahlen-
glanze. Diese aber schwebt allein den denkbar höchsten
Höhen *der ewigen Reiche«* zu, wo nicht nur der gottver-
klärte Sohn und Heiland, wo vor allem auf ewigem Thron
der Herr selbst zu ahnen ist. Diese beiden aber bleiben für

alle außerhalb des Gesichtsfelds; von Gott wird nicht einmal der Name genannt. Das letzte Wort des ganzen Dramas, »*hinan*«, deutet in ehrfurchtsvollem Verschweigen des Ziels in die allerletzten und allerhöchsten Bereiche.

Innerhalb dieser von den tiefsten Erdentälern bis zur höchsten und letzten Erdenferne reichenden Welt vollziehen sich Wandlungen in schwebendem Aufstieg. Die erste betrifft den *Chor seliger Knaben*. Es sind das Kinder, die zu Mitternacht geboren und in derselben Mitternacht auch bereits wieder gestorben sind, die somit das Erdendasein weder gesehen noch erlebt haben, ja bei denen nicht einmal die Sinneswerkzeuge für solches Erleben ausgebildet sind. Wohl aber haben sie ein Empfinden dafür, wenn sie in den Bereich Liebender kommen. Der seraphische Vater nimmt sie in sich auf, um sie durch seine Augen hindurch die Welt sehen zu lassen und ihnen so die ihnen fehlende irdische Erfahrung zu vermitteln. Aber er muß sie, da sie sich von dieser Welt nur abgestoßen fühlen, wieder freigeben, damit sie im Anschauen des Höchsten die innere Vollendung erleben.

Während sie selig um die obersten Gipfel kreisen, erscheinen, aus der Tiefe heraufschwebend, in der höchsten Atmosphäre die *Engel*, die *Faustens Unsterbliches* tragen. Für sie ist Faust von Haus aus »*das edle Glied der Geisterwelt*«, das sie *vom Bösen gerettet* haben. Daß sie es vermochten, das verdankt er seinem eigenen unablässigen Streben: »*Wer immer strebend sich bemüht, / den können wir erlösen.*« Wie der *Herr* des *Prologs* vorausgewußt hat, ist sich der Mensch »*in seinem dunklen Drange*« also doch »*des rechten Weges wohl bewußt*« gewesen.

Allerdings haben Menschenvernunft und -kraft allein nicht ausgereicht: Die »*Liebe von oben*« hat mitgewirkt. Diese selbe Liebe aber muß, wie die vollendeteren Engel wissen, noch ein Weiteres vollbringen, damit das Unsterbliche völlig fleckenlos in die Ewigkeit eingehen kann. Das ist allein der ewigen Liebe vorbehalten:

Die V e r k l ä r u n g geschieht stufenweise. Aus den Händen der jüngeren und der vollendeteren Engel gelangt Faust in den Kreis der *seligen Knaben*, die das in *Flocken* noch anhaftende Irdische von ihm lösen. Da er vor ihnen die Erfahrung des wirklichen Lebens voraus hat, überwächst er sie

rasch und kann ihnen bald selbst als Lehrer dienen. Gefördert wird sein Wachstum noch durch Fürbitte. Unter Berufung auf selbstempfangene Gnade erflehen geheiligte
Büßerinnen von der gnadenvollen Himmelskönigin Verzei-
hen zunächst zugunsten Gretchens, *»dieser guten Seele, / Die
sich einmal nur vergessen, / Die nicht ahnte, daß sie fehle«.*
Die Begnadigung wird ihr, unausgesprochen, zuteil, und nun
wendet sie selbst sich in überquellendem Glücksgefühl nicht
mehr, wie einst im Zwinger, an die *schmerzenreiche,* sondern
an die *strahlenreiche* Mutter, um für den Geliebten zu bitten. Den bereits Verklärten, aber noch vom neuen Tag Ge-
blendeten belehren zu dürfen wird ihr gewährt: *»Wenn er
dich ahnet, folgt er nach.«*

3. Geschichte der Niederschrift (Datierung)

Ein gewaltiges Geschehen haben wir erlebt. Und doch ist
bisher nur ein erster Überblick gewonnen. Daß damit eine
Dichtung, die mehr als zwölftausend Verse umfaßt, ihrem
Gedankengehalt nach auch nicht annähernd ausgeschöpft ist,
braucht kaum besonders erwähnt zu werden. Gehen wir
aber ins einzelne, so will sich die eben gewonnene Klarheit
wieder trüben. Nicht nur die Gestalten der nordischen und
der klassischen Walpurgisnacht geben ebenso viele Rätsel
auf, nicht nur verlangen die Allegorien des Maskenzugs am
Kaiserhof nach Deutung: Fast von Vers zu Vers stoßen wir
auf offene Fragen, ja selbst im Blick auf das Ganze vermögen wir nicht zu einwandfreiem Verständnis zu gelangen.
Die Gestalt des Mephistopheles scheint sich im Laufe des
Dramas zu wandeln, der Erdgeist wechselt Bedeutung und
Wesen; vor allem aber bereiten die Entwicklung Fausts selbst
und seine abschließende Erlösung dem nachprüfenden Verstand manche Schwierigkeiten.
Schon zu Goethes Lebzeiten setzten die Bemühungen um das
tiefere Verständnis der Dichtung ein. Nach seinem Tode aber
schuf deutsche und ausländische Gelehrsamkeit eine eigne,
heute kaum mehr übersehbare Faust-Wissenschaft, die einer-

seits in mühsamer Kleinarbeit Vers um Vers mit Hilfe von
Äußerungen Goethes oder seiner Zeitgenossen zu erklären
suchte und die andererseits das einzelne von einer ideologisch bestimmten Gesamtschau aus deuten zu können ver-
meinte. Der »Schlüssel zum Faust« ließ sich aber erst finden,
als man sich bewußt wurde, daß eine Dichtung, deren allmähliches Werden ihren Schöpfer fast ein Menschenleben
hindurch begleitet hat, zunächst auch nur e n t s t e h u n g s -
g e s c h i c h t l i c h begriffen werden könne und müsse. So
haben auch wir uns zunächst in des Dichters Werkstatt zu
verfügen.

1768–1775 (Urfaust)

»Es sind über sechzig Jahre, daß die Konzeption des ›Faust‹
bei mir jugendlich, von vorne herein klar, die ganze Reihenfolge hin weniger ausführlich vorlag«, so schreibt Goethe
am 17. März 1832, also wenige Tage vor seinem Tode, an
Wilhelm von Humboldt. Auch seinem Freunde Zelter hat er
im Jahre zuvor mitgeteilt, die Konzeption stamme aus seinem zwanzigsten Lebensjahre.
Schon dem Knaben Goethe war das Puppenspiel von
Dr. Faust vertraut, wahrscheinlich las er auch schon früh das
Faustbuch des Christlich Meynenden; als Student in Leipzig
lernte er in Auerbachs Keller durch wiederholten Besuch die
Faustbilder kennen; in den »Mitschuldigen« nennt er den
Doktor Faust sogar bereits einmal, und von Straßburg wissen wir, daß gerade damals die Löpper-Illgnersche Truppe
auch ein Faust-Drama aufführte, das der Student wohl gesehen haben mag. Jedenfalls erwähnt »Dichtung und Wahrheit« unter den Dramenplänen der Straßburger Zeit neben
dem »Götz« auch den »Faust«: »Die bedeutende Puppenspielfabel klang und summte gar vieltönig in mir wieder.«
Im Winter 1772/73 verdichten sich die Entwürfe.
Für die e r s t e N i e d e r s c h r i f t nimmt Eckermann,
dem Goethe gesagt hatte, »der ›Faust‹ entstand mit meinem
›Werther‹«, das Jahr 1773 an. Dazu stimmt auch ein Reim-
brief dieses Jahres, in dem ein Freund aus der Wetzlarer
Zeit, der Dichter Gotter, schrieb: »Schick mir dafür den
›Doktor Faust‹, / Sobald dein Kopf ihn ausgebraust!« Im

Sommer 1774 durfte der ihn besuchende Lavater einiges daraus lesen. Ein anderer Freund, Boie, vermerkte im September in seinem Tagebuch: »Sein ›Dr. Faust‹ ist fast fertig und scheint mir das Größte und Eigentümlichste von allem.« Auch Klopstock bekam bei seinem Besuch verschiedenes aus der Dichtung vorgelesen und äußerte sich auch anderen gegenüber mit seinem sonst sparsam gewährten Beifall, und im Dezember lernte der mit den Weimarer Prinzen nach Frankfurt gekommene Major v. Knebel in der angefangenen Dichtung »ganz ausnehmend herrliche Szenen« kennen. Für das Jahr 1775 haben wir außer einem Zeugnis von Friedrich Jacobi eine Mitteilung Bodmers, Goethe wolle in Zürich an seinem Trauerspiel »Doktor Faust« arbeiten. Eine Tagebucheinzeichnung Goethes während der Schweizer Reise klingt an das Runda-Lied in Auerbachs Keller an, und der Inhalt des Rattenlieds wird fast wörtlich angeführt in einem Briefe vom September an die Gräfin Stolberg. In ihm wird auch noch ausdrücklich von der Arbeit an der Dichtung berichtet, und ähnlich heißt es in einem Briefe an Merck vom Oktober: »Hab' am ›Faust‹ viel geschrieben.«

So stammt denn Goethes Drama in seiner ursprünglichen Gestalt aus den d r e i l e t z t e n F r a n k f u r t e r J a h r e n. Einige Entwürfe dürften nach dem Gespräch Ludens mit Goethe (1806) und neuerer Forschung (vgl. Erdgeist*, Lucifer*) noch älter sein. Man hielt diesen Entwurf für verloren, bis er nach mehr als einem Jahrhundert unerwartet wieder auftauchte. Erhalten ist allerdings nur eine Abschrift; aber diese scheint selbst bis auf Rechtschreibung und Zeichensetzung genau zu sein, und so schulden wir der Schreiberin, dem weimarischen Hoffräulein von Göchhausen, allen Dank. Ob das Erhaltene vollständig ist, wissen wir allerdings nicht. Dieser »Urfaust« – so wird er heute in der Wissenschaft genannt – beginnt mit dem nächtlichen Selbstgespräch Fausts, springt nach dem Abgang Wagners zum Zwiegespräch des Mephistopheles mit dem Studenten über und bringt nach der Szene in Auerbachs Keller sofort die Gretchen-Tragödie bis zur Kerkerszene.

In dieser Form führte Goethe seine Dichtung mit sich, als er am 7. November 1775 in W e i m a r einzog. Wiederholt hören wir von Vorlesungen bei Hofe. Auch wenn fürstliche Gäste kamen, mußte der Dichter den »Faust« zu Gehör bringen. Wie hoch die Hofgesellschaft das angefangene Werk einschätzte, zeigte sich 1781 am Geburtstage Goethes, als nach einem chinesischen Schattenspiel die Namen »Iphigenie« und »Faust« aufleuchteten. Herzog Karl August, der selbst davon berichtet, fügt in bezug auf den zweiten Namen hinzu: »Ein Stück des Namens eines Stückes von einem Stücke, welches das Publikum immer nur als Stück zu behalten leider befürchtet.«

In der Tat machte die Dichtung keine Fortschritte. Die Forderungen des Tages wirkten zu stark. Schon war Goethe bereit zum Verzicht und kündigte für die Erstausgabe seiner Werke den »Faust« als Bruchstück mit an. Da gab die I t a l i e n - R e i s e neue Hoffnung. Nachdem es gelungen war, dort »Iphigenie« und »Egmont« zu vollenden, versuchte er auch zugunsten des »Faust« einen »magischen Kreis« um sich zu ziehen. Aber immer blieb ihm »der Berg Faustus vor der Nase«. Im Frühlingsmonat Februar gelang ihm zu Rom im Garten der Villa Borghese eine neue Szene, die *Hexenküche*. Er empfand sie als verheißungsvollen Anfang. Darum schrieb er in einem, allerdings in der Urschrift nicht mehr vorhandenen, aber in die »Italienische Reise« aufgenommenen Briefe vom 1. März 1788, der für die Entstehung der Dichtung von äußerster Wichtigkeit ist:

»Es war eine reichhaltige Woche, die mir in der Erinnerung wie ein Monat vorkommt. Zuerst ward der Plan zu ›Faust‹ gemacht, und ich hoffe, diese Operation soll mir geglückt sein. Natürlich ist es ein ander Ding, das Stück jetzt oder vor funfzehn Jahren ausschreiben; ich denke, es soll nichts dabei verlieren, besonders da ich jetzt glaube, den Faden wiedergefunden zu haben. Auch was den Ton des Ganzen betrifft, bin ich getröstet; ich habe schon eine neue Szene ausgeführt, und wenn ich das Papier räuchere, so dächt' ich, sollte sie mir niemand aus den alten herausfinden. Da ich durch die lange Ruhe und Abgeschiedenheit ganz auf das

Niveau meiner eigenen Existenz zurückgebracht bin, so ist
es merkwürdig, wie sehr ich mir gleiche und wie wenig mein
Inneres durch Jahre und Begebenheiten gelitten hat. Das alte
Manuskript macht mir manchmal zu denken, wenn ich es
vor mir sehe. Es ist noch das erste, ja in den Hauptszenen
gleich so ohne Konzept hingeschrieben; nun ist es so gelb
von der Zeit, so vergriffen – die Lagen waren nie geheftet –,
so mürbe und an den Rändern zerstoßen, daß es wirklich
wie das Fragment eines alten Kodex aussieht, so daß ich,
wie ich damals in eine frühere Welt mich mit Sinnen und
Ahnen versetzte, mich jetzt in eine selbstgelebte Vorzeit
wieder versetzen muß.«

Wichtig ist hier, daß Goethe zum ersten Male von einem
»Plan« spricht und glaubt, den »Faden« wiedergefunden
zu haben. Allein wenn auch später noch die Szene *Wald
und Höhle* gelang, die Dichtung als Ganzes war an einem
toten Punkt angekommen. So blieb nichts anderes übrig, als
»für diesmal« einen Strich unter das Werk zu machen – der
Strich findet sich in der Handschrift auch tatsächlich – und
das so verheißungsvoll Angefangene als »Faust. Ein Fragment« im siebenten Band der bei Göschen herausgegebenen
Schriften Goethes 1790 erscheinen zu lassen. Es ist im wesentlichen noch der »Urfaust«, erweitert durch die genannten beiden Szenen, im einzelnen mannigfach verändert, vor
allem aber endigend mit der Domszene.

Die Öffentlichkeit wußte mit dem Bruchstück, in dem nicht
einmal die Gretchen-Tragödie einen Abschluß hatte, nichts
anzufangen. Das erwähnte Gespräch Ludens mit Goethe
vermittelt anschaulich die umstrittene Auslegung des Fragments durch die studierende Jugend in Göttingen, Jena und
Berlin. Der Dichter selbst war froh, auf diese Weise das sich
der Vollendung entziehende Werk wenigstens von sich abgestoßen zu haben. Er bedurfte seiner Kraft für die neu
übernommene Leitung des Hoftheaters. Dann lenkten der
Feldzug nach Frankreich und die Belagerung von Mainz
ab, und schließlich nahmen ihn, abgesehen von der Arbeit
am »Reineke Fuchs« und der Wiederaufnahme des »Wilhelm Meister«, botanische, optische, anatomische, also wissenschaftliche Studien mehr und mehr gefangen.

Daß sich unter diesen Umständen der Dichter überhaupt

noch einmal seinem »Faust« zuwendete, ist ausschließlich
das Verdienst S c h i l l e r s. Dieser hatte nach jener denk-
würdigen Begegnung in der Naturforschenden Gesellschaft
zu Jena kaum das Vertrauen Goethes gewonnen, als er
dessen Aufmerksamkeit auf seine unvollendeten Werke
lenkte. Noch am 29. November dieses Jahres 1794 schrieb
Schiller den für unsere Dichtung entscheidenden Brief, in
dem es heißt: »Mit nicht weniger Verlangen würde ich die
Bruchstücke von Ihrem ›Faust‹, die noch nicht gedruckt
sind, lesen; denn ich gestehe Ihnen, daß mir das, was ich
von diesem Stücke gelesen, der Torso des Herkules ist. Es
herrscht in diesen Szenen eine Kraft und eine Fülle des Genies, die den ersten Meister unverkennbar zeigt, und ich
möchte die große und kühne Natur, die darin atmet, soweit
als möglich verfolgen.« Goethe konnte sich allerdings damals noch nicht entschließen, das Paket wieder zu öffnen, in
das er die handschriftlichen Aufzeichnungen verschnürt
hatte: »Ich könnte nicht abschreiben, ohne auszuarbeiten,
und dazu fühle ich mir keinen Mut. Kann mich künftig
etwas dazu vermögen, so ist es gewiß Ihre Teilnahme.«
Auch als er im August des folgenden Jahres etwas vom
»Faust« für Schillers Zeitschrift »Die Horen« in Aussicht
stellte, mußte er gestehen: »Mit diesem letzten geht mir's
wie mit einem Pulver, das sich aus seiner Auflösung nun
einmal niedergesetzt hat; so lange Sie dran rütteln, scheint
es sich wieder zu vereinigen, sobald ich wieder für mich bin,
setzt es sich nach und nach zu Boden.«
So rückte denn von früher Begonnenem nur die Arbeit an
den »Lehrjahren« vorwärts, der »Xenienstreit« zog in die
schriftstellernde Gegenwart, und an den »Elegien« sowie an
»Hermann und Dorothea« wurde weiter die Beherrschung
antiker Form geübt. Der »Faust« blieb Bruchstück.

1797–1801 (Faust I 1808)

Ein äußerer Umstand war es schließlich, der dem freund-
schaftlichen Drängen Schillers zu Hilfe kam. Goethe plante
eine dritte Reise nach Italien, für deren wissenschaftliche
Ausbeute er mit dem noch in Italien weilenden Kunstwis-

senschaftler Heinrich Meyer die umfangreichsten Vorbereitungen verabredete. Sie schob sich wegen der Kriegswirren von Monat zu Monat hinaus und beschränkte sich schließlich auf eine Reise in die Schweiz. In dieser Zeit verdrießlichen Wartens wurden zur Ablenkung unter manchem anderen die Aufzeichnungen zu »Faust« wieder hervorgeholt. Auskunft hierüber und zugleich Einblick in die neue Art des Arbeitens gibt der Brief an Schiller vom 22. Juni 1797:
»Da es höchst nötig ist, daß ich mir, in meinem jetzigen unruhigen Zustande, etwas zu tun gebe, so habe ich mich entschlossen, an meinen ›Faust‹ zu gehen und ihn, wo nicht zu vollenden, doch wenigstens um ein gutes Teil weiterzubringen, indem ich das, was gedruckt ist, wieder auflöse und mit dem, was schon fertig oder erfunden ist, in große Massen disponiere, und so die Ausführung des Plans, der eigentlich nur eine Idee ist, näher vorbereite. Nun habe ich ebendiese Idee und deren Darstellung wieder vorgenommen und bin mit mir selbst ziemlich einig. Nun wünschte ich aber, daß Sie die Güte hätten, die Sache einmal, in schlafloser Nacht, durchzudenken, mir die Forderungen, die Sie an das Ganze machen würden, vorzulegen und so mir meine eignen Träume, als ein wahrer Prophet, zu erzählen und zu deuten. Da die verschiedenen Teile dieses Gedichts, in Absicht auf die Stimmung, verschieden behandelt werden können, wenn sie sich nur dem Geist und Ton des Ganzen subordinieren, da übrigens die ganze Arbeit subjektiv ist, so kann ich in einzelnen Momenten daran arbeiten, und so bin ich auch jetzt etwas zu leisten imstande. Unser Balladenstudium hat mich wieder auf diesen Dunst- und Nebelweg gebracht, und die Umstände raten mir, in mehr als in einem Sinne, eine Zeitlang darauf herumzuirren.«
Bereits der nächste Tag bringt die Antwort Schillers, der gern den »Faden« der Faust-Dichtung aufsuchen hilft. Goethe empfindet sein Mitdenken, auch wenn er sich ihm gegenüber selbständig hält, als »in mehr als Einem Sinne fruchtbar«. Die Hauptsache ist: Er bereitet sich seinen »Rückzug in diese Symbol-, Ideen- und Nebelwelt mit Lust und Liebe vor«. Eine Z e i t r e i c h e n S c h a f f e n s bricht an.
Schon einen Tag, nachdem ein ausführlicheres Schema zu-

stande gekommen ist, gelingt am 24. Juni 1797 die *Zu-eignung*. Das *Vorspiel auf dem Theater* dürfte nicht viel später entstanden sein. Auch der *Prolog im Himmel* gehört wenigstens nach der Anlage in jene Zeit, wenn sich auch die Ausarbeitung bis in die Zeit nach 1800 hinzog. Wie Grumach in Goethe XIV/XV zeigt, waren die handschriftlich erhalte-nen Verse mit dem Dialogschluß schon vor der dritten, durch Schiller angeregten Bauperiode fixiert. In den Jahren zwi-schen 1797 und 1800 aber reiften auch die Vollendung des großen Selbstgesprächs, der Osterspaziergang sowie der Ver-trag mit dem Teufel. So sehr angeregt fühlte sich Goethe, daß er glaubte, es käme nur auf einen ruhigen Monat an, um das ganze Werk »wie eine große Schwammfamilie« aus dem Boden wachsen zu lassen. Noch einen besonderen An-trieb gibt das Frühjahr 1798. Goethe findet, »daß die Stim-mung des Frühlings lyrisch ist, welches mir bei dem rhapso-dischen Drama sehr zugute kommt«. Die alte Handschrift wird abgeschrieben, und die Teile werden in abgesonderten Lagen nach den Nummern eines ausführlichen Schemas aus-einandergelegt. So kann der Dichter in jedem Augenblick die Stimmung nutzen, um einzelne Teile weiter auszuführen und das Ganze früher oder später zusammenzustellen. Insbeson-dere stört ihn, daß einzelne Szenen, wie die im *Kerker*, in Prosa geschrieben waren: »Sie sind durch ihre Natürlichkeit und Stärke, in Verhältnis gegen das andere, ganz unerträg-lich. Ich suche sie deswegen gegenwärtig in Reime zu brin-gen, da denn die Idee wie durch einen Flor durchscheint, die unmittelbare Wirkung des ungeheuern Stoffs aber ge-dämpft wird.« Schiller bleibt auch weiterhin die treibende Kraft. Er wirkt, als die Arbeit im Frühjahr 1800 wieder ins Stocken geraten will, auf Goethes neuen Verleger Cotta ein, damit dieser ihn durch »glänzende Anerbieten« zur Fortsetzung des Werks ansporne. Gleichfalls in Hinsicht auf den Abschluß hat Goethe dann noch die beiden, später aller-dings nicht mehr aufgenommenen Gedichte »Abkündigung« und »Abschied« geschrieben.

Also schon in dieser Zeit wuchs das Denken über den ersten Teil hinaus. Wie Goethe im Jahre vor seinem Tode Ecker-mann mitteilte, war die »Intention der Anfangsszenen des fünften Aktes über dreißig Jahre alt«. Es müssen also die

auf Fausts Tod bezüglichen Szenen, wenigstens der Grundlage nach, bereits um 1800 entstanden sein. Vor allem aber
verzeichnet das Tagebuch unterm 12. September zum ersten
Male »Früh Helena«, und bereits neun Tage später bekam
Schiller die ersten Trimeter dieser Tragödie zu hören.
Daneben läuft aber auch die Arbeit an der *Klassischen Walpurgisnacht* sowie an der *Valentin*-Szene, und sie setzt sich
auch nach der schweren Krankheit Anfang 1801 fort. Auf
einer Handschrift der *Walpurgisnacht* hat Goethe z. B. selbst
den 8. und 9. Februar eingetragen. Nachdem auch die beiden
großen Zwiegespräche zwischen *Faust* und dem Teufel ausgeführt waren, durfte der Dichter, wie er am 4. April
schreibt, hoffen, »daß bald in der großen Lücke [eben zwischen diesen beiden Gesprächen] nur der Disputationsaktus
fehlen soll, welcher denn freilich als ein eigenes Werk anzusehen ist und aus dem Stegreife nicht entstehen wird«. Dieser Disputationsaktus fehlt allerdings auch im vollendeten
Werk.
Damit aber geriet die Arbeit wieder ins Stocken. Selbst
Schiller wagte kaum noch auf die Vollendung zu hoffen.
Goethe sei, so schrieb er im Dezember an Cotta, »zu wenig
Herr über seine Stimmung, seine Schwerfälligkeit macht ihn
unschlüssig, und über den vielen Liebhaber-Beschäftigungen,
die er sich mit wissenschaftlichen Dingen macht, zerstreut er
sich zu sehr«. In der Tat hat Schiller, der ja am 9. Mai 1805
starb, die Vollendung nicht mehr erlebt. Ja, er hat nicht
einmal die letzten noch zu seinen Lebzeiten fertiggestellten
Szenenfolgen kennengelernt, also weder *Vorspiel, Prolog*
und Teufelsvertrag noch *Walpurgisnacht* oder *Kerker*szene.
Daß Goethe, der doch in seiner Jugend die Erzeugnisse seines Geistes allen möglichen Bekannten mitteilte, die damals
vollendeten Szenen dem Manne, von dem er in den Tages-
und Jahresheften sagt, »Schillers Teilnahme nenne ich zuletzt, sie war die höchste und innigste«, vorenthielt, das
empfand er wohl selbst in gewissem Sinne als eine Unter-
lassung. Wenigstens glaubte er es in einem späteren Gespräch
mit Eckermann vom 14. November 1823 begründen zu sollen: »Dagegen war es ganz gegen meine Natur, über das,
was ich von poetischen Plänen vorhatte, mit irgend jemandem zu reden, selbst nicht mit Schiller. Ich trug alles still

mit mir herum, und niemand erfuhr in der Regel etwas, als
bis es vollendet war. Als ich Schillern meinen ›Hermann und
Dorothea‹ fertig vorlegte, war er verwundert, denn ich hatte
ihm vorher mit keiner Silbe gesagt, daß ich dergleichen vorhatte.« Einen Grund für solche Zurückhaltung erfahren wir
aus einer anderen Unterredung mit Eckermann: »Er war so
wie alle Menschen, die zu sehr von der Idee ausgehen. Auch
hatte er keine Ruhe und konnte nie fertig werden [...] Ich
hatte nur immer zu tun, daß ich feststand und seine wie
meine Sachen von solchen Einflüssen freihielt und
schützte.«

Da der Quell, aus dem die *Faust*-Dichtung sich bisher belebt hatte, vorläufig wieder versiegt war, beschränkte sich
die weitere Arbeit nur noch auf die Herausgebertätigkeit. So
kündigte Goethe 1805 für den vierten Band der neuen, bei
Cotta erscheinenden Ausgabe seiner Werke an: »Faust um
die Hälfte vermehrt.« Sein neugewonnener Helfer Riemer
unterstützte ihn bei der Durchsicht. Die Napoleonischen
Wirren verzögerten jedoch zunächst die Herausgabe. Dann,
nachdem er die neue Dichtung, entsprechend früherer Ge-
wohnheit, bereits bei Hofe vorgelesen hatte und nachdem
einiges Ungedruckte im »Morgenblatt« erschienen war, kam
das Ganze zur Ostermesse 1808 im achten Band der Werke
heraus als »Faust. Eine Tragödie«. Der Wortlaut ist hier bis
auf Kleinigkeiten der heutige. Vor Beginn des eigentlichen
Dramas steht auch schon die Bezeichnung »Erster Teil«.

1825–1831 (Faust II 1832)

Als Goethe seine Dichtung in dieser Gestalt, also von der
Zueignung an bis zum Ende der *Gretchen*-Tragödie der Öffentlichkeit übergab, war er bereits zur Weiterarbeit entschlossen. Schon der entscheidende Entwurf um 1800 hatte
das Stichwort »Zweiter Teil« enthalten. Um 1800 hatte
Goethe, wie wir sahen, nicht nur am *Helena*-Drama gearbeitet, er hatte sich auch bereits mit Fausts Tod beschäftigt.
Schon 1806 konnte er dem jungen Geschichtsschreiber Luden,
der vermutete, das Ganze sei wohl schon vorhanden, antworten: »Es ist vorhanden, noch nicht alles geschrieben, aber

gedichtet.« So ist es nicht verwunderlich, wenn Goethe auf
der Reise nach Karlsbad 1808 mit Riemer »über den 2. Teil
von Faust« verhandelte.

Allein wieder drängten sich Jahre zwischen Absicht und
Ausführung. Die »Wahlverwandtschaften« entstanden,
»Wilhelm Meisters Wanderjahre« rückten vor. Die Farbenlehre kam heraus, die Reise zum Rhein, Main und Neckar
brachte den »West-östlichen Divan«, und vor allem fesselte
die Darstellung des eigenen Lebens. Gerade die Arbeit am
vierten Teil von »Dichtung und Wahrheit« aber, in dem er
ja auch von den Anfängen der Faust-Dichtung zu berichten
hatte, brachte ihn auf den Gedanken, seinen Lesern zur
Entschädigung für den nicht erschienenen zweiten Teil des
»Faust« wenigstens dessen Plan »kürzlich« vorzutragen. So
entstand der Entwurf vom 16. Dezember 1816, der dem gedruckten ersten Teil innerlich bedeutend nähersteht als die
spätere Ausführung. Dieser Entwurf, den Goethe allerdings
nicht veröffentlicht hat, bedeutet wieder einen Verzicht auf
Vollendung. Ebenfalls aus Entsagungsstimmung heraus erwog Goethe acht Jahre später, in seine Ausgabe letzter Hand
auch die vorhandenen Faust-Papiere mit aufzunehmen.

Daß dem ersten Teil des Faust-Dramas schließlich doch noch
ein zweiter gefolgt ist, dazu bedurfte es wieder eines An-
stoßes von außen. Diesmal übernahm die Rolle des Drängers der Mann, den sich der Dichter selbst zum Verwalter
seines Nachlasses heranbildete und der seit 1823 zu seinen
Lebensgenossen zählte: Johann Peter E c k e r m a n n. Am
25. Februar 1825, vielleicht noch im Hinblick auf die geplante Gesamtausgabe seiner Werke, vielleicht auch angeregt
durch den Faust-Kommentar eines Hallenser Gelehrten, tritt
in Goethes Tagebuch ganz plötzlich die Arbeit am »Faust«
wieder auf. Von da an wird sie mit bewundernswürdiger
Zähigkeit bis zum wirklichen Abschluß durchgeführt. Diese
Leistung ist um so höher anzuschlagen, als er sie zwischen
seinem 75. und 82. Geburtstage vollbracht hat.

Zunächst heißt es im Tagebuch ganz allgemein: »Einiges an
›Faust‹ geordnet« [oder] »geschrieben«. Einmal lesen wir
auch »An ›Faust‹ den Schluß fernerhin redigiert«. Dann
aber erfolgt eine entschiedene Wendung: »›Helena‹ vorgenommen«. Die Arbeit hieran unterbricht der Dichter nur

noch einmal, um sich an Hand einschlägiger Werke mit den landschaftlichen Verhältnissen Griechenlands vertraut zu machen. Von März 1826 an wird die eigentliche dichterische Arbeit so rasch gefördert, daß er am 8. Juni und dann nochmals am 24. feststellen kann: »Völliger Abschluß der ›Helena‹«. Allerdings »ziselierte« er noch lange an seinem Kunstwerk. Er setzte das Feilen auch noch während der Drucklegung fort, bis 1827 die gesondert herausgegebene »Helena, klassisch-romantische Phantasmagorie. Zwischenspiel zu Faust« – es ist der spätere dritte Akt des zweiten Teils – fertig vorlag.

Noch vorher hatte er auch schon an den »Antezedenzien« der *Helena* gearbeitet und für sie am 17. Dezember 1826 sogar einen ausführlichen Plan diktiert. Er meinte damit alles, was dem Schluß des ersten Teils folgt und der Helena-Tragödie »vorangeht«. Der Gesamtinhalt der beiden ersten Akte des späteren zweiten Teils galt ihm ja nur als Überleitung zur Begegnung *Fausts* mit *Helena*. Den Anfang davon, das Versenken Fausts in die Vergessenheit und die Neubelebung durch die Elfen, will Eckermann schon am 6. Mai 1827 gekannt haben (vgl. dazu Anm. vor 4617). Die Szenen am Kaiserhofe, deren Werden wir an Hand der Tagebücher bis ins einzelne verfolgen können, entstanden im gleichen Jahre. Seit Juli 1827 wird im Tagebuch die Arbeit am »Faust« immer wieder als »Hauptgeschäft«, »Hauptzweck«, »Hauptwerk« bezeichnet, das »behandelt«, »gefördert«, »vorgeschoben« oder »redigiert« wird.

Zu Ostern 1828 im zwölften Band der Werke erschien dann die ganze in der kaiserlichen Pfalz spielende Szenengruppe bis zur Szene im *Lustgarten*, und zwar mit der Schlußbemerkung »ist fortzusetzen«. –

Seitdem hat der Dichter nichts mehr veröffentlicht. Die Arbeit am »Faust« ging aber ununterbrochen weiter. Um möglichst viel zu schaffen, wählte er die Morgenstunden. Trotzdem kam er zeitweise kaum über eine Handschriftseite am Tage hinaus. Aber er hielt zäh an seiner Absicht fest, und das ist um so erstaunlicher, als er ja zwischenein noch seinen Briefwechsel mit Schiller, ferner »Wilhelm Meisters Wanderjahre«, die »Italienische Reise« und auch die »Annalen« herausbrachte. Außerdem stellten tiefschmerzliche Erlebnisse,

wie der Tod des Großherzogs Karl August und noch mehr
der seines eigenen Sohnes, und dann auch ein ihn selbst
überkommender Blutsturz hohe Anforderungen an die Wi-
derstandsfähigkeit des Achtzigjährigen.
Die Aufmerksamkeit galt zunächst der Vollendung des ersten Aktes. Der zweite Akt wurde gleich darauf in Angriff
genommen. Im Juni 1830 konnte Goethe mitteilen, daß die
Klassische Walpurgisnacht abgeschlossen sei. Das Jahr 1831
galt zunächst der Ausarbeitung der *Philemon-und-Baucis-*
Szene als der Vorbereitung des bereits früher ausgearbeiteten
Todes von *Faust.* Vor allem aber entstand damals der vierte
Akt des zweiten Teils, also das zweite Zusammentreffen
Fausts mit dem *Kaiser* und somit die Überleitung zu dem
neuen Leben der Tat.
Dieser Akt ist baugeschichtlich der Schlußstein in Goethes
»Faust«, wenn man von der unermüdlichen Überarbeitung
des noch Ungedruckten absieht. Am 24. Januar 1830 hatte
er zu Eckermann gesagt: »Es soll mich nun aber auch nichts
wieder vom ›Faust‹ abbringen; denn es wäre doch toll
genug, wenn ich es erlebte, ihn zu vollenden! Und möglich
ist es; – der fünfte Akt ist so gut wie fertig, und der vierte
wird sich sodann wie von selber machen.« Nun war »ein
schwerer Stein über den Berggipfel nach der anderen Seite
hinabgewälzt«. Am 22. Juli 1831 vermerkt das Tagebuch:
»Das Hauptgeschäft zustande gebracht.« – »Mein ferneres
Leben«, so sagte er in überaus glücklicher Stimmung damals
zu Eckermann, »kann ich nunmehr als ein reines Geschenk
ansehen, und es ist jetzt im Grunde ganz einerlei, ob und
was ich noch etwa tue«.
Trotzdem war Goethe entschlossen, seine größte Dichtung
nicht mehr selbst herauszugeben. Er hatte nach seiner Ge-
wohnheit jede neu vollendete Szene sorgfältig ins reine
schreiben lassen und sie in die bereits vorhandenen Lagen
seines handschriftlichen Werkes eingeschoben. Nun ließ er
alles, das Gedruckte wie das Ungedruckte, in zwei Folio-
bände heften und siegelte das Ganze zu, nicht nur, um es
vor der Welt, ja sogar vor den nächsten Freunden, zu hüten,
sondern vor allem, wie er an Wilhelm von Humboldt
schrieb, damit er »nicht etwa hier und da weiter auszuführen
in Versuchung käme«.

Und er hatte recht. Denn als er im Januar 1832 die Verpackung doch noch einmal löste und seiner Schwiegertochter Ottilie einiges vorlas, regte sich das Schaffensbedürfnis sofort von neuem. Einiges wurde »umgeschrieben«, einiges wurde »nachgeschaffen«, und am 24. Januar heißt es sogar: »Neue Aufregung zu ›Faust‹ in Rücksicht größerer Ausführung der Hauptmotive, die ich, um fertig zu werden, allzu lakonisch behandelt hatte.«

Noch im Todesjahr 1832 erschien als erster Band der nachgelassenen Werke: »Faust. Der Tragödie zweiter Teil in fünf Akten«. Da aber noch eine Menge handschriftlicher Aufzeichnungen vorhanden war, hielten des Dichters treue Nachlaßverwalter Riemer und Eckermann es für ihre Pflicht, vier Jahre später davon einen Teil als »Paralipomena« zu »Faust« zu veröffentlichen. Der ganze Vorrat wurde erst bekannt, als nach dem Tode des letzten Nachkommen aus des Dichters Geschlecht der gesamte Nachlaß allgemein zugänglich gemacht wurde.

Seitdem sind wir imstande, das innere Werden der Dichtung zu verfolgen. Daß wir damit dem Geiste des Dichters nicht zuwiderhandeln, dafür zeugt sein von uns bereits eingangs angeführter, fünf Tage vor seinem Tod an Wilhelm von Humboldt gerichteter Brief:

»Es sind über sechzig Jahre, daß die Konzeption des Faust bei mir jugendlich, von vornherein klar, die ganze Reihenfolge hin weniger ausführlich vorlag. Nun hab' ich die Absicht immer sachte neben mir hergehen lassen, und nur die mir gerade interessantesten Stellen durchgearbeitet, so daß im zweiten Teil Lücken blieben, durch ein gleichmäßiges Interesse mit dem Übrigen zu verbinden. Hier trat nun freilich die große Schwierigkeit ein, dasjenige durch Vorsatz und Charakter zu erreichen, was eigentlich der freiwilligen tätigen Natur allein zukommen sollte. Es wäre aber nicht gut, wenn es nicht auch nach einem so lange tätig nachdenkenden Leben möglich geworden wäre, und ich lasse mich keine Furcht angehn: man werde das Ältere vom Neuern, das Spätere vom Frühern unterscheiden können; welches wir dann den künftigen Lesern zur geneigten Einsicht übergeben wollen.«

So hat uns Goethe selbst darauf hingewiesen, in der Dichtung nach der Entstehungszeit verschiedene Schichten zu erkennen. Sie werden uns in den Stand setzen, nunmehr auch das i n n e r e Werden der Dichtung zu verfolgen.

Anhang
(Überblick über die Entstehung)

I

1768–75 ERSTE BAUPERIODE.

1768 f. »Die Mitschuldigen«. V. 750: Erste Erwähnung des *Doktor Faust*.

1768–72 Bestimmende Eindrücke für die Gestaltung verschiedener dramatischer Ideen; Kombination und Verdichtung einzelner Motive, Symbole und Konflikte.

1772 Januar: Vermutlich Niederschrift der ersten Szenen des Urfaust in Prosa *»Faust. Mephistopheles« (= Trüber Tag, Feld)* und *Kercker*.

1772–73 Winter: Verdichtung zahlreicher Indizien für einen zumindest gedanklich fertigen Entwurf der Szenen »Eingangsmonolog, *Erdgeist, Faust-Wagner, Mephistopheles-Schüler«*. (Vgl. dazu H. Fischer-Lamberg in: ZfdPh 76 (1957) S. 379–406.)

1773 Sommer-Herbst: Wahrscheinlich spätestens schon Vollendung der Gelehrtentragödie V. 354–597 und 602 bis 605. (Vgl. dazu F. J. Schneider in: Goethes Satyros und der Urfaust, Halle 1949.)

1772–75 U r f a u s t.

1788–90 ZWEITE BAUPERIODE.

1788, 1. März, Italien: Plan zu »Faust«.

1788 f. *Hexenküche, Wald und Höhle, Auerbachs Keller* (Verse).

1790 »F a u s t. E i n F r a g m e n t.«

1797–1801 DRITTE BAUPERIODE.

1797, 22. Juni an Schiller: »[. . .] habe mich entschlossen, an meinen Faust zu gehen.«

1797, 23. Juni: »Ausführlicheres Schema zum Faust.«

1797, 24. Juni: *Zueignung*.

1797–1801 *Vorspiel auf dem Theater, Prolog im Himmel,*

Nacht (602 ff.), *Vor dem Tor, Studierzimmer, Wal-*
purgisnacht, Nacht (Valentins Tod, 3660 ff.), *Kerker*
(Verse).
Einzelne Szenen zum fünften Akt des zweiten Teils.

1800 *Helena im Mittelalter. Satyrdrama. Episode zu Faust*
(= Faust II, 3., V. 8489–8802). Mit Lücken und Varianten.

1806 Vorbereitung der Herausgabe.

1808 »F a u s t. D e r T r a g ö d i e e r s t e r T e i l.«

1816 Plan zum zweiten Teil, entworfen für »Dichtung und
Wahrheit«.

1825–31 VIERTE BAUPERIODE.

1825, 25. Februar: »Für mich Betrachtungen über das Jahr
1775, besonders ›Faust‹.«

1825 Frühjahr: Entschluß zur Vollendung des zweiten Teils
für die geplante Gesamtausgabe.

1825/26 Entstehung der Fausthandschrift 2 für den V. Akt
(abgekürzt VH 2). Neben der V. Akt enthaltenden Teil des Gesamtdruckmanuskriptes H ist VH 2
die wichtigste Handschrift. Gottfried Wilhelm Hertz
hat sie genau beschrieben in: Euph 33,3 (1932) S. 244
bis 277. Eine neue Datierung der 29 Teile, aus denen
sie besteht, legt Alexander Rudolf Hohlfeld vor in:
Euph 49,3 (1955).

1826 Frühjahr: Ausarbeitung der Szene *Großer Vorhof des*
Palastes in VH 2.
Pläne zum zweiten Akt.

1825–31 Fünfter Akt.

1825 f. Dritter Akt *(Helena).*

1827 » H e l e n a,   K l a s s i s c h - r o m a n t i s c h e
P h a n t a s m a g o r i e, Zwischenspiel zu Faust«
(= Dritter Akt).

1827–30 Erster und zweiter Akt.

1828 » F a u s t. Z w e i t e r T e i l« (= Erster Akt bis V.
6036). »Ist fortzusetzen.«

1831 Vierter Akt.
Szenen zum fünften Akt, z. B. *Philemon und Baucis*
und einzelnes zur Schlußszene.

1831, 22. Juli: »Das Hauptgeschäft zustande gebracht.«
1832, 24. Januar: »Neue Aufregung zu ›Faust‹, in Rücksicht
  größerer Ausführung der Hauptmotive, die ich, um
  fertig zu werden, allzu lakonisch behandelt hatte.«
1832 » F a u s t. D e r T r a g ö d i e z w e i t e r T e i l in
  fünf Akten« (vollendet im Sommer 1831).

II

	URFAUST	FRAGMENT	FAUST I
	(U. 1775)	(Fr. 1790)	(F. I 1808)
Zueignung	–	–	1–32
Vorspiel auf dem Theater	–	–	33–242
Prolog im Himmel	–	–	243–353

Der Tragödie erster Teil

	URFAUST	FRAGMENT	FAUST I
Nacht	354–597, 602–605	wie U. wie U.	wie Fr., dazu: 598–601, 606–807
Vor dem Tor	–	–	808–1177
Studierzimmer I	–	–	1178–1529
Studierzimmer II			
a) Vertrag	–	1770–1850	1530–1850
b) M.s Selbstgespräch	–	1851–1867	wie Fr.
c) M. und Schüler	1868–2050	wie U.	wie U.
d) M. und F.	–	2051–2072	wie Fr.
Auerbachs Keller	Prosa	2073–2336	wie Fr.
Hexenküche	–	2337–2604	wie Fr.
Straße	2605–2677	wie U.	wie U.
Abend. Zimmer	2678–2804	wie U.	wie U.
Spaziergang (U.: Allee)	2805–2864	wie U.	wie U.
Der Nachbarin Haus	2865–3024	wie U.	wie U.
Straße	3025–3072	wie U.	wie U.
Garten	3073–3148	wie U.	wie U.
	–	–	3149–3152
	3153–3204	wie U.	wie U.
Gartenhäuschen	3205–3216	wie U.	wie U.

Wald und Höhle.

1788 (im Fr.			
nach: Brunnen)	–	3217–3373	wie Fr.
Gretchens Stube	3374–3413	wie U.	wie U.
Marthens Garten	3414–3543	wie U.	wie U.
Am Brunnen	3544–3586	wie U.	wie U.
Zwinger	3587–3619	wie U.	wie U.
Nacht (U. nach: Dom)			
a) Valentins Selbst- gespräch	3620–3645	–	wie U. –3649
b) F. u. M.	3650–3659, 3342–3369	–	U. u. 3660–97
c) Valentins Tod	–	–	3698–3775
Dom	3776–3834	wie U.	wie U.
Walpurgisnacht	–	–	3835–4398
Trüber Tag. Feld	Prosa	–	wie U.
Nacht. Offen Feld	4399–4404	–	wie U.
Kerker	Prosa	–	4405–4612

Der Tragödie zweiter Teil

I. Akt: 1827–30. II. Akt: 1826–30. III. Akt: 1800
(V. 8489–8802), 1825 f. IV. Akt: 1831. V. Akt: 1797 ff., 1825–31.

4. Geschichte der Stoffaufnahme (Aneignung)

Frühe Anregungen und Modelle

Lebenswerk ist Goethes »Faust« nicht nur deshalb, weil er seinen Dichter fast durch ein achtzigjähriges Menschenleben begleitet hat; e i n M e n s c h e n l e b e n ist auch in ihn eingegangen. Noch in der vollendeten Dichtung erkennen wir nicht nur den Jüngling, dessen Vorstellungskraft um Ausdruck ringt, wir spüren auch den Mann, der nach großartig entworfenem Plan arbeitet, und auch den Greis, dem sie zum Sammelbecken für überlegen rückschauende Altersweisheit wird.

Allerdings gehörte der in der Faust-Sage gegebene S t o f f bereits seit zwei Jahrhunderten dem deutschen Schrifttum an, und es läge darum nahe, die Wurzeln von Goethes Dichtung zunächst rückwärts in Sage und Geschichte aufzusuchen. Indessen n i c h t d e r g e s c h i c h t l i c h e F a u s t hat den Ausgangspunkt unseres Dramas gebildet. Dieser war längst hinter der Sage verschwunden, und Quellenstudien hat Goethe nicht getrieben. Auch hat er bei der ersten Gestaltung des Dramas kaum eine gedruckte Vorlage neben sich liegen gehabt. Faust-Sage und Puppenspiel vom Doktor Faust wirkten aus der lebendigen Erinnerung; wir hörten ja schon: »Die bedeutende Puppenspielfabel klang und summte gar vieltönig in mir wieder.«

Aus der Ü b e r l i e f e r u n g stammt, daß Faust, ein Abkömmling bürgerlichen Stammes, zunächst Theologie studierte, dann aus unbezähmbarem Erkenntnis- und Erlebenshunger die Beziehung zur Geisterwelt suchte und mit ihrer Hilfe die Heilkunde ausübte. Aus der Sage stammt der Blutvertrag, der auch hier erst nach zweimaligem Erscheinen des Teufels geschlossen wird und bei dem sich Faust, gegen Preisgabe seiner ewigen Seligkeit, auf Lebensdauer die Dienstbarkeit des höllischen Geistes sichert. Der Teufel heißt schon Mephistopheles. Er offenbart sich anfangs in Tiergestalt, und zwar gleichfalls am Ofen. In unersättlicher Abenteuerlust zieht der Faust der Sage, der sich gelegentlich auch schon des Zaubermantels bedient, von Ort zu Ort und weilt ebenso an Hochschulen wie an Herzogs- oder Kaiserhöfen. In Leipzig reitet er ein Weinfaß aus Auerbachs Keller. Er bohrt, allerdings bei anderer Gelegenheit, einen Holztisch an und läßt den Löchern Weine verschiedener Art entfließen. Bei einer Studentenbewirtung zaubert er als Totenbeschwörer die schöne Helena aus Gräcia hervor. Ebenso läßt die Sage ihn mit dieser Helena auch zusammen leben. Er erhält von ihr einen Sohn Justus, aber beide, Mutter und Sohn, verschwinden, als der Teufel schließlich Faust ums Leben bringt. Zurück bleibt als Erbe und zugleich als Testamentsvollstrecker nur sein Famulus Wagner.

Aber nicht nur die Faust-Sage im engeren Sinne hat auf den Dichter gewirkt. Während der Genesungszeit des krank aus Leipzig heimgekehrten Studenten ist auch das m a g i s c h e S c h r i f t t u m des 16. Jahrhunderts in seinen Gesichtskreis getreten. Bereits im »Urfaust« finden wir Spuren von Theophrastus Paracelsus*, der Schwarzseher und Teufels-

beschwörer bekämpfte, weiter von van Helmont*, der »Ungemeine Meinungen von dem Makrokosmo und Mikrokos-
mo« mitteilte, sowie von Wellings magisch-kabbalistischem
Werk. Auch Campanella* und Giordano Bruno* blieben ihm
nicht fern, und der Name Nostradamus* verbirgt sogar einen
älteren Zeitgenossen Goethes, den Schweden Emanuel Swedenborg*, der über die Beziehungen der Geister zu den Gestirnen, zur Erdenwelt sowie untereinander »himmlische Geheimnisse« mitzuteilen wußte. Besonders einflußreich war
Arnolds Kirchen- und Ketzergeschichte. Auch noch in Straßburg schrieb sich Goethe die Namen mystisch-kabbalistischer
Schriften auf, und die chemischen Übungen bei Professor
Spielmann konnte der Student in gewissem Sinne als eine
Fortsetzung der mit Retorten, Glaskolben, Windöfchen und
Sandbad hantierenden alchimistischen Bemühungen der letz-
ten Frankfurter Zeit ansehen.

Auch unmittelbar E r l e b t e s hat mitgewirkt. Für das
Trinkgelage in Auerbachs Keller bot ihm die Studentenzeit
genug Beispiele, und so, wie der junge Student in der Schülerszene, die ja in Dichtung und Sage ohne Vorbild ist, vor
dem sich als Gelehrten gebenden Mephistopheles steht, so
ehrfürchtig bewundernd hatte Goethe selbst einmal Professoren wie Gottsched oder Gellert seine Aufwartung gemacht, und so überlegen wegwerfend wie Mephistopheles
glaubte er selbst urteilen zu dürfen, als er die ersten Semes-
ster überwunden hatte.

Auch Personen des wirklichen Lebens hat man erkennen
wollen. Eine m e p h i s t o p h e l i s c h e Ader hatte bereits
der Leipziger Freund Behrisch, der gern Bekannte und Vor-
übergehende durchs Gespräch zog und auch Goethe selbst
mit seinem Spott nicht verschonte. In Straßburg lernte er in
Herder einen Mann kennen, der überlegen alles Halbwissen
und Halbkönnen aufzudecken vermochte. Herder behandelte, damals infolge von Krankheit noch dazu übellaunig,
den sich längst als Dichter fühlenden Studenten so spöttisch,
daß dieser es ihm noch als Sechzigjähriger verdachte. In die
Zeit der Entstehung des »Urfaust« aber fällt der Verkehr
mit dem Darmstädter Freunde Merck, dessen verstandes-
scharfer, oft auch zersetzender Spott sich wiederum gelegentlich auch gegen Goethe richtete. Zum Charakter des

Mephistopheles können also recht wohl mehrere Personen der Wirklichkeit gemeinsam das Urbild geliefert haben.

Nicht anders ist es mit *Gretchen*. Zwar das Bild des in »Dichtung und Wahrheit« mit diesem Namen bezeichneten Mädchens, dem Goethe das erste knabenhafte Liebeserlebnis und Liebesleid verdankt, ist wohl mit von der abgeschlossenen Faust-Dichtung beeinflußt. Um so deutlicher leuchtet das Bild von Friederike auf, deren jugendfrisches reines Wesen der Student zunächst nur als gegenwärtiges Glück empfand und empfinden wollte – *»das Ende würde Verzweiflung sein«* – und deren Abschiedsworte ein Reuegefühl in sein Herz senkten, das wir in seinen Dichtungen häufig wieder aufklingen hören. Aber wir brauchen nur noch an das im »Werther« geschilderte mütterliche Wirken von Charlotte Buff oder an die Lebenstapferkeit von Lilli Schönemann zu denken, um die Möglichkeit zuzugeben, daß auch noch von anderen uns unbekannten Mädchen sich Einzelzüge zu dem Bilde des Gretchen im »Faust« vereinigt haben. Für Gretchens Schicksal aber ist daran zu erinnern, daß Goethe im Januar 1772 selbst die Hinrichtung einer K i n d e s m ö r d e r i n * erlebt hat und · daß Schuld und Sühne solcher Mütter gerade zu seiner Zeit allenthalben leidenschaftlich erörtert wurden.

Indessen damit haften wir noch an der Oberfläche. Der Zauberer der Sage hätte nie zur Hauptgestalt eines Dramas von solchen Ausmaßen werden können, hätte nicht der Dichter in ihm Z ü g e s e i n e s e i g e n e n W e s e n s wiedergefunden.

»Auch ich hatte mich in allem Wissen umhergetrieben und war früh genug auf die Eitelkeit desselben hingewiesen worden. Ich hatte es auch im Leben auf allerlei Weise versucht und war immer unbefriedigter und gequälter zurückgekommen.« Damit begründet Goethe in »Dichtung und Wahrheit« seine Hinwendung zu *Faust*. Aus dem Vaterhaus bereits mit vielseitigem Wissen zur Hochschule gekommen, hatte er sich hier keineswegs auf seine Berufswissenschaft, die Rechtskunde, beschränkt. Bezeichnete er sich doch selbst als »der schönen Wissenschaften Liebhaber«. Den aus Leipzig Zurückgekehrten aber fesselten die helldunklen Randgebiete menschlichen Wissens, und in Straßburg liefen neben

der Vorbereitung zu der juristischen Prüfung noch naturwissenschaftliche und medizinische Studien einher.

Innerlich aber war die Schulwissenschaft schon überwunden.
Immer wieder stellt er der Gelehrsamkeit das B u c h d e r
N a t u r gegenüber, das für ihn zugleich den Weg ins
Ewige bedeutete. Schon der Knabe hatte ja aus Vaters Mi-
neraliensammlung einen Naturaltar gebaut, der ihn unmittelbar zur Gottheit führen sollte. Nach der gegenwartsver-
flochtenen und verstandeshellen Leipziger Zeit hatten die
Frankfurter Genesungsmonate neue Verinnerlichung gebracht. Das zunächst spielerisch anmutende Bemühen, auf
alchimistischem Wege jungfräuliche Erde in den Mutterzu-
stand zu versetzen, das heißt aus Anorganischem Organi-
sches entstehen zu lassen, ist nichts anderes als ein Streben
nach der *Quelle alles Lebens*. Dann lernte er von Herder,
nach dem Vorbild von Young und Hamann, das Wesen der
Dichtung und des Dichters als ein menschgewordenes Ur-
schöpfertum zu betrachten und also auch dieses aus den
letzten Quellen des Lebens abzuleiten. Ihm verdankte er
auch die neue Einstellung zu Shakespeare; dessen Werke
erschienen ihm als Offenbarungen der reinen Natur —:
»Natur! Natur! nichts so Natur als Shakespeares Menschen!« —, und durch ihn fühlt er sofort seine »Existenz um
ein unendliches erweitert«.

Aus solchem neugewonnenen Ganzheitsdenken hat er die
Helden für seine Dramenpläne gewählt: Cäsar, Mahomet,
Sokrates, Götz und Egmont, in denen allen »die prätendierte
Freiheit des Willens mit dem notwendigen Gang des Ganzen
zusammentreffen« sollte und die darum alle dämonische
Naturen sind. Titanentum spricht als Gefühl der Sicherheit
aus »Wanderers Sturmlied«, als bewußte Selbsthingabe ans
Unbedingte aus »Ganymed« oder als Selbstbehauptungstrotz
aus »Prometheus«. Eine schier grenzenlose Aufnahmefähig-
keit jagt ihn von einem Erlebnis zum anderen, ein unbe-
zwinglicher Zeugungstrieb bringt Werk über Werk hervor,
von denen der »Götz« nach der Seite des Handelns, der
»Werther« nach der des Gefühlslebens die gewaltigsten
sind.

Indessen, Weltanschauung und Denkart des Dichters sind
nicht nur in der Gestalt des *Faust* wiederzuerkennen. Auch

Mephistopheles, den die Sage lediglich als Teufel volkstümlichen Begriffs darstellt, hätte nie seine überragende Bedeutung gewinnen können, wäre nicht auch er von Goethe e r l e b t worden. Wird schon der Durchschnittsmensch zwischen Gut und Böse hin und her geworfen, so wechselt der außergewöhnliche Mensch um so mehr zwischen Höhen und Tiefen. Auf Augenblicke höchsten Erlebens und Schaffens folgen andere, wo alles Erleben und Schaffen als sinn- und zwecklos erscheint. Das Ringen um oberste Begriffe wird unterbrochen durch zersetzende Zweifel an der Möglichkeit des Erkennens überhaupt, und gerade der nach erhabenster Sittlichkeit Strebende sieht sich in ständiger Gefahr, von den menschlichen Urtrieben in niedrigste Sinnlichkeit herabgezogen zu werden. Die Einsicht in den sinnlichen Untergrund alles Strebens, das Bewußtsein von der Unzulänglichkeit menschlichen Seins und Tuns, das Verneinen des Sinnes von Welt und Leben, alles das ist für Mephistopheles wesenhaft, alles das hat aber auch der Dichter selbst empfunden.

So hat Goethe sein eigenes Wesen gewissermaßen gespalten. Wie Götz und Weislingen, Clavigo u n d Beaumarchais oder wie Tasso u n d Antonio, so sind auch hier beide, *Faust* u n d *Mephistopheles,* jeder in einer anderen Art eine Spiegelung der Welterfahrung ihres Dichters.

Die klassische Periode

Wenn wir somit erkennen, daß die Faust-Gestalt der Sage zur Faust-Gestalt Goethes nur werden konnte in dem Maße, wie der Dichter in jener auf Verwandtes traf und mit und in ihr Eigenes auszudrücken vermochte, dann begreifen wir auch, wie sein Werk Bruchstück bleiben mußte, als sich nicht nur seine zeitlich-räumlichen Verhältnisse geändert hatten, sondern auch er selbst ein anderer geworden war.

Die voritalienischen Weimarer Jahre haben keines der angefangenen oder neubegonnenen bedeutenderen Werke Goethes zur Vollendung kommen lassen. Ursprünglich nur als Gast geladen und darauf eingestellt, dem bunten Hofleben dichterisch-künstlerischen Glanz und Gehalt zu geben, sah sich Goethe bald in die Staatsgeschäfte eingesponnen. Die vielfach zersplitternden Amtspflichten erschwerten die rechte Sammlung. Selbst die beginnenden wissenschaftlichen Arbeiten lenkten ab. Vor allem vollzog sich in Goethe auch eine innere W a n d l u n g. Je weniger ihm auf die Dauer die Hofgesellschaft geben konnte, um so mehr zog er sich auf sein Inneres zurück. Der Mann, der sich zum Erzieher des Herzogs berufen fühlte, wurde zum Selbsterzieher. War sein Streben über alle Menschengrenzen hinausgegangen, jetzt begann er die *»Grenzen der Menschheit«* zu achten. Nach dem faustischen Sturm und Drang bereitete sich das klassische Maßhalten vor.

Aus der Dumpfheit des Sichtreibenlassens zur Klarheit b e w u ß t e r L e b e n s g e s t a l t u n g zu gelangen, dazu sollte die Reise nach Italien helfen. Voraussetzung dafür sollte das Abschließen der Vergangenheit und damit auch die Vollendung der angefangen daliegenden Werke sein, auch des »Faust«. Aber gerade der zur Klarheit reifende Dichter wußte mit dem himmelstürmenden Faust, mit dem Teufelspack, dem Bildergewirr, dem Knittelvers nichts mehr anzufangen.

Das »Fragment« von 1790 zeigt das Ergebnis der Wandlung. Zunächst hat mit seinem Dichter auch *Faust* an Jahren zugenommen. Wenn der fünfundzwanzigjährige Goethe den Faust etwa zehn Jahre älter sein ließ, nach jugendlichen Begriffen also schon alt, so schob sich dieses Alter für den Vierzigjährigen bereits ins oder übers fünfte Jahrzehnt hinaus. Er glaubt ihn verjüngen zu müssen, wenn das Gretchen-Erlebnis wirklich noch glaubhaft sein sollte. Die *Hexenküche* ist zu diesem Zweck geschaffen.

Den i n n e r l i c h g e r e i f t e n Dichter läßt vor allem auch die Szene *Wald und Höhle* mit ihrer andachtsvollen, gehaltenen, ruhigen, in den Schranken des Endlichen verweilenden Naturbetrachtung erkennen. Ebenfalls auf das Innerweltliche eingestellt sind die neu der Schülerszene vorangestellten Verse: *»Und was der ganzen Menschheit zugeteilt ist, / Will in meinem innern Selbst genießen [. . .] Und so mein eigen Selbst zu ihrem Selbst erweitern.«* So hoch das Streben auch hier noch geht, im Verhältnis zum ursprünglichen Ziel bedeutet es bereits eine Beschränkung, wie sie der inzwischen vollzogenen Entwicklung des Dichters entsprach.

Der Hauptgrund für das Stocken der Arbeit lag aber wohl darin, daß das Faust-Drama als eine Selbstdarstellung innersten Erlebens begonnen war und daß der aus Italien heimgekehrte Dichter einer Beichte in so unmittelbarem Sinne nicht mehr zu bedürfen glaubte. Unter diesem Gesichtspunkt verstehen wir, daß Goethe, als er auf Schillers Drängen seine Dichtung doch wieder aufnahm, nicht mehr im Ausdruck subjektiven Erlebens, sondern in der Gestaltung objektiver, menschlich allgemeiner Probleme die Aufgabe dieser Dichtung sah. Die Figur Fausts hatte inzwischen Eigenständigkeit gewonnen, sie hat keinerlei Identität mit ihrem Schöpfer, dem sie zu einer interessanten Rolle geworden ist. Die künstlerische Freiheit der Behandlung ist bedeutend weiter geworden, die Figur hat größeren Spielraum. Die Bühne erweitert sich wie bei Calderón und Kalidasa zum großen Welttheater, die Handlung wird zum Spiel im Spiel.

Darauf deutet in dem damals neugeschaffenen *Vorspiel auf dem Theater* auch die Aufforderung, die wir doch wohl als Selbstaufforderung fassen dürfen, die *Poesie* zu *kommandieren* und »*ins bekannte Saitenspiel / Mit Mut und Anmut einzugreifen, / Nach einem selbstgesteckten Ziel / Mit holdem Irren hinzuschweifen*«. Je nach Gegenstand und Stimmung läßt der Dichter die Stilformen wechseln. Er leitet die seinerzeit in Knittelversen zum Teil sogar in Prosa hingeworfene Dichtung jetzt mit feierlichen Stanzen ein, verwendet für das ja auch bald begonnene Helena-Drama den altgriechischen Trimeter und versucht sich zwischenein noch in den verschiedensten anderen Versmaßen. Und wenn er die Urschrift in einzelne Teile auflöst und diese nach den Nummern eines ausführlichen Schemas hintereinander legt, so geschieht das, um seiner Einbildungskraft freien Spielraum zu gewähren, damit sie jetzt an dieser, jetzt an jener Stelle je nach Stimmung das früher Gedichtete weiterspinne.

Wer in dem so vollendeten ersten Teil des »Faust« nur die neu hinzugekommenen Stücke aufmerksam liest, wird erkennen, daß hier gewissermaßen ein n e u e r D i c h t e r schafft. Unmittelbar erlebte Dichtung ist abgelöst durch gedachte Dichtung. In den Jahren des Sturm und Drang war die Hand in fliegender Hast übers Papier geglitten, damit das Erlebnis nicht vorzeitig entschwände. Jetzt führt ein still sinnender Dichter die Feder, der von einer früher nur gefühlten, jetzt deutlich erfaßten Idee aus das vorhandene Einzelne mit dem neu Geschaffenen oder noch zu Schaffenden zu einem wohlgeordneten Ganzen verknüpft. Was in die Dichtung eingeht, spiegelt auch jetzt noch Denkart und Auseinandersetzung des Dichters mit seiner Wirklichkeit, aber es ist nicht erstes Erlebnis, sondern frei gestaltete Welterfahrung. Dazu gehört vor allem die Überwindung der Sturm-und-Drang-Auffassung durch die neuen Wertvorstellungen der Klassik.

Goethe beginnt, in sich das menschliche Allgemeine zu erkennen und über das Individuelle zu stellen. So wird auch Faust, früher lediglich ein Mensch unter vielen und nur durch sein besonders geartetes Streben dem Dichter verwandt, als ein menschlicher Typus zum Vertreter der Gattung und erlebt an sich Schicksale, die letzten Grundes allgemein menschliche Stimmungen und Schicksale sind.

Und noch ein Steigerung finden wir in der Entwicklung des Dichters begründet. Goethe war durch Schiller auch der Philosophie nahegebracht worden. Er hatte, vielfach darauf vorbereitet, wieder gelernt, sein eigenes begrenztes Sein und Dasein in B e z i e h u n g   z u m   U n e n d l i c h e n zu sehen. Er stellte seinen Faust zwischen Gott als das Gute an sich und den Teufel als das unendlich Böse und ließ sein Schicksal im tiefsten Sinn als den Konflikt dieser beiden Urmächte um den Menschen erscheinen. *»Was der ganzen Menschheit zugeteilt ist [...]«* wurde jetzt Fausts Lebensprogramm. Damit griff Goethe bewußt ein in die durch die Aufklärungsbewegung hervorgerufenen großen weltanschaulichen Auseinandersetzungen über »die Bestimmung des Menschen«.

In diesen Jahren können wir auch dem Dichter genauer bei seinen S t u d i e n   z u m   S t o f f und zu einzelnen Motiven folgen: Er entleiht sich für die Walpurgisnacht aus der herzoglichen Bibliothek noch im Dezember 1797 des Erasmus Francisci »Neupolierten Geschicht-, Kunst- und Sittenspiegel der Völker«. Er liest im Juli 1798 und später die »Christliche Erinnerung und Magica« von Joh. Matth. Mayfart und im Sommer 1799 Miltons »Verlorenes Paradies«. Im Anfang

des Jahres 1801 werden nacheinander folgende Bücher ent-
liehen: Erasmus Francisci »Höllischer Proteus«, Balthasar
Becker »Bezauberte Welt«, ferner die Faustbücher von G. R.
Widmann und Nikolaus Pfitzer, J. G. Neumann »Curieuse
Betrachtungen D. Faustens«, Remigius »Dämonolatria«, Pe-
tri Goldschmid »Höllischer Morpheus«. Dazu treten noch
Joh. Bapt. Porta »Magia naturalis«, Carpzov »Practica no-
va Imperialis«, Prätorius »Anthropodemus Plutonicus«,
Charpentier »Über die Lagerstätte der Erze«.
Auch die bildende Kunst wird zu Hilfe gezogen.
Zeichnungen, die der Maler Kraus von Harzlandschaften
gemacht hatte, werden betrachtet. Außerdem kannte Goethe
auch einen großen Kupferstich von Michael Herr. Dieser
stellte ein Zauberfest auf dem Blocksberg dar und zeigte
unter anderem einen Zug toller Weiber und Männer, untermischt von Musikanten mit Zinken und Dudelsack, oben in
Bocksgestalt den Satan, ferner eine um ein Feuer hockende
Gruppe sowie Luftritte auf Böcken, Gabeln, Besen. Verwandtes zeigt auch ein Bild aus Prätorius' »Blockes Berges
Verrichtung«. So haben auch bildende Künstler dem Dichter
stoffliche Anregung und zugleich den bildhaften Hintergrund für seine Ausgestaltung der Walpurgisnacht gegeben.
Wir erkennen: Ein gereifter Dichter will aus neuer künst-
lerischer und weltanschaulicher Sicht vollenden, was er einst
unter völlig anderen Umständen begonnen hat.

Der alte Goethe

Die Notwendigkeit, sich durch Wissenschaft, Dichtung und
bildende Kunst anregen zu lassen, ergab sich noch mehr, als
Goethe im höchsten Alter zum letzten Male an die
Dichtung herantrat.
Er begann mit dem Helena-Drama, und da er sich inzwischen
entschlossen hatte, Helena in ihrer eigenen Umwelt auftreten zu lassen, und er infolgedessen Faust nach Griechenland versetzen mußte, hielt er es für seine erste
Pflicht, diese ganze griechische Welt sich erst einmal selbst
zu vergegenwärtigen. Kannte er doch aus unmittelbarer

Schau damals nur Italien. So kam er zu regelrechten wissenschaftlichen Vorstudien: Goethe eignete sich damit Schillers Arbeitsweise an. Er machte Auszüge aus E. Dodwell, »Klassische und topographische Reise nach Griechenland«, die vor nicht zu langer Zeit Sickler aus dem Englischen übersetzt hatte. Er las des Engländers Gell »Erzählung von einer Reise nach Morea«, er benutzte Castelans Briefe über Morea und vertiefte sich in des Franzosen Barthélémy »Reise des jungen Anacharsis«.

Dieselben Bücher nahm er auch bei der Arbeit an der Klassischen Walpurgisnacht zur Hand. Aber es sind keineswegs die einzigen, die er hierfür las. So erkennen wir z. B. in der *Galatee*-Szene Lesefrüchte wieder aus Joannes Meursius' »Creta Cyprus Rhodus«. Um die griechische Götter-, Halbgötter- und Heldenwelt aus genauerer Kenntnis darstellen zu können, lag das damals allgemein gebrauchte Mythologische Wörterbuch von Benjamin Hederich* stets griffbereit. Aber auch wissenschaftlichen Streitfragen seiner Zeit gewährte er Raum. So können wir z. B. das Auftreten der Kabiren* gegen Ende der Klassischen Walpurgisnacht nur dann ganz verstehen, wenn wir Creuzers Abhandlung über »Symbolik und Mythologie der alten Völker, besonders der Griechen« sowie Schellings* Aufsatz »Über die Gottheiten von Samothrake« nachlesen.

Das Bedürfnis nach wissenschaftlicher Genauigkeit verließ ihn auch später nicht. Als er zum vierten Akt überging und den Kaiser im Kreise der Kurfürsten darstellte, schlug er die »Neue Erläuterung der Gulden Bulle« von J. D. von Olenschlager nach, deren er sich bereits in seiner Lebensbeschreibung bei der Behandlung der Frankfurter Krönungsfeierlichkeiten bedient hatte. Für die Ausarbeitung des Schlußbildes der ganzen Dichtung aber wandte er sich noch einmal an den Geisterseher Swedenborg*, dessen Träume seit dem »Urfaust« nicht mehr unmittelbar auf die Gestaltung gewirkt hatten. Übrigens hat den Himmel wohl das Paradies aus Dantes »Göttlicher Komödie« mit schaffen helfen, wie andererseits in der Grablegungsszene auch die Höllenstadt aus dem »Inferno« wiederzuerkennen ist.

Gerade dieser fünfte Akt verdankt seine Anschaulichkeit der b i l d e n d e n K u n s t. In erster Linie stehen hier die

Wandgemälde im »Campo-Santo«, dem Friedhof von Pisa. Von diesen stellen die ersten drei Bilder der Südwand den Triumph des Todes, das Weltgericht und die Hölle dar, während das vierte das Leben der Einsiedler in der Thebais versinnbildlicht. Goethe kannte sie nicht aus Pisa selbst, wohin er ja nicht gekommen ist. Er betrachtete sie aber wiederholt in den kurz zuvor erschienenen hervorragenden Stichen des Lasinio. Hier finden wir *gebirgauf verteilt* die Einsiedler, hier den Kampf des Teufel und der Engel um die Seelen der Verstorbenen, hier den *Höllenrachen* und hier die zu Christus und der Jungfrau betenden Heiligen. Die *Lemuren,* die Goethe bei der Grablegung mitwirken läßt, entstammen dem Mittelbild eines Basreliefs zu Cumae, das Goethe später in »Der Tänzerin Grab« selbst beschrieben hat. Auch an der *Klassischen Walpurgisnacht* hat die bildende Kunst mitgeschaffen. Wir sehen z. B. den *Seismos* als den aus dem Erdboden kommenden Erreger des Erdbebens auf einem vatikanischen Gemälde Raffaels, das die Befreiung des Paulus aus dem Gefängnis wiedergibt. Ein Festzug der Galatee findet sich auf dem berühmten Gemälde desselben Künstlers in der Villa Farnesina zu Rom, und im ersten Auftritt des zweiten Teils erinnert *Ariels* Schilderung des Sonnenaufgangs an die Aurora von Guido Reni. Fast ganz nach italienischen Vorbildern ist der Maskenzug am Kaiserhof entworfen. Zunächst besaß ja Goethe eine eigene Schilderung des Römischen Karnevals, die er als Prachtwerk mit zwanzig farbigen Tafeln unmittelbar nach der italienischen Reise herausgeben hatte. Hauptsächlich aber verwertete er das Sammelwerk »Tutti i Trionfi« des Italieners Grazzini, in das er sich gerade 1827 wiederholt vertiefte. Verschiedene Gestalten des Maskenzugs entstammen dem von Athenäus geschilderten Prachtzug des Ptolemäus Philometor, andere dem Triumph des Julius Cäsar, wie ihn Andrea Mantegna gemalt hat. Die aufschwebende Himmelskönigin aber war Goethe aus den Gemälden des Murillo und des Tizian bekannt.

Außer Buch und Bild hat aber auch, und zumal im höchsten Alter des Dichters, die unmittelbare G e g e n w a r t den zweiten Teil des »Faust« mit ausgestaltet. So wie Goethe an einer ganzen Reihe von Stellen seine Auseinandersetzungen mit den Philologen und Archäologen hereinklingen läßt, so gewährt er auch seinen naturwissenschaftlichen Betrachtungen Zugang. Sowohl in dem sinnlosen Gebaren des Erdbebenverursachers *Seismos*, in den Unterhaltungen der beiden altgriechischen Naturphilosophen *Anaxagoras* und *Thales*, als auch in der von *Mephistopheles* im vierten Akt spottend vorgetragenen Erklärung der Entstehung der Urgebirge bekämpft er die Vulkanisten, die, wie A. v. Humboldt, die gegenwärtige Erdoberflächengestalt dem gewaltigen Wirken unterirdischen Feuers zuschrieben. Er selbst als Feind alles gewaltsamen Umsturzes sieht die lebenschaffende und in allmählichem Wirken den Erdboden gestaltende Kraft in erster Linie im Wasser. Dem *Neptun** – das ist dem Wasser – ein Hoheslied zu singen, ist der letzte Sinn alles dessen, was sich in den Felsbuchten des Ägäischen Meeres abspielt und im Festzug der Galatee seinen Höhepunkt und Abschluß findet.

Dem gegenwärtigen Leben entstammt weiterhin auch die großartige Kulturarbeit, mit der Faust seinem Leben den letzten und höchsten Gehalt zu geben trachtet. Goethe wußte nicht nur von den Bemühungen der Venezianer, dem Meere Land abzuzwingen, er kannte vor allem die Entwässerungsarbeiten Friedrichs II. in Preußen sowie die Eindeichungsbestrebungen der Holländer, und noch der Greis wandte den amerikanischen Kanalplänen sowie den Dammarbeiten an der Weser seine Aufmerksamkeit zu. Ist doch die Umstellung auf das Technische das Kennzeichen des beginnenden neunzehnten Jahrhunderts überhaupt.

Schließlich sei noch an eine Person der Zeitgeschichte erinnert, die in die Faust-Dichtung eingegangen ist. *Euphorion** soll zwar nach Goethes Willen die Poesie verkörpern, er ist aber zugleich der Nach- und Widerglanz des von Goethe außerordentlich geschätzten englischen Dichters Byron*, der nach einem Leben überschäumenden Kraftbewußtseins und Schaffenkönnens den um ihre Freiheit ringenden Griechen zu Hilfe eilte. Der Trauergesang auf Euphorion deutet in Wirklichkeit – *»Denn wir glauben dich zu kennen«* – auf Byron und seinen im Alter von sechsunddreißig Jahren zu Missolunghi 1824 erlittenen und von Goethe aufs tiefste beklagten Tod.

Indessen, auch in diesem Zeitraum Goetheschen Schaffens

betreffen alle solche Dinge, wenn sie auch in der Dichtung einen breiten Raum einnehmen, noch immer nur die Außenseite.

Der zweite Teil des »Faust« ist in viel tieferem Sinne eine A u s s t r a h l u n g s e i n e s D i c h t e r s. Als Goethe den entscheidenden Entschluß zur Vollendung gefaßt hatte, stand er weit jenseits der Grenze, die im allgemeinen selbst das Leben Bevorzugter abschließt. Dem Staatsamt war er längst entwachsen, die Leitung des Hoftheaters hatte er niedergelegt, die Reise nach Marienbad, dem Orte seiner letzten Liebe, war seine letzte Reise überhaupt geworden. Nicht mehr e r suchte die Menschen, sie kamen zu ihm und brachten ihm in Gesprächen, Büchern, Bildern die Menschen und die Welt. Ihre Anregungen sowie seine eigenen Bücher- und Bildersammlungen gaben seinem Denken den Inhalt. Was er schuf, war im wesentlichen Vollendung von früher Angefangenem. Der nach Genuß und Tat hungernde Jüngling, der handelnde Mann ist zu dem zwar immer noch lebenskräftigen, aber doch ortgebundenen Greis geworden, der in bedächtigem Rückblick und kritischer Umsicht sowie in zusammenfassendem Verarbeiten von Leben und Wissenschaft seine letzte Aufgabe findet, der er sich mit beschaulichem, aber auch (wie Böhm gezeigt hat) mit satirischem Vergnügen widmet. Schon daraus ist verständlich, daß der zweite Teil des »Faust« so außerordentlich viele – von uns ja nur durch Beispiele angedeutete – Anklänge an gelesene Schriften und betrachtete Bilder aufweist.

Aber auch die Einstellung zum Leben ist eine andere geworden. Der Schöpfer des »Urfaust« hat den Erzzauberer zum Gegenstand einer Dichtung gemacht, weil er sich im Unendlichkeitsstreben ihm verwandt fühlte; für den Vollender des ersten Teils war *Faust* zu einer exemplarischen Verkörperung des bedeutenden Menschen geworden. Der *Faust* des zweiten Teils nimmt Züge der M e n s c h h e i t i m w e i t e s t e n S i n n e auf, die Wirklichkeit, mit der er sich nun auseinandersetzt, erscheint (wie Emrich in seinem bedeutenden Werk gezeigt hat) in symbolischer Struktur.

Beim Rückblick auf sein persönliches Leben, wie er es in »Dichtung und Wahrheit« darzustellen unternommen hatte, war ihm offenbar geworden, in welchem Maße sein eigenes

Leben und Werk schon historischen Charakter gewonnen
hatte. Wie er, der den jugendlichen Sturm und Drang überwunden und die Klärung in der Welt des Altertums gesucht
hatte, so hatten zur selben Zeit und nach ihm auch seine
Zeitgenossen, allen voran Schiller, die Wendung und Wandlung ins Griechentum durchgemacht: Das Zeitalter des deutschen K l a s s i z i s m u s und des Neuhumanismus war gekommen. So hatte auch *Fausts* traditionelle Begegnung mit
Helena, sollte er im Sinne des ästhetischen Menschenbildes
der Klassik das Erlebnis menschlicher Vollkommenheit genießen, eine ganz neue Bedeutung aus dem Geist einer
Epoche erhalten müssen. Aber während er diese Wertvorstellungen im *Helena*-Drama und in der *Klassischen Walpurgisnacht* ins Sinnbildhafte umzugestalten versuchte, schritt
seine und die allgemeine Entwicklung weiter. Auf das Zeitalter der Klassik war längst das 19. Jahrhundert gefolgt.
Der Engländer Byron* aber war Goethe als dessen begna-
deter Vertreter erschienen. Ihm gedachte Goethe in der dichterischen Gestalt des *Euphorion* ein Denkmal zu stiften:
Das ungestüme Wesen im erotischen Zugriff, die Liebe zur
geistigen Heimat *»Mitten in Pelops' Land«* sind charakteristische Züge, die hier hymnisch gesteigert werden. Fausts
Sohn überfliegt das arkadische Idyll, wie Byron ist er sich
seiner heilig gepriesenen Pflicht für alle *»Welche dies Land
gebar«* bewußt: *»Sollt ich aus der Ferne schauen? / Nein!
ich teile Sorg und Not!«* Euphorion wird wie Byron als
Inbegriff *heiliger Poesie* verklärt. Goethe zu Eckermann am
5. Juli 1827: »Ich konnte als Repräsentanten der neuesten
poetischen Zeit niemanden gebrauchen als ihn, der ohne
Frage als das größte Talent des Jahrhunderts anzusehen ist.
Und dann, Byron ist nicht antik und ist nicht romantisch,
sondern er ist wie der gegenwärtige Tag selbst.«
Die klassische Zeit lag damit schon weit zurück. Aber auch
der Höhepunkt der Romantik war gegen die dreißiger Jahre
überschritten. Darum ist es nicht nur für Goethe, sondern
auch für seine Zeit wie auch für seine Einstellung zu dieser
Gegenwart durchaus kennzeichnend, wenn nach *Helenas*
Entschwinden in *Fausts* Händen lediglich *Gewand* und
Schleier bleiben und auch diese sich schließlich *in Wolken
auflösen*. Allerdings tragen diese ihn, und zwar tragen sie

ihn in die Heimat: Auch dem Dichter der reiferen Zeit gelten griechischer Geist und antike Form als unentbehrlich.

Den Stoff zur Form allerdings gibt die G e g e n w a r t. Im Juli 1830 war die Pariser Revolution ausgebrochen, und im Osten tobte der Polenaufstand. Es ist gewiß nicht Zufall, daß dem Dichter in den Monaten darauf der vierte Akt gelang, der, wenn auch unter dem Bilde des Kaisertums des ausgehenden Mittelalters, ein politischer Weltspiegel von erstaunlicher Wiedergabekraft ist. Der hochbetagte Goethe konnte zwar die Welt nur noch wahrnehmen, insofern sie in sein Haus hineinschien oder -wirkte, er war deswegen aber keineswegs weltfern. Über Klassik und Romantik hinweg fand er auch einen eigenen Weg zum R e a l i s m u s. So ist, wenn wir nun nochmals auf den Schluß der Dichtung schauen, auch der fünfte Akt für Goethes eigene wie für die allgemeine Entwicklung durchaus bezeichnend. Der hundertjährige Faust – nochmals in bezug auf das Alter seinem Dichter vorausgehend – lenkt seinen Blick grundsätzlich vom Jenseitigen aufs Diesseitige. Auf dieser Erde will er feststehen. Faust, der doch im ganzen Drama bisher eigentlich noch nie ein wirklich Handelnder war, ergreift den Beruf, der für das weitere neunzehnte Jahrhundert der charakteristische geworden ist. Als Ingenieur gestaltet er die Erdoberfläche um, als weitschauender Staatsmann schafft er dem Volk neues Land, als Organisator wirkt er als »e i n Geist für tausend Hände«.

5. Geschichte der Problembehandlung[1]
(Gestaltung)

Von den ersten Szenen zum Urfaust

Vielfach und in mancherlei Art verwurzelt ist das Faust-Drama im Leben seines Dichters. Was wir davon bisher mitgeteilt haben, waren immer nur Beispiele. Wer das Ergebnis einhundertjähriger Goetheforschung voll ausschöpfen wollte,

1. Hierzu vgl. immer die Zeittafeln auf S. 81–84.

würde die ganze Dichtung entlang hier ein Wort aus Goethes
anderen Werken, hier eine Stelle aus einem seiner Briefe,
Tagebücher oder Gespräche, hier die Äußerung eines Zeitgenossen, hier eine Dichtung, ein Bild oder ein anderes
Kunstwerk nennen können, er würde vielleicht auch an unmittelbare Natureindrücke zu erinnern wissen, die alle
irgendwie die Gestaltung der Faust-Dichtung beeinflußt
haben. Wer aber sein Augenmerk allein oder auch nur für
längere Zeit auf solche stofflichen Beziehungen richtet, dem
möchte es sogar scheinen, als löse sich das großartige Ge-
samtgemälde von Goethes Dichtung gleich einem Mosaik bei
näherem Zusehen in lauter kleine, aus den verschiedensten
Gegenden hergeholte Steine auf.

Allein der »Faust« ist keine Mosaikarbeit. Nichts Fremdes
ist verwendet und verwertet worden, das nicht durch den
besonderen Bezug innerhalb der Szene, des Dialogzusam-
menhangs, der Rollenentwicklung eine neue Bestimmung
und Eigenbedeutung aus der überformenden Kraft der dramatischen Struktur gezogen hätte. Alle Teile, sosehr der
Dichter im Hinblick auf sie von einem Stück in Stücken
spricht, haben ihre Einheit in der poetischen Organisation
der Dichtung, deren Bildwelt freilich nicht aus einem Guß
ist, sondern, aus verschiedenen Bereichen stammend, allmählich gereift und zusammengewachsen ist zu dem ungewöhnlich beziehungsreichen Geflecht von Sinnbildern, die in
Goethes dichterischem Gesamtwerk die eigentlich poetische
Substanz ausmachen, einander wechselseitig erhellen und zuerst von Emrich für den zweiten Teil des »Faust« erschlossen worden sind. Diese gewachsene Einheit der symbolischen
Struktur rechtfertigt die Feststellung: Goethes »Faust« ist in
seinem »bedeutenden« Sinne doch aus einer Gesamtschau heraus gestaltet worden. Und so gibt es,
trotz der Menge der Beziehungen im einzelnen, in der gesamten Weltdichtung vor Goethe doch nichts, was für seine
Faust-Dichtung im ganzen als Vorbild in Betracht käme.
Goethes »Faust« ist einzigartig.

Der Grund dafür liegt in der besonderen Art seiner Gestaltung.

Wir können diese Gestaltung genau verfolgen, da uns ja
vier verschiedene Entwicklungsstufen

d e r D i c h t u n g erhalten sind: der »Urfaust« als das
Werk des fünfundzwanzigjährigen Dichters, dann das vom
Vierzigjährigen veröffentlichte »Fragment«, weiter der erste
Teil, dessen Vollendung der Fünfzigjährige unternahm, und
schließlich der zweite Teil als das Werk, dem sein Dichter
zwischen dem fünfundsiebzigsten und dem zweiundachtzig-
sten Lebensjahre die endgültige Form gab.

Gern würden wir auch noch Einblick in die a l l m ä h -
l i c h e G e s t a l t u n g d e s U r f a u s t haben. Es sind
auch verschiedene Versuche gemacht worden, unter sorgfäl-
tiger Beachtung gleichzeitiger dichterischer oder brieflicher
Äußerungen Goethes und anderer, einzelne Szenen bestimmten Jahren zuzuweisen. Die *Schüler*szene sowie *Auerbachs
Keller* spiegeln deutlich Erinnerungen an die Studentenzeit
wider. Die Wetzlarer Erlebnisse schufen den »Werther«,
und darin lesen wir die Geschichte eines verlassenen Mädchens, dessen Bild bis in Einzelheiten dem Bilde *Gretchens*
im »Faust« gleicht. Gretchens Lied *am Spinnrade* und dann
ihr Gebet an die schmerzenreiche Mutter gehören, als Zeugnisse reifster Kunst, gewiß in das letzte Frankfurter Jahr.
Schließlich klingen die in Auerbachs Keller gesungenen Lieder von der Ratte und den Dreihundert in Goethes Brief
und Tagebuch erst kurz vor der Abreise nach Weimar an.
Aber wir müssen immer bedenken, daß zwischen dem Auf-
keimen eines dichterischen Gedankens und seiner inneren
Durchgestaltung und gar noch der Niederschrift Monate,
wenn nicht Jahre liegen können. Gelegentlich schreibt ein
Dichter bereits niedergeschriebene Szenen in neuer Form nieder, ja er schiebt sogar noch in fertige Szenen verschiedene
Einzelheiten, wie zum Beispiel Lieder, ein. Das alles macht
die Zeitbestimmungen äußerst schwer.

Nach der Mitteilung Goethes an Zelter vom 11. Mai 1820
ist ein wichtiger Teil des »Faust« gleichzeitig mit »Satyros«
und »Prometheus«, also im Hoch- und Spätsommer 1773,
entstanden. Es kann als gesichert gelten, daß damit die Ein-
gangsszenen bis zum Auftreten Wagners gemeint sind, die
thematisch und weltanschaulich (in der mystischen Betrachtung des Kosmos und der sie durchwirkenden Kräfte und
Ordnung) viele gemeinsame Züge verraten; Anregungen dazu erhielt Goethe durch die Begegnungen mit Dr. Metz in

Frankfurt und August Siegfried von Goué. (Vgl. F. J. Schneider: Goethes »Satyros« und der Urfaust. Halle 1949.)

Durch das von Beutler aufgefundene Material über die Frankfurter Kindesmörderin* ist wahrscheinlich geworden, daß die Prosaszene *Trüber Tag. Feld* um den 14. Januar 1772 niedergeschrieben wurde und daß Goethe die der Katastrophe vorangehenden Szenen des Gretchen-Dramas erst später gestaltete.

Die charakterliche Wandlung Fausts vom ernsten Gelehrten (in der Szene *Nacht*) zu einem unreifen *»Hans Liederlich«*, der *»fast wie ein Franzos«* spricht (in der Szene *Straße*), und die weitere Entwicklung Fausts zu einem seiner Verantwortung bewußten Menschen haben die Forschung zu der Hypothese geführt, daß Goethe ein im Stile seiner Leipziger Übersetzung von Corneilles »Le menteur« entworfenes Lustspielfragment später in das Gretchen-Drama eingearbeitet habe.

Gegen das Dogma, daß Goethe vor seiner Beschäftigung mit Hans Sachs im Jahre 1773 keine Knittelverse geschrieben haben könne, sind triftige Gründe ins Feld geführt worden (Otto Heuer), so daß auch der sehr alt anmutende Dialog zwischen Mephisto und dem Studenten schon in der Leipziger Zeit entstanden sein könnte. Die lustspielhaften Keime der Szene *Straße* müssen ja noch nicht in Knittelversen entworfen worden sein. Auch hat F. J. Schneider (a. a. O., S. 31 ff.) erneut darauf hingewiesen, daß die Schlußverse dieser Szene auf eine Entstehungszeit schließen lassen, in der Goethes Mephisto-Auffassung noch eng an die volkstümliche Überlieferung des ihm zuerst bekannten Faustbuches vom Christlich Meynenden angelehnt ist: In diesen Versen findet sich die einzige Stelle der Goetheschen Faust-Dichtung enthalten (möglicherweise von einer früheren Konzeption erhalten), wo Lucifer*, der Höllenfürst der Sage, an Stelle des sonst zuständigen Erdgeistes* genannt wird. Auch Fausts Anrufung des *»unendlichen«* und *»großen erhabenen Geistes«*, als dessen Sendling Mephisto in der Szene *Trüber Tag. Feld* erscheint, könnte man sich mit F. J. Schneider ursprünglich an Lucifer gerichtet denken, der in der zeitgenössischen Vorstellung besonders in Miltons und Klopstocks

Epen als »zukünftiger Schöpfer unzählbarer Welten« und als »König der Welt, die oberste Gottheit unsklavischer Geister« begriffen worden ist. Die einzige Hypothese, die die Frage nach der Bedeutung Luzifers für Goethes Faust sinnvoll beantwortet, finden wir mit F. J. Schneider in Gustav Roethes entstehungsgeschichtlicher Vermutung bestätigt: »Der Erdgeist erbte den Unterteufel Mephistopheles von Lucifer*, als er ihn verdrängte.« (Vgl. dazu Grumach über Lucifer* und Erdgeist*.)

Indessen auch diese Gedanken über die Anfänge von Goethes *Faust*-Dichtung sind Vermutungen. Wirklichkeit ist für uns lediglich das Ergebnis dieser ersten Entwicklung: der »Urfaust«.

Sein A u f b a u muß uns seine Bedeutung verstehen helfen.

Nach dem Vorbilde der Puppenspiele und nach dem Brauche des Hans Sachs beginnt das Drama mit einem Selbstgespräch der Hauptperson, das zugleich in die Vorgeschichte einzuführen hat. Genau wie in der vollendeten Dichtung hat sich Faust vom »Gelehrtentum« zur »Magie« gewandt, er betrachtet das Zeichen des »Makrokosmus«, beschwört den »Erdgeist« und bricht unter seiner gewaltigen Erscheinung zusammen. Ins wirkliche, kleinlich alltägliche Leben zurückgerufen wird er durch die Unterredung mit dem dazukommenden Famulus »Wagner«. Dann folgt völlig unvermittelt die Unterhaltung zwischen »Mephistopheles« und dem »Studenten« (später *Schüler*), die noch in behaglicher Breite auf die Quartierfrage eingeht, von den verschiedenen »Fakultäten« aber nur Logik und Metaphysik sowie Medizin behandelt. Ebenso unvermittelt folgt das noch in Prosa gehaltene Zechgelage in »Auerbachs Keller«. Der Wein- und der Traubenzauber werden hier noch von Faust selbst ohne Mitwirkung des Mephistopheles und ohne besondere Beschwörungsformeln vollzogen. Dann erfolgt wieder ein Sprung. Nach einem ganz kurzen Zwischenbild auf der »Landstraße«, wo Mephistopheles vor einem Wegkreuz die Augen niederschlägt, beginnt die »Gretchen«-Handlung. So wie in der Schülerszene Mephistopheles auf einmal da ist, ohne daß das Wie und Warum seines Eingreifens in das Geschehen irgendwie erörtert wird, so steht Faust, eben noch ein reiner

Stubengelehrter, ohne jede Vorbereitung mitten auf der
»Straße« und spricht ein Bürgermädchen an. Mephistopheles
muß ihn in »Gretchens Zimmer« bringen; er muß, als der
für die Geliebte besorgte Schmuck der Kirche anheimgefallen ist, einen neuen beschaffen und dann mit Hilfe von Frau
Marthe die erste Beziehung zu Gretchen anknüpfen. Nachdem Faust sich bereit erklärt hat, Herrn Schwerdtleins Tod
zu bezeugen, folgt der erste gemeinsame Spaziergang im
»Garten« sowie der erste Kuß im Gartenhäuschen. Das Lied
am »Spinnrad« zeigt Gretchens ruheloses Sehnen nach dem
Geliebten. Die erneute Zusammenkunft im »Garten« mit
der Frage nach Fausts Religion offenbart ihre Sorge um sein
Seelenheil. Aber gerade aus dem Übersinnlichen erfolgt der
Umschlag ins Sinnliche. Am »Brunnen« schon weiß sich Gretchen »der Sünde bloß«, und im »Zwinger« klagt sie betend
ihren »Jammer« der »schmerzenreichen« Mutter Gottes. Es
folgt im »Dom« der Gottesdienst; er gilt im »Urfaust« dem
Andenken an Gretchens Mutter, die an dem ihr gegebenen
Schlaftrunk gestorben ist. Vor Gretchens Haus hören wir
nur das Selbstgespräch »Valentins«, der sich in seiner Schwester mit entehrt fühlt. Dann springt die Handlung wieder
ohne Verknüpfung über zu einem »Gespräch« zwischen
Faust und Mephistopheles, das einen neuen Besuch bei Gretchen einleitet. Aber bereits das unmittelbar folgende, später
Trüber Tag. Feld überschriebene und in Prosa gehaltene
Gespräch berichtet, daß Gretchen als Missetäterin ins Gefängnis gekommen ist. Am »Rabenstein« vorüber, den die
Hexen bereits für die bevorstehende Hinrichtung weihen,
geht der Ritt zur Befreiung Gretchens. Allein im »Kerker«
muß Faust erkennen, daß Gretchen nicht befreit sein will,
sondern in einer mitten in ihrem Wahnsinn wunderbaren
Erleuchtung sich zur ewigen Rettung dem Gericht Gottes
überantwortet. Wenn sie nach Mephistos Ansicht auch »gerichtet« ist, so befiehlt sie selbst doch ihre Seele den »heiligen Engeln«.
Daß noch nicht von oben eine Stimme ihr »*Ist gerettet*«
spricht – obwohl auch hier die Rettung Gretchens als sicher
angenommen werden darf –, ist nicht die einzige B e s o n -
d e r h e i t der im »Urfaust« erhaltenen früheren Fassung.
Noch f e h l t nach dem Weggang *Wagners* das zweite

Selbstgespräch *Fausts* und somit auch der Entschluß zum
Selbstmord sowie das Wiedererwachen des Lebenstriebes
beim Klang der Osterglocken. Noch nicht entstanden ist der
Osterspaziergang mit dem neu sich regenden Drang ins Unendliche sowie mit der ersten Annäherung des Höllengeistes
in Hundsgestalt, noch nicht die im *Studierzimmer* sich vollziehende Verwandlung des *Pudels* in den fahrenden Schola-
ren, und vor allem noch nicht die zweite Zusammenkunft
mit *Mephistopheles* im *Studierzimmer,* bei der auf Grund
der Wette der Blutvertrag unterschrieben wird. Die Verjüngung Fausts in der *Hexenküche* fehlt ebenso wie die *Walpurgisnacht,* und in der Gretchen-Tragödie vermissen wir
die Szene in *Wald und Höhle* wie auch *Valentins* Ermordung – um hier nur die wichtigsten Abweichungen zu er-
wähnen.
Diese noch fehlenden Stücke bedeuten – vom fertigen
»Faust« aus gesehen – weitere Ausgestaltung, Vertiefung,
Verknüpfung, Begründung. Somit bildet der »Urfaust« den
Kern des vollendeten Dramas. Er enthält aber auch schon
fast alle die Szenen, die sich mit ihren Bildern und Gedanken am tiefsten in die Seele der Leser und Hörer eingeprägt
haben. Der erste Wurf war auch in diesem Falle der große
Wurf. Der eigentliche Dichter des »Faust« ist und bleibt der
fünfundzwanzigjährige Goethe.
Die frühe Meisterschaft ist auch in der Handhabung der
F o r m anzuerkennen.
Wie Goethe es von Shakespeare gelernt und bereits in seinem »Götz« versucht hat, stellt er Bühnenbild unvermittelt
neben Bühnenbild, zerlegt er die Handlung in lauter Einzel-
geschehnisse und läßt den Leser oder Zuschauer die innere
Verknüpfung ahnen. Für die Ausdehnung der einzelnen
Auftritte gibt es kein äußeres Maß, über die Länge oder
Kürze entscheidet lediglich der augenblickliche Bedarf. Die
damals beliebte Form der Monodramen verwendet der
Dichter für das große Selbstgespräch Fausts, er erweist sich
aber ebenso sicher im zugespitzten Zwiegespräch. Nach dem
Vorbild der Singspiele schiebt er lyrische Einlagen ein, und
mit der aus Shakespeares Rüpelszenen übernommenen Derb-
heit läßt er die ergreifende Innigkeit der Gebete *Gretchens,*
die geadelte Kraft der Geisterbeschwörung oder des Gottes-

bekenntnisses *Fausts* wechseln. Mit einprägsamer Anschau-
lichkeit schafft er holzschnittartige Bilder, man denke nur
an das Gegenüber von *Mephistopheles* und dem Schüler
oder an das Beieinander von Mephistopheles und *Frau
Marthe*. Jede auftretende Person hat Leben und Eigenwesen.
Jede verkörpert zugleich einen anderen menschlichen Typus.
Es erscheinen aus der Reformationszeit der Gelehrte, der
Famulus, der Student, der Soldat, das Bürgermädchen, die
Kupplerin. Sie alle sind aufeinander abgestimmt. So läßt
das unwahr läppische Gebaren des Paares *Marthe–Mephistopheles* die Innigkeit der Liebe von Faust und Gretchen um
so heller erscheinen, so soll der ehrfürchtig die Gelehrsam-
keit bestaunende Student einen Faust, wie er vor Jahren
wohl war, darstellen; und die naturfremde Gelehrsamkeit
Wagners, dessen Liebe zu den Büchern die humanistische
Welt des Erasmus von Rotterdam verkörpert, hebt die para-
celsische* Unrast *Fausts* nur um so eindringlicher hervor.
Die Einheit des Ganzen besteht aber vor allem in der P e r -
s o n   d e s   F a u s t. Seine Gestalt trägt noch deutlich die
Züge der Sage. Aber bereits der jugendliche Goethe hat sie
weit über das Vorbild hinausgehoben. Wenn der Verfasser
des Faustbuches von seinem Erzzauberer tadelnd behauptet,
»er nahm an sich Adlers Flügeln, wollte alle Gründ' am
Himmel und auf Erden erforschen«, so läßt der Dichter des
»Urfaust« seinen Helden in einer Weise über das Irdische
hinausstreben, für die die Sage noch keinen Begriff hatte.
Zwei Jahrhunderte inzwischen fortgeschrittener Geistesent-
wicklung wirken hier mit. Youngs und Hamanns Lehre vom
Genie hatte durch Herder auf Goethe gewirkt und in ihm
eigenes Kraftbewußtsein mit Menschheitsstreben verbunden.
Vor allem, Faust ist nicht der gewissenlose Verächter geistlicher und sittlicher Zucht, wie ihn die Faustbücher darstellen. Er ist ein geistig hochstehender Mensch, er ist ein tief-
ehrlicher Wahrheitssucher, den nur der Gegensatz zwischen
Wollen und Können, zwischen Sinnlichkeit und Übersinn-
lichkeit tragisch zerrissen hat. Selbst sein Abfall von Gott
ist Selbstbehauptungswille. Selbst als Verführer ist er noch
mit guten und edlen Zügen ausgestattet. Es hat einen tiefen
Sinn, daß das große Glaubensbekenntnis zum unnennbaren
Allerhalter und *Allumfasser*, das doch sicher auch das Glau-

bensbekenntnis seines an Spinoza geschulten Dichters ist, unmittelbar vor dem Umschlag in die Sinnlichkeit erfolgt. Liebe, die aus einer aufgepeitschten Sinnlichkeit gewachsen ist, wird kaum als besonders ungewöhnlich angesehen werden können. Daß ein Mädchen verlassen wird, ist traurig, aber sicher auch nicht selten. Für das gleiche Problem ändern und verschärfen sich allerdings die Umstände unter den Lebensbedingungen einer mittelalterlichen Stadt; da war die Geburt eines unehelichen Kindes gleichbedeutend mit gesellschaftlicher Vernichtung. Diese mittelalterliche Gesellschaftsmoral hat ihren Grund in der Lehre von der Sündhaftigkeit des Fleisches und der sinnlichen Begierden, sofern sie nicht durch das Sakrament der Ehe dem Bereiche des Bösen entzogen sind. Die Kindesmörderin* Susanna Margaretha Brandt, das historische Vorbild für entscheidende Motive der Gretchentragödie, nennt ausdrücklich den Teufel als Anstifter. Das Thema war also hochaktuell und wurde häufig literarisch erörtert. Goethes Kombination dieses Stoffes mit der aus dem Geist der Aufklärung umgestalteten Fausttradition spitzte nun das alte Problem in neuer Weise konfliktreich zu: hochintellektuelle Aufklärung im Pathos des Sturm und Drang auf der einen Seite – ein naives, in kindlicher Reinheit unschuldiges Geschöpf der Natur, hilflos ausgeliefert den Vorurteilen des Mittelalters, auf der anderen Seite.

Welche Rolle konnte in einem so kritisch und modern die Mächte des Glaubens, des Aberglaubens der öffentlichen Meinung und Moral beleuchtenden Drama nun aber der aus den Faustbüchern in so makabrer Realität überlieferte *Mephistopheles* noch übernehmen? Zwar ist er noch der Versucher, Verführer, Verderber von früher. Er ist der Inbegriff aller niederziehenden Begierden, wird zum bedenkenlosen Helfer des nach sinnlichem Sichausleben verlangenden Faust, und Gretchen fällt als Opfer der Hölle. Trotzdem erhebt sich Mephistopheles doch schon weit über den mittelalterlichen Teufel. Sein Wesen ist ein alles durchdringender, alles zersetzender kalter Verstand, der Wirklichkeit sieht, wo sich die Menschheit, und *Faust* mit ihr, eine Scheinwelt vortäuscht. Wenn Faust noch beim Versinken in die Sinnlichkeit sich als den Übersinnlichen geben will, reißt er ihm die Maske herunter und deckt den sinnlichen Untergrund seines Strebens auf. Darin liegt das Berechtigte seines Wesens und Tuns.

In diesem Sinne kann er recht wohl zum *Erdgeist**, dem Inbegriff der in der Erscheinungswelt wirkenden Kräfte, in Beziehung stehen. *»Großer, herrlicher Geist, der du mir zu erscheinen würdigtest, der du mein Herz kennest und meine Seele, warum an den Schandgesellen mich schmieden«* klagt Faust in der später *Trüber Tag. Feld* genannten Szene. Zum *Auf* im Wesen des Erdgeistes gehört auch das *Ab*, zum *Her* auch das *Hin* und zur *Geburt* auch das *Grab,* so wäre denkbar, daß Goethe den Teufel bereits damals als eine Teilkraft der einen ewigen Gott-Natur und nicht mehr als bloßen Abkömmling der Hölle faßte.

Wir dürfen bei dieser Deutung jedoch nicht vergessen, daß die Beziehung Mephistos zum Erdgeist im Urfaust nur in dem erwähnten Auftritt ausgesprochen ist und daß die Erdgeistszene selbst mehr abgebrochen als abgeschlossen ist. So muß noch die Möglichkeit eingeräumt werden, daß Goethe ursprünglich die Absicht gehabt hat, nach dem *Makrokosmus* und nach dem *Erdgeist* noch einen dritten Geist einzuführen, der sich bei der Beschwörung entweder bereits als Mephistopheles vorstellte oder als irgendein anderer, von dem dann Mephistos Entsendung aus der Hölle veranlaßt worden wäre (vgl. *Lucifer**).

Dies zeigt, daß wir den P l a n , der den Dichter des »Urfaust« geleitet hat, nicht sicher erschließen können. Goethe schreibt selbst später, daß sein Plan mehr eine Idee sei, und entsann sich noch im höchsten Alter, daß ihm sein Drama nur »von vornherein«, also wohl nur eigentlich bis einschließlich der Gretchen-Handlung klar vor Augen gestanden hat. Der Vertrag mit dem Teufel, der den Angelpunkt des späteren Plans darstellt, fehlt im »Urfaust« ja noch, wenn auch die Drohung – falls Mephistopheles ihm Gretchen nicht sofort verschaffe, *»So sind wir um Mitternacht geschieden«* (jetzt V. 2638) – auf einen solchen zu verweisen scheint. Die Vertragsszene ließ sich aber wohl deswegen nicht ausführen, weil das in der Sage gegebene Vorbild nicht genügte. Ein Faust, wie ihn Goethe im beginnenden Zeitalter der Humanität zeichnete, konnte seinen höchsten inneren

Wert, seine Seele, nur verpfänden, wenn es der dafür gebotene Gegenwert rechtfertigte. Hierfür aber die Formel zu finden, war dem jungen Goethe offenbar noch nicht gegeben. Das ermöglichte erst der geniale Einfall, dem Pakt den Charakter einer Wette zu geben, über deren Ausgang für Faust kein Zweifel möglich ist, da er sein ganzes Menschsein, Selbstkenntnis und Selbstwertgefühl dagegen setzen kann: »*Das Streben meiner ganzen Kraft / Ist grade das, was ich verspreche.*« Und: »*Was willst du armer Teufel geben? / Ward eines Menschen Geist, in seinem hohen Streben, / Von deinesgleichen je gefaßt?*«

So konnte dem Dichter auch der in der Sage vorhandene Schluß, wo Faust rein vertragsmäßig vom Teufel geholt wird, nicht genügen, ohne daß sich schon damals ein besserer gefunden hätte. Daß Faust am Ende durch Mephistopheles aus dem Kerker fortgerissen wird, deutet zwar auf einen Fortgang der Handlung, und die Begegnung Fausts mit Helena rechnet Goethe später zu seinen ältesten Konzeptionen, aber ausgestalten in dieser Richtung ließ sich damals nichts. Vielleicht liegt aber der Grund des Stockens der Arbeit auch in der Gretchen-Handlung. Wie die Adelheid seinerzeit in der ersten Fassung des »Götz« das dramatische Geschehen ganz auf sich gezogen hatte, so war auch hier aus der von der Sage gegebenen Gelegenheitsbeziehung Fausts zu einer armen Magd ein völlig selbständiges Drama geworden, und vor allem, dieses Drama war so hoch in seinem Eigenwert gewachsen, daß es für den Dichter damals nicht überbietbar war.

Das Fragment

Nicht eine klare Vorstellung, nur ein Gefühl vom Ganzen war Ausgangspunkt, Kraftquelle und zugleich das einigende Band für die Fülle der Szenen, die der Frankfurter Zeit ihre Entstehung verdanken. Ganz anders vollzog sich die Gestaltung, als Goethe gegen Ende der italienischen Reise daranging, die aus der Heimat mitgebrachten Bruchstücke zum Kunstwerk zusammenzufügen. Allerdings gelangte er auch diesmal nicht weiter als bis zum »Fragment«.

Daß er sich zunächst bemühte, den »Faden« wiederzufinden

und daß dann ein »Plan« gemacht wurde, zeigt den Übergang zur bewußt künstlerischen Arbeitsweise des nach Stil
strebenden Dichters. Ein Stilisieren ist es bereits, wenn er
den Vers glättete, wenn er heimatlich-mundartliche Ausdrücke beseitigte und zwischen die Knittelverse sorgfältig
gebaute Madrigalverse* fügte. Auch die zu deutlichen An-
spielungen auf örtliche Verhältnisse, vor allem die Ausführungen über studentische Kost und Wohnung in der Schülerszene, wurden gestrichen; dafür hatte Mephistopheles jetzt
Raum zur Verspottung aller v i e r Fakultäten. Vor allem
aber suchte Goethe die Prosa völlig auszumerzen. Die Szene
in »Auerbachs Keller« fügte sich ins Versmaß. Andere Szenen, wie *Trüber Tag. Feld* und *Kerker*, bequemten sich dem
Umguß nicht, sie wurden kurzerhand von der Veröffentlichung ausgeschlossen: Der Grundsatz der Stileinheit ging
dem Dichter über die Verständlichkeit.

Die wichtigsten Veränderungen treffen aber den Grundgedanken. Allerdings fand sich immer noch nicht die rechte
Art, in der Faust und Mephistopheles in Verbindung gebracht werden sollten. Die ersten Verse, die Goethe zwischen
dem Abgang »Wagners« und dem Auftreten des »Schülers«
(im Urfaust »Student«) neu eingeschoben hat, setzen mitten
in einem Zwiegespräch der beiden ein, über dessen Einleitung sich der Dichter offenbar auch damals noch nicht im
klaren war. Daß aber der Vertrag bereits vorgesehen war,
geht aus dem abschließenden Selbstgespräch Mephistos hervor: »*Und hätt er sich auch nicht dem Teufel übergeben, / Er
müßte doch zugrunde gehn!*« (jetzt V. 1866 f.). Nur ist der
Teufel der Überzeugung, es habe eigentlich gar keines besonderen Vertrags bedurft, um Faust dem Verderben an-
heimzugeben; sein Dasein sei schon gefährdet durch seine
Unersättlichkeit, durch seinen ungebändigt immer vorwärts
dringenden Geist, durch sein übereiltes, der Erde Freuden
überspringendes Streben. Was aber Faust nach dem neuen
Plan des Dichters vom Teufel verlangt, künden seine Worte,
mit denen mitten im Satz das erwähnte Zwiegespräch beginnt:

»*Und was der ganzen Menschheit zugeteilt ist,
Will ich in meinem innern Selbst genießen,*

Mit meinem Geist das Höchst' und Tiefste greifen,
Ihr Wohl und Weh auf meinen Busen häufen
Und so mein eigen Selbst zu ihrem Selbst erweitern,
Und, wie sie selbst, am End auch ich zerscheitern.«

(Jetzt V. 1770–75)

Hier ist der neue Anspruch klar formuliert, er verrät aber
zugleich die Einschränkung von Fausts Streben. Der Mann,
der seinerzeit unmittelbar zu schauen begehrte, *»was die
Welt / Im Innersten zusammenhält«*, fordert für sich nur
noch ein menschenmögliches Höchstmaß an Wirklichkeits-
erfahrung, dieses allerdings um den Preis, dem allgemeinen
Menschheitsschicksal anheimzufallen. Es geht hier um ein
neues Problem: »Die Bestimmung des Menschen« wurde
eines der umstrittensten Themen im Zeitalter der Aufklärung, seit sich die Philosophie nicht mehr als »Magd der
Theologie« von den herrschenden Mächten der gesellschaftlichen Ordnung ideologisch bevormunden lassen wollte.
Kurz vor Goethes Italienreise war die Diskussion über das
Problem vor allem durch die ersten Bände von Herders
»Ideen zur Philosophie der Geschichte der Menschheit«, an
denen Goethe regsten Anteil nahm, und durch Kants scharfe
Rezensionen des Werkes in der »Jenaischen Allgemeinen
Litteratur-Zeitung« wieder von hoher Spannung. Nach Her-
der kommt es auf die Gattung (und den Staat) nicht wesent-
lich an, da »Menschheit« wie »Steinheit«, »Metallheit« usw.
nur ein leeres Gedankending sei. Kant widerspricht mit der
Behauptung, die Gattung sei nicht nur nominal, sondern
real existent, in ihr, nicht aber im einzelnen Menschen könne
sich der Sinn menschlicher Bestimmung erfüllen. Nicht auf
Genuß und Glückseligkeit komme es an, sondern auf den
Beitrag des einzelnen zum Fortschritt und Wohle des Ganzen in der Geschichte. Der programmatische Einfluß dieser
Problemstellung auf die Gestaltung des »Faust« ist schon im
Fragment deutlich. Faust soll also jetzt, so will es der Dichter, aus dem Gebiet bloßen Betrachtens und Nachdenkens
in den Bereich der Erfahrungen geführt werden und soll
dabei erleben, was sich sonst nur verstreut in den Erlebnissen
der einzelnen findet und im Ganzen nur der Gattung gehört.

»*Grad mit in die Welt hinein!*« (jetzt V. 1829) soll die
Reise gehen. Sie soll aber zugleich ein regelrechter Lehrgang
werden. Darum sieht Mephistopheles – in den nach dem
Abgang des Schülers gleichfalls neu eingefügten Worten –
eine Z w e i t e i l u n g vor: »*Wir sehn die kleine, dann die
große Welt*« (jetzt V. 2052). Damit weist der Plan bereits
über die Gretchen-Handlung hinaus auf eine Reihe von Ge-
schehnissen am Kaiserhof, wozu ja auch bereits die Sage
Anregung gegeben hatte.

Mit dieser Zweiteilung erhält aber die Szene in »Auerbachs
Keller« eine neue Bedeutung. Gehörte sie ursprünglich,
gleich der Schülerszene, in den Bereich des Hochschullebens,
von dem sich Faust l ö s t , so rückt sie jetzt schon in den
ersten Hauptteil. Sie ist der erste Versuch Mephistos, Faust
im *wilden Leben* und in der *flachen Unbedeutenheit der
kleinen Welt kleben* zu lassen. Darum tritt Faust auch jetzt
nicht mehr als Zauberer, ja überhaupt nicht mehr als Handelnder, sondern nur noch als Zuschauer auf, und das einzige Wort, das ihn der Dichter, abgesehen von der Begrü-
ßung, noch sagen läßt, erklärt Mephistos siegesgewiß unternommenen Versuch für völlig verfehlt: »*Ich hätte Lust, nun
abzufahren*« (jetzt V. 2296).

Infolge der neuen Bedeutung von Auerbachs Keller erscheint nun das Gretchen-Erlebnis nicht mehr als erstes, sondern bereits als zweites Glied einer fortzusetzenden Reihe.
Es ist jetzt also nur vornherein Episode. Der Dichter glaubt
aber auch noch einer Überleitung zu ihr zu bedürfen. Indem
er hierfür die »Hexenküche« erfindet und darin dem Gelehrten *»wohl dreißig Jahre vom Leibe schaffen«* läßt, erreicht er aber eine wohl kaum beabsichtigte Verschiebung.
Die künstliche Verjüngung soll dem bisher Lebensfernen ein
Erlebnis ermöglichen, das seinem Alter eigentlich nicht mehr
zukommt. Dadurch aber erscheint Gretchen noch mehr als
ein Wesen, das dem Experiment eines Übermenschen ge-
wissenlos geopfert wird.

Durch die »Hexenküche« weist der Dichter noch in anderer
Weise voraus. Im »Urfaust« konnte Gretchen noch als ein
Eigenwesen gelten, an dem sich zufällig ein furchtbares
Schicksal vollzieht. Jetzt ist sie, infolge der Vordeutung im
Zauberspiegel, nur eine Erscheinungsform des Weibes über-

haupt, an dem Faust, der ja kraft des Zaubertranks »Helenen in jedem Weibe« sehen soll, die Liebe zunächst nach der Seite der Sinnlichkeit erlebt. Zum andern deutet der Name »Helena« voraus auf das zweite Liebeserlebnis. Und drittens wird auch bereits die »Walpurgisnacht« genannt, wohl ein Zeichen, daß Goethe auch diese schon damals mit in den Plan aufgenommen hatte.

Selbständig innerhalb des damals Neugeschaffenen steht die Szene »Wald und Höhle«. Goethe hat sie im Ganzen auch nicht recht unterzubringen vermocht. Im »Fragment« rückt sie hinter die Szene am *Brunnen*, also in die Zeit, da Gretchen bereits Fausts Geliebte geworden ist. Im Druck des ersten Teils dagegen steht sie zwischen der Szene im *Gartenhäuschen* und Gretchen am *Spinnrad*, sie unterbricht also die Zeit der aufkeimenden Liebe. Auf Grund mehrfacher Anklänge haben manche Erklärer in ihr auch nur einen Umguß der Szene »Trüber Tag. Feld« in Verse sehen wollen. Wohin sie aber auch ursprünglich gedacht war, überall bedeutet sie, zumindest eingangs, einen Ruhepunkt. Friedlose Hast verweilt einen Augenblick in andachtsvoller Wesensschau; der im Genuß nach neuer Begierde Verschmachtende hat Kraft, zu genießen. Faust dankt dafür dem erhabenen Geist, der ihm gab, worum er bat. Ist dies der Erdgeist – dieser hat seinerzeit Faust allerdings zurückgestoßen, und wir wissen von keiner Szene, in der er ihm den Mephistopheles zugesellt hat –, dann ist mit ihm eine bedeutsame Wandlung vorgegangen. Ein Geist, der einem Faust, wie er sich in dieser S z e n e gibt, den Bösen zum Gefährten bestimmt, muß das Böse irgendwie auch in seinem Weltplan verankert haben. Der *Herr* aus dem ein Jahrzehnt später vollendeten *Prolog im Himmel* zeigt sich an.

Von der Gretchen-Handlung bringt das »Fragment« nur noch die beiden Bilder im »Zwinger« (*»Ach neige«*) und im »Dom«. Der Dichter verzichtet damit auf den in der »Kerker«-Szene bereits vorhandenen äußeren Abschluß, er zeigt nur den Tiefpunkt i n n e r e r Tragik. Es wirken aber über die beiden Szenen hinaus die aus dem »Urfaust« übernommenen und nun für den Schluß von »Wald und Höhle« verwendeten Worte nach, in denen sich Faust mit dem Wassersturz vergleicht, der auf dem Wege zum Abgrund auch

»*seitwärts sie [...] / Im Hüttchen auf dem kleinen Alpen-
feld*« (V. 3352 f.) mit in die Tiefe reißt. Gretchens Schicksal
ist damit geradezu als ein von einem »Unmenschen« nur
n e b e n h e r angerichtetes Unheil bezeichnet. Dramatur-
gisch fordert das eine Fortsetzung des Faustschicksals, fordert dessen Erfüllung und damit die entscheidende Sinngebung der Dichtung.

Vom Plan 1797 bis Faust I

Den Plan, nach dem der Dichter in Italien sein Werk zu
vollenden gedachte, haben wir aus dem »Fragment« rekon-
struieren müssen. Der Plan, von dem aus Goethe 1797 an
die Vollendung des ersten Teils ging, ist uns nicht erhalten.
A. v. Gleichen-Rußwurm hat dieses unmittelbar vor Entstehung der *Zueignung* vom 24. Juni 1797 nach dreißig
Nummern gegliederte Schema wiederherzustellen versucht.
Da ihm die von Goethe mit solchen Zahlen signierten Handschriften nicht vorlagen, hat E. Grumach auf Grund eigener
Untersuchungen das Ergebnis bestritten (vgl. Goethe XIV/
XV (1952/53). S. 66, Anm. 15). Allerdings lassen sich aus
einer vielleicht am 11. April 1800 entstandenen Skizze (»das
Werk heute vorgenommen und durchdacht«) wichtige Auf-
schlüsse für die damalige Idee des Ganzen gewinnen. Das
hier in ( ) Gesetzte hat Goethe später wieder durchgestrichen.
Der Entwurf lautet:

> »Ideales Streben nach Einwirken und Einfühlen
>   in die ganze Natur.
> Erscheinung des Geists als Welt und Thaten Genius.
> Streit zwischen Form und Formlosem.
> Vorzug dem formlosen Gehalt
>   vor der leeren Form.
> Gehalt bringt die Form mit
> Form ist nie ohne Gehalt.
> Diese Widersprüche statt sie zu vereinigen
>   disparater zu machen.
> Helles kaltes wissensch. Streben Wagner.
> Dumpfes warmes – – Schüler.

(Lebens Thaten Wesen)
Lebens Genuß der Person von außen gesehen
    1. Theil. in der Dumpfheit Leidenschaft
Thaten Genuß nach außen zweiter
    und Genuß mit Bewußtsein – – – Schönheit
Schöpfungsgenuß von innen. Epilog im Chaos auf
    dem Weg zur Hölle.«

Für die Würdigung dieses Plans ist zu beachten, daß er (bis auf die letzten Zeilen) die damals, wenn auch als Bruchstück, schon vorliegende Dichtung betrifft. Er bedeutet also den Versuch des Dichters, die von ihm bereits ausgestalteten Szenen nachträglich auf kurze Formeln zu bringen, diese untereinander gedanklich zu verbinden und von da aus die Stichworte für das Neuzuschaffende zu gewinnen. Der noch rein gefühlsmäßig-anschaulich schaffende Verfasser des »Ur-faust« hat allerdings kaum in solchen Begriffen gedacht. Hier zeigt sich deutlich der Einfluß Schillers.

Zwei Begriffe macht Goethe jetzt zu Angelpunkten des ge-samten dramatischen Geschehens: »Streben« und »Genuß«.

Das »Streben« verbindet in der bisherigen Dichtung drei Personen: Faust, Wagner und den Schüler, wobei das Stre-ben der letzteren sich auf die Gelehrsamkeit richtet, wäh-rend Faust die Natur unmittelbar fühlend und wirkend zu erfassen sucht. Wenn Goethe in nochmaliger Scheidung Wag-ner vom Verstand geleitet, den Schüler dagegen vom noch unbewußten »dumpfen« und leidenschaftlichen »warmen« Gefühl getrieben sein läßt, so bekundet er, daß beide Perso-nen mehr als Nebenfiguren sind. Sie haben, jede in anderer Weise, den Leitgedanken zu beleuchten.

In der Richtung des Stichworts »Streben« hat Goethe in der Tat weitergedichtet, dafür sei nur erinnert an: *»Es irrt der Mensch, solang er strebt«* im Eingang und an: *»Wer immer strebend sich bemüht, / Den können wir erlösen«* am Schluß des Ganzen, beide Worte gesprochen in himmlischen Be-reichen.

Das andere Leitwort ist »Genuß«*. Mit ihm begründet der Dichter die Gliederung des Werkes in zwei Teile. Die mit dem Hinausschreiten aus der Gelehrtenstube sich vollziehen-den Ereignisse des ersten Teils faßt er als »Lebensgenuß«.

Dabei gilt ihm die Gretchen-Tragödie als »in der Dumpfheit der Leidenschaft«, d. h. unter Ausschaltung der zügelnden Vernunft, durchlebt. Wenn Gretchen später, bei der Verklärung, den Geliebten als einen *»nicht mehr Getrübten«* (V. 12 074) bezeichnet, so weist dieses Wort, auch gemäß dem sonstigen Sprachgebrauch des Dichters, zurück auf jenes erste, »in der Dumpfheit« der »Leidenschaft« irregegangene »Streben«. Im zweiten Teil des Dramas soll Faust »Thaten«, und zwar »mit Bewußtsein, genießen«.[2] Was Faust am Kaiserhof tut oder genießt, lassen wir heute allerdings kaum als Taten gelten. »Genuß mit Bewußtsein« erlebt Faust mit und in Helena, dem Symbol weiblicher Vollkommenheit, und unmittelbar vor seinem Tode sehen wir ihn beseligt von schöpferischen Ideen, vom »Schöpfungsgenuß von innen«.

Auch das Leitwort »Genuß« klingt im vollendeten Werk bei wichtigen, nach der Entstehung des Entwurfs gedichteten Stellen an. Die Wette wird unter dem Gesichtspunkt geschlossen: *»Kannst du mich mit Genuß betrügen«* (V. 1696); mit den Worten: *»Genießen macht gemein«* (V. 10 259) wendet sich Faust dem Leben der Tat zu, und sein Leben ist beendet im dem Augenblick, da er dieses Leben in tätiger Gemeinschaft als *höchsten Augenblick* voraus *»genießt«* (V. 11 586).

Das metaphysische Nachspiel muß sich Goethe allerdings damals noch anders als später gedacht haben. »Im Chaos auf dem Weg zur Hölle« sollte die Dichtung ihr Ende finden. In die Hölle hat der Teufel den Faust der Sage geholt, und auch »Urfaust« und »Fragment« deuten noch auf Untergang. (Vgl. dagegen Grumach, a. a. O.)

Nachdem Goethe über den Aufbau des Ganzen Klarheit gewonnen hatte, konnte er nun endlich darangehen, die von ihm schmerzlich empfundene L ü c k e auszufüllen, die immer noch zwischen dem Abgang Wagners und dem im Fragment vor der Schülerszene neu eingeschobenen Zwiegespräch

---

2. Vgl. Goethe zu Eckermann am 17. Februar 1831: »Der erste Teil ist fast ganz subjektiv; es ist alles aus einem befangeneren, leidenschaftlicheren Individuum hervorgegangen, welches Halbdunkel den Menschen auch so wohl tun mag. Im zweiten Teile aber ist fast gar nichts Subjektives, es erscheint hier eine höhere, breitere, hellere, leidenschaftslosere Welt, und wer sich nicht etwas umgetan und einiges erlebt hat, wird nichts damit anzufangen wissen.«

zwischen Faust und Mephistopheles klaffte. Es fehlten ja noch die Verse 606–1769 der endgültigen Fassung.

An den Abgang Wagners aus dem Studierzimmer anknüpfend, vertieft er den inneren Konflikt zur Lebenskrise: Faust ist entschlossen, die pansophischen* Hypothesen über ein Weiterleben nach dem Tode durch Freitod zu erproben. Das Unsterblichkeitsproblem gehört zu der Frage nach der Bestimmung des Menschen, es wird zu einem der wichtigsten Themen und erscheint leitmotivisch immer wieder in den großen Monologen Fausts, oft mit deutlicher Tendenz gegen Lavaters* erbauliche »Aussichten in die Ewigkeit«. Der Monolog in der Osternacht wird im Höhepunkt, bei dem Entschluß zum Selbstmord, scheinbar zufällig unterbrochen durch die rührende Erinnerung an die eigene Kindheit. Der Dichter läßt dabei offen, ob der Herr als Deus ex machina oder ob Mephistopheles (vgl. 3270/71) den pansophischen Schwärmer ablenkt. Dann malt er im Osterspaziergang ein gesellschaftliches Panorama als wirklichkeitsfrohes, daseinszufriedenes Gegenbild zu der Grübelwelt der Gelehrtenstube. In der Frühlingsnatur aber läßt er die Weltallsehnsucht Fausts wiederkehren und findet dabei das Stichwort für den Teufel. Die Beschwörungsszene selbst verlegt er im Gegensatz zur Sage ins Studierzimmer. Wenn er nun nicht sofort die Vertragsschließung anfügt, so folgt er zunächst zwar wieder der Überlieferung. Er hatte aber damals auch die Absicht, vor dem Abschluß des Vertrags nun eine große Disputation einzufügen und durch sie das Hochschulwesen, aber auch Mephistopheles, der in die Unterredung eingreifen sollte, noch einmal voll in die Erscheinung treten zu lassen. Sie ist, wenn sich auch noch ein Entwurf dazu erhalten hat, nie zur Ausführung gekommen. So folgt jetzt ohne besondere Vermittlung die Vertragsszene.

Nachdem Goethe für seine Faust-Dichtung die Leitworte »Streben« und »Genuß« gefunden hat, gelingt es ihm nun endlich, für den Vertrag die Formel zu prägen. Das *hohe Streben*, an sich eine Segensgabe, ist bei Faust so maßlos, daß es jede Genußfähigkeit von vornherein zerstört. Mephistopheles glaubt, es befriedigen zu können, aber nach Fausts Meinung nur, weil er vom eigentlichen Wesen dieses Strebens keinen Begriff hat: *»Ward eines Menschen Geist,*

in seinem hohen Streben, / Von deinesgleichen je gefaßt?«
(V. 1676). So kann Faust in der sicheren Überzeugung, Mephistopheles werde niemals gewinnen, die Bedingung stellen: *»Kannst du mich mit Genuß betrügen: [...]«* (V. 1696).
Er will in dieses Genießen auch das Leid mit einbeziehen:
*»Mein Busen, der vom Wissensdrang geheilt ist, / Soll keinen
Schmerzen künftig sich verschließen«* (V. 1768 f.). Die Wette
geht also darauf hin, ob es Mephistopheles gelingt, Faust
derart in ein schmerzliches oder freudiges Erlebnis zu verstricken, daß sein unaufhaltsames Vorwärtsdrängen zum
Stillstand gebracht wird und er zu solch einem Augenblick
sagt: *»Verweile doch! du bist so schön!«*
Mit dieser Erweiterung von Fausts Verlangen, das nunmehr
auf eine das Erhebende ebenso wie das Niederdrückende
umfassende G a n z h e i t des Genusses geht, hat der Dichter den Anschluß gewonnen an die Formel, die er seinerzeit
im »Fragment« seinem Faust neu in den Mund gelegt hatte:
*»Und was der ganzen Menschheit zugeteilt ist, / Will ich in
meinem innern Selbst genießen«* (V. 1770 f.). Die L ü c k e
w a r a u s g e f ü l l t. Bei der N e u formung des Ganzen
hatte sich ja endlich auch die Kerkerszene in Verse umgießen
lassen. Indem er ihrem Schluß nunmehr die Stimme von
oben: *»Ist gerettet!«* anfügt, gibt er auf die vielen an ihn
gerichteten Fragen nach der Erlösung Gretchens von Schuld
und Leid eine endgültig bejahende Antwort. Wieder eingefügt ist das Selbstgespräch *Valentins*; ihm schließt sich jetzt
auch Valentins Ermordung an, durch die sich die unschuldige Schuld Gretchens noch einmal steigert.
Der wichtigste Einschub aber ist die *Walpurgisnacht*. Der
Dichter hatte die Absicht gehabt, Faust auch in den *Taumel*
des Genusses zu verstricken. Das Gretchen-Erlebnis sollte
hierzu den Anfang machen, es hatte sich aber ins Tragische
umgebogen, und so mußte sich der Dichter nach anderen,
gröberen Erlebnissen für Faust umsehen. Für das Versinken
in die wirklich wüste Sinnlichkeit schien ihm aber schließlich
nur eine sinnbildliche Darstellung erlaubt. Diesem Zweck
dient die *Walpurgisnacht*, die er aus eigener früherer Anschauung der Harzlandschaft und unter Verwertung wissenschaftlicher Schriften über Teufelswesen aller Art schaurig-
großartig und doch auch wieder, das Grausige auflösend,

mit überlegenem Humor darstellte. Nach dem ursprünglichen Plan sollte der bergauf strudelnde Gespensterwirrwarr tatsächlich auf dem obersten Brockengipfel enden. Dort sollte Satan eine diabolische Gipfelkonferenz halten. Er sollte sich dabei – ähnlich wie der biblische Weltenrichter zu den Schafen und Böcken spricht – in einer der Bergpredigt lästerlich nachgebildeten Rede an die teuflischen Böcke und Ziegen wenden, bis um die Mitternachtsstunde ein Vulkanausbruch die ganze Erscheinung versinken läßt.

Die Rede Satans sowie einzelne Empfänge, die er gewährt, hat Goethe auch ausgeführt. Er hat aber schließlich, da er sich zu weit ins Unflätige hätte verlieren müssen, von der Vollendung und der Veröffentlichung Abstand genommen. Dafür hat er in einem plötzlichen Einfall überlegen spielender Dichterlaune aus einer Anzahl anderwärts nicht unterzubringender Xenien den *Walpurgisnachtstraum* zusammengestellt, der nun mit seiner Fülle geheimnisvoller Hindeutungen auf des Dichters Zeit und Zeitgenossen den an sich schon schwer zu fassenden Gespensterspuk ins völlig Unbegreifliche verwirrt. Fortgeführt wird in der Walpurgisnacht die eigentliche Faust-Handlung jetzt nur noch durch Fausts Tanz mit der Hexe, der sein Eintauchen in die »*Tiefen der Sinnlichkeit*« bedeutet, und dann durch die Erscheinung von Gretchens Totenbild, die Fausts Umkehr und Aufstieg vorbereitet.

Mit der Einfügung der *Walpurgisnacht* verfolgte der Dichter aber noch einen anderen Zweck. Er bedurfte ihrer als des Gegenstücks zu dem in den Jahren zuvor geschaffenen *Prolog im Himmel.* Der *Satan* mit seinem höllischen Hofstaat, der *Herr,* umgeben von seinen Erzengeln, sie beide bedeuten für die ganze Spannweite der Faust-Handlung von jetzt an den Höchst- und den Tiefstpunkt. Beide Mächte, der Herr als Ursprung, Kraftquelle und Inbegriff des Guten und Mephistopheles als Verkörperung des Bösen, sind unmittelbar am Schicksal Fausts beteiligt; Faust wird zum Gegenstand eines Handels zwischen Gott und dem Teufel. Er rückt damit auf eine noch höhere Stufe als bisher, er wird Vertreter des Menschen überhaupt, sein Schicksal erhält Beispielcharakter.

Unter solchem Gesichtspunkt hat der Dichter der irdischen,

zwischen Faust und Mephistopheles geschlossenen Wette
noch eine h i m m l i s c h - h ö l l i s c h e Wette zwischen
Gott und dem Teufel vorangestellt und übergeordnet. Dabei erscheint Faust zunächst als Eigentum des Herrn. Mephistopheles will es ja durch seine Führung dahin bringen,
daß der Herr ihn *»verliert«.* Dieser aber kann Faust scheinbar preisgeben, denn seine Weisheit kennt des Menschen
tiefstes Wesen und sieht darum auch bereits den Ausgang
voraus: *»Es irrt der Mensch, solang er strebt [...]. Ein
guter Mensch in seinem dunklen Drange / Ist sich des rechten Weges wohl bewußt –«* (V. 317, 328 f.). Mit vollem
Bewußtsein verweist der Dichter beide Male von Faust auf
den Menschen im allgemeinen. Es geht also in der neuen
Fassung der Dichtung nicht mehr nur um Faust. Es geht um
die im 18. Jahrhundert so gern erörterte Frage nach der
»Bestimmung des Menschen«. Die Entscheidung, wenn sie
auch in den tiefsinnigen Worten des Herrn bereits vorgedeutet ist, muß der Ausgang des Dramas bringen.

Die Einführung des *Herrn* gibt aber auch den früher in die
Faust-Handlung eingeführten höheren Geistern einen neuen
Rang. Der »Erdgeist« des »Urfaust« hatte sich im »Fragment« zu dem »erhabenen Geist« gesteigert, der Faust alles
gab, worum er bat. Jetzt erscheint er, sogar noch einschließlich des *Makrokosmus,* dem *Herrn* untergeordnet. Beide sind
Glieder der ewigen Weltordnung. Durch beide hindurch
wirkt der Herr auf die Erscheinungswelt. Selbst der Versucher, der als Teufel den Menschen von seinem *Urquell*
ab- und herabzuziehen strebt, hat jetzt eine letzten Grundes
dem Guten dienende Aufgabe. Der Herr bedient sich seiner
als eines Anregers und damit auch Erhalters des menschlichen Strebens, das der endlichen Erlösung wert ist.

Von der Lösung der Wette bis Faust II

Die Jahre um 1800 sind für Goethe eine Zeit des reichsten
Schaffens gewesen. Die *Poesie* hat sich wirklich von ihm
»kommandieren« lassen. Dabei ist es ihm gelungen, mit
Hilfe der inzwischen gereiften Meisterschaft in der Behandlung von Sprache und Vers das Neuzuschaffende so mit dem

bereits Vorhandenen zu verbinden, daß die Übergänge nur
für den Wissenschaftler erkennbar sind. Der Knittelvers*
bleibt in den bereits gedruckten Stücken fast ganz unverändert, er erfährt aber in den neuen Stücken eine Verede-
lung, die den Übergang in die Madrigalverse* und in die
kunstvolleren Versmaße wie selbstverständlich erscheinen
läßt. Schließlich entstammt jener Zeit auch das *Vorspiel auf
dem Theater*, das die Eigenart des aus Altem und Neuem
zusammengeschmolzenen Bühnenwerks dem Geschmack der
Leser oder Hörer verständlich und lieb machen soll, es entstammt ihr auch die zart einstimmende *Zueignung*.

Wir wissen, daß Goethe noch während der Arbeit am ersten
Teil des »Faust« schon Stücke des zweiten Teils ausarbeitete.
Wir besitzen in der Handschrift noch den ursprünglichen
Eingang des Helena-Dramas. Es haben sich auch Stücke
einer früheren Fassung des letzten Aktes gefunden, die vom
Mitternachtschlag und Lemurenlied bis zur Klage des Teufels über seine Rechtlosigkeit führen und die darauf schließen lassen, daß die Grundlage von Fausts Tod nicht mehr
wesentlich verändert worden ist.

So dürfen wir auch als sicher annehmen, daß Goethe die
beiden, die irdische und die himmlische Wette enthaltenden
Szenen nicht veröffentlicht haben würde, wenn ihm nicht
damals schon die Art der L ö s u n g d e r W e t t e klar
vor Augen gestanden hätte. Er findet sie, indem er zwischen
dem Wortlaut der eigentlichen Wette und dem der Einfüh-
rungsworte einen fein durchdachten Unterschied macht.
Der hochbetagte Faust wiederholt tatsächlich, was der Gelehrte
im Studierzimmer in den Mittelpunkt der Vertragsbedin-
gungen gestellt hatte. Er sagt wirklich in bezug auf den
letzten Augenblick: *»Verweile doch! du bist so schön!«*
(V. 1700, 11 582). Aber er ersetzt das Bedingende *»Werd ich
zum Augenblicke sagen«* nicht durch »Ich sage jetzt zum
Augenblick«, sondern durch den Potentialis *»Zum Augenblicke dürft ich sagen«.* Er s a g t es nicht und kann es nicht
sagen, weil dieser schönste Augenblick in Wahrheit nur eine
Zukunftsphantasie ist. Der Dichter läßt Mephistopheles also
zu dem Glauben kommen, er habe die Wette gewonnen,
weil Faust den seinerzeit verabredeten Wortlaut gebraucht
hat. Indem er Faust aber diesen Wortlaut nur *»im Vorge-*

fühl« gebrauchen läßt, hat er sich die Möglichkeit geschaffen, Mephistopheles in Rechtsnachteil zu setzen.

Aber nicht nur in diesem sophistischen Sinne hat er den Teufel die Wette verlieren lassen: Er hat Fausts Entwicklung bis zu dem Punkte geführt, wo er nicht mehr in den Gegenständen und Zielen des Strebens, sondern im Streben selbst, im *»Weiterschreiten«*, den höchsten Genuß sieht. Damit aber ist es dem Dichter auch gelungen, die h i m m l i s c h e W e t t e z u l ö s e n. Mephistopheles hat es nicht vermocht, Faust im Sinnengenuß festzuhalten. Das *»Staub soll er fressen, und mit Lust«* (V. 334) hat sich nicht verwirklicht. Faust hat sich auch nicht der *»unbedingten Ruh'«* hingegeben, und so dürfen die Engel, die Fausts Unsterbliches aufwärtsführen, mit Überzeugung sagen: *»Wer immer strebend sich bemüht, / Den können wir erlösen.«*

In zweiter Linie galt damals des Dichters Augenmerk der Verbindung Fausts mit H e l e n a. Sein Entwurf enthielt hierfür die Stichworte »Genuß mit Bewußtsein« und »Schönheit«. Der Dichter wollte Helena also nicht lediglich als eine schöne Frau des Altertums nehmen, mit der eine Zeitlang zu leben ein auserlesener Sinnengenuß wäre. Er wollte auch Fausts Liebeserleben nicht nur insofern steigern, als er auf das Bürgermädchen die Fürstin folgen läßt. Für ihn ist Helena die Schönheit an sich, und Faust sollte in dieser e i n e n Frau die altgriechische Schönheitswelt überhaupt im Sinne von Winckelmanns Begriff der »edlen Einfalt und stillen Größe« erleben.

Wenn wir uns das vor Augen halten, dann begreifen wir, daß die Fortsetzung und Vollendung des Helena-Dramas sich so lange nicht gestalten ließ, als der Dichter daran festhielt, Helena in Deutschland erscheinen zu lassen. Ursprünglich nämlich sollte Mephistopheles Faust nach dem Reichstag zu Augsburg zum Kaiser Maximilian bringen. Dort sollte Faust, nachdem die erste Geisterbeschwörung, ähnlich wie im vollendeten Drama, in einen Tumult ausgelaufen war, in unendlicher Sehnsucht nach der einmal erkannten höchsten Schönheit verlangen, und Mephistopheles (nicht Faust selbst) sollte Helena aus dem Schattenreich heraufbringen.

»Ein altes Schloß, dessen Besitzer in Palästina Krieg führt, [von dem] der Kastellan aber ein Zauberer ist, soll der

Wohnsitz des neuen Paris werden. Helena erscheint: durch einen magischen Ring ist ihr die Körperlichkeit wiedergegeben. Sie glaubt soeben von Troja zu kommen und in Sparta einzutreffen. Sie findet alles einsam, sehnt sich nach Gesellschaft, besonders nach männlicher, die sie ihr lebelang nicht [hat] entbehren können. Faust tritt auf und steht als deutscher Ritter sehr wunderbar gegen die antike Heldengestalt. Sie findet ihn abscheulich, allein da er zu schmeicheln weiß, so findet sie sich nach und nach in ihn, und er wird der Nachfolger so mancher Heroen und Halbgötter. Ein Sohn entspringt aus dieser Verbindung, der, sobald er auf die Welt kommt, tanzt, singt und mit Fechterstreichen die Luft teilt. Nun muß man wissen, daß das Schloß mit einer Zaubergrenze umzogen ist, innerhalb welcher allein diese Halbwirklichkeiten gedeihen können. Der immer zunehmende Knabe macht der Mutter viel Freude. Es ist ihm alles erlaubt, nur verboten, über einen gewissen Bach zu gehen. Eines Festtages aber hört er drüben Musik und sieht die Landleute und Soldaten tanzen. Er überschreitet die Linie, mischt sich unter sie und kriegt Händel, verwundet viele, wird aber zuletzt durch ein geweihtes Schwert erschlagen. Der Zauberer-Kastellan rettet den Leichnam. Die Mutter ist untröstlich, und indem Helena in Verzweiflung die Hände ringt, streift sie den Ring ab und fällt Faust in die Arme, der aber nur ihr leeres Kleid umfaßt. Mutter und Sohn sind verschwunden. Mephistopheles, der bisher unter der Gestalt einer alten Schaffnerin von allem Zeuge gewesen, sucht seinen Freund zu trösten und ihm Lust zum Besitz einzuflößen. Der Schloßherr ist in Palästina umgekommen, Mönche wollen sich der Güter bemächtigen, ihre Segenssprüche heben den Zauberkreis auf. Mephistopheles rät zur physischen Gewalt und stellt Fausten drei Helfershelfer, mit Namen: Raufebold, Habebald, Haltefest. Faust glaubt sich nun genug ausgestattet und entläßt den Mephistopheles und Kastellan, führt Krieg mit den Mönchen, rächt den Tod seines Sohnes und gewinnt große Güter. Indessen altert er, und wie es weiter ergangen, wird sich zeigen, wenn wir künftig die Fragmente, oder vielmehr die zerstreut gearbeiteten Stellen dieses zweiten Teils zusammenräumen und dadurch einiges retten, was den Lesern interessant sein wird.«

Nach diesem am 16. Dezember 1816 für »Dichtung und Wahrheit« diktierten Plan glaubt Helena anfangs noch in altgriechischer Umgebung zu sein. Von hier aus ließ sich aber der Weg in die nordisch-deutsche Welt schwer erfinden. In der Seele des in Italien zum Verständnis des Altertums gebildeten Dichters war eine Vereinigung antiker Formenschönheit mit teuflischem Zauberwesen nicht möglich. Er dachte darum zeitweilig an ein selbständiges Drama »Die Heimkehr der Helena«. So schreibt er an Schiller schon am 12. September 1800: »Nun zieht mich aber das Schöne in der Lage meiner Heldin so sehr an, daß es mich betrübt, wenn ich es zunächst in eine Fratze verwandeln soll. Wirklich fühle ich nicht geringe Lust, eine ernsthafte Tragödie auf das Angefangene zu gründen.«

Noch fünfundzwanzig Jahre hat es auch gedauert, bis Goethe die Helena-Tragödie wirklich zustande gebracht hat.

Ebenfalls erst 1825 entschloß sich Goethe, H e l e n a n i c h t n a c h D e u t s c h l a n d, sondern umgekehrt *Faust* nach Griechenland zu versetzen und ihn dort völlig in die griechische Welt zu versenken. Die inzwischen erlebte deutsche Geistesgeschichte hatte ihm aber auch den weiteren Gedanken eingegeben, den bereits in der Sage vorhandenen Sohn von Faust und Helena ebenfalls ins Sinnbildliche zu steigern: *Euphorion** kann ihm jetzt die den deutschen und griechischen Geist vereinende *heilige Poesie* verkörpern.

Mit dieser Umstellung von Deutschland auf Griechenland hatte sich aber nicht nur der Schauplatz um ein Unendliches erweitert, es war auch der geschichtliche Rahmen gesprengt worden. In Deutschland konnte der Faust des ausgehenden Mittelalters recht wohl das Scheinerlebnis mit der Griechin haben; mit dem Hinüberwechseln auf griechischen Boden rückte die Handlung ins Überzeitliche. Von dem einmaligen Durchbrechen des geschichtlichen Rahmens hat der Dichter dann auch weiter Gebrauch gemacht, so daß die Handlung schließlich von den Zeiten der Sphinxe bis zu Byrons* Tod in Missolunghi dreitausend Jahre umfaßt.

Emrich hat beobachtet (vgl. a. a. O. S. 64 ff.), daß in der letzten Bauperiode alle die Stellen der Entwürfe für den zweiten Teil gestrichen oder geändert wurden, in denen von

Versuchungen Fausts im Sinne der Wette geredet oder gehandelt wird. Er hat mit Recht daraus geschlossen, daß sich in dieser Phase das Problem der dichterischen Gestaltung grundsätzlich neu strukturiert. »Die Phänomene des Daseins selbst sind Helden und Spieler des Dramas.«

Mit dem Helena-Drama, das 1826 zum Abschluß gekommen war, und mit Fausts Erlösung waren die Hauptpfeiler des zweiten Teils fest gegründet. Nun konnte sich des Dichters Augenmerk auf die noch nötigen Verbindungen und Übergänge lenken. In der Tat hatten sowohl der jetzige erste und der zweite Akt als auch der jetzige vierte Akt – von einer Akteinteilung war allerdings damals noch nicht die Rede – für Goethe nur Übergangsbedeutung. Das läßt sich ja auch daraus erkennen, daß er im Tagebuch immer von den »Antezedentien«, d. h. von den »Vorausgängen« der Helena spricht. Zu diesen gehörte für ihn außer der ersten Geistererscheinung am Kaiserhof vor allem die *Klassische Walpurgisnacht*, die er bereits im Namen bewußt der nordisch-deutschen gegenüberstellte. Seiner ganzen damaligen Einstellung gemäß sollte der Vergleich zugunsten des Griechentums ausfallen, und daß Faust bei seinem Durchwandern dieser Nacht selbst *»Im Widerwärtigen große, tüchtige Züge«* (V. 7182) findet, entsprach Goethes Überzeugung.

Bemerkenswert für die Selbständigkeit auch seines damaligen Schaffens aber ist, daß er Faust nicht in die homerische Götterwelt einführt, die ja doch eigentlich der griechischen Kunst Gegenstand und Richtung gegeben hatte und auch der Zeit Goethes geläufig war. Vielleicht wollte er vermeiden, aus der Höhe überirdisch-göttlicher Schönheit zu der menschlichen Schönheit Helenas herabsteigen zu müssen. Er schuf sich statt dessen die Möglichkeit, von den tiermenschlichen Zwittergestalten griechischer Urzeit allmählich bis zur Meeres-, also immer noch Naturschönheit der *Galatee* aufzusteigen und dann erst die Schönheit in Menschengestalt, *Helena*, auftreten zu lassen. Der Drang zum Vollausschöpfen des Gehalts hat den Rahmen der griechischen Fabelwelt beim Schaffen allerdings weiter und weiter gespannt, und wenn bereits der Dichter, um keinen Irrtum zu begehen, das mythologische Wörterbuch ständig zur Hand halten mußte, so ist für unsere Zeit, in der sich die griechische Sagenwelt bereits wieder aus dem Allgemeinbewußtsein zu verlieren beginnt, das Verständnis im ganzen wie im einzelnen außerordentlich erschwert. Wer sich aber die Mühe gibt, von sorgfältigster Einzelerklärung aus zum Verständnis des Ganzen vorzudringen, der wird immer wieder erstaunen, nicht bloß über die Anschaulichkeit des Gesamtbildes und der Einzelbilder, sondern auch über die Sicherheit, mit der ein Achtzigjähriger drei verschiedene Handlungen – *Faust, Mephistopheles, Homunkulus* gehen jeder seinen eigenen Weg – so vielfältig durcheinanderschlingt, ohne doch die Fäden zu verlieren.

Allerdings kommt nach der *Klassischen Walpurgisnacht* das Auftreten *Helenas* nun völlig überraschend. Das war nicht Goethes ursprüngliche Absicht. *Manto,* bei der Faust zuletzt gesehen haben, sollte ihn am verderblichen Haupt der Gorgo vorüber, vor dem sie ihn schützend verhüllt, in das von U n t e r w e l t g e s t a l t e n aller Art überfüllte Hoflager der Proserpina-*Persephone* geleiten. Sie – nach einem späteren Entwurf sogar *Faust* selbst – sollte dort unter Berufung auf alle die früheren Beispiele, in denen Befreiung aus der Unterwelt gewährt worden war, und vor allem darauf, daß *Helena* zugunsten *Achills* früher selbst einmal die Erlaubnis zur Rückkehr ins Leben erhalten hatte, die Freigabe der Helena erwirken. Die Stimmung zu einer solchen Anrede, die nach Goethes Worten vom 15. Januar 1827 zu Eckermann »Proserpina zu Tränen rühren« sollte, ist dem Dichter offenbar nicht mehr gekommen. So entschwindet nunmehr Faust zweitausend Verse lang unseren Augen, und der Leser oder Zuschauer muß sich beim Auftreten *Helenas* das inzwischen Vorgegangene ergänzen. Die Helena-Handlung ist zu einem selbständigen Drama geworden, das vor sich geht, als ob es reine Wirklichkeit wäre, und das weder nach vorwärts noch nach rückwärts rechte Beziehungen zu haben scheint. (Vgl. dazu Kerényi.)

Als ein Zwischenspiel war auch der *Mummenschanz* gedacht, der sich gleichfalls zu einer selbständigen, sich auf fast tausend Verse ausdehnenden Einlage ausgewachsen hat. Er hilft, das Leben in der *kaiserlichen Pfalz* in seiner glanzvollen Hohlheit in die Erscheinung treten zu lassen. Faust könnte sich an dem ganzen Treiben von der inneren Morschheit höfischer Pracht überzeugen und könnte somit auch diese Form des ihm von Mephistopheles verschafften Genusses ablehnen. Wir hören davon aber nichts, im Gegenteil, Faust wirkt in dem Mummenschanz und bei der Geisterbeschwörung sogar mit. Übrigens zeigt die Ausführlichkeit der Ausmalung, daß der Dichter, der ja für den Weimarer Hof so manchen Maskenzug entworfen hatte, an solchem Glanz doch auch wirklich Freude hatte. Ursprünglich sollte der Aufenthalt am Kaiserhof nur die Überleitung zur Beschwörung Helenas bilden.

Auch der gegenwärtige v i e r t e A k t , so anschaulich er die Hohlheit auch des politischen Tuns zeigt, hat seinen Hauptzweck in der Ü b e r leitung zum Schlußakt. Die in ihm erwirkte Belehnung mit dem Meeresstrand bereitet Faust darauf vor, genau nach dem seinerzeit von Goethe gefaßten Plan, als Tatmensch den »Schöpfungsgenuß von innen« zu erlangen. Damit aber hat der Dichter den Anschluß an den bereits früher geschaffenen bzw. entworfenen fünften Akt gewonnen, der Faust wirklich als den Handelnden zeigt und als Tatgenießenden der Erlösung entgegenführt.

Eine fast endlose Reihe prachtvoller Bilder, eine Überfülle tiefsinniger Gedanken im ganzen wie im einzelnen und ein Reichtum sprachlicher und rhythmischer Ausdrucksformen ist das Ergebnis der Arbeit des Dichters am zweiten Teil. Allerdings ist die Dichtung damit auch der Wirklichkeit, wie sie der erste Teil mit kaum zu überbietender Unmittelbarkeit vor Augen führte, entrückt worden. Schon die Entsühnung Fausts im Eingang steht außerhalb des rational wahrnehmbaren Bereiches. Die Vermählung Fausts mit Helena und vor allem auch das Schicksal Euphorions liegen außerhalb der gewöhnlichen Wahrscheinlichkeit. Der zweite Teil des »Faust« hat Sinnbildcharakter. Er ist eine G e d a n k e n d i c h t u n g , nur mit der für Goethes ganzes Schaffen zu beobachtenden Einschränkung, daß diese Gedanken nicht philosophisch begrifflich ausgesprochen werden, sondern den dargebotenen Bildern innewohnen als ein offenbares, allerdings nur dem tiefer Nachsinnenden zugängliches Mysterium. Zum Mysterienspiel wird die Dichtung aber nicht erst durch den *Prolog im Himmel*, sie ist es vielmehr schon seit dem ersten Auftritt des »Versuchers« im Urfaust.

6. Exkurs zur ästhetischen Struktur

Schichtung – Einheit

Wir haben Goethes *Faust*-Drama entstehen sehen von den ersten jugendlichen Anfängen bis zur Herausgabe des zweiten Teils aus dem Nachlaß. Wir haben eine ganze Anzahl von Entwicklungsstufen feststellen können. Erst ihre Kenntnis ermöglichte uns das Eindringen in den tieferen Sinn der Dichtung.

Nun hat Goethe sein Werk aber nicht gemäß diesen Entwicklungsstufen in einer Reihe geschlossener Dichtungen veröffentlicht. Bei allem inneren Zusammenhang im ganzen ist nicht etwa die eine im Jünglings-, die andere im Mannes-, die dritte im Greisenalter je für sich entstanden, gegliedert und bis zur inneren und äußeren Form durchgebildet worden. Die Entwicklung ist auch nicht so geschehen, daß, wie etwa bei der »Iphigenie« oder bei den Singspielen, eine frühere Fassung durch eine spätere und endgültige abgelöst worden ist. Der »Urfaust« ist von Goethe nie veröffentlicht worden, und das »Fragment« hat nach des Dichters Willen hinter dem abgeschlossenen ersten Teil zu verschwinden. Vor allem aber, der Mann, der diesen *ersten Teil,* und der Greis, der den *zweiten Teil* endgültig zustande gebracht hat, beide fühlten sich nur als Beauftragte oder gewissermaßen als Testamentsvollstrecker des Jünglings, der, weil ihm die Jugendjahre zu rasch entflogen waren, nicht dazu gelangen konnte, einen übergewaltig großen und schönen Gedanken bis zum Ende durchzudenken und auszuführen. Der Mann wie der Greis, beide wagten nicht, das bisher Geschaffene zugunsten von etwas Neuem zugrunde gehen zu lassen. Sie legten daher das von ihnen für nötig befundene Neue unter möglichster Beibehaltung des bereits Vorhandenen darum und darüber. Das »Fragment« enthält den »Urfaust«, der vollendete erste Teil enthält das »Fragment«, und ebenso schließt die 1827 veröffentlichte »Klassisch-romantische Phantasmagorie« die frühere *Helena*-Szene in sich, die noch Schiller kennengelernt hatte, und die Phantasmagorie wieder finden wir, zusammen mit den ein Jahr später bekannt-

gegebenen, am Kaiserhofe spielenden Szenen, fast unverändert im vollendeten zweiten Teil wieder.

Wenn wir also das Gesamtdrama noch einmal im ganzen
entstehungsgeschichtlich betrachten, so gewinnen wir den-
selben Eindruck wie bei der Rinde des Erdballs, wo sich
S c h i c h t   a u f   S c h i c h t übereinandergelagert hat. Genau wie in dieser Wirklichkeit aber ist auch am Drama die
Lagerung nur in den seltensten Fällen noch als eine ebene
und waagerechte zu erkennen. Es haben Verwerfungen und
Überschiebungen stattgefunden, und so tritt hier die jüngste,
da die älteste und gleich daneben wieder eine der mittleren
Schichten an die Oberfläche. Mitten in die der ältesten Schaf-
fenszeit angehörige *Gretchen*-Tragödie schiebt sich die Szene
Wald und Höhle aus den italienischen Jahren und schiebt
sich die *Walpurgisnacht* aus den Jahren um 1800. In dem
großen ersten Selbstgespräch Fausts hören wir zunächst die
Stimme des jugendlichen Drängers, bis, nach dem Abgang
Wagners, auf einmal der tiefere Klang des auf der Höhe
des Mannesalters stehenden Dichters durchdringt, und die
*Kerker*szene trägt das Versgewand, das Goethe ihr erst ein
Vierteljahrhundert nach ihrer eigentlichen Entstehung um-
gelegt hat.

Es hat bei solcher Entwicklung nicht ausbleiben können, daß
die vollendete Dichtung wiederum gleich der gegenwärtigen
Erdoberfläche nun auch S p r ü n g e, Risse, Überdehnun-
gen, Aufbauschungen und L ü c k e n zeigt. Die nordische
Walpurgisnacht geht in Dunst auf in dem Augenblick, da
uns ihr eigentlicher Sinn erst offenbar werden könnte.
Helena tritt plötzlich vor uns hin, obwohl wir sie nach der
letzten Unterredung zwischen *Faust* und *Manto* noch in der
Unterwelt vermuten müßten. Anderseits hat der hochbetagte
Dichter die Ausgestaltung der *Klassischen Walpurgisnacht*
für so wichtig erachtet, daß sie, uns Heutigen wenigstens,
den Zusammenhang zwischen der Beschwörung Helenas am
Kaiserhof und ihrer Verbindung mit Faust auf griechischem
Boden eher zu zersprengen oder zu verschleiern als herzustellen scheint. Das Schäferlied wiederum, das die *Bauern*
zum Tanz unter der Linde singen, die Stachelverse des *Walpurgisnachtstraums* und gewiß auch einzelne Strophen aus
dem Maskenzug sind ursprünglich ganz für sich entstanden

und verdanken ihre Einbeziehung in unser Drama ausschließlich der Willkür des Dichters. Wenn Mephistopheles
sich am Schluß des dritten Aktes bereit zeigt, »*im Epilog
das Stück zu kommentieren*«, so behält sich damit in Wirklichkeit der Dichter die Möglichkeit offen, an dieser Stelle
nötigenfalls noch einen erklärenden Nachspruch einzufügen.
Vordeutungen auf etwaige nachträgliche Erweiterungen finden sich ganz besonders in dem *Mummenschanz*; bei den
Fischern, Vogelstellern, Nacht- und Grabdichtern ist noch im
Druck lediglich durch Zwischenbemerkungen angegeben, was
sie etwa sagen k ö n n t e n.
Wir sehen an diesen Beispielen, daß an einer ganzen Reihe
von Stellen auch der vollendete »Faust« in Wirklichkeit
noch n i c h t v o l l e n d e t ist. Der Gedanke des Zwei-
undachtzigjährigen, sogar die Hauptmotive noch weiter auszuführen, »die ich, um fertig zu werden, allzu lakonisch
behandelt hatte«, hat in der heute vorliegenden Dichtung
recht wohl seine Begründung. Da aber wiederum andere
Teile der Dichtung das Recht erhalten haben, sich weit über
den ihnen ursprünglich zugedachten Raum hinaus auszuwirken, so liegt der Vorwurf der F o r m l o s i g k e i t insbesondere beim zweiten Teil des »Faust« nahe. Es hat auch
eine Zeit gegeben, da man mit einer lediglich entstehungs-
geschichtlichen Betrachtung die Dichtung genügend gewürdigt zu haben glaubte.
Aber Goethe hat seit der Vollendung des ersten Teils diesen
doch fortan völlig unangetastet gelassen, und auf das Paket,
in das er die Handschriften des zweiten Teils verschloß, hat
er sein Siegel gedrückt zum Zeichen, daß hiermit ein letzter
Wille ausgesprochen war. So müssen auch für uns alle die
Vorstufen, mögen sie Urfaust, Fragment oder Phantasmagorie heißen, so sehr wir ihrer zum Verständnis des Ganzen
bedurften, nunmehr hinter diesem G a n z e n wieder zu-
rücktreten. Allen Schichtungen, allen Bildungen und Umbil-
dungen zum Trotz müssen wir versuchen, das Faust-Drama
so, wie es uns in seinen beiden Teilen Goethe als vollendet
hinterlassen hat, auch als ein e i n h e i t l i c h e s K u n s t-
w e r k zu erfassen und zu werten.
Eine solche verstehende Beurteilung haben sich alle die erschwert, wenn nicht unmöglich gemacht, die an Goethes

»Faust« mit einem Vorurteil über Wesen und Aufgaben des Dramas herangetreten sind. Nicht einmal Goethe selbst dürfen wir für Goethe als Maßstab nehmen, und es ist unzulässig, etwa aus seinen klassischen Dramen, wie »Iphigenie« oder »Tasso«, die Grundform ihres Aufbaus und überhaupt das Wesen ihres Stils herauszuziehen und mit den so gewonnenen Formen die *Faust*-Dichtung zu messen. So wandlungsfähig wie Goethe selbst war, so sehr hat sich sein Schaffen gewandelt, und jeder Abschnitt seines Lebens hat nur die ihm entsprechenden Dichtungen hervorgebracht. Der »Faust« aber ist weder nach Inhalt noch nach Form das Erzeugnis eines einzelnen bestimmten Lebensalters und einer in diesem Lebensalter für endgültig erkannten Kunstanschauung. Deshalb gibt es für diese Dichtung keinen verbindlichen Maßstab, sie ist »inkommensurabel«.

Weil aber der Dichter in seinem langen Leben drei verschiedene Zeitalter durchlaufen hat, die sich nach der Seite des Kunststils als Sturm und Drang, als Klassik und als Romantik ausprägten, so trägt auch der »Faust« die Züge aller dieser Stilformen. Um das Ergebnis einer solchen Entwicklung mit Hilfe eines Bildes begreiflich zu machen, sei an einen der großen gotischen Dome erinnert, der sich über romanischen Grundmauern erhebt und in seinen Ausbauten die Züge der Renaissance, des Barocks und noch späterer Zeit aufweist. Es gibt Baudenkmäler, die infolge solcher Entstehungsweise so verunstaltet worden sind, daß einer kunstverständigeren Zeit nichts anderes übrigbleibt, als die späteren Zutaten wieder herauszureißen. Wer wollte wagen, etwa in solchem Sinne die Hand an Goethes »Faust« zu legen? Wer würde von dem, was Goethe in die ursprüngliche und in die spätere Dichtung eingefügt hat – nachdem es vom Dichter nun doch einmal und mit tiefem Sinn eingefügt worden ist –, auch nur einen Vers preisgeben wollen? Ist es doch bereits heute so, daß der Mann den »Faust« anders liest als der Jüngling, und der Greis anders, als er ihn in den Jahren der Kraft gelesen hat.

Das Wichtigste aber ist, daß Goethe selbst den Grundriß der Dichtung, wenn auch wohl nicht im vollen Bewußtsein der Tragweite seines Tuns, so angelegt hat, daß sie ausbaufähig war. Wir haben nicht ohne Absicht auf das Beispiel

der Gotik hingewiesen. Als der »Faust« noch keimhaft in
des Dichters Seele lag, bewunderte Goethe das Straßburger
Münster und freute sich zu schauen »die großen harmoni-
schen Massen zu unzählig kleinen Teilen belebt, wie in Werken der ewigen Natur, bis aufs geringste Zäserchen, alles
Gestalt, und alles zweckend zum Ganzen; wie das festge-
gründete ungeheuere Gebäude sich leicht in die Luft hebt,
wie durchbrochen alles und für die Ewigkeit«. Und am
Schluß dieses seines Aufsatzes »Von deutscher Baukunst« erklärte er: »Diese charakteristische Kunst ist nun die einzig
wahre. Wenn sie aus inniger, einiger, eigner selbständiger
Empfindung um sich wirkt, unbekümmert, ja unwissend
alles Fremden, da mag sie aus rauher Wildheit oder aus
gebildeter Empfindsamkeit geboren werden, sie ist ganz und
lebendig.«

Charakteristische Kunst und höchst vollendete Form bei
scheinbarer Formlosigkeit fand er aber auch bei dem großen
englischen Dramatiker, dem er unmittelbar nach der Rückkehr aus Straßburg seine Rede »Zum Shakespearestag«
widmete. In ihr heißt es: »Seine Plane sind, nach dem gemeinen Stil zu reden, keine Plane, aber seine Stücke drehen
sich alle um den geheimen Punkt, in dem das Eigentümliche
unseres Ichs, die prätendierte Freiheit unseres Willens mit
dem notwendigen Gang des Ganzen zusammenstößt.« Und
noch eine Äußerung aus den Jahren der ersten Niederschrift
des »Faust« sei herangezogen. Goethe schreibt am 21. August
1774 an Fritz Jacobi: »Sieh, Lieber, was doch alles Schrei-
bens Anfang und Ende ist, die Reproduktion der Welt um
mich durch die innere Welt, die alles packt, verbindet, neu
schafft, knetet und in eigener Form, Manier wieder hinstellt,
das bleibt ewig Geheimnis, Gott sei Dank, das ich auch nicht
offenbaren will den Gaffern und Schwätzern.«

Wenn Goethe sich von solchen Gedanken tragen ließ, deren
keiner sich unmittelbar auf die *Faust*-Dichtung bezieht, die
aber dafür um so mehr Goethes Grundgefühl wiedergeben,
dann gewinnen wir Verständnis dafür, wie der »Faust« nicht
nur bei der ersten Ausgestaltung zum Ausdruck eines Dichters, der die Außenwelt zur dichterischen Wiedergabe in sich
aufnahm, werden konnte, sondern wie die einmal angefangene Dichtung nun auch das von ihrem Dichter fernerhin

Erlebte in sich aufnehmen und zur Gestaltung bringen konnte. Er hatte von Herder den Formungsgrundsatz übernommen, daß Empfindung und Ausdruck sich verhalten müßten wie Leib und Seele, folglich mußte sich mit seiner eigenen Weiterentwicklung auch die Form den neuen Erlebnissen entsprechend wandeln. Berücksichtigen wir das, dann hören wir nicht nur auf, den früheren Dichter gegen den späteren auszuspielen, wir staunen vielmehr, mit welch außerordentlicher geistiger Beweglichkeit der Dichter die Grundform des Dramas, dessen Stil er doch eigentlich längst überwunden hatte, bis zum höchsten Alter durchgehalten hat.

Die künstlerische E i n h e i t i n d e r M a n n i g f a l t i g - k e i t – auch dies ist ein Stilbegriff jener Tage – liegt nicht in einer einheitlich durchgeführten Handlung. Noch viel weniger hatte es der Dramatiker des Sturm und Drang auf Einheit des Ortes oder der Zeit abgesehen. Die Einheit liegt vordergründig lediglich in der E i n h e i t d e r P e r s o n F a u s t s und allenfalls hinter ihr in der E i n h e i t d e s D i c h t e r s , wenn man diese inkommensurable Größe als Einheit oder zumindest als gestaltschaffendes Prinzip gelten lassen will. Aber eine genaue Analyse der dichterischen Symbole, die Goethe in seinem »Faust« geschaffen hat, zeigt in der Tat, wie Emrich besonders für den zweiten Teil eindrucksvoll nachgewiesen hat, »das *offenbare Geheimnis* einer Symbolwelt, die sich im Laufe einer jahrzehntelangen dichterischen Entfaltung Goethes herausgebildet hat und mit bestimmten immanenten Bedeutungen versehen wurde« (vgl. a. a. O. S. 19 f.).

Aufbau – Gliederung

Aber der »Faust« ist von seinem Dichter darüber hinaus doch auch im strengeren Sinne k o m p o n i e r t .

Die Grundlage zu dieser Formung stammt aus den Jahren der Geistesgemeinschaft mit Schiller, der ja aus philosophisch-ästhetischem Grundsatz jedes seiner Dramen künstlerisch aufbaute und bis ins einzelne durchgliederte. Goethes Bemühungen in dieser Hinsicht erkennen wir bereits an dem dreifachen Rahmen, den er damals um seine Dichtung zu

legen gedachte. Der *Zueignung* sollte ein »Abschied«, dem
Vorspiel auf dem Theater eine »Abkündigung«, dem *Prolog
im Himmel* ein »Epilog im Chaos« entsprechen. Goethe hat
auf die drei Schlußstücke schließlich wieder verzichtet. Er
konnte das, weil *Faust* zu Beginn des zweiten Teils die Einheit der Person verliert durch den Kunstgriff der Naturgeister, die sein Schuldbewußtsein und sein Gewissen im
Heilschlaf sanieren. Faust ist jetzt keine Individualität mehr
wie im ersten Teil, sondern Inkarnation menschlicher Bestimmung im Rahmen einer sinnbildlich gezeigten Realität,
die am Ende soviel eigene Bündigkeit gewonnen hatte, daß
die Schlußklammern nicht nur überflüssig, sondern sogar
verfehlt erscheinen müßten.
So gestaltet sich nun der A u f b a u d e r D i c h t u n g,
wie sie Goethe als vollendet veröffentlicht hat, folgendermaßen:
Die ganz persönlich gehaltene *Zueignung* gibt die erste Ein-
stimmung. Das *Vorspiel auf dem Theater* steigert die Un-
geduld des Wartens auf ein Stück in Stücken, um dessen
Zustandekommen Theater*direktor*, Schauspieler und Dichter
so in Widerstreit kommen konnten. Mit dem *Prolog im
Himmel* reißt der Dichter den Leser und Hörer überraschend
ins Überzeitliche und Überräumliche und gibt ihm das Gefühl, daß hier die Bestimmung des Menschen im Angesicht
der Ewigkeit behandelt werden soll. Daß es ihm damit
ernst ist, zeigt der Schluß, der aus dem Erdenleben wieder
heraus und endgültig in die überirdischen Höhen rückt.
Aber wenn damit Anfang und Ende p f e i l e r h a f t einander gegenübergestellt werden, so wiederholt sich der
Dichter doch nicht. Hat beim ersten Male im Kreise höherer
Engel der *Herr* gesprochen, beim zweiten Male hebt sich
das Auge über die Seligen und Engel hinauf zur Himmelskönigin, die das Höchste und Letzte nur ahnen läßt. Den
entferntesten Gegensatz dazu bildet die nordische *Walpurgisnacht*. Bis zu diesem Urgrund des Widergöttlichen senkt
sich die Handlung, vom Tiefpunkt an hebt sie sich wieder.
Einen zu scharfen Einschnitt vermeidet der Dichter. Die
Gretchen-Handlung führt noch über die *Walpurgisnacht*
hinaus, ihre Tragik vollzieht sich, als Faust dieses Erlebnis
eigentlich schon überwunden hat. Die Heilung *Fausts* durch

die *Elfen* gehört bereits der steigenden Handlung an und begründet die neue Struktur des zweiten Teils.

Das Menschengeschehen zwischen dem *Prolog im Himmel* und der *Walpurgisnacht* gehört der *kleinen Welt* an. Fausts Erfahrungen in und mit der *großen Welt* darzustellen ist Aufgabe des zweiten Teils. Beide Teile haben je einen Erlebnis h ö h e punkt, beidemal verkörpert in einer Frauengestalt. Dem schlichten, naturverwachsenen, reinen und innigen *Gretchen* steht gegenüber die liebeserfahrene, geistig erhabene Fürstin, dem deutschen Kleinbürgertum die Adelswelt altgriechischer Formenschönheit. Was zwischen diesen beiden Erscheinungen steht, leitet über oder ein: Über die *Hexenküche* und *Auerbachs Keller* geht der Weg zu *Gretchen*; der Aufenthalt in der *Kaiserpfalz* gibt den Anlaß zur Heraufbeschwörung *Helenas*. Den A u s g a n g s p u n k t und zugleich die Voraussetzung der g a n z e n Weltreise bildet das *Studierzimmer*, in dem sich im Selbstgespräch die innere Zerrissenheit des Gelehrten enthüllt und in dem der schicksalsvolle Vertrag geschlossen wird. Der Z i e l punkt des ganzen Geschehens ist die Arbeit am *Meeresstrand* zur Landgewinnung. Dem seelischen Zusammenbruch des Denkers am Anfang entspricht am Ende das vorschauende Wirken des Mannes der Tat. Auf diesen Ausgang ist aber bereits im *Studierzimmer* vorausgewiesen mit den Worten, die der Gelehrte für die Übersetzung aus dem Evangelium verwendet: »*Im Anfang war die Tat!*« – (Vgl. zu 1224 ff.)

Dieser Gesamtaufbau gibt aber auch jedem Teil seine eigengesetzliche G l i e d e r u n g i m e i n z e l n e n .

Die G r e t c h e n - Handlung jagt von der flüchtigen Begegnung am Dom über die erste Zusammenkunft in Frau *Marthens Garten* bis zu ihrem Gipfelpunkt, der durch Fausts Glaubensbekenntnis in den Bereich des Übersinnlichen und Ewigen ragt. Unmittelbar darauf schlägt die Handlung um ins Sinnliche und bringt mit Gretchens Herzensnot, mit dem Verlust der Mutter, mit der Tötung des Bruders und dem Kindesmord Schlag auf Schlag, bis *Kerker* und Hinrichtung den leiblichen Tod und die seelische Befreiung bringen. Charakteristisch für die künstlerische Gestaltung dieser tragischen Entwicklung ist die Auswahl der szenischen Motive. Goethe verzichtet auf alle äußeren Höhepunkte, wie

Sterben der Mutter, Ermordung des Kindes, Prozeß und Hinrichtung; er beschränkt diese Handlung auf die Darstellung menschlicher Seelennot, die gerade durch ihre Schlichtheit ergreift und Allgemeingültiges erschütternd eindringlich gestaltet. Mit der Kindesmörderin* Susanna Margaretha Brandt hat Fausts *Gretchen* nur das äußere Schicksal gemeinsam. Die Aussparung dessen, was daran widerwärtige Haupt- und Staatsaktion hätte werden können, wie Goethe sie einst in Frankfurt hatte empfinden müssen, der Verzicht auf Pomp und Effekt, wie er bis dahin auf den Bühnen herrschte, verrät den persönlichen Stilwillen und die künstlerische Eigenart des jungen Goethe. Besonders auf diese Gestaltung des *Gretchen*-Themas können wir die Bemerkung aus einem Brief Goethes vom 1. Juli 1774 beziehen: »Noch einige Plane zu großen Dramas hab ich erfunden, das heißt, das interessante Detail dazu in der Natur gefunden und in meinem Herzen.«

Das H e l e n a - Drama legt eingangs in einer Zustandsschilderung die Voraussetzungen der beginnenden Handlung dar, bringt mit der Behauptung der *Phorkyas*, Helenas Opfertod sei beschlossen, die Handlung in Bewegung, stellt durch Entrücken der Griechin in die fränkische Burg die Verbindung mit Faust her und steigert diese zur Vermählung und zur Geburt des *Euphorion*. In diesem höchsten Glück liegt aber bereits der Keim des Umschwungs, der sich dann in Euphorions und Helenas Schicksal verwirklicht, über den hinaus aber Faust Helenas Gewand, das Sinnbild der Formenschönheit, behalten darf.

Dramatischen Aufbau hat vor allem aber auch das erste nächtliche S e l b s t g e s p r ä c h Fausts. Es führt aus der Tiefe der Verzweiflung über die Ergebnislosigkeit alles wissenschaftlichen Strebens zur *Magie* und findet seinen Höhepunkt in der Beschwörung des *Erdgeists*. Auch hier liegen Seligkeit und Unseligkeit unmittelbar nebeneinander. Daß der Geist *Faust* nicht anerkennen will, läßt diesen zusammenbrechen. Das Seelendrama wandelt sich im Selbstmordversuch zur Tragödie, bis es schließlich durch lösenden Einfluß von außen einen versöhnenden Abschluß gewinnt.

Wir können die Betrachtung beginnen, wo wir wollen, im ganzen wie im einzelnen sehen wir bei aller scheinbaren

Formlosigkeit überall die ordnende, aufbauende, gliedernde, gestaltende Hand des Künstlers. Aber weil Goethe durch Sturm und Drang hindurchgegangen war und sich noch bis ins höchste Alter hinsichtlich seines »Faust« den dichterischen Grundsätzen seiner Jugend verpflichtet wußte, konnte er – zumal hier wie im »Götz« ein ganzer Lebensweg das Thema bildet – nur einzelne Abschnitte gestalten.

Wie in seiner Jugend reihte er auch später B i l d a n B i l d und überließ es dem Leser, deren Verbindung untereinander sowie die Beziehung zur Gesamthandlung mit- und nachschaffend selbst herzustellen. Jedes dieser Bilder, sei es das von jugendlicher Hand rasch hingeworfene und an die niederländischen Maler erinnernde Gelage im Weinkeller, sei es so blitzlichthaft beleuchtet wie *Gretchen am Spinnrade* oder im *Zwinger*, sei es in weiten landschaftlichen Rahmen gespannt wie der Osterspaziergang oder so erhaben würdig wie die Reichsversammlung in *des Gegenkaisers Zelt*, oder seien die Farben so feinsinnig aufgetragen wie bei dem Bühnenbild mit der *Hütte* von *Philemon und Baucis*: Jedes dieser Bilder ist mit eindrucksvoller Anschaulichkeit erfaßt und dargestellt, jedes ist ein in sich gerundetes Kunstwerk. Jedes spiegelt aber auch eine andere Welt wider: hier die Gelehrtenstube, dort den Raum *vor dem Tor* mit der sich ausbreitenden Bürgerbehaglichkeit, dort das Durchschimmern kleinster, in Alltagssorgen aufgehender Häuslichkeit und wieder woanders scheinwichtiges Hofgetriebe und schallender Schlachtenlärm, unterbrochen durch arkadisches Glück und beschlossen durch stille Einsiedlerbeschaulichkeit in einsamen Bergschluchten.

So liebevoll das einzelne ausgemalt ist, seine Bedeutung liegt doch nie nur in ihm selbst. Sie liegt in der selten vom Dichter ausgesprochenen, meist nur zu ahnenden Beziehung zu der *kleinen* und *großen Welt*, die *Faust* erleben soll. Diese aber stellt, gleich der von Faust in *Wald und Höhle* und beim Sonnenaufgang erlebten r e i n e n Natur, den *farbigen Abglanz* dar, an dem wir das L e b e n haben.

Unter diesem Gesichtspunkt vermögen wir die innere Einheit auch in der Vielheit der auf die Bühne gebrachten P e r s o n e n zu erkennen. Abgesehen von *Faust* selbst schreitet nur noch *Mephistopheles* – obwohl zwar seinem Wesen nach ein

Angehöriger der über- oder untersinnlichen Welt – in Menschengestalt den ganzen Weg des ein Menschenleben umfassenden Dramas ab. In ihrer Zweiheit sind sie die Träger, Förderer und Nutznießer des eigentlichen Geschehens. Für den tieferen Blick aber schmilzt diese ihre Zweiheit zur Einheit zusammen. In letzter Hinsicht ist ja Mephistopheles nichts anderes als eine Verselbständigung der in der sinnlich-übersinnlichen Doppelnatur Fausts wirkenden, herabziehenden, zersetzenden und auflösenden Triebe.

Neben dieser Zweieinheit gewinnen nach Wesen und Schicksal nur noch zwei Personen dramatisches Eigenleben: *Gretchen* und *Helena*. Die übrigen Personen, selbst wenn sie wie *Wagner* oder der *Schüler* sowohl im ersten als im zweiten Teil auftreten, stellen nur Gegenbilder oder Hintergrund dar. Wohl haben alle die Männer und Frauen, die Jünglinge und Greise, die Mädchen und Burschen, Soldaten und Bürger, Gelehrte, Hofleute, Heerführer, weltliche und geistliche Würdenträger bis hinauf zu des Kaisers Allgewalt je ihr ganz eigenes Wesen. Sie alle sind aber zugleich Vertreter ihrer G a t t u n g und darüber hinaus Glieder der Gesamtmenschheit, der sie je einen im Rahmen des Ganzen notwendigen Zug verleihen. Was in diesem Menschengewirr spricht, lacht, weint, lästert, höhnt, prahlt, verzweifelt, liebt, sinnt, das klingt nach dem Willen des Dichters zusammen eben in das Gesamtwohl und -wehe, das *Faust* zu seinem eigenen Schicksal bestimmt.

Das Tragische und sein Gegengewicht. Form

Trotz der Mannigfaltigkeit der angeschlagenen Töne und trotz des versöhnenden Ausgangs hat Goethe seine Dichtung eine T r a g ö d i e genannt. In der Tat ist der Grundton ein tragischer: Das große Selbstgespräch *Fausts* wäre für diesen fast zur wirklichen Tragödie geworden; *Gretchens* Schicksal endet mit der Vernichtung ihres irdischen Daseins; *Helena* und *Euphorion* entschwinden Faust ins Unfaßbare, und Fausts Tod, gerade in dem Zeitpunkt, als er im Gefühl weltweiten Schaffens den höchsten Augenblick vorausempfindet, ist sogar mit tragischer Ironie gestaltet.

Trotzdem hat der Dichter in überlegener Künstlerschaft – zunächst wohl vom Puppenspiel, dann aber von Shakespeare beeinflußt – der Tragik bewußt ein G e g e n g e w i c h t gegeben. Im Leser des »Faust« klingt andauernd der im *Prolog* angeschlagene Grundton nach. Dieser gibt das Gefühl, daß der da und dort sich grausig offenbarende Widersinn des Lebens sich doch noch in höherem Sinn begreifen lasse. Mit voller Absicht läßt der Dichter auch an dem Wendepunkt vom ersten zum zweiten Teil in den Worten der Elfen und auch in denen Fausts den Glauben an das Gute in der Welt wieder anklingen. Er bewirkt den Ausgleich weiter durch den Wechsel schwerer und leichter Bilder und Vorgänge. So läßt er auf das Seelendrama in der Studierstube den Osterspaziergang mit seiner Weltaufgeschlossenheit folgen; er unterbricht die aufquellende Liebe zwischen *Faust* und *Gretchen* durch die beschauliche Weltabgewandtheit in *Wald und Höhle*; und nach der unheimlichen Entrückung Fausts ins Reich der *Mütter* führt er uns in die hellerleuchteten Säle einer geschwätzigen Hofgesellschaft.

Vor allem aber sichert er sich allenthalben den Übergang in den Bereich des H u m o r s , der sich ja überhaupt nur auf tragischer Grundlage voll auszuwirken vermag. Die Sage hatte dem Erzzauberer als Begleiter einen teuflischen Geist gegeben, der nach Wesen und Wirken Schauer und Schrecken auslösen mußte. Goethe macht diesen zum *Schalk*, der durch Widerspruch den Menschen zur Aktivität reizen soll; er hat sich damit die Möglichkeit geschaffen, vom Anfang bis zum Ende seines Riesendramas in jedem Augenblick einen in metaphysische Spekulation entgleitenden Gedankengang oder eine ins Grausige sich entwickelnde Handlung mit Hilfe des Spottes, des Hohns oder auch der bloßen Neckerei wieder ins Gleichgewicht zu bringen. Aus demselben Grunde fügte er in die *Hexenküche* wie in die *Walpurgisnacht* all den sinnlosen Scheinsinn ein, und er gab der ihn selbst gruselig dünkenden Erscheinung von *Paris* und *Helena* ein lächerliches Echo in dem seichten Dazwischengerede der Hofleute. Unter gleichem Gesichtspunkt ließ er, der sich sein ganzes Leben lang von allem, was mit dem Tode zusammenhing, möglichst fernhielt, das Begräbnis Fausts durch närrisch sich gebärdende *Lemuren* vollziehen und verknüpfte den End-

kampf zwischen Engeln und Teufeln um die Seele Fausts
mit Possen aller Art, die das Furchtbare des Augenblicks
auch auf der Bühne erträglich machen sollten.

Um die Aufführbarkeit des Dramas auf der B ü h n e
hatte sich der jugendliche Dichter nicht gekümmert. Auch
später hat Goethe in der Hauptsache an Leser gedacht. Aber
je mehr er Erfahrungen in der Leitung eines Theaters gewann, um so mehr lag ihm daran, auch diesem Stück
Bühnenwirksamkeit zu sichern. Hatte er sich noch in der
Gretchen-Handlung mit kurzen, teilweise nur auf wenige
Zeilen beschränkten Szenen begnügt, denen noch heute die
Bühnenmeister kaum gerecht zu werden vermögen, und hatte
er fünfundzwanzig Jahre später eine Folge von Gescheh-
nissen auf einen Spaziergang verlegt, der nur mit sich wan-
delndem Bühnenhintergrund darstellbar ist, so schuf er in der
späteren Zeit eine Reihe von Bildern, die wohl unter dem
Eindruck der damals beliebten französischen Ausstattungs-
stücke entstanden sind. Wir denken an den Maskenzug, in
dem er nach Pariser Vorbild sogar einen wirklichen Elefanten auf die Bühne zu bringen gedachte, oder an die Verlei-
hung der Erzämter, bei der nach dem Vorgang der Haupt-
und Staatsaktionen höfische Pracht zur Erscheinung gebracht
werden sollte.

Das Bemühen, dem immer mehr ins Große wachsenden
Drama möglichst alle Hilfsmittel des Theaters dienstbar zu
machen, war für den Dichter wohl auch der Anlaß der ver-
schiedentlichen Übergänge ins M u s i k d r a m a. Der *Prolog im Himmel* beginnt nach Art der Oratorien, die Stimmen der Elfen werden von *Äolsharfen* begleitet, und vom
Augenblick der Geburt des *Euphorion* an soll vollstimmige
Orchestermusik die Helena-Handlung begleiten und Rede
und Gegenrede zu Einzel- und Chorgesängen steigern, bis
nach dem *Trauergesang* eine völlige Pause entsteht, mit der
die Musik dann überhaupt aufhört. Daß aber während
Fausts Grablegung Mephistopheles beim Hereinschweben der
Glorie von oben »garstiges Geklimper« hört, deutet darauf,
daß von da an alle himmlischen und himmelsverwandten
Stimmen von Musik untermalt zu denken sind. So hat der
Dichter zu dem tiefen Gehalt seines Werkes nicht nur die
innere, sondern auch die äußere Form gesucht.

Für den Leser drückt sich diese zunächst in der S p r a c h e
und im V e r s m a ß aus. Auch hier gibt den Grundton die
Sprache des Sturm und Drang, für die wiederum Herders
Gedanken von der innigen Zusammengehörigkeit von Gedanke und Wort, von Empfindung und Ausdruck maßge-
bend waren und die sich an der Volkssprache, an der Volks-
dichtung sowie an Luthers Bibelübersetzung bereichern.
Goethe hat sie grundsätzlich festgehalten. Aber eben der
Grundsatz, allen sprachlichen Ausdruck dem auszudrücken-
den Gedanken entsprechend zu gestalten, mußte ihm zum
Anlaß werden, mit fortschreitendem Alter und je nach der
im Gang der Handlung sich ergebenden besonderen Lage
immer wieder auch nach neuen sprachlichen Ausdrucksformen zu suchen. So erklingen nun im vollendeten »Faust«
nicht nur die Alltagssprache des Kleinbürgertums und das
derbe Gerede der Zechbrüder, sondern auch die gehobene
Ausdrucksweise der Gelehrten und der Kanzleistil, wie er in
Staatsverhandlungen üblich ist, vor allem aber auch die
Sprache des überquellenden Herzens; das Fühlen und Sehnen
sucht eigenen, sich Wort- und Satzbau selbst prägenden
Ausdruck.
Dem entspricht auch das V e r s m a ß. Die reinste Äußerung der Zeit des Sturm und Drang ist ja die Prosa, wie sie
den »Götz« formen geholfen hat. Sie schwindet mit der Zeit
und ist im »Faust« heute nur noch in der Szene *Trüber Tag.
Feld* erhalten. Im übrigen kennzeichnet die ursprüngliche
Dichtung der sogenannte Knittelvers*. Diese gereimten Vers-
paare, die zwischen ihren je vier Hebungen beliebig viele
Senkungen haben konnten, erwiesen sich vermöge ihrer
Wandelbarkeit besonders geeignet zum Ausdruck der verschiedensten Empfindungen, vom reinsten Glücksgefühl bis
zum tiefsten Schmerz. Goethe nahm sie wieder auf, als er
um die Jahrhundertwende die angefangene Dichtung fort-
setzte. Das geschulte Ohr vermag allerdings zu hören, wie
dabei der Vers mehr und mehr in Madrigal* und reine Jamben überging. Aber durchgehalten hat ihn auch der greise
Dichter, er tönt durch die Jamben hindurch und verklingt
erst mit dem Ausscheiden Mephistos aus der Handlung.
Ebenfalls aus der Frühzeit stammen aber auch die freien
Rhythmen beim Erscheinen des *Erdgeistes* und im Bekennt-

nis Fausts zum *Allerhalter.* Mit rhapsodischer Wortkunst
wird hier die Grenze des Sagbaren erweitert (vgl. Anm. vor
354 ff.).

Die artistisch gebauten Einlagen haben vielfach regelmäßige
Verse, die im Stile der galanten, höfischen Welt Unterhaltung bieten und als Theater im Theater zu verstehen sind, so
besonders die Zwei- und Dreitakter des *Mummenschanzes*
(5065–5986). *Gretchen am Spinnrade* (3374–3413) hat dagegen einen in Reim und Rhythmus freien, volkstümlichen
Charakter. Mephistos Lied zur Zither (3682 ff.) wird ausdrücklich als *wahres Kunststück* angekündigt; es hält sich an
Schlegels Shakespeare-Übersetzung. Die Einlage des Chores
in der Domszene, *dies irae* [...] (vgl. zu 3798 ff.), ist ein
gekürztes Zitat. Der Wechselgesang beim Brockenaufstieg,
die Chöre und besonders das *Intermezzo* in der *Walpurgisnacht* haben regelmäßige, singbare Verse oder Strophen.
Hier ist der Charakter der Maskenzüge zu einem Panopti-
kum bürgerlicher Ironie geworden, echte Belustigungen des
Verstandes und Witzes, ohne Notwendigkeit für die Handlung. Im symbolisch verschlüsselten zweiten Teil sind die
metrisch regelmäßigen Strophen sehr viel häufiger. So im
ersten Akt *(Gemurmel der Menge)* vierfüßige Jamben und
scharfe Zäsur. Besonders die trochäischen Viertakter
(5088 ff.) sind typisch für Geist und Geselligkeit des hö-
fisch-galanten Zeitalters.

Wie stark sich Goethe auch in der Verwendung des Vers-
maßes dem Gang der Handlung und dem Wandel der
Stimmung verpflichtet fühlte, dafür ist der beste Beweis
die *Helena*-Tragödie. Helena bedient sich beim Auftreten
zunächst des Trimeters* als des tragischen Verses ihrer altgriechischen Heimat, und ihre Begleiterinnen formen ihre
Betrachtungen frei nach dem antiken Chorlied. *Faust* dagegen gebraucht von seinem ersten Auftreten an den nor-
disch-klassischen Blankvers. Die Annäherung von Faust und
Helena drückt sich dichterisch dadurch aus, daß Helena von
Lynceus den deutschen Reimvers aufgreift, wobei Faust
die Rolle des Lehrmeisters übernimmt. Kurzzeilige Verse
nach romantischer Art begleiten dann den ganzen Auftritt
des *Euphorion*, bis schließlich Helena, wieder in Trimetern
sprechend, entschwindet und bis ganz zuletzt ihre Beglei-

terinnen in Achthebern sich verflüstern und verflüchtigen.
Im Gegensatz hierzu soll der steife Alexandriner* in der
Belehnungsszene den Hofstil untermalen. Die programma-
tischen Verse, mit denen der neuerstandene Faust in der
ersten Szene des zweiten Teils die unendliche Fülle des Lebens zu ermessen sucht, drücken die dynamische Haltung
des Helden symbolisch in Terzinen* aus. Auch Stanzen* verwendet Goethe sehr sparsam und nur dann, wenn in ernsthaf-
tem Ton von der Arbeit des Dichters zu sprechen ist. So im
Widmungsgedicht *Zueignung* und in den ersten Sätzen, die
der Schauspiel*dichter* im *Vorspiel auf dem Theater* sagt.
Eine Stanze im Krebsgang und ohne die achte Zeile widmet
Phorkyas-Mephisto dem allegorischen Tod der Poesie nach
dem *Trauergesang* um *Euphorion*-Byron. Aus dem Übersinnlichen herüber aber tönen in der Osternacht wie bei der Verklärung Fausts die gleitenden Reime der Engelchöre.

7. Bedeutung und Geltung

Zeitgebundenes und Allgemeinmenschliches

Wenn wir in Goethes Drama uns einmal die Stellen anstrei-
chen, die der Dichter, gleichviel ob bewußt oder unbewußt,
der eigentlichen Faust-Überlieferung verdankt, staunen wir
geradezu, w i e g e r i n g a n U m f a n g d a s Ü b e r -
n o m m e n e ist im Verhältnis zu den zwölftausend Versen
der Gesamtdichtung. Die ganze *Gretchen*-Handlung, durch
die sich ja Goethes »Faust« überhaupt ins Volksbewußtsein
eingedrückt hat, findet in der bisherigen Überlieferung keinen anderen Anhalt als die kurze Bemerkung, daß *Faust*
auch mit einer armen Magd in Verbindung gekommen sei.
Die *Schüler*szene ist eine Erfindung Goethes, und auch für
die anderthalbtausend Verse der *Klassischen Walpurgisnacht*
ebenso wie für die weitere Ausbildung der Begegnung
Fausts mit *Helena*, und vor allem für seine am Schluß sich
vollziehende Verklärung fehlt jegliches Vorbild in Faust-
Sage und -Dichtung.
Der »Faust« ist jedoch noch weit innerlicher Eigentum seines
Dichters. Von diesem allein stammt ja die ungeheure Wert-

steigerung des Stoffs. Ein Zeitgenosse fürchtete, wie wir gehört haben, »eine einzige Exklamation, o Faustus«, könnte die ganze Zuhörerschaft lachen machen. Seitdem Goethes »Faust« über die Bühne geht, lacht kein Mensch mehr bei diesem Namen, und es spricht auch niemand mehr wie Gottsched von »Alfanzereien«. Faust ist zum problematischen Vertreter des genialen Menschen geworden.

Sein Streben und sein Schicksal werden in Hoffnung und Furcht, in Zweifel und Zuversicht zum Erlebnis. Auch wer von Goethe sonst nichts oder nur wenig weiß, kennt ihn als den Dichter dieses Werkes, und über den ganzen Erdkreis, sofern dieser am geistigen Leben beteiligt ist, haben sich drei Begriffe zu einer schier unlösbaren Einheit verbunden: Faust – Goethe – deutscher Geist. Daß aber das Ausland aller Erdteile sich die Dichtung durch Übersetzungen zum Eigentum gemacht hat, das weist darauf hin, daß hier Dinge, Gedanken, Werte enthalten sind, die unabhängig von jeder räumlich-zeitlichen Gebundenheit allenthalben nachempfunden werden können.

Gewiß enthält Goethes Drama zumal in den Teilen, die im letzten Jahrzehnt des Dichters entstanden sind, außerordentlich viel Zeitgebundenes. Daß eine Dichtung schon unmittelbar nach dem Tode ihres Schöpfers und noch mehr ein Jahrhundert später der Kommentare bedarf, ist Beweis dafür. Die offenkundigen und versteckten Auseinandersetzungen mit den zeitgenössischen Schriftstellern, wie wir sie in den Xenien des *Walpurgisnachtstraums* finden, ebenso die naturphilosophischen Erörterungen in der *Klassischen Walpurgisnacht* sind für den heutigen Leser nicht mehr aktuell. Auch die tiefe Sinnbildlichkeit des *Helena*-Dramas und der Himmelfahrt fordern so viel literarische, kunst- und religionsgeschichtliche Vorkenntnisse, daß die gedankenreich entworfenen Bilder sich in ihrer Bedeutung nicht ohne weiteres erschließen.

Aber das alles tritt zurück gegenüber dem Überzeitlichen im »Faust«, d a s a l l e M e n s c h e n o h n e U n t e r - s c h i e d der Herkunft und der Höhenlage ihrer Bildung anspricht.

Die Gretchen-Szenen des »Urfaust« spielen, wenn wir uns der geschichtlichen Verhältnisse bewußt werden, in der Re-

formationszeit. Aber die Begegnung des Bürgermädchens mit
dem vornehmen Fremden, die hausmütterliche Wirksamkeit
in kleinbürgerlicher Welt, das Auf- und Abwandeln Liebender im *Garten,* das Plaudern *am Brunnen* oder die erschüt-
ternde Klage der Verlassenen: Alles das ist nicht an diese
Zeit und an diesen Ort gebunden. Noch weniger das Problem. *»Sie ist die erste nicht«*[3], sagt *Mephistopheles* in teuf-
lisch-kalter Grausamkeit von *Gretchen* und ihrem Schicksal.
Wir müssen ihm recht geben, nicht nur weil wir auch aus
den vergangenen Jahrhunderten von Prozessen gegen Kindesmörderinnen wissen, sondern weil uns schon Geschichte,
Dichtung und Sage des Altertums, aber auch sehr viele und
nicht etwa nur deutsche Volkslieder von solchen menschlichen Katastrophen berichten.
So liegen auch in der Person des *Faust* selbst, wie ihn Goethe
darstellt, Wesenszüge, die weder an die Reformationszeit
noch an die Zeit und Person des Dichters gebunden sind.
Schon sein Sehnen über Ort und Zeit hinaus teilt er mit
unendlich vielen. Zwar des *Zaubermantels* bedürfen wir
nicht mehr, wir können über Gebirge und Meere der sinkenden Sonne nachfliegen, und die Sterne sind im Prinzip
nicht mehr unerreichbar. Die Sehnsucht nach A l l erfassen
aber ist uns unverändert unerfüllbar geblieben. Auch Fausts
Irren im Streben, sein Sichverstricken in Schuld bei redlich-
stem Wollen ist uns nicht fremd.

Philosophie und Naturwissenschaft. Das Mysterium

Indessen, der *Faust* Goethes ist kein Mensch des Alltags, er
ist wie jeder gebildete Mensch nicht allein Kind seiner Zeit,
sondern in Jahrtausenden zu Hause. Goethe hat seinen
»Faust« aus dem hohen Bildungsanspruch seiner Zeit mit
dem gesamten in ihr lebendigen Erbe ausgestaltet. Damit
erweitert sich die Dichtung zum K u l t u r b i l d , das aber
zugleich mehrere Zeiten umfaßt. Wir finden den Nieder-
schlag des altgriechischen und des neudeutschen Klassizismus;
die Reformationszeit spiegelt sich ebenso wie die Zeit Goe-

3. In den von Beutler aufgefundenen Akten ist diese Formulierung sehr
häufig protokolliert, aber im tröstenden, entschuldigenden Sinne.

thes; mittelalterliche Kirchlichkeit und Teufelsvorstellung
erscheinen verbunden mit der Aufklärung und kritischem
Zweifel des achtzehnten Jahrhunderts; Renaissance und Romantik begegnen sich. Dies alles aber, in die rechte Zeitfolge
gebracht, ist die G e s c h i c h t e   d e s   m e n s c h l i c h e n
G e i s t e s , für die hier nur einige Namen genannt werden
können.

Die Vorsokratiker im alten Griechenland, Naturphilosophen, wie die im »Faust« auftretenden *Anaxagoras** und
*Thales**, stehen auch für uns Heutige noch am Anfang
wissenschaftlichen Denkens über den Ursprung der Welt.
P l a t o n s * Ideenlehre, die in der Begegnung Fausts mit
den *Müttern* durchschimmert, ist durch frühchristliche Tradition im pansophischen* Weltbild wirksam geworden und
hat damit den »Urfaust« wesentlich mitbestimmt. Für Fausts
»Unsterbliches«, das zuletzt in himmlische Höhen entführt
wird, hatte der Dichter ursprünglich »Entelechie« geschrieben; dieser Begriff geht zurück auf A r i s t o t e l e s *.
L e i b n i z * führte die Erscheinungswelt zurück auf übersinnliche Krafteinheiten, die er »Monaden« nennt. Beide
Begriffe lehren die Wesenseinheit und Wesensentwicklung
Fausts erst recht verstehen, wie wir noch sehen werden.
Ebenfalls Leibniz hält die bestehende Welt für die beste
aller denkbaren Welten, eine Überzeugung, von der sowohl
der *Prolog im Himmel* wie Fausts Verklärung getragen
sind. Wir brauchen nur noch zu erinnern an G i o r d a n o
B r u n o *, der Gott als die im Universum wirkende Natur
faßte, an S p i n o z a *, den Vertreter des Pantheismus und
der denkenden Gottesliebe, an F i c h t e *, nach dem das
Ich (ähnlich wie es der *Bakkalaureus* ausdrückt) ursprünglich sein eigenes Sein und damit die Welt setzt und dessen
ganzes Denken in einer Philosophie der Tat im sozialen
Sinne gipfelt, schließlich auch an S c h e l l i n g *, für den
die Natur eine Stufenleiter darstellt, auf der der Geist zu
sich selbst emporsteigt (so etwa wie *Homunkulus* »entstehen« soll): Wir werden begreifen, warum seit Goethe kaum
eine Philosophie geschrieben worden ist, die nicht auch in
irgendeiner Weise auf seinen »Faust« hindeutete. Den philosophischen Gehalt der Dichtung erkannte als erster S c h i l -
l e r , obwohl ihm ja nur das Fragment zugänglich war:

»Die Anforderung an den Faust ist zugleich philosophisch wie poetisch. Sie mögen sich wenden, wie Sie wollen, so wird Ihnen die Natur des Gegenstandes eine philosophische Behandlung auflegen, und die Einbildungskraft wird sich zum Dienst einer Vernunftidee bequemen müssen« (an Goethe, 23. Juni 1797).

Aber Goethe war gerade in jener Zeit, wo er für seinen »Faust« den endgültigen, weltumspannenden Plan entwarf, auch Naturwissenschaftler. Die Arbeiten auf dem Gebiete der Optik liefen seit der Rückkehr aus Italien fast ununterbrochen vorwärts bis zur Veröffentlichung der Farbenlehre im Jahre 1810, also auch während der ganzen Zeit, als er am »Faust« arbeitete. Nebenher gingen die anatomischen, zoologischen, botanischen Naturstudien. Vor allem war sein ganzes D e n k e n auf Naturerforschen und Naturbegreifen eingestellt. Dieses aber war, ebenso wie sein dichterisches Schaffen und ebenso wie sein philosophisches Nachdenken, in letzter Hinsicht ausgerichtet auf ein Erkennen des G r u n d s ä t z l i c h e n u n d W e s e n t l i c h e n nicht nur in der Fülle der Zusammenhänge überhaupt, sondern auch in der einzelnen Erscheinung.

Wir wissen, welche Bedeutung für ihn die in Italien gefaßte Idee der Urpflanze hatte. Sie erweiterte sich nach seiner Rückkehr über das Botanische hinaus. Sein naturphilosophisches Suchen richtete sich darauf, die »Urphänomene« zu erkennen. Dies ist für ihn das letzte Ziel alles naturwissenschaftlichen Forschens und zugleich der Unterbau für das weiterführende philosophische Denken. Auch für das Verständnis der *Faust*-Dichtung sind die Worte wichtig, die er diesem Begriff im didaktischen Teil der Farbenlehre widmet:

»Das, was wir in der Erfahrung gewahr werden, sind meistens nur Fälle, welche sich mit einiger Aufmerksamkeit unter allgemeine empirische Rubriken bringen lassen. Diese subordinieren sich abermals unter wissenschaftlichen Rubriken, welche weiter hinauf deuten, wobei uns gewisse unerläßliche Bedingungen des Erscheinenden näher bekannt werden. Von nun an fügt sich alles nach und nach unter höhere Regeln und Gesetze, die sich aber nicht durch Worte und Hypothesen dem Verstande, sondern gleichfalls durch Phänomene dem Anschauen offenbaren. Wir nennen sie Urphänomene, weil nichts in der Erscheinung über ihnen liegt, sie aber dagegen völlig geeignet sind, daß man stufenweise, wie wir vorhin hinaufgestiegen, von ihnen herab bis zu dem gemeinsten Falle der täglichen Erfahrung niedersteigen kann.«

Goethe glaubte, daß dem Forscher ein Höheres nicht gewährt werden könne, als diese Urphänomene »in ihrer unerforschlichen Herrlichkeit von Angesicht zu Angesicht anzuschauen«. Wir erinnern uns an den Schluß des zweiten Teils des »Faust«, wo ein mystischer Chor alles Vergängliche nur als ein Gleichnis, als ein Sinnbild des Unvergänglichen betrachtet. Die Worte *»Das Unbeschreibliche, hier ist's getan«* bezeichnen eben jenen höchsten Punkt, wo nur das Anschauen ahnend erfaßt, was dem philosophischen Begreifen nicht zugänglich ist.

Mit den angeführten Schlußworten aber bestätigt sich das Drama in letzter Hinsicht als ein M y s t e r i u m. Es birgt unter anschaulichen Bildern des Dichters letzte Gedanken zum Sinn des Daseins überhaupt. Wie die mittelalterlichen Mysterien unter religiös-kirchlichem Gesichtspunkt den ganzen Kreis der Schöpfung durchliefen und Menschenschicksale in Ewigkeitszusammenhang stellten, so durchläuft auch hier die Handlung Zeiten, Völker und Welten, die Erde steht zwischen Himmel und Hölle, der Mensch zwischen Gott und dem Teufel. Das Begrenzte sieht sich im Gegensatz zum Unbegrenzten, das Bedingte zum Unbedingten, aus ihrem Gegeneinander, aus der Paradoxie dieser Wirklichkeit entspringt das dramatische Geschehen.

Wieder dürfen wir uns auf naturwissenschaftliche Gedankenvorgänge des Dichters beziehen. Ein Lieblingsbegriff Goethes war der der »Polarität«. In einem Entwurf vom 2. Oktober 1805, den er wohl für einen an diesem Abend zu haltenden physikalischen Vortrag formte, lesen wir: »Und so führt uns das Besondere immer zum Allgemeinen, das Allgemeine zum Besonderen. Beide wirken bei jeder Betrachtung, bei jedem Vortrag durcheinander [...]. Dualität der Erscheinung als Gegensatz:

     Wir und die Gegenstände,
     Licht und Finsternis,

> Leib und Seele,
> Zwei Seelen,
> Geist und Materie,
> Gott und die Welt,
> Gedanke und Ausdehnung,
> Ideales und Reales,
> Sinnlichkeit und Vernunft,
> Phantasie und Verstand,
> Sein und Sehnsucht . . .

Was in die Erscheinung tritt, muß sich trennen, um nur zu erscheinen. Das Getrennte sucht sich wieder, und es kann sich wieder finden und vereinigen; im niedern Sinne, in dem es sich nur mit seinem Entgegengestellten vermischt, mit demselben zusammentritt, wobei die Erscheinung Null oder wenigstens gleichgültig wird. Die Vereinigung kann aber auch in höherem Sinne geschehen, in dem das Getrennte sich zuerst steigert und durch Verbindung der gesteigerten Seiten ein Drittes, Neues, Höheres, Unerwartetes hervorbringt.«

Die Beziehung dieser Gedanken auf die Faust-Dichtung hat uns Goethe noch dadurch erleichtert, daß er die »*Zwei Seelen*«, die Fausts Innenleben zerreißen, auch hier mit eingeordnet hat. Aber wir können auch jedes andere Gegensatzpaar verwenden, um das dramatische Geschehen im »Faust« unter immer neuer Beleuchtung dem Verständnis näherzubringen. Ihre Trennung ist der Ausgangspunkt der Handlung; ihr Gegeneinander schafft die Verwickelungen; die Wiedervereinigung, der Einklang im höheren Sinne, ist das Ziel (vgl. S. 64 und Anm. zu V. 343).

Subjekt – Objekt, Erkenntnis und Schau

Der wichtigste Begriff ist aber der zuerst genannte: »Wir und die Gegenstände«. Denn schließlich handelt, vom Gesichtspunkt des Philosophen aus gesehen, Goethes »Faust« von nichts Geringerem als von dem das gesamte Menschenleben, ja vielleicht sogar das ganze Weltgeschehen in Bewegung setzenden Gegeneinanderwirken und Ausgleichsstreben von Subjekt und Objekt, von Innenwelt und Außenwelt oder – um die in der

Dichtung selbst gebrauchten Begriffe zu verwenden – von *Mikrokosmus* und *Makrokosmus*.

Unvergänglicher Wesens- und Willenskern (Monade) in *Faust* ist das Subjekt, das, zum Bewußtsein seiner selbst kommend, sich der objektiven Welt gegenüberfindet. Es strebt zunächst nach Welterfassung und dann nach Weltwirken und findet erst in einer durch Erfahrung geläuterten, schöpferisch tätigen Selbstbestimmung seine sinnvolle Einordnung ins Weltganze und damit die höchste Befriedigung und zugleich Erlösung.

Stellen wir mit Goethe die Auseinandersetzung zwischen Subjekt und Objekt in den Mittelpunkt, dann rücken auch die anderen Personen seiner Dichtung in eine neue Beleuchtung.

Jetzt erscheinen uns die Spaziergänger am Ostertag, die Mitglieder der am Maskenfest teilnehmenden Hofgesellschaft, die Begleiterinnen der *Helena*, die Kleinen und Großen des Reiches bei und nach der Bekämpfung des *Gegenkaisers* bis hin zu *Philemon* und *Baucis* als die naiven, nicht selbstdenkenden Figuren, die auch noch keinen Anspruch erworben haben, Monaden oder Entelechien zu heißen. Sie stehen der Welt als dem Objektiven überhaupt nicht als Subjekte gegenüber, sondern sind passive Masse, von den Mächten ihrer Wirklichkeit überformt nur »Abdruck ihres Geschäfts« (Schiller), dialektisch gesehen also selbst nur Objekt. Darum muß sich ja auch der *Chor der gefangenen Trojanerinnen*, als sein Zweck erfüllt ist, unter Verlust des Personenwesens in Haine, Felsen und Gewässer verflüchtigen: *»Wer keinen Namen sich erwarb noch Edles will, / Gehört den Elementen an«* (vgl. zu V. 9985 ff.).

Eine höhere Stufe ist dagegen schon erreicht, wo sich das Subjekt dem Objekt, der Einzelmensch dem Weltganzen kritisch gegenüberstellt. Dabei handelt es sich zunächst um ein e r k e n n e n d e s   V e r h a l t e n.

Auf dieser Stufe hat sich *Faust* selbst befunden, als er *Philosophie, Juristerei, Medizin* und *Theologie* studierte. Dieser Stufe nähert sich der *Schüler*, der mit leidenschaftlich »warmem«, aber doch zugleich mit unklar »dumpfem« Streben in den Bereich der Gelehrsamkeit eintritt, von der sein ahnungsloser Sinn die Lösung sämtlicher Welträtsel erwartet. Auf dieser Stufe arbeitet *Wagner,* dem das eigene Studierzimmer mit all seinen Büchern und Pergamenten die Welt bedeutet, um derentwillen er auf alles verzichten kann, was außer ihr noch vorgeht. Er häuft Einzelwissen auf Einzelwissen, sieht seine höchste Erfüllung im enzyklopädischen Alleswissen, das sich aber doch immer wieder nur auf das einzelne bezieht. Kraft seiner Gelehrsamkeit vermag er aber, wenn ihm auch ohne sein Wissen *Mephistopheles* hilft, auf chemischem Wege einen *Homunkulus* zu *mischen.* D e r B a k k a l a u r e u s aber ist der Vertreter des Verstandes in seiner schärfsten Ausprägung. Die Schlagfertigkeit seiner Begriffsbildung zielt auf letzte erkenntnistheoretische Prinzipien, die er in seinem denkenden Ich findet; aber indem er zugleich die Existenz der objektiven Welt überhaupt bestreitet, überschlägt sich sein Denken. Er würde sich sogar überhaupt aufheben, wenn nicht mit Mephistopheles zu hoffen wäre, daß auch dieser schäumende Most sich noch zum trinkbaren Wein klären werde. *Mephistopheles* selbst gehört an das entgegengesetzte Ende der gleichen Reihe, denn er hat den kalten und klaren Verstand, der die Dinge der Welt sieht und durchschaut. Aber auch er gelangt nicht zur Leistung. Er vermag zwar das Weltwesen richtig zu erkennen und vor allem dessen Hohlheit und Unwahrhaftigkeit zu durchschauen, aber er erweist sich unfähig, das Ganze zu erfassen. Als Geist, der von seiner Grundlage aus alles verneinen muß, ist er blind für alles Gesunde, Wachsende, Einende, Bejahende.

F a u s t strebt von der überlieferten Wissenschaft und ihrer Art, Erkenntnisse zu erlangen, einer anderen Erkenntnisart zu. Er will die objektive Welt, ihre letzten Ursachen und ihre innersten Zusammenhänge durch unmittelbare W e s e n s s c h a u erfassen. Er muß sofort erkennen, daß der *Makrokosmus* selbst im Sinnbild über seine Begriffe geht. Die grenzenlos alles Endliche übersteigende Gesamtheit des All entzieht sich jeder sinnlichen Anschauung und Vorstellung, und sie mit Worten zu umschreiben, befriedigt nicht. Zur Wesensschau gelangt er dem *Erdgeist* gegenüber, der sich ihm als »Welt- und Tatengenius« offenbart. Aber gerade dieser spricht ihm die Fähigkeit des Begreifens im eigentlichen Sinne ab. Trotzdem finden wir Faust im Laufe der Dichtung noch mehrmals als den Schauenden. In *Wald und Höhle* dankt er jenem *erhabenen Geist*, weil er ihm *»die herrliche Natur zum Königreich, Kraft sie zu fühlen, zu genießen«* gab und ihm, statt rein verstandesmäßiger Erfassung der Natur, vergönnte, *»in ihre tiefe Brust wie in den Busen eines Freunds zu schauen«*. Wesensschau genießt Faust auch bei seiner Wandlung zu Beginn des zweiten Teils. Hier begnügt er sich aber, an Stelle seines früheren Drängens nach dem *»Was die Welt im Innersten zusammenhält«*, bereits mit der Erscheinungswelt: *»Am farbigen Abglanz haben wir das Leben.«* Schau im höheren Sinne ist es schließlich auch, was ihm auf dem Gipfel des *Hochgebirges* gewährt ist.

Aber Fausts Begegnung mit der objektiven Welt wird – auf das Ganze der Handlung gesehen – weder durch seinen kritisch-nüchternen Verstand allein (im Sinne rationaler Aufklärung) bestimmt, noch durch seine vorstellungsreiche Einbildungskraft allein und einseitig (im Sinne irrationaler mystischer Wesensschau) festgelegt. Aus der Studierstube heraus und von der unmittelbaren Beschäftigung mit der Magie weg wird Faust unter des Mephistopheles Führung in das wirkliche Leben hineingerissen. Er soll *erfahren, was das Leben sei*. Für solche E r f a h r u n g verwendet der Philosoph und mit ihm auch der Naturforscher Goethe den Begriff Empirie; Goethe hat in seinem oben (S. 114/115) mitgeteilten Plan das zweideutige Wort »Genuß« gewählt. Genießen soll Faust im ersten Teil der Dichtung die *Kleine Welt*. Der roh sinnliche Genuß in der Weise von *Auerbachs Keller* läßt ihn gleichgültig, in den sinnlich-übersinnlichen Genuß des Liebeserlebnisses dagegen verstrickt er sich »in der Dumpfheit« der »Leidenschaft«. Beide Formen des Lebensgenusses gelten dem Dichter nur erst als ein Begreifen der Welt »von außen gesehen«. Unter Erfahrung als Lebensgenuß steht auch noch eine große Gruppe der Geschehnisse im zweiten Teil des »Faust«. Nur insofern vollzieht sich ein Fortschritt, als der reine Lebensgenuß sich zum »Tatengenuß« umformt, wobei wir allerdings mit dem Dichter sowohl die Hoffestlichkeiten als auch später das Zuschauen des Kaisers bei der Kriegführung als Taten gelten lassen müssen. Das Wesentliche ist, daß Faust auch hier die Taten nur »*genießt*«. Doch vollzieht sich bereits eine Steigerung; der Dichter hat zu dem für die *Helena*-Handlung gewählten Begriff der Schönheit die Bemerkung »Genuß mit Bewußtsein« hinzugefügt.

In der Tat haftete dem Hindrängen zur Magie wie auch dem Hineinstürzen *»ins Rollen der Begebenheit«* – mit Goethes Wort zu sprechen – etwas »Dumpfes«, Unbedachtes an. Der Faust des zweiten Teils ist völlig verändert. Der Vergessenszauber der Elfen hat ihn nicht nur vom Schuldgefühl befreit, er hat ihm auch eine neue, freiere Möglichkeit des Wirklichkeitserlebens vermittelt. Faust ist nun der überlegene Betrachter der Welt, aber damit zugleich – und darauf kommt es hier besonders an – seines persönlichen Verhältnisses zu dieser Welt: *»Ich bin nur durch die Welt gerannt [. . .].«* Und dennoch ist sie ihm *»genug bekannt«*. Er wird das s e i n e r s e l b s t (dazu gehören die menschlichen Schwächen, Irrtümer, Möglichkeiten und Grenzen) b e w u ß t e S u b j e k t.

Trotzdem ist das bloße, wenn auch bewußte Erfahrungenmachen und das Aufsichwirkenlassen immer noch nur ein E r l e i d e n des Objekts; es kann unmöglich das Endziel der Entwicklung Fausts sein. Wenn Goethe dem Schlußakt das Stichwort »Schöpfungsgenuß von innen« gibt, so verweist er auf eine völlig neue Einstellung des Subjekts auf das Objekt.

Er beabsichtigt damit eine Seins- und Verhaltensform, die, wie wir sahen, Aristoteles* mit seinem Begriff der Entelechie* und Leibniz* mit seinem Begriff der Monade* hatte fassen wollen. Entelechie bedeutet die die Vollendung des Einzelwesens erzeugende Form und zugleich die in diesem Wesen lebende zwecktätige Kraft; die Monade ist die unkörperliche, seelische, selbständige und selbsttätige Krafteinheit, die unser eigentliches Wesen ausmacht. Beiden Philosophen war es darum zu tun gewesen, den von innen her nach außen drängenden B i l d u n g s t r i e b, den Wirkensdrang des Subjekts zu fassen. Beide hatten damit das Wesen, die Entstehung, die Formung und die Wirkungsweise des L e b e n d i g e n darzustellen versucht.

Damit sind wir aber wieder in der Gedankenwelt des Naturforschers Goethe angelangt, der ja bereits seit seinen Ver-

suchen in der Frankfurter Krankenstube dem Werden des
Organischen nachgegangen war und der eben in unserem
Faust an einer hochbedeutenden Stelle, dort nämlich, wo
Homunkulus entsteht, den Begriff des *Organisierens* weit
über den des von außen her geschehenden *Kristallisierens*
stellt.

Kurz bevor Goethe seinen »Faust« wieder in Arbeit nahm,
hatte er die »Metamorphose der Pflanzen« veröffentlicht.
Die »Metamorphose der Tiere« folgte. Der Gedanke der
Verwandlung im Sinne der Steigerung ist ihm überhaupt
sein ganzes Leben hindurch treu geblieben, und letzten Sinnes ist der »Faust« eine bildliche Darstellung der M e t a -
m o r p h o s e   d e s   M e n s c h e n oder der Versuch einer
Bestimmung des Menschen aus dem Ganzen seiner Geschichte.

Wiederum erhalten unter diesem Gesichtspunkt eine Reihe
von Wesen und Vorgängen, die sonst als Nebensächlichkei-
ten erscheinen, eine tiefere Bedeutung. Daß in der *Klassischen Walpurgisnacht* griechische Naturphilosophen wie
Anaxagoras und *Thales* auftreten, daß ein ewig sich ver-
wandelnder *Proteus* sein wunderliches Wesen treibt, scheint
dem heutigen Leser ebenso überflüssig, wie daß die *Homunkulus*-Handlung so weit ausgesponnen wird. Damit ist aber
noch lange nicht gesagt, daß diese Ausgeburten einer frei-
zügigen dichterischen Einbildungskraft auch für diesen Dichter selbst nur Unwesentlichkeiten waren.

Schon bei den Alten war Proteus das Sinnbild der ewig sich
wandelnden, sich gestaltenden und   s i c h   u m g e s t a l -
t e n d e n   Natur. Zu ihm bringen die Naturphilosophen
den Homunkulus. Er begreift dessen Drang, zu »*entstehen*«,
und führt ihn zu *Galatee.* Diese verkörpert zunächst die
Schönheit des Meeres. Darüber hinaus ist sie Sinnbild der
als Meer Leben schaffenden Urnatur überhaupt. Was der
denkende Verstand *Wagners* dem *Homunkulus* nicht geben
konnte, das darf dieser erwarten von seiner Selbstaufgabe
im Urfeuchten: das Werden im Sinne des Naturzusammen-
hangs. Von dort aus wird er, die einander übergeordneten
Daseinsstufen nach und nach durchlaufend, bis in den Bereich des menschlichen Daseins gelangen. Dies ist der Sinn
der Worte des *Thales:*

»*Gib n a c h dem löblichen Verlangen,*
V o n v o r n die Schöpfung anzufangen!
Zu raschem Wirken sei bereit!
Da regst du dich nach ewigen Normen,
Durch t a u s e n d , a b e r t a u s e n d F o r m e n ,
Und bis zum Menschen hast du Zeit.«   (V. 8321–26)

Erkennbar ist hier die Verwandtschaft mit Schellings* naturphilosophischen Gedanken, nach denen die Natur zunächst
eine unentwickelte, schlummernde, bewußtlose Intelligenz
ist, die sich in stufenförmiger Entwicklung zum Bewußtsein
ihrer selbst und damit zum Geist emporläutert. Auch Hegel,
mit dem sich Goethe besonders in seinen letzten Lebensjahren geistig eng verbunden wußte, sieht so den Sinn geschicht-
licher Dialektik als »Fortschritt im Bewußtsein der Freiheit«.
Auf dieses Ziel weisen die letzten Worte Fausts, der in
utopisch erleuchteter Schau die schöpferische Kraft der Idee
erfährt als Möglichkeit, durch Planung der Zukunft das
objektiv gesellschaftliche Sein in harter Arbeit so zu ver-
ändern, daß der menschliche Anspruch auf Freiheit verwirklicht werden kann; aber der alte Goethe weiß auch, wie sehr
sie immer gefährdet bleiben wird; die Freiheit in aller Zukunft täglich neu zu erobern bleibt deshalb die höchste Aufgabe des Menschen, und als seiner *Weisheit letzter Schluß*
das eigentliche Vermächtnis Fausts. Es gibt trotz aller Übermacht des Chaos keinen endgültigen Triumph des Bösen
über Freiheit und Ordnung; deshalb bleibt die Wette ewig
unentschieden und wie alle D i a l e k t i k in ständigem
Prozeß. Angesichts des nahen Todes bekräftigt Faust gegenüber der Sorge das Gesetz, nach dem er in freier Selbstbestimmung angetreten ist, und findet den Sinn, in dem er
die Wette wagen durfte, durch seine Lebenserfahrung bestätigt und gültig für die ganze Gattung: Der Mensch findet
und erfüllt seine Bestimmung, wenn er sich dieser Welt stellt
und sich in ihr bewährt, wenn er, kritisch gegen sie und sich,
schöpferisch vorwärtsdrängend Qual und Glück des Menschseins ernst nimmt und bejaht.

Durch solch bewußtes Wirken von innen nach außen ist *Faust* in Goethes Sinn P e r s o n geworden. Als Person aber hat er Anrecht auf Dasein. Als *Helena* zum *Hades* entschwunden ist, folgt ihr die *Chorführerin* mit den Worten: *»Mit meiner Königin zu sein verlangt mich heiß; / Nicht nur Verdienst, auch Treue wahrt uns die Person.«* Wenn der Dienerin durch Treue und die Herrin durch Verdienst Personenrecht zugesprochen und dadurch die Dauer ihrer, mit Aristoteles zu sprechen, »Entelechie« gewährleistet erhält, so muß das für Faust, der sich bis zur höchstmöglichen menschlichen Entwicklungsstufe der Personenhaftigkeit hinaufgearbeitet hat, noch in besonderem Maße gelten. Das ist der tiefste Grund, warum der Faust Goethes nicht untergehen kann und weshalb am Schluß *Engel* sein *Unsterbliches* dem Teufel entführen dürfen.

Aber auch in den h ö h e r e n B e r e i c h e n vollziehen sich noch W a n d l u n g e n. Nicht zufällig ist es, daß Faust als *»im Puppenstand«* befindlich bezeichnet wird, daß er vorübergehend in den *Kreis der seligen Knaben* aufgenommen wird und daß *Gretchen* ihn belehren darf. So bedeutet der Tod viel mehr als den Abschluß der im rein Naturhaften begonnenen und im Menschlichen fortgeführten Entwicklung. Er bedeutet den Anbeginn einer neuen Wandlungsreihe, die sich zunächst im allmählichen Ablösen des Erdenhaften vollzieht und die von e i n e m höheren – den Begriff im geistigen Sinne genommen – Bereich zum andern weiterführt hinaus und hinauf ins Unbegreifbare, ja auch Unschaubare und Unabsehbare.

Auch diese Gedanken von der Fortentwicklung des menschlich Bedeutenden über die Zeit seiner Sichtbarkeit hinaus sind für Goethes Gesamtanschauung wesentlich. Der Gedanke, Faust f o r t l e b e n zu lassen, stammt ja schon aus seinem fünfzigsten Lebensjahr. Deutlich ausgesprochen finden wir ihn besonders gegen Ende seines Lebens. Den Anspruch auf Unsterblichkeit aber leitete Goethe aus dem Begriff der T ä t i g k e i t ab. Nur zwei Beispiele mögen das zeigen. Am 19. März 1827 schreibt er an Zelter: »Wirken wir fort, bis wir vor- oder nacheinander, vom Weltgeist be-

rufen, in den Äther zurückkehren! Möge dann der ewig
Lebendige uns neue Tätigkeiten, denen analog, in welchen
wir uns schon erprobt, nicht versagen! Fügt er sodann Erinnerung
und Nachgefühl des Rechten und Guten, was wir
hier schon geleistet, väterlich hinzu, so werden wir gewiß
nur desto rascher in die Kämme des Weltgetriebes eingreifen.
Die entelechische Monade muß sich nur in rastloser
Tätigkeit erhalten. Wird ihr diese zur anderen Natur, so
kann es ihr in Ewigkeit nicht an Beschäftigung fehlen.« Und
am 2. Februar 1829 sagt er zu Eckermann: »Die Überzeugung
unserer Fortdauer entspringt mir aus dem Begriff der
Tätigkeit, denn wenn ich bis an mein Ende rastlos wirke, so
ist die Natur verpflichtet, mir eine andere Form des Daseins
anzuweisen, wenn die jetzige meinen Geist nicht ferner aus-
zuhalten vermag.«

Auch diese neue W i r k s a m k e i t i m J e n s e i t s ist im
Drama selbst v o r gedeutet. Das erste nächtliche Selbstgespräch Fausts brach im »Urfaust« in dem Augenblick ab, als
der eben beschworene Erdgeist wieder entschwand. Der
fünfzigjährige Dichter gab diesem Gespräch nach dem Abgang *Wagners* eine Fortsetzung. Er führte es bis zu jener
Krise, in der Faust, enttäuscht durch die mühsam erarbeitete
Gelehrsamkeit und die kühn erraffte Magie, sich entschloß,
durch selbstherrliches Beenden seines Erdendaseins *»die
Pforten aufzureißen, vor denen jeder gern vorüberschleicht«*.
Der Klang der Osterglocken hatte ihn damals ins Leben zurückgerufen, und so konnte mit jener Frühlingsnacht eben
das neue Erdenleben beginnen, das er in mannigfachen wert-
steigernden Wandlungen bis ins hundertste Jahr durch-
kostete. Was er damals *»mit Gefahr, ins Nichts dahinzufließen«*, gewaltsam an sich zu reißen gedachte, das wird ihm,
der trotz aller Anfechtungen im Streben nie erlahmte, jetzt
geschenkt. Damals g l a u b t e er sich nur bereit, jetzt ist er
es wirklich, *»bereit, / Auf neuer Bahn den Äther zu durchdringen, / Zu neuen Sphären reiner Tätigkeit«*.

Faust ist erlöst. Sein immer strebendes Sichbemühen, das in nutzbringender Tat Erfüllung fand, hat die Vorbedingung dafür geschaffen. Aber auch nur die Vorbedingung. Wir dürfen ja in dem Engelwort »*Den können wir erlösen*« weder das »*wir*« noch das »*erlösen*« übersehen. Unter ausdrücklicher Beziehung auf diese Stelle hat Goethe den Einklang seiner Anschauungen mit der überlieferten religiösen Vorstellung – sosehr sie ihm auch nur Bild war – betont, »nach welcher wir nicht bloß durch eigene Kraft selig werden, sondern durch die hinzukommende göttliche Gnade«. Auch diese Mitwirkung von oben her ist bereits im *Prolog im Himmel* voraus verkündet: »*So werd ich ihn bald in die Klarheit führen.*«

Daß er aber den kirchlichen Begriff »Gnade« durch »Liebe« ersetzte und daß er für diese Liebe als Sinnbild weibliche Gestalten nahm, das ist nicht nur richtig im Sinne begriffener christlicher Ethik, sondern eine im höchsten Sinne menschliche Erfahrung von überzeitlicher Geltung, die aber scheinbar immer wieder neu entdeckt werden muß. Im 18. Jahrhundert – wir denken an die späten Kampfschriften Lessings, an Goethes »Iphigenie«, an Herders Humanitätsbriefe – wurde sie zum Programm der deutschen Humanitätsphilosophie und zum Vermächtnis der klassischen Epoche in der deutschen Dichtung.

In Goethes »Faust« beginnt diese Entwicklung – wenn wir den rein dramatischen Verlauf in den einer weltgeschichtlichen Zeitfolge umdenken – im vormenschlich Naturhaften. Wiederum offenbart sich dabei die Bedeutung des *Homunkulus* für die *Faust*-Handlung. Sein Streben nach Entfaltung findet Erfüllung am Muschelthron der *Galatee*. In letzter Verklärung flammt dort seine Leuchte wundersam auf: »*Bald lodert es mächtig, bald lieblich, bald süße, / Als wär es von Pulsen der Liebe gerührt.*« Und als beim Zerschellen seiner Glasschale Feuer und Wellen in eins verschmelzen, singen die Sirenen: »*So herrsche denn Eros, der alles begonnen.*« Für Goethe ist Eros die Liebeskraft, die bereits die Urelemente zusammengeführt hat, damit aus ihrer Verbindung ein Neues und immer Neues entstehe, das sich zuletzt in der Vielheit der gegenwärtigen Welt offenbart.

Unter dem Zeichen des Eros stehen ferner die beiden Gipfelpunkte des ersten und des zweiten Teiles des »Faust«, die den Namen *Gretchen* und *Helena* tragen.

Auch hier ist die Entwicklung und Steigerung ohne weiteres deutlich. G r e t c h e n lebt in ihrem ganzen Wesen noch im unbewußt Naturhaften, und Fausts Leidenschaft für sie ist noch durchaus triebhaft dumpf. H e l e n a ist die ihrer selbst bewußte Schönheit, und wir haben gehört, daß Faust nach dem Willen des Dichters diese Schönheit auch »mit Bewußtsein« genießen soll. Trotzdem verschiebt sich bereits zu Beginn des vierten Aktes das Wertverhältnis beider. Im *Hochgebirg,* wo beide Frauengestalten als Wolkengebilde erscheinen, erkennt Faust, daß jenes *jugenderste, längst entbehrte höchste Gut,* wenn er es *festgehalten* hätte, *jeden Schatz überglänzt* haben würde: *»Wie Seelenschönheit steigert sich die holde Form, / Löst sich nicht auf, erhebt sich in den Äther hin / Und zieht das Beste meines Innern mit sich fort.«* Noch deutlicher wird der Wertunterschied dadurch, daß der Dichter seinen Faust in diesem Äther Verklärung finden läßt, also jenseits des irdischen Bereichs und nicht in einer Art griechischen Olymps, wo ihn etwa Helena oder gar Aphrodite-Venus selbst begrüßt. Es ist vielmehr Gretchen, die, wenn auch noch im *Chor der Büßerinnen,* Fausts Unsterbliches in den himmlischen Bereichen empfängt. Nicht die höchstgebildete, nicht die ihrer selbst bewußte Offenbarung weiblicher Schönheit, sondern die noch ganz unbewußte, noch ganz im Naturhaften befangene und verwurzelte reine Weiblichkeit, *die schöne Seele,* besitzt die Kraft, Fausts Unsterbliches und in ihm den Menschen überhaupt emporzuziehen.

Aber die Offenbarung der Liebe findet noch eine letzte Steigerung. Die im eigentlichen Sinne Emporziehende ist die *Mater gloriosa,* der ja Gretchen ihren eigenen Aufstieg verdankt. In ihrer reinen Erscheinung fehlt auch der letzte Erdenrest. Ihre Liebe ist frei von jeder Form der Sinnlichkeit, des Selbstsüchtigen, des Genießenwollens. Sie wirkt rein durch sich selbst. Die Steigerung *»Jungfrau, Mutter, Königin, Göttin«* ist die höchste Form der Vollendung, die das

geistige Menschenauge zu schauen und das Menschenwort
auszudrücken vermag. Ihr »*Retterblick*« befähigt die Auf-
wärtsschwebenden, sich »*dankend umzuarten*«, also die
Wandlungen zu höchster Reinheit und letzter, *ätherischer*
Klarheit zu vollziehen.

Wir würden jedoch der Absicht des Dichters nicht gerecht
werden, wenn wir uns zuletzt nicht noch einmal darauf be-
sännen, daß die Erlösung zwar von oben her geschieht, daß
sie aber nicht möglich gewesen wäre, hätte sich Faust nicht
im Erdenleben ihrer würdig gemacht. Die Anwartschaft auf
neue Bereiche *reiner Tätigkeit* ist nur zu verdienen durch
Bewährung auf d i e s e r Erde. *Freiheit wie das Leben* des
Menschen sind durch die diabolisch wirkende Macht in Natur und menschlicher Gesellschaft ständig bedroht und gefährdet, sie *täglich* neu *erobern* zu m ü s s e n , »*das ist der
Weisheit letzter Schluß*«, er hat überzeitliche Geltung. Deshalb schließt Faust auch seine letzte großartige Vision mit
einem sehr alten Menschheitswunsch, in dem zugleich eine
immer aktuelle Forderung proklamiert ist:

> »*Solch ein Gewimmel möcht ich sehn!*
> *Auf freiem Grund mit freiem Volke stehn!*«

(V. 11 579/80)

ZEILEN-KOMMENTAR

Vorbemerkung: * *bedeutet: weitere Erklärung gibt das* WÖRTERBUCH – ›Vgl. zu‹ *verweist auf eine andere Stelle dieses* KOMMENTARS – ›Vgl.‹ *verweist auf andere Verse der Dichtung.*

ZUEIGNUNG

Gedichtet vermutlich am 24. Juni 1797, gedruckt 1808; in »gemessenen periodischen Stanzen*« wie auch das Widmungsgedicht zu Goethes Werken.

1 s c h w a n k e n d e Gestalten, [...] festzuhalten : Gleichzeitig entsteht Goethes Plan zu den »Propyläen«, in denen er »Betrachtungen harmonierender Freunde über Natur und Kunst« veröffentlichen will. In einem unter dem Titel »Propyläen. Vorbereitende Aufsätze und sonst pp. 1800« eingeordneten Entwurf sagt Goethe über die Bedeutung der Morphologie: »Von der Naturgeschichte nimmt sie die Kennzeichen der Gestalten im Ganzen [...]. Der Naturhistoriker hingegen nimmt zu dem Morphologen seine Zuflucht, wenn schwankende Gestalten ihn in Verlegenheit setzen, und wird sowohl in Absicht auf Kenntnis als auf Ordnen manche Beihilfe bei den Morphologen finden.« An derselben Stelle findet sich ein Entwurf zu den Ideen über »organische Bildung«. Zu der (1807 geplanten) Ausarbeitung sagt er in der Einleitung der späteren Fassung: »Betrachten wir aber alle Gestalten, besonders die organischen, so finden wir, daß nirgend ein großes Bestehendes, nirgend ein Ruhendes, ein Abgeschlossenes vorkommt, sondern daß vielmehr alles in einer steten Bewegung schwanke [...]. Wollen wir also eine Morphologie einleiten, so dürfen wir nicht von Gestalt sprechen; sondern wenn wir das Wort brauchen, uns allenfalls dabei nur die Idee, den Begriff oder ein in der Erfahrung nur für den Augenblick Festgehaltenes denken.« (Vgl. Dorothea Kuhn in: Goethe XIV/XV, Weimar 1953, S. 347 ff.) Vgl. auch V. 346–349, die symbolischen Schlußworte des *Herrn.*
4 W a h n : Erzeugnis dichterischer Einbildungskraft.
6 D u n s t : »Unser Balladenstudium hat mich wieder auf diesen Dunst- und Nebelweg gebracht« (Goethe an Schiller, 22. Juni 1797).
8 u m w i t t e r t : Den Zug der Gestalten umgibt ein Dunst-

kreis, Wetter (vgl. »Versuch einer Witterungslehre«, vgl.
V. 1127, 2671, 2721, 2753, 6449, 8270, 11 966 ff.), der zauberhaft
wirkt. Vgl. V. 468–475, 496, 3916–37, 6229, 6263, 7254 f.,
11 410 f., 11 879 ff., Erdgeist*.

10 ff. S c h a t t e n ; e r s t e L i e b u n d F r e u n d s c h a f t :
Fern oder entfremdet waren dem (1797) achtundvierzigjährigen
Goethe Freunde und Bekannte, wie Gretchen, Friederike, Lotte,
Lili, Behrisch, Herder, Klinger, die Grafen Stolberg, Jacobi,
Klopstock usw., verstorben u. a. Cornelia, Susanna v. Kletten-
berg, Merck, auch der Vater.

21 M e i n L i e d e r t ö n t d e r u n b e k a n n t e n M e n-
g e : In einem von Goethe mit seinem Sekretär Riemer 1809
zusammengestellten Verzeichnis: »Druckfehler meiner Werke
in der Cottaischen Ausgabe« (WA III. Abt. Bd. 4, S. 374)
steht u. a. »Leid lies: Lied«. Dieser Fehler ist erst in der Ausgabe 1836/37 berichtigt worden. Da auch die Mehrzahl der
anderen dort verzeichneten Druckfehler in den zu Goethes
Lebzeiten erschienenen Neuauflagen unberichtigt blieb, erscheint die These, Goethe hätte den Druckfehler »Leid« autori-
siert, unhaltbar. (Vgl. Grumach in: Goethe XXIV, Jg. 1962,
S. 288 f.)
Einzige *»bange«* Anspielung auf den Leser in der *Zueignung,*
in der vom Autor der schöpferische Vorgang des Dichtens als
eine Passion dargestellt wird, bei der der Dichter nur ein pas-
sives, erleidendes Amt ausübt, nämlich die Eindrücke *»festzuhalten«,* die sich ihm *»wieder nahen«,* die ihm die Bilder froher
Tage und aber auch schmerzliche Erinnerungen *»bringen«,* die
ihn als ein *»längst entwöhntes Sehnen« ergreift,* als Schauer
»erfassen«, »der Äolsharfe gleich«. Vgl. Erdgeist*; V. 5706 ff.
Die unfreundliche Beurteilung des Publikums als *»Menge«* wird
im Vorspiel auf dem Theater in den drei unreinen Stanzen*
des *Direktors* jeweils in der ersten Zeile (V. 37, 43, 49) als
Thema aufgenommen und ironisch variiert, in den beiden reinen
Stanzen des *Dichters* (V. 59–74) aus dem Geiste Schillers (vgl.
»Das Ideal und das Leben«) fortgesetzt. (Vgl. den Gegenbe-
griff *»Einsamkeit«,* der vor allem das Reich des Dichters und
des Magiers als der schauend Schaffenden bezeichnet: vgl. besonders V. 3238 ff., 5682, 5689–96, 6213, 6226 f., 6235 f.,
6256 ff., 6427 ff., 10 039 ff.)

28 l i s p e l n d : Durch den beschwörenden Ton im Gespräch mit
der Geisterwelt in der Luft sinkt die Stimme zum Flüstern
herab. Vgl. V. 4638, 5708, nach 481, 1141, 7252.

29 T r ä n e : In Goethes Dichtersprache vielfach mit symbolischer
Kraft ausgestattet. Vgl. »Tasso« V. 3426 ff.: »Nein, alles ist
dahin! – Nur eines bleibt: / Die Träne hat uns die Natur ver-
liehen, / Den Schrei des Schmerzens, wenn der Mann zuletzt /

Es nicht mehr trägt [...].« Dazu P. Stöcklein: Wege zum späten Goethe. Hamburg 1949. S. 80: »Immer ist es unter Tränen – diesem Ausdruck umschmelzender Kraft –, daß eine lang verleugnete Wesensschicht des Innern wieder mächtig wird; deshalb die Tränen in der Zueignung des Faust.« Vgl. V. 784.

31 f. Was ich besitze: Familie, gegenwärtige Freunde, Rang und Stand treten für den Dichter zurück gegenüber all dem Vergangenen, das ihm jetzt die Stimmung zur Vollendung des »Faust« wiedergeben soll.

VORSPIEL AUF DEM THEATER

Gedichtet vermutlich in der zweiten Hälfte des Jahres 1798; ursprünglich als Vorspiel zu Goethes schon im Winter 1795/96 begonnenem (O. Seidlin in Euph 46, 1952) und 1798 wieder aufgenommenem Versuch einer Fortsetzung der »Zauberflöte« (nach einer Hypothese M. Mommsens in Euph 47, 1953), nach Grumach dagegen (a. a. O. S. 71 ff.) etwa gleichzeitig mit der *Zueignung* entstanden. Gedruckt 1808. Der Knittelvers* des reifen Dichters mischt sich mit Stanzen* und Madrigalversen*.

Das aus dem 5. Jh. stammende, indische Drama »Sakuntala« von Kalidasa (aus dem Englischen übersetzt von Forster) hatte Goethe 1791 kennengelernt. Es bringt in seinem Vorspiel erst den Segensspruch eines Brahmanen und dann ein Zwiegespräch zwischen dem Direktor und einer Schauspielerin, das den Titel des aufzuführenden Stückes nennt und um den Beifall der versammelten Zuschauer wirbt. Zu Goethes Zeit gab es bereits stehende Bühnen. Doch wurden z. B. bei Messen noch Buden aufgeschlagen. Die Vorstellung begann um sechs Uhr, das Gedränge begann oft über zwei Stunden vorher. Vgl. die Schilderung des Theaterlebens sowie die grundsätzlichen Erörterungen in »Wilhelm Meisters Lehrjahre«.

35 in deutschen Landen: bei den in Deutschland geltenden Anschauungen über Wesen und Aufgabe des Schauspiels.

37 Menge: Vgl. V. 21, 49, 59 (vgl. zu V. 21).

37 f. In seiner »Einleitung in die Propyläen« (Oktober 1798 bei Cotta) urteilt Goethe:

»Natürlicherweise hat das Publikum auf die Kunst großen Einfluß, indem es für seinen Beifall, für sein Geld ein Werk verlangt, das ihm gefalle, ein Werk, das unmittelbar zu genießen sei; und meistens wird sich der Künstler gern danach bequemen, denn er ist ja auch ein Teil des Publikums, auch er ist in gleichen Jahren und Tagen gebildet, auch er fühlt die gleichen Bedürfnisse, er drängt sich in derselbigen Richtung, und so bewegt er sich glücklich mit der Menge fort, die ihn trägt und er belebt.«

41 A u g e n b r a u n e n : Hochziehen der Augenbrauen deutet auf Bereitschaft zu überlegen sein wollendem Urteilen und Aburteilen.

43 v e r s ö h n t : zufriedenstellt.

48 B e d e u t u n g : Vgl. *bedeutend** sowie: »Der Hauptzweck unsers Theater, bedeutende, gefällige Vorstellungen zu geben« (Goethe an Voigt, 9. Dezember 1808). Gemeint ist: das aufzuführende Drama soll einen tieferen Sinn erhalten, diesen aber in gefälliger Form darbieten.

52 G n a d e n p f o r t e : Vgl. Matth. 7,13: »Gehet ein durch die enge Pforte« usw.

59 ff. Der Dichter spricht hier in Stanzen*. Indem sie das Versmaß der *Zueignung* wieder aufklingen lassen, empfindet der Hörer die innere Verwandtschaft dieses Dichters mit dem wirklichen Dichter des »Faust«.

66 e r p f l e g e n : Der Segen wird durch Pflege gesteigert.

69 ff. Die unmittelbare Wirkung der ersten Aufführung läßt das Echte, den inneren Wert des Stücks, nicht erkennen; dieser tritt erst für die Nachwelt in Erscheinung.

79, 85 b r a v : tüchtig (vgl. frz. brave); tüchtiger Kerl.

81 s i c h   m i t t e i l e n : Der Schauspieler, auch wenn er eine fremde Rolle spielt, gibt sich zugleich selbst.

85 m u s t e r h a f t : vorbildlich, wie ein Meister in seinem Fach.

99 ff. i n   S t ü c k e n : Vgl. Serlo im »Wilhelm Meister« über seine Bühneneinrichtung des Hamlet: »Zu dieser ekelhaften Verstümmelung zwingen uns die Autoren, und das Publikum erlaubt sie [. . .]. Sollen wir uns dabei nicht unsers Vorteils bedienen, da wir mit zerstückelten Werken ebensoviel anrichten als mit ganzen.«

111 Zum Spalten w e i c h e n   H o l z e s ist die schwerste Axt gerade nicht das geeignetste Werkzeug: auf die breite Masse wirke nicht die vollendete Kunst.

114 Ü b e r t i s c h : ein Mahl, bei dem der Tisch mit Speisen überladen ist.

116 Vgl. Goethe an Schiller, 9. August 1797: Journale und Romane bringen »meist Zerstreuung in die Zerstreuung«. Zu Müller, 9. März 1825: »Die gefährliche Zerstreuung durch Tageslektüre.«

119. Vgl. Ovid, »Ars amandi« I, 99: Spectatum veniunt, veniunt, spectentur ut ipsae (»sie [die römischen Damen] kommen zum Schauen, aber auch, um geschaut zu werden«).

124 k a l t : reine Verstandesmenschen.

140 ff. Der Ungebildete kommt nicht über die Wahrnehmung zusammenhangloser Einzelheiten hinaus. Der Dichter dagegen erkennt kraft seiner inneren Harmonie die höhere Einheit alles Geschehens. Selbst an sich beziehungslose Erscheinungen faßt er unter höherem Gesichtspunkt zusammen. Er vermag dem einzelnen und Vereinzelten grundsätzliche, gattungsmäßige Bedeutung zu geben und findet selbst in der verwirrenden Fülle mythologischer Vorstellungen (Götter) die Einheit (Olymp), auf Grund deren sie dichterisch darstellbar sind. Vgl. »Tasso« V. 160 ff.: »Sein Ohr vernimmt den Einklang der Natur [...]«. Lehrjahre II, 2: »Ja, wer hat, wenn du willst, Götter gebildet, uns zu ihnen erhoben, sie zu uns hernieder gebracht als der Dichter?«

154 unbedeutend grüne Blätter: Die Lorbeerblätter an sich haben keine Bedeutung; Sinn erhalten sie erst durch ihre Verwendung als Lorbeerkranz.

207 Anmut*.

212 f. Der Ton liegt auf dem Gegensatz von »*macht*« und »*findet*«.

221 kommandiert: Schiller, 17. Mai 1799, bewundert an Goethe, »wieviel Sie durch Ihren Vorsatz über Ihre Stimmung vermögen«.

223 stark Getränke: Rauschtrank (bibl.); hier: starke Sinneneindrücke.

230 weil er muß: Wer eine Sache einmal angefangen hat, ist ruhelos, bis er sie auch geendet hat.

235 Himmelslicht: Sonne und Mond, 1. Mose 1,16: »Und Gott machte zwei große Lichter: ein großes Licht, das den Tag regiere, und ein kleines Licht, das die Nacht regiere [...].«

242 Himmel, Welt, Hölle: Dazu Goethe zu Eckermann, 6. Mai 1827: »Das ist keine Idee; sondern Gang der Handlung.« Nach dem Entwurf von 1797 ff. (s. S. 115) sollte die Dichtung schließen mit einem »Epilog im Chaos auf dem Weg zur Hölle«. In der von Goethe endgültig gewählten Fassung tut sich zwar bei der Grablegung der Höllenrachen auf, aber die Handlung selbst wendet sich bis zum Schluß immer höheren Welten zu.

PROLOG IM HIMMEL

Gedichtet um 1800, gedruckt 1808. Nach Grumachs Untersuchung (Goethe XIV/XV, 1952/53, S. 67 ff.) haben entscheidende Partien des Prologs (V. 331, 334–353) bei Wiederaufnahme des »Faust« im Juni 1797 schon vorgelegen. Grumach weist den Grundgedanken des Prologs schon in der ältesten Phase der Dichtung nach. Vgl. Lucifer*.

Auch frühere Faustspiele haben ein Vorspiel. Dort entsenden Unterweltsgötter ihre Boten, um die Menschen zu verführen. Lessing beginnt gleichfalls mit der Aussendung von Höllengeistern. Goethe beginnt im Reich des ewigen Guten, zu dem er Mephistopheles in dialektische Beziehung bringt.

Die Anregung zum *Prolog*, der sein Gegenstück im Schluß des II. Teils hat, erhielt Goethe durch das Buch Hiob 1,6–12: »Es begab sich aber eines Tages, da die Gottessöhne kamen und vor den Herrn traten, kam der Satan auch unter ihnen. Der Herr aber sprach zu dem Satan: Wo kommst du her? Der Satan antwortete dem Herrn und sprach: Ich habe die Erde hin und her durchzogen. Der Herr sprach zum Satan: Hast du achtgehabt auf meinen Knecht Hiob? Denn es ist seinesgleichen nicht auf Erden, fromm und rechtschaffen, gottesfürchtig und meidet das Böse. Der Satan antwortete dem Herrn und sprach: Meinst du, daß Hiob umsonst Gott fürchtet? Hast du doch ihn, sein Haus und alles, was er hat, ringsumher beschützt. Du hast das Werk seiner Hände gesegnet, und sein Besitz hat sich ausgebreitet im Lande. Aber strecke deine Hand aus und taste an alles, was er hat: was gilt's, er wird dir ins Angesicht absagen! Der Herr sprach zum Satan: Siehe, alles, was er hat, sei in deiner Hand; nur an ihn selbst lege deine Hand nicht. Da ging der Satan hinaus von dem Herrn.« – Goethe folgt ihm, wie im Vergleich zeigt, auch in Einzelheiten. Goethe zu Eckermann, 18. Januar 1825: »Hat daher auch die Exposition meines F. mit der des Hiob einige Ähnlichkeit, so ist das wiederum ganz recht, und ich bin deswegen eher zu loben als zu tadeln.« Vgl. auch Hiob 38,7: »Als mich die Morgensterne miteinander lobten und jauchzten alle Gottessöhne.«

H i m m l i s c h e   H e e r s c h a r e n , Luk. 2,13. Sie werden angeführt durch die Erzengel, die hier in der Dreizahl erscheinen. 1800 f. las Goethe Balthasar Bekkers »Bezauberte Welt« (Amsterdam 1693), wonach jeder mit Gotteserkenntnis ausgestattete Stern und Himmelskreis »rühmet und verherrlichet seinen Schöpfer nach jedes Würde und Fürtrefflichkeit, wie die Engel tun«. Es gibt hiernach auch zehn Ordnungen der *»Göttersöhne«* mit zunehmender Gotteserkenntnis, allein selbst der oberste Grad kann »die Wahrheit des Schöpfers so nicht begreifen, wie er in ihm selber ist, weil sein Verstand allzu enge ist, ihn zu erreichen«. Mit den Begriffen »gut« und »böse« und ihrem problematischen Verhältnis zur menschlichen Willensfreiheit beschäftigt sich Goethe (angeregt durch Miltons »Verlorenes Paradies«) in den Briefen vom 31. Juli und 3. August 1799 an Schiller. Vom 10. August bis 16. Oktober 1799 interessiert er für Motivstudien die Miltonübersetzung von Zachariä (Bd. 5–9 der Poetischen Schriften, [Braunschweig] 1763 bis 1764). M. Mommsen entdeckt (Euph 47, S.316 ff.) zu den Erzengelstrophen V. 243–270 bei Zachariä die Vorbilder: »Und sie zogen hinab. Mit welchem entzückten Erstaunen / Sah Orion der Schöpfung Gesicht, die stralenden Sonnen / Und die hellen Planeten! mit welcher Begeistrung vernahm er / Die Gesänge der Sphären!« (Bd. 5, S. 137); »Mit beständigem Lob betrachten des Tages und Nachts sie / Seine Werke. Wie oft vernehmen wir himmlische Stimmen / Von den erschallenden Höhn; vom lispelnden dicken Gebüsche, / Durch die mitternächtliche Luft in einzeln Gesängen, / Oder in Chöre vereint, die, in antwortenden Liedern, / Ihren Schöpfer erhöhn« (4. Gesang, S. 73 f.); »... Drauf huben sie so an, zu preisen: / Dieses sind deine herrlichen Werke, du Vater des Guten, / [...]. Im ewigen Tag umringet ihr jauchzend / Seinen erhabenen Thron mit Gesängen und schallenden Chören« (5. Gesang, S. 128); »Doch welcher erschafne Verstand kan / Ihre Menge, noch auch die unendliche Weisheit, begreifen, / Welche hervor sie gebracht, die Ursach aber von ihnen / Tief verborgen« (3. Gesang, S. 300); »Dieser zahllosen Kreise Geschwindigkeit schreibe des Schöpfers / Allmacht zu, der den Körpern so eine Schnelligkeit bevlegt, / Welche fast geistig ist« (8. Gesang, S. 78 ff.); »Der Schöpfer gebot dem brüllenden Sturmwind / Über die Wasser zu fahren [...]. Jetzt faßte die schreckliche Rechte / Tausend zusammengekettete Donner; er warf sie auf einmal / In die Welten hinab; die alles zerschmetternden Blitze / Fuhren mit seelenbetäubendem Knall in die zitternde Erden [...]. Die bebenden Welten / Rauchten, von mächtigen Blitzen gespalten, und wirbelten Flammen, / Dicke Säulen von Dampf und schwarze Wolken vom Rauche, / hinter sich her« (Zachariäs »Schöpfung der Hölle«. Bd. 5, S. 74 ff.).

In dem Augenblick, da sich der Himmel öffnet, blicken die *Erzengel* auf das Planetensystem hinab und sehen erst die Sonne (1. Strophe), dann die Erde (2. Strophe) und dann (3. Strophe) die zerstörenden Kräfte auf ihr, die aber immer den das Beste beabsichtigenden Zwecken des Höchsten dienen müssen. Die Engel sprechen im feierlich getragenen Pathos regelmäßig vierhebiger Verse; *Mephistopheles** parodiert diesen Ton in zunächst regelmäßig kreuzweise gereimten Fünfhebern (V. 271 ff.) und findet dann rasch (V. 281 ff.) zu dem für ihn charakteristischen Madrigalvers*.

244 B r u d e r s p h ä r e n : Brüder sind die anderen Planeten. Sphäre*: hier Bereich.
264 D e m P f a d e v o r : Der verheerende Blitz geht dem Donner auf dem Pfade voran.
265 B o t e n : wörtliche Übersetzung des griech. »Engel«.
266 D a s s a n f t e W a n d e l n : Vgl. 1. Kön. 19,12: »stilles sanftes Sausen«.
274 G e s i n d e : Hofstaat eines Fürsten.

277 **Mein Pathos***: Wenn ich pathetisch, feierlich reden
wollte, würde es komisch klingen.
281 **Der kleine Gott**: Der Mensch, erhaben gegenüber
den anderen Lebewesen und doch klein im Verhältnis zum
Ganzen. Vgl. Leibniz (Theodizee I, § 117): »Der Mensch
ist also gleichsam ein kleiner Gott in seiner Welt.«
292 **Er kümmert sich um alles, was ihn** – nach Mephistos Meinung
– nichts angeht.
298 Ich selbst sogar habe keine Lust mehr, den Menschen zu pla-
gen.
299 Hiob 1,8: »Hast du achtgehabt auf meinen Knecht Hiob?«
300 **besondre Weise**: spöttisch gemeint.
323 **es sei dir überlassen**, zu tun, was dir beliebt.
325 **erfassen**: sein Wesen begreifen und es daraufhin beein-
flussen.
334 f. **Staub fressen**: 1. Mose 3,14: »Auf deinem Bauch
sollst du kriechen und Erde essen dein Leben lang.« Die
Schlange als die erste Verführerin der Menschen ist dem Teufel verwandt. Dieses Leitmotiv wird häufig aufgenommen:
V. 403, 653, 656, 498, 707, 763 usw.
336 **Du darfst auch da nur frei erscheinen**:
Auch dann brauchst du nur unbeschwert vor mich zu treten.
Dürfen ist hier in gleicher Bedeutung gebraucht wie in
V. 3139.
339 **Schalk**: »Freilich bedeutet das Wort Schalk im gewöhnlichen Sinne eine Person, die mit Heiterkeit und Schaden-
freude jemand einen Possen spielt« (Goethe in »Die guten
Weiber«).
Mommsen entwickelt (a. a. O. S. 321 ff. und in Goethe XIV
bis XV, S. 171 ff.) Bedeutung und Färbung des Begriffes
›Schalk‹ (der aber im Juni 1797 schon Wesensbestimmung
Mephistos ist) sehr schön aus Goethes persönlichen Begegnungen und Erfahrungen: Auf der Schweizer Reise notiert sich
Goethe unter dem Eindruck des enttäuschenden Wiedersehens
mit Barbara Schultheß am 28. Oktober 1797 (nach Cotta
1869): »Äußerungen der Schalkheit. – Auf Fragen schiefe
Antworten. – Nichts loben. Alles, wo nicht tadeln, doch nicht
recht finden und das Gegenteil wünschen. – Das Taubsein. –
Das Schweigen. – Temporär im Gegensatz der Gesprächigkeit
des Mannes. – Perpetuirlich. – Ohnmacht, wobei man gut
hört. – Negative, durch übel placirte Tätigkeit. –« Am
4. April 1800 findet Goethe in Friedrich Schlegels »Gespräch
über Poesie« in der Figur Amalia (die wesentliche Züge Caroline Schlegels trägt) eine literarische Verkörperung seines aus
dem Wortgebrauch der Schweiz gewonnenen Begriffs ›Schalk‹.
In diesem Zusammenhang dürfte sich ihm durch den ständigen

Kontakt mit Schiller, der Caroline Schlegel gern »Madame Lucifer« nannte, die Definition Mephistos als *Geist, der stets verneint* (V. 338, 1338), als *Kraft* des fruchtbaren *Widerspruchs* genau bestätigt haben (V. 1336 f., 4030). Den Typus eines »weiblichen Schalks« in seinem am 25., 26. und 27. Juni 1800 geschriebenen Gespräch »Die guten Weiber« nennt Goethe nach Schlegels Beispiel »Amalie«.

340 D e s   M e n s c h e n   T ä t i g k e i t   k a n n   a l l z u l e i c h t   e r s c h l a f f e n : Die wichtigste Forderung des Herrn an den Menschen heißt *Tätigkeit*. Mephistopheles traut sich zu, auch Faust auf seinem Wege mit herabzuführen und dessen Streben auf *die unbedingte Ruh* zu lenken. Wenn Faust sich später (V. 1237) zum Evangelium der *Tat* bekennt, also genau im Sinne des Herrn, trifft er *des Pudels Kern*, und Mephisto beginnt sich zu verraten.

Es erscheint zunächst paradox, wenn der Herr den Menschen, der schon von *sich so bald die unbedingte Ruh liebt*, auch noch den Teufel zugesellt. Er scheint von einer falschen Voraussetzung auszugehen, wenn er die Gesellschaft des Teufels als heilsam für allzu menschliche Bequemlichkeit betrachtet, denn Mephistos Aufgabe ist ja gerade, Faust zur Zufriedenheit, zum *Faulbett* zu verführen. Aber weil Faust *ein guter Mensch* und *sich des rechten Weges wohl bewußt* ist, kann er – *solang er auf der Erde lebt* – der teuflischen Gefährdung überlassen werden. – Das Wortfeld, in dem sich Mephistopheles' Anklage ausspricht, hat nicht nur biblischen, sondern auch sozialkritischen Bezug: *Herr; mit Verlaub von Euer Gnaden; Gesinde; Knecht.*

343 Das von Mephistopheles skizzierte Bild des Menschen ist schon hier das ewige Einerlei (V. 281 ff.). Es kennt keine Steigerung und erkennt in den Leistungen der Vernunft nur die negativen Auswirkungen. In Gegensatz dazu steht Goethes dialektische Grundeinsicht in das Phänomen ethischer Spannung und Steigerung, die er schon früh als »Polarität« in notwendiger Wechselwirkung begreift: »Das, was wir bös nennen, ist nur die andere Seite vom Guten, die so notwendig zu seiner Existenz und in das Ganze gehört, als Zona torrida brennen und Lappland einfrieren muß, daß es einen gemäßigten Himmelsstrich gäbe« (Shakespeare-Rede 1771). 1828 zieht er die Summe seiner naturwissenschaftlichen Erfahrungen ganz ähnlich: »Die Anschauung der zwei großen Triebräder aller Natur: der Begriff von Polarität und von Steigerung, jene der Materie, insofern wir sie materiell, diese ihr dagegen, insofern wir sie geistig denken, angehören; jene ist in immerwährendem Anziehen und Abstoßen, diese in immer strebendem Aufsteigen. Weil aber die Materie nie ohne

Geist, der Geist nie ohne Materie existiert und wirksam sein kann, so vermag auch die Materie sich zu steigern« (24. Mai 1828 an Kanzler v. Müller). Ähnlich in den Briefen an Knebel am 8. April 1812 und an Schweigger im April 1814. Vgl. Mephistos Gegenthesen V. 10 210 f., 11 597–603.

344 f. **echte Göttersöhne**: Gegensatz zu den gefallenen Engeln (Offb. 12,9): »Und es ward gestürzt der große Drache, die alte Schlange, die da heißt der Teufel und Satan, der die ganze Welt verführt. Er ward geworfen auf die Erde, und seine Engel wurden mit ihm dahin geworfen.« Und Offb. 12,12: »Darum freuet euch, ihr Himmel und die darin wohnen! Weh aber der Erde und dem Meer! denn der Teufel kommt zu euch hinab und hat einen großen Zorn und weiß, daß er wenig Zeit hat.«

346 f. Sinn ist etwa: Die Schönheit des Werdenden, d. h. der immer sich erneuernden Schöpfung, erwecke Liebe und halte euch damit in ersehnten Fesseln.

347 **Schranken**: Jede Liebe schränkt ihr Denken – eben auf ihren Gegenstand – ein.

348 f. Die Erscheinungswelt ist in ewiger Veränderung begriffen. Nicht der Verstand, sondern nur die höhere Vernunft vermag im Wechsel das Dauernde zu erkennen und die flüchtigen Einzelerscheinungen mit Hilfe überzeitlicher Begriffe oder Ideen (Platon) zu fassen.

350 **den Alten**: behaglich etwa in dem Sinne, wie der Lehrling von seinem Meister, der Schüler vom Direktor spricht. Goethe, der ursprünglich nur »ihn« schrieb, spricht zu Schubarth, 3. November 1820, insbesondere vom »Begnadigungsrecht des alten Herrn« zugunsten Fausts. Feierlicher in Goethes »Grenzen der Menschheit«.

DER TRAGÖDIE ERSTER TEIL

Nacht

Von dieser Szene lesen wir bereits im »Urfaust« 1775 die Verse 354–597 und 602–605. Sie gehören zu den ältesten Teilen des Dramas und stammen aus der letzten Frankfurter Zeit. F. J. Schneider hat wahrscheinlich gemacht, daß diese Verse schon früher, im Sommer und Herbst des Jahres 1773 zusammen mit »Satyros« und dem »Prometheus«-Fragment entstanden sind. Die Kritik des Universitätsbetriebes, in Knittelversen (354–385) mit freier Füllung der Senkung, ist sicher noch älter und entstand (nach der Untersuchung von H. Fischer-Lamberg) neben Versen zu den Szenen *Faust–Wagner*, *Mephisto–Schüler* und *Erdgeist* im Winter 1772/73.

Die Fortsetzung des Selbstgesprächs in Knittelversen (386–429) hat fast durchgehend einsilbig gefüllte Senkung. Madrigalverse (430–467) spricht Faust beim Anblick der *Zeichen des Makrokosmus* und des Erdgeistes. Beim Nahen des Erdgeistes lösen sie sich in freie Rhythmen (468–479), die sich allmählich wieder zu Reimen finden und zu madrigaler Huldigung (480/81) steigern. Die Begegnung mit dem Erdgeist (489–513) beginnt mit dramatischem Wortwechsel in auseinandergerissenen Knittelversen und geht über in die vier höhnenden Fragen des Erdgeistes (Madrigalverse), auf die Faust herausfordernd mit Gegenfrage und Antwort in Knittelversen erwidert (499/500). Die faszinierende Selbstdarstellung des Erdgeistes schließt sich mit senkungsfreien Zweihebern (501–507) an und gipfelt in daktylischen Vierhebern (508/509). Der dramatische Höhepunkt (510 513) der Erdgeistszene, in dem Faust sein Sehnen und Streben im Wesen des Erdgeistes beglückt ausgesprochen fühlt und dann unter der vernichtenden Zurückweisung zusammenbricht, ist zugleich Höhepunkt sprachlicher Formkunst: In Stabreimen, Binnenreimen und Assonanzen klingen Fausts Knittelverse (510/511) in Ton und Schallfarbe an die Vorstellung des Erdgeistes genial an, dabei hebt sich gegenüber den dreigliedrigen Takten der Sprache des Erdgeistes der markante Steigton in Fausts Versen mit alternierendem, dynamischer wirkendem Rhythmus charakteristisch ab. Die vernichtende Wirkung der letzten Worte des Erdgeistes (512/513) wird gesteigert durch die gedrängte, sentenzartige Form, in der zugleich Fausts Rhythmus, Töne und Kadenzen im Reime aufgefangen und in höchst prägnanter Verkürzung übertrumpft, also in vollem Sinne erledigt werden. Die freien Rhythmen, in denen der zusammenbrechende Faust stammelnd bei der Entfernung des Erdgeistes reflektiert (514–517), sind in Ausdruck und Funktion den freien Rhythmen beim Nahen des Geistes genau entgegengesetzt. Die folgenden Verse 606 ff. entstanden in den Jahren 1798 ff. Sie zeigen auch im Versmaß den gemesseneren Stilwillen der klassischen Epoche.

Wenn Goethe die Entwicklung Fausts vom Universitätsgelehrten zum Magier in einem zunächst rückblickenden S e l b s t g e - s p r ä c h darstellt, so hat er darin einen Vorgänger bereits in Marlowe*, dem bald das Volksdrama sowie das Puppenspiel gefolgt sind. Um für das B ü h n e n b i l d einen Anhalt zu geben, stellte Goethe dem Faust-Fragment von 1790 eine vom Maler Lips etwas veränderte Radierung Rembrandts voran: »Faust, als bärtiger ältlicher Mann in Talar und Hausmütze, am Pult stehend, schaut gespannt auf das große Fenster, das von einem kabbalistischen Zeichen mit konzentrischen Kreisen und geheimnisvollen Worten und Buchstaben durchglüht ist; Bücher, Globus, Totenkopf« (nach E. Schmidt).

354 f. Das Studium der hier genannten Fakultäten umfaßt viele
      Jahre. Trotzdem ist Faust, der seine Lehrtätigkeit doch noch
      nicht ganz zehn Jahre ausübt, hier bedeutend jünger als der,
      dem in der Hexenküche (V. 2342) 30 Jahre vom Leibe ge-
      schafft werden müssen. Alt ist er jedoch vom Standpunkt des
      Dichters des »Urfaust« aus, der damals erst 25 Jahre zählte.
356 l e i d e r : die Theologie führt ja am unmittelbarsten in un-
      lösbare Fragen. Sie war aber zu Fausts (und auch zu Goethes)
      Zeit in Schulgelehrsamkeit erstarrt. Obwohl Faust sie ab-
      lehnt, bleibt er auch als Magier Gottsucher. Vgl. V. 415, 434.
369 T e u f e l : Faust leugnet zwar dessen Dasein nicht, er läßt
      sich aber durch keinerlei Furcht von der Erforschung letzter
      Geheimnisse abhalten.
382 e r k e n n e : anschauendes (intuitives) Erkennen des Welt-
      zusammenhangs im Gegensatz zum begrifflichen Zergliedern
      von Einzelerkenntnissen.
384 S a m e n : Urstoffe, pansophisch* gefaßt nach Paracelsus*
      (secretum magicum de lapide philosophorum): »Aller Ele-
      menten Grund und Fundament ist Terra [. . .]; diese hat in
      sich den Saamen und Würckung krafft aller ding.«
394 B e r g e s h ö h l e m i t G e i s t e r n : Anklänge an Ossian.
      Vgl. Werthers Brief vom 12. Oktober.
396 W i s s e n s q u a l m : Die Überfülle des Wissens hat nicht
      Klarheit gebracht, sondern eher den Blick noch mehr ver-
      nebelt.
400 H i m m e l s l i c h t : hier nicht mehr der Mond, sondern
      die Sonne.
403 W ü r m e : Diese Mehrzahlform hielt auch Lessing für »rich-
      tiger und wohlklingender«.
405 ff. a n g e r a u c h t P a p i e r : Alte Handschriften und
      dickleibige Bücher, vom Rauch der Lampe geschwärzt, stehen
      auf Gestellen rings an den Wänden bis an die Decke hinauf.
      Das Zimmer ist außerdem angefüllt mit allerhand Geräten
      zu chemisch-alchimistischen Versuchen sowie mit wissenschaft-
      lichen, z. T. anatomischen (Gerippe-) Sammlungen. Vgl. die
      Beschreibung in »Dichtung und Wahrheit«, 8. Buch. Vgl. auch
      V. 678 f. und Goethes Bericht über die Wiederaufnahme der
      Faust-Dichtung in der »Italienischen Reise« vom 1. März
      1788: »Ich habe schon eine neue Szene ausgeführt, und wenn
      ich das Papier räuchere, so dächt ich, sollte sie mir niemand
      aus den alten herausfinden.«
420 N o s t r a d a m u s *.
424 D a n n g e h t d i e S e e l e n k r a f t d i r a u f : aperi-
      untur interiora (Swedenborg*).
425 Der von der Natur Unterwiesene wird der Natur geistesver-
      wandt.

427 D i e   h e i l ' g e n   Z e i c h e n : magische Runen, Hierogly-
phen, vgl. *Makrokosmus** und *Erdgeist**.

Vor 430   M a k r o k o s m u s *: Das Zeichen stellt in seinen
Linien und Formen sinnbildlich den Gesamtaufbau des Weltalls dar.

442   d e r   W e i s e : Faust denkt vielleicht an Nostradamus, doch
kann das Wort auch für die Geisterseher überhaupt gelten.
Goethe kannte J. Böhmes »Aurora« sowie Herders »Älteste
Urkunde«: »Komm hinaus, Jüngling, aufs freie Feld und
merke. Die urälteste, herrlichste Offenbarung Gottes erscheint
dir jeden Morgen als Tatsache.«

449 f. W i e   H i m m e l s k r ä f t e   a u f   u n d   n i e d e r   s t e i -
g e n   /   U n d   s i c h   d i e   g o l d n e n   E i m e r   r e i -
c h e n : Dieses Sinnbild zweckvollen Zusammenwirkens war
der Zeit Goethes geläufig, da bei Feuerbränden die Lösch-
eimer von der Wasserstelle bis zur Feuerleiter an der Brand-
stelle von einer Hand zur anderen weitergereicht wurden.
Goethe las bei Helmont* den Hinweis auf die Jakobsleiter:
»Also steigen die wesentlichen lebendigen Kräfte oder geistlichen Leiber der himmlischen Lichter unabläßlich von oben
herab durch die ätherische Luft zu dieser untern Welt, als von
dem Haupt zu den Füßen; und hernach, wenn sie ihre Aus-
wirkung vollbracht, so steigen sie zu ihrem eigenen Nutz und
Verbesserung wieder von unten aufwärts zu dem Haupt, mit
demselbigen wieder vereinigt.« Die goldnen Eimer sind also
Gefäße des Lichtes, leuchtende Himmelskörper.

Vor 460   E r d g e i s t *.

468 ff. Die Madrigalverse gehen hier über in freie Rhythmen, bezeichnend für die ekstatische Sprache. Diese innere Sehnsucht
ist es eigentlich, die den Geist herberuft (468–490), doch
wird außerdem auch nach Art und Brauch alter Sage die Be-
schwörungsformel ausgesprochen (481 ff.).

479   s i c h   e r w ü h l e n · Die Sinne wühlen sich auf, steigern
sich.

482   W e r   r u f t   m i r : Wemfall auch bei Lessing, Wieland,
Schiller, besonders, wenn es sich um den Befehl zu kommen
handelt.

483   S c h r e c k l i c h e s   G e s i c h t : Vgl. Erdgeist*.

484 f.   S p h ä r e : Nach Swedenborg* hat jeder Geist eine Sphäre*,
seine Hülle, seinen Bereich; gewisse Geister saugen am Menschen (V. 1133). Bei Goethe wirkt Fausts drängendes Erat-
men auf den Erdgeist wie ein Saugen an seiner Hülle und
zwingt ihn, sich zu offenbaren.

486   e r a t m e n d : aus tiefster Brust aufatmend; Zeichen höchst-
gespannten Verlangens. Das Wort findet sich auch in Goethes »Schwager Kronos«.

488 M i c h   n e i g t : Das Flehen deiner Seele bewirkt, daß ich mich zu dir herabneige.

490 Ü b e r m e n s c h * : hier spöttisch.

503 W e b e : nicht wehe, wie seit 1816 einige Ausgaben haben. Bild aus der Weberei; hier Ausdruck für krafterfülltes Wirken, so auch bei Herder.

505 e w i g e s   M e e r : unaufhörliches Ebben und Fluten. Ähnliche Gedanken vom ewigen Werden und Vergehen bei Goethe wiederholt, z. B. im Aufsatz über »Die Natur«.

509 K l e i d : Schon seit dem Altertum wird die mit den Sinnen erfaßbare bewegte Natur in der Gesamtheit ihrer Erscheinungen unter dem Bild eines bestickten Kleides der Gottheit betrachtet. Vgl. auch Swedenborg*: »Das Geistige bedeckt sich mit dem Natürlichen wie der Mensch mit einem Kleid.«

510 f. Faust sieht das Wesen des Erdgeistes im Umherschweifen und Geschäftigsein. Er verkennt die Zielstrebigkeit, das Schaffende, Schöpferische seines Wirkens. Er verkennt es, weil sein eigenes Streben noch ziellos und daher nur geschäftig, betriebsam ist, und offenbart damit, wie weit er noch vom Erdgeist entfernt ist. Wohl darum wird er von ihm zurückgewiesen.

516 E b e n b i l d : Der Erdgeist steht noch unter Gott. Der Mensch ist nach 1. Mose 1 Gottes Ebenbild, Faust müßte somit über dem Erdgeist stehen.

518 F a m u l u s * : ein Student, zwar in hohen Semestern, aber an sich noch nicht alt. Vgl. Goethes Schema 1800: »Helles kaltes wissenschaftliches Streben Wagner.« Ähnliche Störungen tiefster Betrachtungen durch die Außenwelt auch in »Mahomet«, »Prometheus«, »Werther«.

519 s c h ö n s t e s   G l ü c k : Trotz der vom Erdgeist erlittenen Demütigung darf es Faust doch als Höhepunkt seines Lebens empfinden, daß Geister ihn überhaupt ihrer Gegenwart gewürdigt haben.

527 K o m ö d i a n t ,   P f a r r e r : Der Theologe Bahrdt, ein Aufklärer, wollte 1773 die künftigen Geistlichen durch Schauspieler unterrichten lassen, wogegen Herder 1774 schärfsten Einspruch erhob.

530 M u s e u m : im Neulatein der Humanisten und Barockgelehrten allgemein die Studierstube, Arbeitszimmer des Gelehrten.

533 d u r c h   Ü b e r r e d u n g   l e i t e n : Für das Überzeugen der Hörer gab Gottsched in der »Ausführlichen Redekunst« 1728 genaue Anweisungen.

535 e s : die innere, aus dem Stoff sich von selbst ergebende, ihm angemessene Form. Ähnliche Gedanken in Goethes Aufsatz »Nach Falkonet und über Falkonet«.

539 R a g o u t * : hier als Gericht aus den Resten verschiedener

Speisen; ähnlich sucht der Unfähige Worte, Bilder, Redewen
dungen aus den Vorträgen anderer zusammen, um damit den
Anschein selbständigen Schaffens zu erwecken. (Vgl. Goethe
an Kestner am 26. Januar 1773 und Paralipomenon 56 und
60.)

544 f. Vgl. V. 9685.

546 A l l e i n d e r V o r t r a g : nur der Vortrag. Wagner
könnte an Quintilians Lehrsatz der Rhetorik denken: »Pro-
nunciatio non prima sed sola.« (Der Vortrag ist nicht das
erste, sondern das einzige), worauf es ankommt.

549 s c h e l l e n l a u t e r T o r : Narren trugen Kappen, die,
mit Schellen (Klingeln, Glöckchen) besetzt, bei jeder Bewegung laut wurden und somit sinnlosen Lärm machten. Vgl.
1. Kor. 13,1: »Klingende Schelle«. (Auch in Goethes Brief
vom 26. Januar 1773 an Kestner zitiert.)

555 S c h n i t z e l k r ä u s e l t : Kinder machen Papierschnitzel,
kräuseln sie und bieten sie etwa als Blumen an. So nichtig
sind die an Wortzierat reichen, aber inhaltsarmen Reden, die
nur auf einen unreifen Verstand berechnet sind.

558 f. D i e K u n s t [...] L e b e n : Ars longa vita brevis,
ein lateinischer Gemeinspruch, der sich griechisch bereits bei
Hippokrates findet.

563 z u d e n Q u e l l e n : entsprechend dem Ruf »ad fontes«
der Gelehrten der Renaissancezeit denkt Wagner an die als
Gewährsmänner höchsten und letzten Grades geltenden
Schriftsteller des Altertums, zu denen man nur mit dem Mittel der alten Sprachen vordringen kann. Einen ganz anderen
Begriff der Quellen hat Faust (V. 456, 1201). Vgl. *Lebensquell**.

566 P e r g a m e n t * : Darauf waren die ältesten Bücher und Ur-
kunden geschrieben.

576 B u c h m i t s i e b e n S i e g e l n : Offb. Joh. 5,1.

577 ff. Wie Herder (1774: »Auch eine Philosophie der Geschichte
zur Bildung der Menschheit«, »Älteste Urkunde«) spottet auch
Goethe wiederholt über das selbstkluge Jahrhundert, das nach
seinen eigenen Maßstäben vergangene Zeiten und Verhältnisse
beurteilen will.

583 H a u p t - u n d S t a a t s a k t i o n : Name für Dramen,
in denen Wandertruppen nach dem Dreißigjährigen Kriege
mit viel Gepränge (= Staat) große Staatshandlungen, Thron-
umwälzungen, Glück und Fall berühmter Tyrannen darstellten. Von Gottsched bekämpft, blieben sie noch lange im Puppenspiel lebendig.

587 f. e r k e n n e n – e r k e n n e n : Gegensatz des äußerli-
chen und bloß theoretischen Verständnisses und des innerlich
erfassenden Erlebens.

593 g e k r e u z i g t   u n d   v e r b r a n n t : Außer an Jesus
    konnte Goethe denken an die zum Feuertod verurteilten Hus,
    Savonarola, Giordano Bruno und an den gefolterten und
    lange eingekerkerten Campanella.

598–601 fehlt im »Urfaust« und »Fragment«; erst um 1800 einge-
    fügt als »Brücke« zum Osterspaziergang, V. 903 ff.

606 ff. Hier beginnt die spätere Dichtung, mit der Goethe, ver-
    mutlich 1798, die im »Urfaust« und »Fragment« noch beste-
    hende Lücke zwischen dem Auftreten Wagners und dem des
    Schülers auszufüllen strebte.

618 m e h r   a l s   C h e r u b * : also ein Über-Cherub, vgl. *Über-*
    *mensch**. Der Cherub verharrt im Schauen; des Menschen Gott-
    ähnlichkeit dagegen besteht im Schaffen.

632 Sowohl die gelungene Tat der Beschwörung als auch das
    L e i d   über die erlittene Abweisung empfindet Faust als Le-
    benshemmnis. In seiner Verzweiflung verallgemeinert er diese
    Erfahrung.

635 f r e m d   u n d   f r e m d e r : 1. und 2. Steigerungsform?
    Allem Geistigen hängt sich Stoffliches (Materielles) an und
    zieht es herab oder verfälscht es.

644 S o r g e : vgl. auch V. 11 384–510.

652 ff. Vgl. V. 334 f., 403 f., 516, 614, 707.

656 ff. Vgl. V. 398 ff.

662 Goethe sagt 1806 zu dem Geschichtsprofessor Luden, alle
    Quellenforschung führe nur zu der längst entdeckten Wahr-
    heit, »daß es zu aller Zeit und in allen Ländern miserabel
    gewesen ist; die Menschen haben sich stets geängstet und ge-
    plagt«. Vgl. Mephistos Schilderung der menschlichen Misere
    (V. 280 ff.).

664 h o h l e r   S c h ä d e l : Vgl. V. 417 und 6768 f.

666 D ä m m r u n g   s c h w e r : in schwerer Dämmerung, im
    düsteren Hin und Her zwischen Trug und Wahrheit.

669 R a d ,   K ä m m e usw.: sind Bestandteile der Elektrisier-
    maschine.

671 R i e g e l : Der Schlüssel soll mit seinem oft wunderlich ge-
    stalteten Bart den Riegel des Schlosses heben bzw. zur Seite
    schieben; so wollte Faust mit seinen wunderlichen Werkzeugen
    die Tür des Unerforschlichen öffnen.

675 H e b e l ,   S c h r a u b e n : benutzt z. B. bei physikalischen
    Experimenten.

676 f. Faust hat die väterlichen Geräte nicht benutzt, weil er
    wußte, daß er mit ihnen doch das Wesen der Natur nicht er-
    kennen werde. Als Naturforscher hat Goethe viel experimen-
    tiert, allerdings erwartete er davon nicht die Enthüllung
    l e t z t e r Geheimnisse. In der »Stotterheimer Saline« läßt
    er die Technik sagen: »Uns gab sie [die Geometrie] erst den

Hebel in die Hand, dann ward aus Rad und Schrauben der Verstand.« Vgl. auch »Die Natur«: »Sie ist weise und still. Man reißt ihr keine Erklärung vom Leibe, trutzt ihr kein Geschenk ab, das sie nicht freiwillig gibt.«

677 V a t e r : Fausts Vater nur noch in V. 998, 1034 erwähnt.

683 u m   e s   z u   b e s i t z e n : Als Jurist kannte Goethe den Unterschied zwischen Besitz und Eigentum. Selbst Ererbtes wird zum wirklichen Besitz, zum Eigentum nur dann, wenn wir es uns innerlich aneignen. Das geschieht aber nur durch Gebrauch. Was wir uns im Schaffen zu eigen machen, nützt uns als Sinngebung für unser Leben. Vgl. »Künstlers Erdenwallen«: »Und er besitzt dich nicht, er hat dich nur.«

686 ff. Vgl. Goethes Schema zu »Dichtung und Wahrheit«: »Taedium vitae [Lebensekel]. Werherianism. Düstre Lebenslast. Periodisch wiederkehrend. Entschluß zu leben.«

690 P h i o l e * : Vgl. V. 406 (*Gläser*).

694 A u s z u g : Extrakt, Quintessenz.

702 F e u e r w a g e n : 2. Kön. 2,11: Elias fährt auf einem solchen Wagen himmelwärts. Milton spricht im »Verlorenen Paradies« wiederholt vom Feuerwagen Jesu.

705 r e i n e   T ä t i g k e i t : die durch nichts Erdenhaftes gestörte oder beschränkte Tätigkeit.

712 T a t : Selbstmord als heroischer Versuch nach dem Scheitern der wissenschaftlichen und magischen Experimente: Faust will das seinem theoretischen Denken unenthüllbare ewige Geheimnis kurz entschlossen durch den Eintritt in jene Welt – komme, was kommen mag – erringen.

715 P h a n t a s i e : Menschliche Einbildungskraft hat die Hölle geschaffen und somit auch die Qualen, die sie von der Hölle erwartet.

719 u n d   w ä r   e s : Faust nimmt selbst die Möglichkeit mit in Kauf, daß hinter dem Tod statt des ersehnten höchsten Geheimnisses das vollkommene Nichts seiner wartet, in dem er auch noch das eigene Bewußtsein und damit sein Ich überhaupt verliert.

733 b r a u n : Vgl. V. 1579 f.

736 M o r g e n : Vgl. V. 446.

Vor 737 G l o c k e n k l a n g : Am 2. Ostertag 1798 nahm Goethe nach längerer Unterbrechung die Arbeit am »Faust« wieder auf. Er hatte gerade Grauns »Tod Jesu« gehört und ist vielleicht dadurch auf die Form des Oratoriums gekommen. Übrigens wird auch in J. G. Jacobis »Elysium« der Held, der die Todesschale an den Mund setzt, durch Gesang zurückgehalten.

737 C h o r   d e r   E n g e l : Nicht wirkliche Engel, sondern Chorgesänge aus dem in der Nähe zu denkenden Dom. Sie

sind in der Form der mittelalterlich kirchlichen Wechselge-
sänge zwischen Priester und Chor gehalten. Die gleitenden
Reime sollen überirdisch klingen. Die folgenden Strophen
verwenden biblische Stellen aus Matth. 27 und 28, Luk. 24
(V. 749 ff.), Joh. 19 und 20 (V. 785 ff.).

740 e r b l i c h : durch die Erbsünde verursacht. (Vgl. Goethe in
»Dichtung und Wahrheit«, Anfang des 15. Buches, und im
Brief an Knebel vom 17. November 1784.)

765 B o t s c h a f t : die Kunde von der Auferstehung; hier die
Auferstehungsgeschichte.

767 ff. Nicht der Inhalt des Osterglaubens, der ja für Faust nicht
mehr vorhanden ist, sondern die Erinnerung an die mit
Ostern verbundenen beseligenden Kindheitserlebnisse ziehen
Faust ins Leben zurück. In der gleichen S t i m m u n g liegt
das Entscheidende.

Vor dem Tor

»Urfaust« und »Fragment« haben diese Szene noch nicht. Wenn
auch vielleicht einzelne Bestandteile älter sind, gedichtet ist sie,
wie auch die Grundstimmung zeigt, etwa gleichzeitig mit dem
tiefsinnigen zweiten Selbstgespräch, also 1798, vollendet wohl Anfang 1801. Zur Entstehung vgl.: O. Pniower, GJ (1895) S. 149 ff.,
und M. Mommsen, Euph 47 (1953).
An die Frankfurter Gegend, wo Goethe 1797 wieder geweilt hatte,
erinnern der Fluß wie auch einzelne Namen, vgl. »*Jägerhaus*« bei
Rödelhain. »*Wasserhof*« bei Oberrad; doch ist die Landschaft wie
auch die Menschenwelt durchaus allgemein.

824 P l a n : gedielter Tanzplatz im Freien (fränkisch, thürin-
gisch).

828 f. S c h ü l e r : Student, vgl. V. 1868 ff.; auch die Anrede
»*Herr Bruder*« ist studentisch, sprichwörtlich auch die Zusammenstellung »Weib, *Tobak* und *Bier*«. – D i r n e : ohne
verächtlichen Nebenklang.

830 T o b a k : wurde zu Goethes, aber noch nicht zu Fausts
Zeit geraucht.

846 B u r g e m e i s t e r : ältere Form, auch in »Hermann und
Dorothea«.

861 f. K r i e g und K r i e g s g e s c h r e i : Mark. 13,7. Die
Türkenkriege waren im Jahrhundert Fausts wohl eine recht
nahe Gefahr; im 18. Jh., also zur Zeit des Dichters, waren
sie in weite Ferne gerückt.

878 ff. S t. A n d r e a s*: In der Nacht vom 29./30. November
wird beim Bleigießen unter Anrufung des Heiligen oder

durch hypnotisierendes Hinstarren auf die blanke Fläche eines Bergkristalls Antwort auf Liebesfragen gesucht.

949 Der S c h ä f e r p u t z t e sich: Nicht erst für den »Faust« gedichtet, bereits »Wilhelm Meister« II, 11, 1795; ja schon die »Theatralische Sendung« 1783 legt es Philine in den Mund, teilt es jedoch als »nichts weniger als ehrbar« nicht mit.

998 V a t e r : Nach dem Volksbuch war Fausts Vater ein Bauer; hier ist er, wie der Vater des Paracelsus*, Arzt und in dieser Kunst Lehrer und Vorgänger Fausts. Nostradamus* ging mit 22 Jahren zu den Pestkranken in die Bauernhäuser der Provence. Vgl. V. 677.

An Vater und Sohn Hufeland mag Goethe hier auch gedacht haben: »Beide haben gerade als Seuchenärzte, insbesondere bei Pockenepidemien im Weimarer Land, Großes, ja wahrhaft Heroisches geleistet« (H. Petzsch: Das Leben und Wirken C. W. Hufelands in Thüringen im Spiegel des Faustwerkes seines Patienten, Freundes und Gönners J. W. v. Goethe. In: Deutsches medizinisches Journal, 5. Februar 1963 (Berlin Jg. 14) H. 3, S. 67–73).

1009 f. Fausts eigene Gottesanschauung ist zwar anders (vgl. V. 3432 ff.); um aber die treuherzige Frömmigkeit der Landleute nicht zu verletzen, spricht er mit den Worten ihres Vorsehungsglaubens.

1021 V e n e r a b i l e *.

1034 d u n k l e r E h r e n m a n n : deutet nicht auf verbrecherisches, zur äußeren Würde im Widerspruch stehendes Verhalten, sondern auf das zwar ehrlich gemeinte, aber geheimnisvolle und bei unrichtigem Gebrauch der gewonnenen Mittel gelegentlich auch Schaden anrichtende (V. 1055 *freche Mörder*) Tun der Alchimisten.

1042 ff. schildert in dichterischer Verhüllung das Bemühen der Alchimisten, den Stein der Weisen, der Gold, Gewandtheit und ewiges Leben bringen sollte, herzustellen. Im Laboratorium *(schwarze Küche)* werden rötliches Quecksilberoxyd *(Leu)* und weiße Salzsäure *(Lilie)* in einem lauen Wasserbad bei mäßigem Feuer zur chemischen Verbindung gebracht (wie Mann und Frau, König und Königin *vermählt*). Dann werden beide gemeinsam bei stärkerem offenem Feuer aus einer Retorte *(Brautgemach)* in die andere getrieben. Unter fortwährendem Verdampfen fester Stoffe bilden sich an den Wänden des Glaskolbens regenbogenfarbige Niederschläge *(bunte Farben)*. Das Ergebnis des ganzen Vorgangs ist ein Destillat, das als »jungfräuliche Erde« *(die junge Königin* als Tochter von König *Leu* und von Königin *Lilie)* betrachtet wurde und dem man Heilkraft zusprach. Faust in seiner

weltschmerzlichen Stimmung gedenkt allerdings nur der
Mißerfolge und sieht in seinem und seines Vaters ärztlichem
Bemühen nur Giftmord, obwohl die Absicht die beste war.

1053   d e n   G i f t : ursprünglich weiblich; Goethe gebraucht das
männliche vereinzelt neben dem später allgemein üblichen
sächlichen Geschlecht.

1059   p ü n k t l i c h : auf den Punkt genau; also nicht nur im
zeitlichen Sinne.

1084   D i e   G ö t t i n : die Sonne.

1095 ff.   L e r c h e ,   A d l e r ,   K r a n i c h : Dieselben Bilder
bei Goethe öfters, z. B. »An die Entfernte«, »Briefe aus der
Schweiz« (4. Absatz), »Werther« (18. August 1771). Der
Traum des Fliegens begleitet Goethe durchs ganze Leben.

1110   d e s   e i n e n   T r i e b s : Der Ton liegt auf *einen*.

1112   Z w e i   S e e l e n : Der Gedanke einer Zweiheit, eines
Dualismus der Seele war bereits dem Altertum bekannt, er
lebte neu auf im 17. und 18. Jh. Goethe trat er nahe durch
Wieland, ferner durch Xenophons damals von ihm gelesene
Kyropädie (VI, 1) sowie durch B. Bekkers »Bezauberte Welt«
(1693 deutsch), worin er 1800/01 von der Lehre der Mani-
chäer erfuhr, »daß jeder Mensch zwo Seelen habe, deren eine
allezeit wider die andere streite«. Auf die Möglichkeit des
Ausgleiches der niederen und höheren Triebe, des irdischen
und überirdischen Strebens deutet gegen Ende des »Faust«
(V. 11 962) der Begriff *»geeinte Zwienatur«.* Doppelsehn-
sucht schon V. 304 f.

1116   D u s t : nddt., (engl. dust) Staub.

1122   Z a u b e r m a n t e l : der Volksvorstellung von Faust entnommen; zugleich Vordeutung auf die Luftreise mit Mephistos Mantel (V. 2065). Hier vor allem, wie auch die vorhergehenden Worte, eine Art Stichwort für den in Hunde-
gestalt sich nähernden Mephisto (V. 1147).

1130 ff.   Nord-, Ost-, Süd- und Westwind mit ihren gefährlichen
Wirkungen (Erdgeist*, Welling über den Weltgeist, Luft) sind
Wagner geläufig.

1141   l i s p e l n : Vgl. zu V. 28.
e n g l i s c h . engelhaft, nach Art der Engel; im 18. Jh.
allgemein gebräuchlich.

1147   H u n d : Nach der Sage besaß Faust einen großen, schwarzen, zottigen Hund mit feuerroten Augen namens Praesti-
giar, der beim Streicheln seine Farbe änderte und ursprünglich ein Geist gewesen war.

1168   p u d e l n ä r r i s c h : Goethe am 28. April 1798 an Schiller: »So wie Iffland den Wallen nimmt, ist es die personifi-
zierte Welt-Leerheit, durch einen pudelnärrischen Humor
ausgestopft und ausgestattet [. . .].«

Studierzimmer I

Gedichtet 1800, gedruckt 1808. Vgl. Goethe an Schiller, 16. April 1800: »Der Teufel, den ich beschwöre, gebärdet sich sehr wunderlich.«

1185 D i e L i e b e G o t t e s : das auf Gott gerichtete Liebesbedürfnis; des Spinoza amor dei intellectualis; denkendes, von allen Wünschen freies und nur um Erkenntnis bemühtes Sicheinfühlen in den lebendigen Zusammenhang des All.

1187, 4321 s c h n o p e r s t , s c h n o b e r s t : schnuppern.

1200 f. Vom Strom des Lebens geht die Sehnsucht nach den Bächen, von da nach der letzten Quelle. Der göttliche Urquell äußert sich in Offenbarungen (V. 1217), wie sie z. B. die Bibel (V. 1219) vermittelt. Vgl. zu V. 356.

1205 M e n s c h e n : Hierauf liegt der Ton. Der Gegensatz ist Hund (V. 1209).

1224 ff. W o r t : Joh. 1,1: Ἐν ἀρχῇ ἦν ὁ λόγος.   Das aus der stoischen und alexandrinischen Philosophie ins Neue Testament gekommene Wort Logos bedeutet zugleich: Wort, Begriff, Vernunft. Schon Herder beklagt in seinem handschriftlichen »Johannes« 1774, daß das deutsche Wort nicht sage, was der Urbegriff meint, und sucht nach einem Wort, das »Begriff und Ausdruck, Urbegriff und erste Wirkung, Vorstellung und Abdruck, Gedanke und Wort« zugleich umfaßt, etwa Gedanke, Wille, Bild, Urkraft; oder in seinen Erläuterungen zum Neuen Testament 1775 erwägt er »Gedanke! Wort! Wille! Tat! Liebe!« Faust übersetzt Logos zunächst genau wie Luther mit Wort; im Streben nach tieferem Erfassen des Sinnes entfernt er sich immer weiter vom eigentlichen Begriff und gibt statt einer Übersetzung seine eigene Auffassung vom Urgrund alles Daseins. Indem er sich diesem denkend nähert, beunruhigt er zugleich unbewußt den im Pudel verkörperten Teufel, der die negative Kehrseite dieses Urgrundes repräsentiert.

1258 S a l o m o n i s * S c h l ü s s e l : neben »Fausts Geister- und Höllenzwang« das im 18. Jh. bekannteste Zauberbuch. Es lehrt nicht die Beschwörung der eigentlichen Teufel, wohl aber die der »Zwerglein, Bergmännlein, Wasserfrauen, Waldmännlein«, also der Elementargeister, die Faust als *halbe Höllenbrut* bezeichnet. Ein *Spruch der Viere* (V. 1272) kommt darin allerdings nicht vor.

1259 G e i s t e r (a u f d e m G a n g e) : dem Mephisto zwar ergeben und durch seine Bedrängnis angezogen, aber selbst gefährdet, sobald sie sich ins Studierzimmer des Geisterbeschwörers wagen.

1272 ff. Spruch der Viere: dient zur Beschwörung der
vier Elementargeister, deren Bezeichnung von Paracelsus*
stammt und von denen der erste Feuer, der zweite Wasser,
der dritte Luft und der vierte Erde bedeutet. Der Spruch
kommt in »Salomonis Schlüssel« nicht vor, er ist von Goethe
erdichtet.

1300 dies Zeichen: das Kreuz mit dem daranhängenden
Heiland und der Aufschrift INRI (Jesus Nazarenus Rex
Judaeorum).

1306 ff. Nach dem Neuen Testament stammt Christus von Ewigkeit her *(nie entsprossen)*, seine Bedeutung kann durch keinen Namen voll ausgedrückt werden *(unausgesprochen)*,
seine Herrlichkeit erfüllt *alle Himmel*; trotzdem hat ihn die
Lanze des Kriegsknechts *durchstochen* (Joh. 19,34).

1319 Das dreimal glühende Licht: die Dreieinigkeit als stärkstes Beschwörungsmittel.

1328 Wort: Vgl. V. 1226.

1334 Fliegengott: Baal-Sebub, der Fliegengott der Philister (2. Kön. 1,2 ff.), wird im Neuen Testament Beelzebub
(Matth. 10,25) genannt und als Name für den Teufel verwandt.

1347 der Mensch, die kleine [...] welt: Vgl. V.
1802 *Mikrokosmus**. Der Mensch stellt selbst eine ganze Welt
dar; nur ist es nach Mephistopheles eine Karikatur der großen Welt.

1349–58 anfangs alles: Vgl. V. 1384 *»Des Chaos wunder-
licher Sohn«.* V. 8027 *»Des Chaos vielgeliebter Sohn«.* Ursprünglich war das Chaos alles, bis aus ihm die Welt hervorging, die dann das Chaos selbst zu einer Wesenheit
niederen Ranges herabdrückte. Nach mittelalterlichem Glauben waren die Teufel ursprünglich Engel, die wegen ihres
Abfalls zur Hölle verstoßen worden waren. Es mischen sich
hier antike und biblische Vorstellungen mit wissenschaftlichen, besonders optischen Erkenntnissen Goethes.

1367 Schütteln: Erdbeben.

1376 Trocken–feucht und kalt–warm sind die Hauptgegensätze,
durch deren verschiedene Verbindung nach Aristoteles u. a.
Philosophen die vier Elemente ihre besonderen Zustände erhalten und die sichtbare Welt bilden.

1395 ff. Voraussetzung für den Verkehr mit Geistern ist genaueste
Befolgung der für diese geltenden Gesetze. Goethe benutzt
das, indem er Mephisto durch ein ungenau gezogenes Zeichen, dessen Fehler dieser als Pudel nicht merkte, gebannt
sein läßt. Geister müssen ja nach dem Volksglauben stets auf
demselben Wege gehen, wie sie gekommen sind.

1405 von ohngefähr: durch Zufall.

1423 **M ä r :** Kunde, Mitteilung; vgl. Luther: »Ich bring euch gute, neue Mär.«

1427 **G a r n :** Netz, wie es der Jäger aufstellt, um Wild zu fangen.

1439 ff. Der Geistergesang soll auf Gehör, Gesicht, Geruch, Geschmack, Gefühl, also auf alle Sinne wirken.

1445 **v o r a n :** zuvor, vorher.

1447 ff. **G e i s t e r :** Was die Geister singen, vollzieht sich zugleich vor dem geistigen Auge des einschlafenden Faust. Es verflüchtigt sich für ihn also die Zimmerdecke zu Wolken, die sich selbst wieder verflüchtigen. Sie weichen der aufgehenden Sonne. Die Scharen schwebender Geister werden im weiteren durch Menschen abgelöst, die sich in frohem Liebes- und Weingenuß ergehen. In idealer Landschaft strömen aus Trauben Bäche Weins zu Seen, und von den Hügeln fliegen Vögel zu den fernen *»hellen«* Inseln der Seligen, bis auch von dort aus alles ins Unendliche verfließt. Damit verschwebt das Lied der Geister.

1516 ff. Der Teufel als Herr des Ungeziefers: V. 1334 und 6592 ff.

1527 ff. **D r a n g :** Die Menge der einander drängenden Geister entschwindet in einer Weise, die den erwachenden Faust glauben läßt, der Teufel sei auch lediglich eine Traumvorstellung gewesen, und nur der Pudel, den er nicht mehr sieht und den er darum entlaufen wähnt, habe der Wirklichkeit angehört. Die Unterbrechung der Teufelsunterredung schon bei Marlowe* und seinen Nachfolgern. Goethe wollte hier eine Disputation einfügen. Vgl. S. 75, 117.

Studierzimmer II

Entstanden zu verschiedener Zeit. Das älteste Stück ist die Schülerszene (jetzt V. 1868–2050), sie findet sich bereits im »Urfaust« der siebziger Jahre. Wohl in Italien 1788 wurde sie durch das nachfolgende Zwiegespräch zwischen Faust und Mephistopheles erweitert, aber auch sonst vielfach verändert. So erschien sie gedruckt im »Fragment« vom Jahre 1790 (jetzt V. 1770–2072). Das Ganze (also V. 1530–2072) ist 1808 zuerst gedruckt und um 1800 entstanden; Goethes schwere Krankheit im Januar 1801 ist vielleicht mit eine Ursache für die weltschmerzliche Stimmung (V. 1544 ff.).

1531 **d r e i m a l :** gedacht als eine der für den Verkehr mit der Hölle vorgeschriebenen Bedingungen, denen sich nunmehr Faust zu fügen hat.

1535 ff. **J u n k e r :** Vgl. V. 2504, 4023 Kavalier. Die spanische

Hoftracht soll ihn als Mann von Welt kennzeichnen, wie der Gelehrte Faust auch einer werden soll.

1553 h e i s e r : Der rauhe Stundenschlag alter Turmuhren, die sich gewissermaßen heiser gesungen haben, wirkt in solcher Stimmung als ewig sich wiederholende Widerwärtigkeit.

1554 ff. Vgl. die ähnliche Klage V. 634–651.

1561 L e b e n s f r a t z e n : Die Widerwärtigkeiten der Wirklichkeit, die das freie Schaffen der höhern Einbildungskraft stören, schauen den Schaffenden wie mit Fratzen an.

1566 ff. Das innere Streben des Menschen erschöpft sich in Wunschbildern, ohne sich in dauernden Leistungen auswirken zu können.

1572, 1579 f. Anspielung auf die Osternacht (V. 781 ff.), als Faust den Selbstmordgedanken doch schließlich nicht ausgeführt hat.

1586 M i t A n k l a n g : durch das Anklingen; durch die Erinnerung an.

1589 T r a u e r h ö h l e : der irdische Leib, bereits von Platon so empfunden.

1593 B l e n d e n : optimistischer wird die Erscheinungswelt empfunden (V. 4727).

1604 ff. Vgl. 1. Kor. 13,13. Völlige Absage an alles dem Menschen und bisher auch Faust Heilige.

1607 ff. G e i s t e r c h o r : doppeldeutig, ernstgemeint oder ironisch verstehbar. Zunächst ein gefährlicher Schmeichelgesang, der den vermessenen Fluch dem Halbgott zugute hält und diesen dadurch zu neuen Vermessenheiten ermutigt; zugleich aber wohl auch ein Zwischenwort des Dichters, der an wichtiger Stelle auf den späteren inneren Aufstieg Fausts vordeutet. Mephisto allerdings deutet die Worte ironisch.

1636 G e i e r : Dem für seinen Übermut an den Kaukasus geschmiedeten Prometheus sandte Zeus einen Adler, der ihm die jede Nacht wieder nachwachsende Leber zerfleischte.

1652 u m G o t t e s w i l l e n : umsonst.

1656 ff. h i e r [...] d r ü b e n : Scheinbare Gleichheit der Bedingungen; tatsächlich steht den wenigen Jahren von Fausts diesseitigem Leben eine Ewigkeit zugunsten des Mephisto gegenüber, auf die Faust aber keinen Wert legt. Vgl. V. 1660 ff., 11 225 ff. und 11 442 ff.

1672 V e r b i n d e d i c h : schließe den Vertrag.

1678 ff. Lauter Augenblicksgenüsse, denen jedesmal unmittelbar Ernüchterung folgt und die deswegen so rasch aneinandergereiht werden müssen, damit der aufsteigende Ekel durch neuen Sinnenrausch erstickt wird. Sie werden zusammenfassend bezeichnet als eine zwar noch genießbare, aber innerlich faule Frucht. Faust fragt also, ob Mephisto ihm ein Genuß-

leben verschaffen kann, das ihn nie zur Besinnung kommen
lassen und somit auch von selbstquälerischen Gedanken befreien wird.

1696 ff. mit G e n u ß b e t r ü g e n : das Stichwort der Wette,
von Mephisto als Vergnügen verstanden, in dem sich ein
Mensch unter Aufgabe seiner humanen Bestimmung an
flache Unbedeutenheit verschwendet, von Faust dagegen unmittelbar nach dem für ihn verpflichtenden Hand*schlag*
(V. 1698) im faustischen Sinne genau interpretiert: Es ist
die *schmerzliche* Dialektik des Daseins, die der Teufel zu
bieten hat, die Faust erwartet und *genießen will*, aber von
vornherein durchschaut. Diesen tragischen Genuß will Faust
(vgl. V. 1766 ff., 1771 ff.) möglichst total in dem Bewußtsein erleben, daß dieser dialektische *Taumel* durch Mephisto
zwar unerhört gesteigert werden kann (vgl. V. 1678 ff.),
aber niemals ausreichen wird, Faust über die dieser Dialektik
innewohnende Tragik hinwegzutäuschen und ihn so *mit Genuß zu betrügen*. Der Akzent liegt für Faust auf dem Wort
betrügen! Daher auch Fausts radikale Skepsis gegen *trüge-
rische Hoffnung**. In dem Faust-Paralipomenon Nr. 1, das
den Plan aus dem Jahre 1797 auslegt (s. S. 114/115), findet sich
die Disposition der Fausthandlung unter dem Stichwort *Genuß* dreifach variiert: »Lebensgenuß der Person«, »Tatengenuß und Genuß mit Bewußtsein-Schönheit« und schließlich
»Schöpfungsgenuß von innen. Epilog im Chaos auf dem Weg
zur Hölle«. Diese letzte Wendung entspricht genau Fausts
Wissen um das schließliche *Scheitern* (vgl. V. 1775), ob mit
oder ohne *Teufel* (vgl. V. 1866/67).
»Die Bedeutungsgehalte der Wortgruppe genießen – Genuß
bei Goethe« untersuchte M. Gräfe (Phil. Diss. Berlin 1956.
149 Bl. masch.).

1698 T o p p : Mephistopheles hält nach dem alten Volksbrauch
die Hand hin, in die Faust zum Zeichen des Abschlusses des
Vertrages einschlägt.

1699 f. A u g e n b l i c k ; v e r w e i l e : wird von Faust V.
11 581 f., 11 586 aufgenommen; an 1705 f. knüpft Mephisto
11 594 ff. an.

1705 Z e i g e r f a l l e n : Beim zerstörten Uhrwerk weisen beide
Zeiger senkrecht nach unten auf VI.

1710 W i e i c h b e h a r r e : sowie meine Unrast in einen Ruhe-
zustand übergeht; sobald ich zu streben aufhöre.

1712 D o k t o r s c h m a u s : Festessen gelegentlich der Ernen-
nung eines Gelehrten zum Doktor. Wohl Hinweis auf die
geplante Disputation. Vgl. zu V. 1527.

1726 b e p r ä g t : durch das Aufdrücken des Wachssiegels.

1729 W a c h s u n d L e d e r : die mit dem Wachssiegel versehene pergamentene (lederne) Urkunde hat größere Geltung als die in Wahrheit treue Gesinnung.

1739 F r a t z e : eigentlich verzerrtes Gesicht; hier: sinnlose Äußerlichkeit.

1740 B l u t : Die Zauberkraft des Blutes ist uraltes Sagengut. Es ist anzunehmen, daß Faust während dieser Worte den Vertrag unterschreibt und daß ihn dann Mephisto zu sich steckt.

1770 Während die Verse 1530–1769 erst um 1800 entstanden sind, beginnt hier das bereits im »Fragment« um 1790 veröffentlichte Stück.

1774 e r w e i t e r n : Ähnlich heißt es z. B. in Goethes »Prometheus«: »Vermögt ihr euch auszudehnen, zu erweitern zu einer Welt?«

1779 S a u e r t e i g : hier Beispiel von etwas schwer Verdaulichem.

1789 ff. Was Faust alles will, ist nach Mephistos Auffassung unvereinbar; nur ausschweifende Dichterphantasie könnte einen solchen Übermenschen schaffen, aber auch er würde Mephisto nur zum Spott reizen. Vgl. V. 1347.

1792 E h r e n s c h e i t e l : auf euch, die ihr sowieso schon mit Ehren überhäuft seid.

1805 d r i n g e n : drängen; beide Formen wechselten zu Goethes und Schillers Zeiten.

1808 S o c k e n *.

1820 ff. Mein Besitztum reicht weit über meine bloße Körperlichkeit. Darum: Nicht nur, was aus meinem Innern quillt, auch das, was ich mir von der Außenwelt zunutze mache, vermag meinen Daseinsgenuß zu steigern.

1824, 1827. s e c h s H e n g s t e – v i e r u n d z w a n z i g B e i n e : Für die Dauer der Fahrt, geschehe sie nun im eigenen oder gemieteten Wagen, vermehren die Pferdekräfte meine eigene Kraft.

1838 W a n s t : der Wohlbeleibte, der im ewigen Einerlei sein Genügen findet.

1855 u n b e d i n g t : ohne Bedingung, also auch ohne den Vertrag, wie er eben geschlossen worden ist.

1861 U n b e d e u t e n h e i t : von Goethe gebildet, z. B. nach »Belesenheit«.

1868 ff. Die S c h ü l e r szene steht bereits im »Urfaust«, doch ist sie vielfach geändert, insbesondere gemildert worden; die ältere Fassung tritt erst von V. 1896 ff. an deutlicher hervor.

1868 S c h ü l e r : dasselbe wie im Urfaust »Student«; Sprachgebrauch des 16. Jhs.

1898 ff. Vgl. Goethes Schema vom 11. April 1800 »Dumpfes war-

mes [wissenschaftliches Streben] – Schüler« (s. Einführung
S. 114).

1911 ff. C o l l e g i u m   L o g i c u m * : Vgl. Goethes Erinnerungen an sein Leipziger Collegium philosophicum in »Dichtung
und Wahrheit«.

1913 s p a n i s c h e r   S t i e f e l : Folterwerkzeug, das die Beine
mittels eiserner Schienen zu unerträglicher Qual zusammen-
preßt.

1923 ff. W e b e r - M e i s t e r s t ü c k : Der Sinn ist, daß der
schaffende Geist das Ganze auf einmal übersieht und hand-
habt, während der kleine Geist von der Betrachtung des Einzelnen nie zum Ganzen gelangt.

1940 E n c h e i r e s i n : griech. Wenfall zu Encheiresis*.

1959 P a r a g r a p h o s : (Wenfall der Mehrzahl zu paragraphus*.) Die Vorlesungen der Professoren waren damals vielfach nichts anderes als mündliche Erläuterungen der Abschnitte eines Lehrbuches.

1973 Die Gesetze haben oft noch Geltung, wenn sich die Voraussetzungen für sie längst geändert haben. Dann schaden
sie aber mehr, als sie nützen, und so empfindet der Enkel
als Unsinn, was von den Vorfahren an Gesetzen sinnvoll
erdacht wurde. Im 18. Jh. wurde der Gegensatz von positi-
vem und natürlichem Recht lebhaft erörtert.

1997 ff. Der Haß gegen den Gebrauch von Worten ohne Inhalt
sowie gegen Systeme und Theorien verband Goethe mit
Hamann und Herder.

2014 In Mephistos Munde frevelnder Hohn.

2019 n o c h : im Vergleich zu andern, oder auch: als noch junger
Mann.

2039 g r ü n   deutet auf Lebensfrische,   g o l d e n   auf echten
Glanz.

2042 Von Eurer Weisheit so viel zu hören, bis ich auf den Grund
komme.

2045 Stammbücher zu führen und berühmte Leute einschreiben zu
lassen, war zu Goethes Zeiten allgemeine Sitte.

2048 E r i t i s * : Damit verlockt schon die Schlange im Paradiese
die Menschen zur Sünde. Vgl. Lucifer*.

2052 Vordeutung auf die in der Gretchen-Tragödie des 1. Teils
verkörperte kleine Welt und auf die im 2. Teil des »Faust«
dargestellte große Welt.

2069 F e u e r l u f t : 1783 erprobten die Brüder Montgolfier den
durch erhitzte Luft emporgetragenen Ballon, der nach seinen
Erfindern Montgolfière genannt wurde.

Auerbachs Keller

Prosafassung handschriftlich bereits im »Urfaust«; in Versform gedruckt im »Fragment« von 1790, dann im »Faust«, 1. Teil, 1808.

Goethes Brief an die Gräfin Auguste Stolberg, 17. September 1775, führt das Bild der vergifteten Ratte aus; auf dem Züricher See schrieb Goethe am 15. Juni 1775 in ein Heft: »Ohne Wein kann's uns auf Erden nimmer wie dreihundert werden.« Rohes Studententum konnte Goethe auch im galanten Leipzig (1765–68) kennenlernen. Die Späße erinnern an Shakespeares Falstaff-Szenen, dessen Wortwitze besonders in Goethes Straßburger Freundeskreis (1771) gern nachgeahmt wurden. Somit gehört die Szene zu den ältesten Bestandteilen des »Faust«. Doch sind die Lieder wohl später eingelegt worden.

Altes Sagengut sind: der weinspendende Tisch, der Weintraubenzauber, der Faßritt. Den Faßritt verlegt zuerst ein Zusatzkapitel zum Faustbuch von 1589 nach Leipzig, noch ohne Angabe eines bestimmten Weinkellers. Erst etwa 1625 sind die auf jene Zaubereien deutenden Bilder in Auerbachs Keller gemalt. Goethe lernte sie in seiner Studienzeit kennen, zumal sein Freund Behrisch in Auerbachs Hof wohnte.

Im »Urfaust« vollzieht Faust die Taschenspielerkünste noch selbst. Sie werden bereits im »Fragment« von Mephisto übernommen; Faust erscheint damit noch deutlicher als der von dem albernen Treiben Angewiderte und darum hier nicht zu Befriedigende.

Die Namen der Studenten sind sogenannte Biernamen: *Frosch* bedeutet Fuchs im ersten, *Brander* Brandfuchs im zweiten Semester, *Altmayer* alter Herr (Urfaust: »Alten«).

2082 R u n d a : nach einem alten Kehrvers »Runda dinella«, ein Rundgang in der Kneipe.

2090 Späße über das römische Reich zu Goethes Zeit allgemein.

2098 f. Derber Kneipscherz, bei dem durch eine Mannheitsprüfung verhindert werden sollte, daß etwa wieder eine Päpstin Johanna auf den Thron kam.

2101 Frei nach einem Volkslied des 16. Jh.s.

2113 B o c k : ein Teufel. *Hexenküche* und *Walpurgisnacht* klingen im voraus an.

2138 t ä t : altertümelnd; vgl. mhd. têt.

2172 k l e i n P a r i s : 1745 nennt Trömer in seinem »Teutsch-Franços« Berlin »Klehn Pariß«; auf Leipzig findet sich die Bezeichnung zuerst 1768 angewendet.

2176 W ü r m e r , N a s e : vom ärztlichen Kunstgriff auf die Fähigkeit übertragen, Geheimnisse zu entlocken.

2180 s c h r a u b e n : bildlich in Erinnerung an die Daumenschrauben, die die Henkersknechte so lange anzogen, bis vom Beschuldigten die gewünschten Geständnisse erpreßt worden waren.

2184 Hinken des Teufels nur hier erwähnt; weder im »Urfaust« noch im »Fragment« hinkt Mephisto, im »Fragment« wird der Pferdefuß erwähnt. Erst um 1800 bringt Goethe solche volkstümlichen Züge herein. V. 2490, 2499, 4065, 6340, 7150, 7738.

2184 W a s : wozu?

2207 ff. F l o h l i e d : In der »Deutschen Chronik«, April 1774, erschien die Fabel »Der Hahn und der Adler« von Schubart, beginnend: »Ein Fürst war einem Hahnen hold«; durch diese Hofsatire ist Goethe angeregt worden.

2214 S o h n : reimt sich auf *Floh*, sobald man dem Wort nach Frankfurter Mundart Nasenklang gibt.

2257 s c h a f f t [...] a n : süddt., schafft herbei.

2272 F r a n z e : ältere Form für Franzose.

2284 ff. T r a u b e n : Kinderreime nach Art der »Kinderpredigten«.

2300 f r e u n d l i c h : nur für Mephisto.

2312 v o g e l f r e i : geächtet; darf ungestraft getötet werden.

2332 M e i n : ergänze »Gott«.

Hexenküche

Entstanden im Frühjahr 1788 zu Rom im Garten der Villa Borghese. Gedruckt zuerst im »Fragment« von 1790.

Der kaum fünfundzwanzigjährige Dichter des »Urfaust« hatte seinen Helden bedeutend älter als sich selbst, aber immerhin noch nicht alt gedacht. Mit Goethes eigenem Reifen schob sich auch Fausts Alter hinaus. So faßte der italienische Goethe ihn als einen schwermütigen Mann vorgerückten Alters auf. Ein solcher aber bedurfte der Verjüngung, um die Welt, in die ihn Mephisto einführen will, genießen zu können.

Die Vorstellungen der *Hexenküche* sind dem mittelalterlichen Aberglauben entnommen. Vorbilder gaben auch Maler wie Teniers, Brouwer, Breughel, Hemskerk, die Goethe ja bereits in Dresden kennengelernt hatte, vor allem auch ein Kupferstich von Michael Herr, den Blocksberg darstellend. Das ganze Zauberwesen – mit den zwar an allerlei Sinnvolles anklingenden, von Goethe selbst aber als »dramatisch-humoristischer Unsinn« charakterisierten »*Katzen*gesprächen« – wird durch Mephistos aufgeklärte Bemerkungen ironisch parodiert. M. Schaginian (s. S. 374) »erklärt sich die ganze ›zauberische‹ Geschichte als Versinnbildlichung einer sehr realen, wissenschaftlich begründeten Prozedur aus der Heilkunde,

und die ganze ›Zauberei‹ löst sich in ihr völliges Gegenteil auf«.
(Zu Herrs Kupferstich vgl. S. 93 und 202).

2349 B u c h : bildlich wie »auf einem andern Blatt«; doch vgl.
auch 1. Mose 3,17 ff.

2358 R a u b : nach Phil. 2,6, doch mit anderem Sinn: nicht für
unrecht, für gering, für unangemessen ansehen.

2366–77 und 2390–93 fehlten noch im »Fragment« von 1790.

2392 B e t t e l s u p p e n : besonders dünne, verlängerte Brü-
hen, wie sie oft in Hospitälern für Arme bereitet werden;
übertragen angewendet auf gehaltlose Unterhaltungsschrif-
ten, wie sie für weite Leserkreise herausgegeben wurden.
(Vgl. Goethe am 26. 7. 1797 an Schiller.)

2399 b e i S i n n e n : Als Reicher würde ich auch für klug gelten.

2416 Schon im Altertum glaubte man, mit dem Blick durch ein
Sieb Geheimnisse enthüllen zu können.

2429 B i l d : Gemälde von Tizian zu Florenz oder Giorgione
zu Dresden schwebten Goethe vor. Bereits die mittelalterliche Sage kennt den Zauberspiegel, der die Geliebte erscheinen läßt.

2441 Vgl. 1. Mose 1,31.

2450 ff. mit B l u t d i e K r o n e z u l e i m e n : Anspielung auf die politische Situation in Frankreich nach der sog.
Halsbandgeschichte, einer für die Monarchie blamablen Kor-
ruptionsaffäre.

2464 a u f r i c h t i g e P o e t e n : insofern sie offen zugeben,
beim Reimen (V. 2455, 2460) zufällig auch auf Gedanken
gekommen zu sein. Verspottung dichtender Zeitgenossen.

2490 P f e r d e f u ß : Vgl. zu V. 2184.

2491 R a b e n : eigentlich Wodans Begleiter. Auch V. 10 664,
10 711, vor 10 742.

2500 b e i L e u t e n : in der Gesellschaft.

2513 G e b ä r d e : Goethe bestimmte später, daß der Schauspieler sich hierbei aufs Hinterteil zu schlagen habe.

2518 s c h a f f t : (oberdt.) befehlt.

2526 u n v o r b e r e i t e t : Die Todesgefahr soll durch das Drum
und Dran der Zaubereien abgewehrt werden.

2540 ff. *Hexen-Einmaleins* : Angeregt wurde Goethe vielleicht
durch Verse aus einem Büchlein »Alchimistisches Siebenge-
stirn«, Frankfurt 1756. Im Volksaberglauben galten seit sehr
alter Zeit die magischen Zahlenquadrate als zauberkräftig.
Die ersten sieben Quadrate mit den Feldzahlen 9, 16, 25,
36, 49, 64 und 81 waren besonders wichtig und hießen »Pla-
netensiegel«: Sigilla Saturni, Jovis, Martis, Solis, Veneris,
Mercuris, Lunae. Im *Hexen-Einmaleins* ist ein Sigillum Sa-

turni versteckt; wenn man aus den Zahlen 1, 2, 3 im Sinne des Spruches verfahrend 10, 2, 3 bildet, ist man *reich*: man hat die Quersumme 15. Beachtet man das Hexenrezept für die Zahlen 4, 5, 6 und *macht* daraus 0, 7, 8, so ergibt sich wieder die Quersumme 15, *»so ist's vollbracht«;* denn die fehlenden drei Ziffern sind nun leicht so einzusetzen, daß bei waagerechter wie senkrechter Zusammenzählung immer die Summe 15 erscheint. Die beiden letzten Verse beziehen sich auf die notwendigen Felderzahlen, aus denen das *Hexen-Einmaleins* zu bilden ist.

10	2	3	15
0	7	8	15
5	6	4	15
15	15	15	

Eine mit Hilfe mittelalterlicher Symbolzahlen versteckte, ironische Antwort Goethes an Frau v. Stein über sein Verhältnis zu ihr versucht S. Streller im Hexen-Einmaleins nachzuweisen (Sinn u. Form 1957, Heft 6).

2561 D r e i und E i n s : Mephisto verspottet den Dreieinigkeitsglauben.

2575 C h o r : sächlich wie V. 3992, 4331 und zu Goethes Zeit allgemein.

2581 G r a d e : Gemeint sind die akademischen Grade, z. B. Magister, Doktor, Professor; auch bei studentischen Trinksitten verwendet.

2591 Die Hexe wendet sich an Faust. Das unanständige Lied soll die sinnliche Wirkung des Tranks steigern.

2601 M u s t e r : wie V. 6185 Ideal; Inbegriff weiblicher Schönheit.

2604 H e l e n e n * : Goethe betont hier, wie auch V. 6197, die erste und dritte Silbe, sonst die zweite, vgl. V. 7484 f., 8614.

Gretchen-Szenen

Bereits im »Urfaust«, also bis 1775 entstanden. Die *Kerker*szene hier allerdings noch in Prosa. Das »Fragment« von 1790 schloß bereits vorher ab, und zwar mit der Szene im *Dom*. Es brachte aber neu: *Wald und Höhle*. Erst 1808 erschienen *Valentins* Tod sowie die *Walpurgisnacht*. Goethe erwog später noch eine Art Einleitung zu diesen Szenen: »Kleine Reichsstadt. Das anmutige

Beschränkte des bürgerlichen Zustands. Kirchgang. Neugetauftes
Kind. Hochzeit.«
Von einem verlassenen Mädchen berichtet der Brief vom 12. August 1771 des 1774 gedruckten »Werther«. Am 14. Januar 1772
wurde in Frankfurt mit dem Schwert hingerichtet die Magd Susanna Margarethe Brandt, die am 1. August 1771 ihr neugeborenes
Kind »um der Schande und des Vorwurfs der Leute« willen getötet hatte. An der aufsehenerregenden Verhandlung wirkten amt-
lich auch Verwandte und Bekannte von Goethes Familie mit. Eine
Teilabschrift der Akten findet sich im Nachlaß von Goethes Vater.
Vgl. Kindesmörderin*.

G r e t c h e n : beliebter Name im Märchen und Volkslied. Im
      »Urfaust«: »Margarethe«, »Margrethe«, »Margareth«, »Gret-
      gen«. Jetzt: *Margarete* in den heiteren, *Gretchen* in den ern-
      sten Szenen; *Margretlein* (V. 2827), *Gretelchen* (V. 2873).
      Vgl. S. 92 f.
H e i n r i c h 3414, 3500, 4610: Der historische Faust heißt
      Georg, der der Sage Johann; vgl. S. 13. Heinrich heißt z. B.
      Agrippa* von Nettesheim. Vgl. auch die Namenstage: 12. Juli
      Heinrich, 13. Juli Margarete (dazu Scherer, a. a. O. S. 32
      bis 46).

Straße

2605 F r ä u l e i n : früher Adelsbezeichnung; vgl. V. 2906, 3020;
      sonst Jungfrau, V. 3018. Die Anrede rechnet, allerdings
      fälschlich, mit der Eitelkeit der Angesprochenen.
2619 D i r n e : Vgl. zu 828.
2623 S t u h l : Beichtstuhl.
2628 H a n s : wie Hans Narr; auch V. 2190, 2727, 7711.
2630 d ü n k e l t i h m : er bildet sich ein; Verschmelzung von
      Dünkel und sich dünken. Vgl. V. 6748.
2633 L o b e s a n : So werden seit dem 17. Jh. pedantische Ge-
      lehrte spottweise genannt; ursprünglich nicht Hauptwort und
      Eigenname, sondern nachgestelltes Beiwort.
2647 g r a d e : geradezu, ohne weiteres.
2650 B r i m b o r i u m * : umständliches Gerede und Getue.
2652 w e l s c h e G e s c h i c h t : erotische Erzählungen aus
      Frankreich und Italien.
2654 S c h i m p f *.
2661 f. Vgl. Goethes Gedicht »Lebendiges Andenken«.
2664 f ö r d e r l i c h u n d d i e n s t l i c h : nach der Erklä-
      rung Luthers zum 9. Gebot; aus der Hof- und Amtssprache.

Abend. Ein kleines reinliches Zimmer

Vor 2678 **a u f b i n d e n d** : die geflochtenen Zöpfe um den Kopf legend und so befestigend.

2681 **e d e l** : vornehm, vom Kleinbürgertum aus gesehen; wie V. 2792.

2686 **r e i n** : 2705 reinlich, bei Goethe zugleich auf innere Reinheit deutend.

2694 **K e r k e r   w e l c h e   S e l i g k e i t** : Gretchens Welt atmet den von Faust vergebens gesuchten Seelenfrieden, und doch würde er sie auf die Dauer als Gefängnis empfinden.

2699 **h e i l' g e r   C h r i s t** : Weihnachtsgeschenk.

2702 Satzbau: »*Ich fühl* [. . .] *säuseln* [. . . und] *sogar* [. . .] *kräuseln,*«

2706 **S a n d** : Zur Reinhaltung wird ungestrichener Fußboden gern mit weißem Sand bestreut.

2712 ff. **e i n g e b o r e n** : das in die Körperlichkeit hineingeborene himmlische Wesen des Menschen läßt den irdischen Leib sich allmählich zum Ebenbild Gottes entfalten.

2716 **E n t w i r k t e   s i c h** : Das Bild ist der Weberei entnommen, wo beim Wirken ganz allmählich das fertige Muster entsteht; auch die Natur läßt in ihrem Auf- und Ab- und Hin- und Herweben schließlich die Gottheit offenbar werden. Vgl. V. 502 ff.

2727 **D e r   g r o ß e   H a n s** : wie Prahlhans oder Faselhans, vgl. V. 2628.

2730 **k e h r e** : kehre zurück (Sprache des jungen Goethe).

2732 **w o   a n d e r s   h e r g e n o m m e n** : also nicht, wie in V. 2676 beabsichtigt war, als herrenloses Gut ausgegraben, sondern gestohlen.

2736 **e i n e   a n d r e** : Im »Urfaust« schrieb Goethe: »eine Fürstin«.

2744 Verbinde mit V. 2746 f.: *Ich* [. . .], *reib an den Händen* [. . .] *um* [. . .] *zu wenden*. Händereiben als Zeichen angestrengten Überlegens.

2759 ff. **K ö n i g   i n   T h u l e ***: Diese Romanze, die 1774 unabhängig vom »Faust« entstanden ist, kennen wir in drei Fassungen. *Margarete* denkt beim Singen des Liedes, das sie wohl in der Kinderzeit kennengelernt hat, kaum an seinen Inhalt.

2761 **B u h l e ***.

2765 Vgl. Joh. 11,35; als Zeichen tiefer Ergriffenheit.

Spaziergang

Vor 2805 S p a z i e r g a n g : so verdeutscht Goethe das im
»Urfaust« gebrauchte Wort »Allee«; es bezeichnet also einen
besonders von Spaziergängern benutzten Weg.
2823 ff. Als Kirchenfeind verwendet Mephisto die folgenden Kir-
chen- und Bibelworte im höhnischen Sinne.
2823 f. Spr. 10,2: »Unrecht Gut hilft nicht.«
2826 Offb. 2,17: »Wer überwindet, dem will ich zu essen geben
von dem verborgenen Manna.«
2828 g e s c h e n k t e r G a u l : nach dem Sprichwort: ›Einem
geschenkten Gaul schaut man nicht ins Maul.‹ Geschenktes
prüft man nicht so wie etwa Gekauftes oder zu Kaufendes.
2835 Offb. 21,7: »Wer überwindet, der wird es alles ererben.«
2851 f. D e n k t [...] a n d e n , d e r ' s i h r g e b r a c h t :
Gretchen denkt wohl nur darüber nach, wer es ihr gebracht
haben mag. Nach V. 2893 hat sie ja noch gar keine Vermutung in bezug auf den Spender, sie traut ihm, nach V.
2829 f., nur keine böse Gesinnung zu.
2859 w i e B r e i : zäh, schwerfällig.

Der Nachbarin Haus

2865 Für die Zuschauer berechnetes Selbstgespräch, wohl nach dem
Vorbild von Hans Sachs' »Der fahrendt Schüler im Para-
deiß«. Alte mannstolle Weiber kommen gleichfalls bei Sachs
häufig vor.
2868 S t r o h : Sie fühlt sich als Strohwitwe – das Wort kommt
im 18. Jh. auf –, noch nicht als richtige Witwe. Bettstroh ist
in früherer Zeit noch nicht Zeichen der Armut.
2872 T o t e n s c h e i n : Dichterische Vorausnahme einer Ein-
richtung, die zur Zeit des geschichtlichen Faust noch nicht
vorhanden war.
2873 G r e t e l c h e n : in Frau Marthens Mund Ausdruck über-
triebener, gemachter Zärtlichkeit.
2890 d e n L e u t e n : Wemfall nach frz. Sprachgefühl.
2893 f. fehlt noch im »Urfaust«.
2897 B i n s o f r e i : süddt., ich gestatte mir.
2898 e r b e t e n : erbitten. Diese Form findet sich nach Goethe
nicht mehr.
2925 P a d u a * : für Marthe nicht nachprüfbar.
2928 Z u m : an einer zum Ruhebett geweihten Stätte.
2933 S c h a u s t ü c k : eine wertvolle Münze, die sich zur Schau
tragen läßt.
2950 E s g i b t s i c h a u c h : Es wird schon auch so gehen.

2953 **a l s   C h r i s t :** versehen mit den Sterbesakramenten; hier höhnisch gemeint.

2954 **a u f   d e r   Z e c h e   h a b e n :** schuldig sein. Das Bild ist genommen von den Trinkschulden.

2981 **F r ä u l e i n :** ein ›fahrendes Fräulein‹, Herumtreiberin. Gegensatz zu V. 2605.

2984 Er hat sich durch den Verkehr mit ihr eine unheilbare Krankheit – auch ›mal de Naples‹ genannt – zugezogen.

2995 ff. Vier verhängnisvolle ›W‹.

3012 **W o c h e n b l ä t t c h e n :** Die Zeitungen veröffentlichten regelmäßig Auszüge aus den Kirchenbüchern bereits zu Goethes Zeit, nicht aber im 16. Jh. Vgl. auch Totenschein V. 2872.

3013 Matth. 18,16: »Auf daß jegliche Sache stehe auf zweier oder dreier Zeugen Mund.«

Straße

3025 **f ö r d e r n :** vorwärtsgehen.

3040 **D a   w ä r t   I h r ' s   n u n :** nämlich am Ende mit Eurer Gescheitheit und Gewissenhaftigkeit.

3043 ff. Diabolische Anspielung auf Fausts kontemplative *Schau* bei dessen Begegnung mit *Makrokosmus*, *Erdgeist* und Johannes-*Evangelium*. Faust hat den Scheincharakter seiner im letzten unbefriedigenden und enttäuschenden Imaginationen selbst immer wieder erfahren müssen und als ›Einbildungen‹ durchschaut.

3051 ff. Du würdest mich mit Recht einen Sophisten* nennen dürfen, wenn ich nicht tiefer sähe und wüßte, daß du morgen, d. h. bald, mit gleicher Einbildungskraft deinem Gretchen unhaltbare Dinge versprechen wirst, um sie dir gefügig zu machen.

3065 **e w i g :** Faust will damit die **S t ä r k e** seines Liebesgefühls ausdrücken. Gretchen wird und muß aber nach dem Sprachgebrauch das Wort **z e i t l i c h** nehmen und wird sich dadurch irreführen lassen. Sie ist also, auch wenn es nicht in Fausts Absicht liegt, tatsächlich betört, und Mephisto hat V. 3067 wirklich recht. Vgl. zu 3192 f.

3072 **m u ß :** Der übermächtige Trieb macht ihn willensunfrei, der Wahrheitsucher muß sich zum Meineidigen erniedrigen, nur um das augenblicklich Begehrte zu erlangen. Deswegen muß er dem Mephisto recht geben und ihm damit das letzte Wort behalten lassen.

Garten

Der Dichter verzichtet darauf, das Eintreten Fausts und Mephistos, ferner die falsche Beglaubigung von Herrn Schwerdtleins Tod sowie das V. 3163 ff. vorausgesetzte Zusammentreffen von Faust und Gretchen auf der Bühne vorzuführen. Er überläßt alles dies der Einbildungskraft der Zuschauer und bringt nur den entscheidenden Schluß des Beisammenseins.

3083 s c h a f f e n : oberdt., arbeiten.

3089 r a s c h : Jugendjahre werden rasch gelebt.

3097 Euch ist geläufig, Höflichkeiten zu sagen und zu erweisen.

3098 h ä u f i g : Freunde in Haufen, in Menge.

3149–52 Diese Verse stehen erst in der Ausgabe von 1808. Vgl. dazu Grumach in: Goethe Bd. XX (1958) S. 45 ff.

3155 f. Das Sprichwort ›Eigner Herd ist Goldes wert‹ ist hier verbunden mit Spr. 31,10: »Wem eine tüchtige Frau beschert ist, die ist viel edler als die köstlichsten Perlen.«

3168 j ü n g s t : nach den bisherigen Zeitangaben der Dichtung ›gestern‹.

3174 h a n d e l n : verfahren.

3176 b e g o n n t e : begann; die schwache Vergangenheitsform bis ins 18. Jh. allgemein.

3179 S t e r n b l u m e : etwa Maßliebchen, Bellis perennis.

3192 f. e w i g : Hier fällt das V. 3065 vorgedeutete verhängnisvolle Wort.

Vor 3195 l ä u f t   w e g : Ausdruck der Gefühlsverwirrung.

3198 n i e m a n d   n i c h t s : verstärkende Verdoppelung der Verneinung wie V. 3488, 3695.

3203 S o m m e r v ö g e l : oberdt., Schmetterlinge.

Gartenhäuschen

3206 d i c h : Noch V. 3180 sagt Gretchen ›*Ihr*‹.

Wald und Höhle

Dem »Urfaust« entstammen nur die Verse 3342–69. Sie folgen im Urfaust auf der jetzigen Verszeile 3650–59 der Valentin-Szene. Diese endete mit unserem V. 3369, enthielt also noch nicht *Valentins* Tod. Außerdem folgte sie erst auf die Szene *im Dom*. Faust steht im Urfaust also vor einem neuen Besuch bei dem inzwischen bereits verführten Gretchen. – Das Selbstgespräch Fausts V. 3217 ff. entstand in der italienischen Zeit. Es erscheint im Fragment von

1790, mit den Versen 3342–69 durch ein längeres Zwiegespräch verbunden, zwischen der Szene *am Brunnen* und der *im Dom*, also nach der Verführung. – Im Druck von 1808 rückte Goethe die Szene an die jetzige Stelle, offenbar weil das Selbstgespräch mit seiner feierlich-friedlichen Stimmung im Munde des noch nicht schuldigen Faust verständlicher erschien.

3217 f. ist zu verbinden mit 3240 f.: *Du gabst mir zwar alles – aber, daß dem Menschen nichts Vollkommnes wird.*

3217 G e i s t : Vgl. Erdgeist* und Lucifer*.

3218 n i c h t   u m s o n s t : nicht, ohne daß es mir zum Gewinn geworden ist.

3219 i m   F e u e r : 2. Mose 3,2 erschien Gott im feurigen Busch.

3220 K ö n i g r e i c h : Faust, der die Natur früher (V. 455) vergebens zu fassen suchte, hat sie sich jetzt durch Wesensschau zu eigen gemacht.

3226 B r ü d e r : ähnlich im Sonnengesang des Franziskus; auch Herder, »Älteste Urkunde«: »Menschen und Tiere sind Brüder.«

3235 ff. M o n d : Auch die Sehnsucht von V. 392 ff. ist erfüllt.

3238 s i l b e r n : Die mondbeleuchteten Nebel erscheinen als Naturgeister.

3239 L u s t : Das philosophische Nachdenken (V. 3233 ff.) ist zwar Genuß, aber ein herber; es wird milder im Anblick der herrlichen Natur.

3248 j e n e s : das Frauenbild der Hexenküche (V. 2429, 2600), das aber mit dem Gretchens verschmilzt (V. 3327).

3271 a b s p a z i e r t : Nach V. 781 ff. und 1584 f. schienen es jedoch nicht teuflische Kräfte, die Faust vom Selbstmord zurückhielten.

3273 s i c h   v e r s i t z e n : Vgl. verliegen; so lange sitzen, bis du zugrunde gehst.

3277 d e r   D o k t o r : sollte Faust bereits in der Hexenküche ausgetrieben worden sein.

3287 s e c h s   T a g e w e r k : Ergänze nach 1. Mose 1 Gottes; die gesamte Schöpfung.

3291 G e b ä r d e : deutet auf sinnlichen Liebesgenuß auf Kosten Gretchens; wie V. 3314, 3363.

3297 I h m : spöttisch ehrende Anrede in der dritten Person.

3300 a b g e t r i e b e n : wie ein Tier durch seinen Treiber und darum ganz erschöpft.

3303 d a d r i n n e : Mephisto deutet wohl nach der Stadt zu, in der Gretchen wohnt.

3313 a f f e n j u n g : Vgl. *Grasaff* V. 3521; noch hilflos, mit sich selbst noch nichts anzufangen wissend.

3318 V ö g l e i n : Das Liebeslied findet sich bereits in Herders
»Volksliedern«.

3326 v o n   h i n n e n : Matth. 4,10: »Hebe dich weg von mir,
Satan!«

3335 Wenn sie den Gekreuzigten küßt oder das Abendmahl genießt.

3337 Z w i l l i n g s p a a r : Hohesl. 4,5 nach der Übersetzung
des jungen Goethe: »Deine beiden Brüste sind wie Reh-
zwillinge, die unter Lilien weiden.«

3340 f. G e l e g e n h e i t   z u   m a c h e n : Der Lästerer Mephisto stellt Gott selbst, zu dessen Weltplan ja die Vereinigung
der beiden Geschlechter gehört, als Gelegenheitmacher und
damit als Kuppler hin.

3346 L a ß   m i c h   [...]   e r w a r m e n : Selbst wenn ich er-
warmte, würde ich doch immer ihre Not fühlen.

3348 d e r   U n b e h a u s t e : ohne Behausung, heimatlos.

3353 ff. A l p e n : Nachklang von Goethes Alpenreisen.

3355 k l e i n e   W e l t : Diese Welt Faust erleben zu lassen,
sollte nach Goethes erst im »Fragment« ausgesprochenem
Plan (V. 2052) der eine Teil der Führung sein, die Mephisto
mit Faust beabsichtigt.

3371 e i n g e t e u f e l t : Wortbildung nach ›eingefleischt‹; Sinn
hier: zum Teufel geworden.

Gretchens Stube

Hier die Wirklichkeit zu Mephistos verspottender Schilderung,
V. 3303 ff., 3315 ff.

Marthens Garten

3415 Angst, den inneren Halt zu verlieren, und Sorge um das
Seelenheil des Geliebten lösen die Religionsfrage aus.

3415 ff. Kestner über Goethe, 18. November 1772: »Er ist nicht,
was man orthodox nennt. Jedoch nicht aus Stolz oder Ka-
price oder um etwas vorstellen zu wollen. Er äußert sich
auch über gewisse Hauptmaterien gegen wenige; stört andere
nicht gern in ihren ruhigen Vorstellungen. Er haßt zwar den
Skeptizismus, strebt nach Wahrheit und nach Determinierung
über gewisse Hauptmaterien, glaubt auch schon über die
wichtigste determiniert zu sein; soviel ich aber gemerkt, ist
er es noch nicht. Er geht nicht in die Kirche, auch nicht zum
Abendmahl, betet auch selten. ›Denn‹, sagt er, ›ich bin dazu
nicht genug Lügner.‹ Vor der christlichen Religion hat er
Hochachtung, nicht aber in der Gestalt, wie sie unsere Theo-

logen vorstellen. Er glaubt ein künftiges Leben, einen besseren Zustand. Er strebt nach Wahrheit, hält jedoch mehr vom Gefühl derselben als von ihrer Demonstration.«

3422 a u f   d i c h   k ö n n t e : über dich vermöchte.

3431 M i ß h ö r : Verstehe mich nicht falsch. Goethe bildet auch *mißwollen, mißbilden, mißblicken*.

3436 u n t e r w i n d e n : Sprachgebrauch Luthers, z. B. Apg. 19,13, etwas unternehmen, was eigentlich nur Höheren zusteht.

3451 d a v o n : von all dem Geheimnisvollen, das ich angedeutet habe.

3457 N a m e   i s t   S c h a l l : Vgl. 3061; ähnlich 553, 1328, 1996 ff., zu 1224 ff.

3463 f. T a g e – S p r a c h e : reimt sich in Frankfurter Mundart.

3483 s o l c h e   K ä u z e : sprichwörtlich für Menschen solcher Art.

3490 m a g : altertümlich, kann.

3521 G r a s a f f *.

3524 I h n e n : Anrede nach frz. Vorbild, dagegen *Er*. V. 3299.

3536 S p o t t g e b u r t : Misch- und Mißerzeugnis aus niedrig irdischen und höllischen Bestandteilen. Vielleicht auch ›Karikatur‹.

3539 M ä s k c h e n : Maske, Larve, angenommenes Gesicht.

3540 G e n i e *.

Am Brunnen

Vor 3544 B r u n n e n : der Treffpunkt der wasserholenden Mädchen in Dörfern und kleinen Städten.

3547 s i c h   b e t ö r t : Sie hat sich betören lassen, ist also letzten Grundes selbst daran schuld.

3559 G e s c h e n k e   a n n e h m e n : Vgl. Gretchens Verhalten, V. 2828 ff., 2873 ff.

3569 K i r c h b u ß : Zwar nicht diese Form, wohl aber die öffentliche Bloßstellung mit Worten von der Kanzel her bestand noch zu Goethes Zeit. Schon 1763 sahen die Weimarischen Landstände darin die Hauptursache der Kindermorde. 1781 sprach Goethe in Weimar im Konzil dagegen und erreichte am 15. Mai 1786, übrigens gegen Herders Willen, ihre Aufhebung.

3575 f. K r ä n z e l : Mädchen, die sich dem Verlobten zu früh hingegeben hatten, wurden beim Polterabend und beim Kirchgang verhöhnt. Sie durften keinen Myrtenkranz tragen. Wagten sie es doch, wurde er ihnen heruntergerissen.

Auch hing man ihnen einen Strohkranz vor die Tür und streute Häcksel statt Blumen.

3578 f e h l e n : einen Fehler begehen, Fehltritt tun.

3581 s c h w ä r z t ' s : Wenn ich das für schwarz Gehaltene noch schwärzer gemacht hatte, schien es mir immer noch nicht schwarz genug.

3583 s e g n e t m i c h : Ich schlug ein Kreuz über mir, zum Ausdruck des Dankes und Stolzes, daß ich nicht war wie andere. Also Zeichen selbstgerechter, liebloser Überhebung über die Unglücklichen. Vgl. das Gebet des Pharisäers, Luk. 18,11.

3584 b l o ß : Ich stehe der Sünde ohne Deckung gegenüber. Das Bild ist aus der Fechtersprache genommen.

3586 Gretchen fühlt sich zwar sündig, bereut aber weder Tat noch Beweggründe. Alles ist schicksalhaft über sie gekommen.

Zwinger*

Vor 3587 M a t e r d o l o r o s a * : Vgl. den Gegensatz zu *Mater gloriosa* am Schlusse des »Faust«, V. 12 069 ff., 12 094.

3587 n e i g e - r e i c h e : reimt sich in Frankfurter Mundart. Vgl. zu V. 3463.

3590 S c h w e r t : Luk. 2,35 »Es wird ein Schwert durch deine Seele dringen.«

3608 S c h e r b e n : Blumentöpfe, Blumenäsche.

Nacht. Straße vor Gretchens Türe

Bereits im »Urfaust« finden sich V. 3620–59 (ausgenommen V. 3646–49). Das Folgende (V. 3660 ff.) seit 1800 hinzugedichtet und abgeschlossen am 29. März 1806. Doch gehört *Valentins* Ermordung wohl schon zum ursprünglichen Plan und ist nur später erst ausgeführt worden.

3621 s i c h b e r ü h m e n : sich rühmen.

3622 F l o r * : ein Blütenkranz von Mädchen.

3624 v e r s c h w e m m t : Beim Trinken auf die Gesundheit der einzelnen Mädchen werden die Gläser geleert.

3633 W a s s e r r e i c h t : die würdig wäre, meiner Schwester auch nur Magddienste zu leisten.

3642 S o l l : ich soll.

3644 s c h m e i ß e n : schlagen, hauen; älterer Sprachgebrauch beim jungen Goethe.

3651 f l ä m m e r t : wiederholt flammen, flackern.

3655 s c h m ä c h t i g : schmachtend, begierlich.

3658 t u g e n d l i c h : behaglich, zusammenhängend mit taugen (mhd. tugen); tüchtig.

3664 S c h a t z : Dem Aberglauben nach hebt sich ein verborgener Schatz leuchtend.

3669 L ö w e n t a l e r *.

3673 P e r l e n : bedeuten Tränen. Vielleicht Hindeutung auf Gretchens gegenwärtigen Seelenzustand und zugleich Vordeutung auf ihr künftiges Schicksal. Vgl. V. 4204.

3682 ff. Goethe wurde angeregt durch das von Shakespeares Ophelia (Hamlet IV, 5) gesungene volkstümliche Liebeslied. Die Vorlage ist dabei Schlegels Übersetzung. Diese ersetzt St. Valentin durch St. Kathrin und hat damit wohl den Anlaß zum Namen *Kathrinchen* gegeben. Die zweite Strophe ist Goethes Eigentum. Goethe bekannte sich im Gespräch mit Eckermann am 18. Januar 1825 gegenüber einem Vorwurf Byrons offen zu der Entlehnung.

3699 R a t t e n f ä n g e r *.

3715 B l u t b a n n : als äußere göttliche Gerichtsbarkeit gegenüber der weltlichen. Urteile über Leben und Tod wurden im Namen Gottes gefällt, dem der Teufel natürlich weichen muß.

3737 m e h r e : volkstümlich für mehrere.

3751 b r a v e : altertümelnd für braven.

3752 L e i c h e n : altertümlicher schwacher 3. Fall.

3756 ff. K e t t e : Eine 1765 abgedruckte Frankfurter Polizeiordnung des 16. Jh.s bestimmt: »Es sollen auch die gemeinen armen dirnen und sust [sonst] offentlich bulerin in dieser stadt keine güldener oder vergülte ketten [...] tragen, auch in der kirche in keinem stule steen.«

3769 r e i c h e M a ß : altertümliche weibliche Form.

Dom

Im »Urfaust«: »Dom. Exequien [Totenamt] der Mutter Gretchens.« Die Reihenfolge ist dort: Zwinger, Dom, Valentin; also Gretchens Unglück in dreifacher Steigerung. V. 3789 fehlt noch, weil Valentin noch nicht ermordet ist. In jetziger Fassung fühlt sich Gretchen außer durch ihren Fall noch durch doppelte Blutschuld belastet. Auf wen sich der Gottesdienst *(Amt)* bezieht, läßt Goethe jetzt offen. Der *böse Geist* versinnbildlicht wie 1. Sam. 16,14 die innere Zerrissenheit, das böse Gewissen. Goethe spricht oft von bösen oder rächenden Geistern.

3787 Gretchens Besorgnis wegen gefährlicher Wirkung des Schlaftrunks (V. 3515 ff.) hat sich inzwischen erfüllt. Gretchen gibt sich selbst, nicht Faust, die Schuld (V. 4507, 4571).

3788 P e i n : weil sie ohne Beichte und Sterbesakramente starb.

3789 Erst in der Ausgabe von 1808 hinzugefügt. Vgl. die Vorbemerkung zu »*Dom*«.
3791 q u i l l e n d : diese Form bei Goethe meist.
3798 ff. D i e s [...] f a v i l l a : lat., ›Tag des Zorns, jener Tag
   wird die Welt in Asche lösen.‹ Das siebzehn Strophen umfassende, im Anschluß an Zeph. 1,14–18 entstandene Lied ist im
   13. Jh. von Thomas von Celano wohl nach viel älterem Text
   gedichtet worden. Goethe übernahm die erste, sechste und
   siebente Strophe, doch verwendete er V. 3800 ff. auch andere
   Gedanken daraus.
3813 ff. J u d e x [...] r e m a n e b i t : lat., ›Wenn also der
   Richter Platz genommen hat, wird offenbar werden, was verborgen ist, nichts wird ungerächt bleiben.‹
3825 ff. Q u i d [...] s e c u r u s : lat., ›Was werde ich Elender
   dann sagen, welchen unter den Schutzgeistern anflehen, da
   doch kaum der Gerechte sicher ist.‹
3834 F l ä s c h c h e n : mit Riechsalz zur Verhütung der Ohnmacht, wie es Frauen oft bei sich trugen.

Walpurgisnacht

Faust auch auf den Blocksberg zu führen war wohl geplant schon
vor der *Hexenküche* (V. 2590). Im Grunde ist die Szene ein Nachklang der Harzreise von 1777, 1783, 1784. Ausgearbeitet wurde sie
erst 1799 bis 1806. Besonders sehen wir Goethe damit beschäftigt
Sommer 1799, Ende 1800, Februar 1801, April 1806.
Vorbilder: Zeichnungen von Kraus (1784), Miltons »Verlorenes
Paradies«, vor allem aber ein einzelner Kupferstich. Er stammt
von Michael Herr (geb. 1591, gest. zu Nürnberg 1661), wiedergegeben in: G. Hirth, Kulturgeschichtliches Bilderbuch aus drei Jahrhunderten, Bd. 4, Nr. 1743. »Eigentlicher Entwurf der Abbildung
des gottlosen und verfluchten Zauberfestes.« Oben links Zug
springender, tanzender, liebelnder Männer und Weiber, teils be-
kleidet, teils halb oder ganz nackt. Musiker mit Dudelsack und
Zinken. Oben in Bocksgestalt Satan; mehrere Feuerchen, an einem
vereinzelte Teufelsgruppe; Hexenschwarm in der Luft auf Böcken,
Gabeln, Besen. Hochgericht mit Gehenkten. In der Mitte ein Kes-
sel, den eine bekleidete Hexe anfeuert, dessen Deckel eine nackte
Hexe hebt und mit dessen Dampf wunderliche Gestalten aufsteigen.
Rechts davon Katze. unten Kram, Hand mit Schwert, Totenkopf,
totes Kind, Weiber mit kabbalistischen Büchern sowie mit Krügen
und Flaschen. Rechts hinten tolles Treiben in verfallener Kirche.

Vor 3835 W a l p u r g i s n a c h t : Die Nacht vom 30. April
   zum 1. Mai.

S c h i e r k e u n d E l e n d : Über diese Orte führt einer der vielen Wege zum Brocken aufwärts.

3835 f. B e s e n s t i e l e [...] B o c k : als Reitmöglichkeit allenthalben in der Sage, ebenso wie die Ofengabel, V. 3976.

3866 Mephisto ist hier der oberste Teufel.

3871 ff. W e c h s e l g e s a n g : Der musikalisch etwa auf Tenor, Baß und Sopran verteilte Dreigesang ist grundsätzlich wohl von allen gemeinsam zu singen, nur daß jetzt der eine, dann der andere stärker hervortritt.

3876 S e h : Ich sehe.

3880 s c h n a r c h e n : Vgl. V. 7682; Schnarcher heißen zwei Felsen in jener Gegend.

3898 M a s e r n : knorrige Baumauswüchse.

3903 F u n k e n w ü r m e r : Leuchtkäfer.

3915 M a m m o n *.

3920 ff. Goethe las im Dezember und Januar 1799/1800 Charpentier, »Von den Lagerstätten der Erze«.

3936 ff. W i n d s b r a u t *.

3943 f. S ä u l e n usw.: Stämme der Nadelbäume.

3950 ü b e r t r ü m m e r t : von Trümmern über und über bedeckt.

3962 B a u b o *: Die klassische Gestalt in der nordischen *Walpurgisnacht* bereitet mit vor auf den nordischen *Mephisto* in der *Klassischen Walpurgisnacht*.

3964 E h r e : Lästernde Verwendung von Röm. 13,7: »Ehre, dem die Ehre gebührt.«

3972 g e s c h u n d e n : Die schneller reitende Hexe hat sie derart gestreift, daß ihr die Haut abgeschürft wurde.

3976 Vgl. zu V. 3835.

3977 Das Gedränge der meist trächtigen Hexen führt zu Totgeburten.

Vor 3978. H e x e n m e i s t e r : die männlichen Gegenstücke zu den Hexen.

3983 M a n n [...] F r a u : eins so viel (oder wenig) wert wie das andre.

3986–4007 drei Gruppen nicht völlig eingeteufelter Hexen, die vergeblich den Anschluß an den Hexenzug suchen. Ob Goethe hier Zeitgenossen oder Zeitverhältnisse verspotten wollte, ist ungewiß.

4008 S a l b e : Damit ist der Besen oder die Gabel bestrichen, auf dem die Hexen reiten.

4010 T r o g : Backtrog, Backmulde.

4013 s t r e i c h e t : ihr, die ihr, flügellahm, nicht mit zum Brockengipfel schweben könnt.

4015 H e x e n h e i t : die Wortbildung vielleicht eine Verspottung von Neubildungen wie ›Griechheit‹ oder ›Deutschheit‹.

4016 r u s c h t : nddt., dringt zu (engl. rush).

4023 V o l a n d *.

4037 ff. d r o b e n : Goethe plante, Faust bis zum obersten Gipfel des Brockens zu führen, wo Satan selbst auf dem Thron sitzen sollte. Faust als Grübler möchte auch dem Bösen bis zum Urgrund nachgehen; Mephisto sucht aber Faust auch hiervon mit Äußerlichkeiten abzulenken.

4045 Gerade in der vornehmen Welt bilden sich kleine Zirkel.

4064 K n i e b a n d *.

4076 ff. G e n e r a l , M i n i s t e r , P a r v e n ü : Typen aus der Französischen Revolution, wie sie als Vertriebene in Deutschland viel zu finden waren. Hinter der Zeit zurückgeblieben, sind sie mit allem unzufrieden. Selbst die durch die Umwälzung Emporgekommenen *(Parvenü)* fühlen sich überholt. Goethe wünschte diese dünkelhafte Gesellschaft zum Teufel.

4088 A u t o r *: Verspottung des veralteten aufklärerischen Schrifttums, das im Gegensatz zur Romantik maßvoll sein wollte, aber in Wirklichkeit mäßig war.

4094 f. m e i n : Beurteilung der Welt von sich aus. Der Wein läuft trüb, wenn das Faß zur Neige geht.

4096 ff. T r ö d e l h e x e : Die Walpurgisnacht als teuflisches Volksfest hat auch Krambuden, in denen Trödlerinnen alte Waren verschachern. Sie bieten erprobte Verbrecherwerkzeuge zum Kaufe an, die jedoch, nach Mephistos Ansicht, längst durch wirksamere Mittel, den Nächsten zu verderben, überholt sind.

4115 M e s s e : Markt, Jahrmarktsgedränge; Goethe kannte die Frankfurter und Leipziger Messe.

4128 ff. Faust ist in seiner Entwicklung hier am Tiefpunkt angelangt. Der T a n z bedeutet die unmittelbare Teilnahme an dem unsittlichen Treiben. Allerdings ist Faust sehr bald ernüchtert, V. 4176 ff. Das hier Dargestellte gibt einen Vorgeschmack von der geplanten, aber nur in wenigen uns erhaltenen Versen ausgeführten Satansszene, die das Laster in seiner höchsten Steigerung zeigen sollte.

4130 Ä p f e l : als dichterische Bezeichnung der weiblichen Brüste bereits seit dem Mittelalter häufig; hier in Beziehung gebracht mit der Frucht vom Baum der Erkenntnis, die Eva dem Adam bot (1. Mose 3,6).

4144 ff. P r o k t o p h a n t a s m i s t *: Verspottung des Aufklärers Nicolai.

4150 s c h ä t z e n : abschätzen, werten, kritisieren; er, der selbst nichts zu leisten vermag, kann es nicht unterlassen, alles zu be- und verurteilen, was von anderen geleistet wird.

4155 M ü h l e : Gemeint ist Nicolais Verlagsbuchhandlung oder auch die von ihm seit 1765 herausgegebene, kritische Zeitschrift »Allgemeine Deutsche Bibliothek«.

4157 **b e g r ü ß e n** : mit höflichem Gruß einen Höheren befragen oder bitten; Amtsstil.

4161 **T e g e l** *.

4167 **e x e r z i e r e n** *.

4169 **R e i s e** : Nicolai veröffentlichte 1783–96 eine zwölfbändige, unerträglich umständliche »Beschreibung einer Reise durch Deutschland und die Schweiz«. Gerade die erdrückende Materialfülle macht aber dieses Werk heute zu einer bedeutenden kulturhistorischen Quelle.

4172 **P f ü t z e** : als Aufenthaltsort der Blutegel.

4179 **Goethe** notierte sich aus des Prätorius »Anthropodemus«: »Rote Maus aus dem Munde« (WA. Bd. 14, S. 300).

4181 **n i c h t g r a u** : also wenigstens nichts Alltägliches.

4183 ff. Die *Walpurgisnacht* sollte ursprünglich schließen mit der Erscheinung eines nackten Idols, dem der Kopf abfiel und dessen aus dem Halse springender Blutstrom das Hexenfeuer verlöschte. Dadurch sollte Faust Gretchens drohendes Schicksal erfahren.

4189 ff. **Mephisto** sucht Faust die Deutung der Gestalt auf Gretchen auszureden.

4203 **s o n d e r b a r m u ß** : wie sonderbar, eigenartig, daß [...] muß.

4204 **r o t e s S c h n ü r c h e n** : bereits im altdeutschen Schrifttum das Kennzeichen wiederbelebter Enthaupteter.

4209 **Mephisto** versucht auch diesmal die ahnungsschweren Gedanken Fausts von Gretchen weg auf die *Meduse** abzulenken. Allein Faust ist von der Erscheinung so betroffen, daß er von hier ab an der Walpurgisnacht keinen Anteil mehr nimmt.

4209 **W a h n** : grund- und sinnlose Einbildungen.

4212 **Falls ich nicht verhext bin.**

4220 **m i c h d i l e t t i e r t ' s** : Mein Dilettantentum* reizt mich usw. Während andere aus mangelnder Selbsterkenntnis Schauspieler und Dichter sein wollen, findet sein Ehrgeiz schon im technischen Pfuschertum Befriedigung. Goethe und Schiller entwarfen 1799 gemeinsam ein Schema über den Dilettantismus.

Walpurgisnachtstraum

Entstanden im Laufe des Jahres 1797 als ein Nacherzeugnis der Xenien-Dichtung, von Goethe ursprünglich für den nächsten Musenalmanach gedacht. Als aber dessen Herausgeber Schiller die-

sen Beitrag erst für den übernächsten Almanach in Aussicht nahm,
meinte Goethe unterm 20. Dezember 1797: »Im Faust müßte sie
[Oberons Hochzeit] am besten ihren Platz finden.« Nach dem
*Intermezzo** sollte die Walpurgis-Handlung in den Satansszenen
ihre Fortsetzung finden. Da diese Szenen aber schließlich nicht
ausgeführt worden sind, steht der *Walpurgisnachtstraum* außer
Beziehung zur Haupthandlung.
Die Anregung zum Thema erhielt Goethe einmal durch Shakespeares »Sommernachtstraum«, dann aber vor allem durch die
Operette von Wranitzky »Oberon, König der Elfen«, die Goethe
1796 im Weimarer Theater zur Aufführung brachte und die mit
der Vermählung von Oberon und Titania schließt. Diese beiden
hatten im Streit (V. 4229) um einen indischen Knaben gelegen
und wurden geschieden, um durch die Trennung Sehnsucht und
Liebe wieder zu wecken (V. 4245). Aus dem »Sommernachtstraum«
stammt auch *Puck**, aus Shakespeares »Sturm« *Ariel**. Nach dem
Vorbild der Romantiker (vgl. Tieck, »Der gestiefelte Kater«)
wirrt Goethe hier Schauspieler, Spielleiter, Orchester und Zuschauer durcheinander. Beachte den Wechsel zwischen Trochäen
und Jamben!

4223 ff. Bei den geringen Anforderungen, die das zu spielende
        Stück an den Bühnenaufbau stellt, haben der Theatermeister
        M i e d i n g * und seine Gesellen einen ruhigen Tag.
4227 ff. Auch der »Ehrenhold« der deutschen Fastnachtsspiele
        hatte die Titel der aufzuführenden Stücke zu erklären. Vgl.
        zu V. 5065.
4241 F r a t z e n : niedrige Naturen.
4242 S c h ö n e : schöne Seelen ohne Unterschied des Geschlechts.
4244 l e r n e n ' s : mögen es lernen.
4247 g r i l l e n : Grillen fangen, zwecklos sinnen; Goethe ver-
        wendete auch: »grillig«, »grillenhaft«, »grillisieren«.
4251 ff. Die Spieler des *Orchesters* schildern sich während des
        Spiels selbst. Dabei findet sich mühelos der Übergang in die
        literarische Satire.
4256 S e i f e n b l a s e : ist wohl ein Neckname für den Frosch,
        dessen zum Dudelsack geblähter Hals gleich einer Seifen-
        blase schillern kann.
4259 ff. Die Ungestalt ist wohl eine Verspottung solcher Dichter,
        deren hoher Aufschwung schließlich im Kleinen und All-
        täglichen steckenbleibt.
4267 R e i s e n d e r : Nicolai. Vgl. zu V. 4169. Betone V. 4270:
        auch.
4271 ff. Im »Deutschen Museum« 1788 hatte Graf Friedrich Leo-
        pold von Stolberg einen Aufsatz »Gedanken über Hrn. Schil-
        lers Gedicht ›Die Götter Griechenlands‹« veröffentlicht, der

voll frommen Eifers war; bereits die »Xenien« zogen den Verfasser deswegen auf.

4275 Der *nordische Künstler*, auch Goethe selbst, vermag auf dem Blocksberg nur Hexen, und auch diese nur skizzenweise darzustellen; Italien erst gibt die Möglichkeit, edle Form im ganzen nachzuschaffen.

4291 ff. Das Dilettantenorchester hat sich durch die hübsche junge Hexe verwirren lassen.

4295 G e s e l l s c h a f t : Hexen, Hexenmeister.

4295 ff. W i n d f a h n e : ist gedeutet worden auf den Musiker und Journalisten Reichardt, der als doppelzüngig und als demokratischer Afterschmeichler galt. Hier schmeichelt er erst dem lebenslustigen Hexenvolke, und dann spricht er dem Frömmler nach dem Munde.

4307 s i e : die »Xenien« Schillers und Goethes; sie taten harmlos und stachelten doch. – H e n n i n g s *.

4311 ff. M u s a g e t *: Der Musenführer gibt zu, eher zum Hexenführer zu taugen.

4315 C i – d e v a n t : siehe *Hennings**.

4318 b r e i t e r G i p f e l : Platz auch für talentlose Dichter.

4319 ff. N e u g i e r i g e r R e i s e n d e r : Nicolai spricht hier nicht, sondern wird besprochen. Als Aufklärer und darum als Feind alles Religiösen argwöhnt er allenthalben versteckten Katholizismus; er s c h n o p e r t nach Pudelart, V. 1187.

4323 ff. K r a n i c h : Goethe zu Eckermann, 17. Februar 1829: »Lavater* war ein herzlich guter Mann, allein er war gewaltigen Täuschungen unterworfen, und die ganz strenge Wahrheit war nicht seine Sache; er belog sich und andere [...]. Sein Gang war wie der eines Kranichs, weswegen er auf dem Blocksberg als Kranich vorkommt.«

4327 ff. W e l t k i n d : Goethe selbst; vgl. im »Diner zu Coblenz«, wo 1774 Goethe zwischen Lavater und Basedow »das Weltkind in der Mitten« ist.

4331 ff. Was sich auch lärmend hinzufindet, alle streiten über das gleiche Thema: Gibt es Geister? Das Schulgezänk der Philosophen wirkt auf die Fernerstehenden doch nur als eintönig. Schließlich tanzen auch alle nach der gleichen Melodie. Goethe haßte literarische Klüngel.

4335–42. Von Goethe 1828 nachträglich in die Ausgabe letzter Hand eingeschoben zur Ankündigung des Philosophenschwarms. Wie die *Xenien* und zum Teil das Orchester sind auch *Tänzer, Tanzmeister* und *Fiedler* als (männliche) Insekten vorgestellt. In der sexuell verhexten Atmosphäre der *Walpurgisnacht* führen die Mücken ihren Hochzeits*tanz* auf. *Tanzmeister* heißt die Heuschreckenart »Saltatoria«; *Fiedler* ist ein Heuschreck, der sein Liebeslied mit dem Schenkel auf seinem Flügel geigt.

4339 Niederschrift Goethes zum Blocksberg: »Was an dem Lumpenpack mich noch am meisten freut, / Ist, daß es wechselweis von Herzen sich verachtet.«

4343–62 Verspottung der verschiedenen philosophischen Richtungen. Alle erörtern die gleiche Frage, ob der Teufel etwas wirklich Vorhandenes sei. Vgl. Schillers Philosophenzyklus in den »Xenien«.

4343 ff. Dogmatiker*: bejaht die Existenz des Teufels.

4347 ff. Idealist*: Die Philosophen nach Fichtes Art, für die die gesamte Außenwelt nur ein innerer Bewußtseinsvorgang ist, müßten, wenn ihnen diese Außenwelt verworren erscheint, folgerichtig sich selbst für verwirrt halten.

4351 ff. Realist*: Der Erfahrungsphilosoph (Empirist), für den nur das Greifbare wirklich ist, muß durch das Zauberwesen auf dem Blocksberg den Boden unter den Füßen verlieren.

4355 ff. Supernaturalist*: Am Walpurgisspuk freut sich, wer, wie Friedrich Jacobi, aus dem Vorhandensein des Teufels und seiner Welt auf das Dasein Gottes und seiner Welt schließt.

4359 ff. Skeptiker*: Wer an allem zweifelt, macht sich lustig über die philosophischen Schatzgräber, die törichterweise glauben, hier Erkenntnis gewinnen zu können. Die Skeptiker sehen im Teufel den Zweifler an sich sowie den ewigen Verneiner und somit ihren Bundesgenossen.

4363 Das Orchester ist auch durch das Philosophengewirr aus dem Takt gekommen.

4367–86 Wiederum eine Gruppe, diesmal fünf Typen politischer Natur.

4367 ff. Sanssouci*: Die immer Sorglosen aus der Zeit der Französischen Revolution, die, wenn es darauf ankommt, auch das Gegenteil tun können.

4371 ff. Unbehilfliche: Viele der frz. Flüchtlinge sind so sehr gewöhnt, vom Hofe zu leben, daß sie nun, in Deutschland auf sich selbst angewiesen, nichts anzufangen wissen.

4372 Gott befohlen: Abschiedsgruß; hier bildlich für ›alles verloren‹.

4375 Irrlichter: Menschen, die, aus untersten Volksschichten kommend, in den obersten Kreisen tun, als seien sie hier geboren, nennen wir Parvenüs*. Vgl. V. 4084 ff.

4379 Sternschnuppe: Gestürzte, politische Größen suchen jetzt Hilfe.

4383 ff. Die Massiven*: Gemeint sind die revolutionären Massen, deren Kraftbewußtsein mit den vier vorher aufgetretenen politischen Typen aufräumen will.

4385 a u c h : wie wir.
4387 ff. Derber als *Puck** soll niemand auftreten; es soll also
    alles leicht und lustig zugehen.
4388 E l e f a n t e n k ä l b e r : junge Elefanten.
4394 R o s e n h ü g e l : auf einem solchen steht das Elfenschloß
    in Wielands »Oberon«.
4395 ff. Auf *Ariels** Zeichen hat sich die Geisterschar erhoben, ist
    nach dem Rosenhügel zu entflogen. Mit dem Morgengrauen
    ist bei leise verklingender Musik der ganze Walpurgisspuk
    verschwunden. Die Bühne ist leer.

Trüber Tag. Feld

Vermutlich im Januar 1772 als älteste Niederschrift entstanden;
doch erst 1808 gedruckt. Noch 1798 dachte Goethe daran, diese
Szene wie die *Kerker*szene in Verse zu bringen. Er behielt aber
schließlich die leidenschaftliche Jugendprosa als unüberbietbar bei.

a b g e s c h m a c k t e Z e r s t r e u u n g e n : Solche bot die
    Walpurgisnacht. Diese fehlt allerdings im »Urfaust« noch. In-
    folgedessen ist unklar, worauf Goethe damals hindeutete.
d i e e r s t e n i c h t : Wörtlich im Protokoll des Prozesses
    gegen die Frankfurter Kindesmörderin*; ähnlich »Clavigo« I,1
    und Wagners »Kindermörderin« I.
W a n d r e r : Nicht nur Faust, sondern jeder zufällig Vorüber-
    kommende wird von Mephistopheles nach Koboldart gequält.
e w i g V e r z e i h e n d e r : hier mit verbissenem Spott gespro-
    chen: dagegen als Ausdruck wirklicher Überzeugung am Schluß
    von Faust II, V. 12 068.
w ü r d i g t e s t : geruhtest. Du verliehest mir ohne mein Ver-
    dienst so viel Würde, daß du mir erscheinen konntest. Goethe
    hatte ursprünglich wohl eine Szene geplant, in der der Erd-
    geist Faust auf Mephisto verweisen sollte. Vgl. zu 3241 ff.
D e n [...] E n t g e g n e n d e n : der dir entgegentritt, der dir
    gerade in den Weg läuft; in dieser Bedeutung bei Goethe oft.
B l u t s c h u l d : Vgl. zu V. 3715.
T ü r n e r : wie ›*Turn*‹ statt Turm, bei Goethe oft. *Turn* = Ge-
    fängnis; *Türner* = Gefängniswärter.

Nacht. Offen Feld

Auch diese kurze Szene steht bereits im »Urfaust«. Im Druck erschien sie gleich der vorhergehenden Szene nicht 1790, sondern
zuerst 1808.

Angeregt hierzu wurde Goethe durch die Hexen in Shakespeares
»Macbeth« sowie durch Bürgers »Lenore«: »am Hochgericht ein
luftiges Gesindel«.

R a b e n s t e i n : die von Raben umflogene Stätte des Hoch-
gerichts mit Galgen und Rad. Sie wird von den Hexen offenbar
schon für Gretchens Hinrichtung geweiht, wobei eine Art kirch-
licher Messe mit teuflischem Sinn gehalten wird. Auch der Priester geht ja am Altar hin und her, verneigt sich, kniet, streut
Weihrauch und besprengt die am Gottesdienst Teilnehmenden
mit Weihwasser.

Kerker

Wahrscheinlich im Januar 1772 geschrieben, wohl ältester Teil des
»Urfaust«, allerdings noch in der Prosa des Sturm und Drang. Im
Druck zuerst 1808 in vorliegender Versform. Vgl. dazu Goethe an
Schiller, 5. Mai 1798: »Einige tragische Szenen waren in Prosa
geschrieben, sie sind durch ihre Natürlichkeit und Stärke im Verhältnis gegen das andere ganz unerträglich. Ich suche sie deswegen
gegenwärtig in Reime zu bringen, da dann die Idee wie durch
einen Schleier durchscheint, die unmittelbare Wirkung des ungeheuren Stoffs aber gedämpft wird.«

4405 l ä n g s t e n t w o h n t : wie in der *Zueignung* zum
»Faust«, V. 25.
4406 d e r M e n s c h h e i t g a n z e r J a m m e r : die Gesamtheit des Wehs, das mit dem Begriff Mensch verbunden
ist. Vgl. V. 1770 ff.
4411 z ö g e r t : transitiv. Vgl. Goethes »An Schwager Kronos«.
4412 *Gretchen* singt das Volkslied vom Machandelbaum oder vom
Wacholderbaum, ein Märchen, das Goethe seit seiner Jugend
kannte: Die böse Stiefmutter tötet das Kind und setzt es
dem Vater als Essen vor; als die Stiefschwester die aufge-
lesenen Knochen unter dem Wacholderbaum niedergelegt
hat, verschwinden diese, und ein schöner Vogel fliegt auf,
der das Lied singt. Angeregt wurde Goethe wohl auch durch
Ophelias Wahnsinnsgesang in Shakespeares »Hamlet«.
4435 F r e u n d : hier wohl in dem älteren Sinn von Geliebter.
Vgl. V. 4421.
4436 K r a n z : Vgl. zu V. 3575, 4583; Sinnbild der reinen Jung-
fräulichkeit.
4448 L i e d e r : Wie Gretchen in ihrem Wahn annimmt, ist das
Lied vom Machandelbaum nicht von ihr, sondern von den
Leuten gesungen worden, die es auf sie gedeutet haben.

4451, 4453 Den Fußfall, den Faust als Liebender getan hat, deutet Gretchen in religiösem Sinne.

4461 Vgl. Hohesl. 2,8. Gretchens Gesicht ist umnachtet, so daß sie den Geliebten zwar sieht, aber nicht erkennt. Im Gegensatz dazu ist ihr Gehör verfeinert.

4467 H e u l e n : und Zähneklappen; Matth. 8,12.

4507 f. i c h : nicht der geringste Vorwurf gegen den Geliebten. Vgl. zu V. 3787.

4514 ff. B l u t : Valentins Ermordung; V. 3711.

4534 f. Trotz ihres Wahnsinns fühlt Gretchen, daß Fausts Sorge um sie nicht mehr die frühere Liebe ist.

4571 s c h l i e f : infolge des Schlaftrunks; vgl. zu V. 3787.

4590 ff. G l o c k e , S t ä b c h e n , B l u t s t u h l : Bei Hinrichtungen wurde die Glocke geläutet, das Armesünderglöcklein. Über dem Haupt des Hinzurichtenden zerbrach der Richter als Zeichen der endgültigen Verurteilung ein weißes Stäbchen, das er ihm dann vor die Füße warf. Darauf wurde der Verurteilte auf einem Stuhl festgebunden, um den tödlichen Schwertstreich des Henkers zu empfangen.

4593 Wenn der Henker zum Schlag ausholte, zuckte jeder Zuschauer zusammen, als solle das Schwert seinen eigenen Nacken treffen.

4599 s c h a u d e r n : Geisterpferde zergehen beim Morgengrauen.

4603 h e i l i g : Mephisto bringt nur neue Schuld; Kerker und Richtplatz bedeuten für Gretchen dagegen Entsühnung und sind für sie darum heilige Stätten, von denen sie sich durch nichts entfernen lassen will.

4611 g e r i c h t e t [...] g e r e t t e t : Mit »iudicatus es« (du bist gerichtet) schloß das Volksschauspiel von Dr. Faust. Gelegentlich folgte noch: »Fauste, in aeternum damnatus es« (Faust, in Ewigkeit bist du verdammt).

4612 H e r z u m i r : ebenso wie »*gerettet*« erst 1808 eingefügt als Zeichen, daß Fausts und Gretchens Entwicklung irgendwie weitergeht.

ZWEITER TEIL

Erster Akt

Die Verse 4613–6036 entstanden zwischen Frühjahr 1827 und Januar 1828 und erschienen im 12. Band der »Ausgabe letzter Hand«, 1828. Den ganzen Akt brachten erst die nachgelassenen Werke 1832. Pniower (Goethes Faust, Zeugnisse und **Exkurse**. 1899.

S. 188 ff.) hat als Entstehungszeit für Paralipomenon 100 (»Faust
Schlafend. Geister des Ruhms der großen That«) Ende 1827 festgestellt. Schadewaldt vergleicht (DVjs 1955/II) zu diesem Faust-
plan nach Tagebucheintrag vom 27. Mai und Paralipomenon 67 f.
die Elfenszene mit den auffallend ähnlichen Versen aus den
»Chinesisch-Deutschen Jahres- und Tageszeiten«, die im Tagebuch
unter dem 15. Mai genannt sind, also drei Tage vor der Notiz:
»Ich griff das Hauptgeschäft an.« Damit ist wahrscheinlich gemacht, daß die Elfenszene mit dem neuen Motiv des Heilschlafs
kurz darauf gestaltet wurde unter Verzicht auf den früheren Plan
(Paralipomenon 63 vom 16. Dezember 1816), in dem Geisterchöre
dem schlafenden Faust in »sichtlichen Symbolen und anmuthigen
Gesängen die Freuden der Ehre, des Ruhms, der Macht und Herrschaft vorspiegeln«. Vgl. V. 10 188. (Über das Motiv des Heil-
schlafes schrieb Staiger in der Hamburger Akademischen Rundschau 1947, Heft 6, S. 251 ff.)
Goethe zu Eckermann (undatiert; sicher nicht vor Ende Mai 1827):
»Wenn man bedenkt, welche Gräuel beim Schluß des ersten Akts
[Teils] auf Gretchen einstürmen und rückwärts Fausts ganze Seele
erschüttern müßten, so konnt' mir nicht anders helfen, als den
Helden, wie ich's getan, zu paralysieren und als vernichtet zu
betrachten, und aus solchem scheinbaren Tode ein neues Leben an-
zuzünden. Ich mußte hierbei eine Zuflucht zu wohltätigen mächtigen Geistern nehmen, wie sie uns in der Gestalt und im Wesen
von Elfen überliefert sind. Es ist alles Mitleid und das tiefste
Erbarmen. Da wird kein Gericht gehalten und da ist keine Frage,
ob er es verdient oder nicht verdient habe, wie es etwa von Men-
schen-Richtern geschehen könnte.«

Anmutige Gegend

4617 G e i s t e r g r ö ß e : Bei aller Kleinheit ihrer Erscheinungs-
     form sind Geister doch von großer Wirksamkeit.
4623 S t r a u ß : Streit.
4624 V o r w u r f : Hindeutung auf die Gretchen-Tragödie.
4626 P a u s e n *.
4629 L e t h e *: Faust soll nicht überhaupt vergessen, nur der
     seelische Druck, der von den bisherigen Erlebnissen auf ihm
     lastet, soll von ihm genommen werden. Es handelt sich also
     um einen Heilschlaf.
4647 k l a r e r N a c h t : Wemfall.
4650 S t u n d e n : die Stunden, in denen die Sterne leuchteten.
4654 f. Dem Auge erscheint es, als ob die Täler sich beim Morgen-
     grauen erst mit Grün überzögen und die Hügel sich buschten,
     d. h. mit Büschen bedeckten.

4658 W u n s c h   u m   W ü n s c h e : Die Mehrzahl drückt hier
Steigerung aus, auch V. 4718, 4720, 5527, 7497.

4661 S c h a l e : Der Kern dazu ist der erwachte, seiner Sinne
ganz mächtige Mensch.

4666 ff. H o r e n *: Das von den Horen gehütete Himmelstor
öffnet sich krachend. Ilias V, 749; VIII, 393 (Ilias-Lektüre
von Dezember 1797 bis Frühjahr 1799). Das ganze Bild erinnert an das Gemälde von Guido Réni.

4667 G e i s t e s o h r e n : Der nur mit irdischem Gehör Ausgestattete vernimmt diese Töne nicht; nur der feiner Veranlagte kann Licht hören.

4674 U n e r h ö r t e s : Ein Schall, der über alle Begriffe geht,
kann auch nicht wahrgenommen werden.

4679 ff. Diese Verse sind Terzinen*, angeregt durch die Übersetzung der »Göttlichen Komödie« Dantes von Streckfuß 1826
(Lektüre im September), entworfen wohl schon 1798 (am
21. Februar 1798 erbittet Goethe Schillers Urteil über Terzinen: »Sagen Sie mir doch ihre Gedanken über die Versart,
in welcher der Schlegelsche Prometheus geschrieben ist. Ich
habe etwas vor«), vollendet vermutlich Mai 1827.
Daß die Landschaft eine Erinnerung an die dritte Reise in
die Schweiz, insbesondere an den Vierwaldstätter See ist,
datiert Eckermann falsch: 6. Mai 1827. »Ich will es nicht
leugnen, daß diese Anschauungen dort herrühren, ja ich hätte
ohne die frischen Eindrücke jener wundervollen Natur den
Inhalt der erwähnten Terzinen gar nicht denken können.«
Diese doch schon 1797 empfangenen Eindrücke waren so
tief, daß sie noch der fast achtzigjährige Dichter als frisch
empfand. Für das Schlußbild konnte er sie durch die Tage-
bucheinträge, z. B. über den Rheinfall bei Schaffhausen vom
18. September 1797, erneuern. Nach dem Tagebuch Goethes
hat er am 11. Januar 1826 Eckermann Terzinen vorgelegt.
Aber das war sicher das Gedicht »Schillers Requiem«.

4684 B e s c h l i e ß e n : Die am Morgen als neu empfundene
Erde weckt im Menschen, ihn innerlich erregend und auf-
rührend, neue Entschlußkraft.

4685 Z u m   h ö c h s t e n   D a s e i n : zur höchstmöglichen Form
menschlichen Seins.

4706 f l ü g e l o f f e n : Die Flügel der Pforte, die Erfüllung
verheißt, sind offen.

4709 f. Vor lauter Feuer vermögen wir die Fackel nicht anzuzün-
den: das Übermaß an Offenbarung macht uns die Erkenntnis unmöglich.

4714 j u g e n d l i c h e r   S c h l e i e r : die in Morgennebeln erwachende Natur.

4722 W e c h s e l d a u e r : Das Wechselnde sind die Wassertrop-

fen, das Dauernde ist das von ihnen bunt gebrochene Sonnenlicht.

4727 f a r b i g e r   A b g l a n z : Das Leben an sich ist uns unmittelbar nicht faßbar, wir können es aber aus seiner sinnlichen Erscheinung erschließen. Was der Magie (501 ff.) un-
zugänglich blieb, darf die Naturfrömmigkeit s c h a u e n.
Goethe am 6. Januar 1798 an Schiller: »Ich gebe gern zu,
daß es nicht die Natur ist, die wir erkennen, sondern daß
sie nur nach gewissen Formeln und Fähigkeit unseres Geistes
von uns aufgenommen wird.« – Am 3. Mai 1827 an Ch. D.
v. Büttel: »Schauen, wissen, ahnen, glauben und wie die
Fühlhörner alle heißen, mit denen der Mensch sich ins Universum tastet [. . .].«

Kaiserliche Pfalz. Saal des Thrones

Vor 4728 K a i s e r : Der Name fehlt, es ist der Kaiser überhaupt. Ursprünglich dachte Goethe an Maximilian, den letzten Ritter.

4728 G e t r e u e ,   L i e b e : auch Liebe Getreue; im Kanzleistil
Anrede der Fürsten an ihre Minister und Räte.

4731 ff. Den Narren hat Mephisto beseitigt, wie Goethe selbst am
1. Oktober 1827 zu Eckermann sagt. Vgl. jedoch V. 6156.

4743 ff. *Lösung des Rätsels* ist die Narrheit oder der Hofnarr
selbst.

4755 w e i t   i n s   W e i t e : durch den Tod ins Jenseits.

4760 S p a n : dürr wie ein Scheit Holz.

4767 S c h ö n b ä r t e   m u m m e n s c h ä n z l i c h : Wir tragen Masken und vermummende Kleidung. Vordeutung auf
die Szene *Weitläufiger Saal.*

4772 K a n z l e r : Das Amt verwaltet hier ein hoher Geistlicher,
ein Bischof oder Erzbischof; vgl. im 4. Akt *Erzbischof–Erzkanzler.* Nach der alten Reichsverfassung war es der Erzbischof von Mainz.

4781 ü b e r b r ü t e t : Ein Übel brütet ein anderes, noch ärgeres
aus und dieses selbst wieder ein ärgeres usw.

4782 W e r : wer auch immer; jeder, der hinabschaut.

4784 M i ß g e s t a l t   i n   M i ß g e s t a l t e n : Die Formlosigkeit im Ganzen zeigt sich in lauter Formlosigkeiten im Einzelnen.

4785 g e s e t z l i c h   ü b e r w a l t e t : Das Gesetzwidrige waltet, als sei es Gesetz, und auch sein Walten geht ins Über-
mäßige. Betone ü b e r waltet.

4797 f. Der Unschuldige, der schließlich zur Notwehr greift, wird
als der Schuldige hingestellt.

4803 w o h l g e s i n n t e r : selbst der von Haus aus rechtlich Denkende.

4811 z u R a u b g e h e n : Vgl. zugrunde gehen; selbst die Kaiserwürde wird in Gegensatz des Raubes.

4823 V e r b i e t e w e r : wer etwa verbieten wollte.

4825 s i e : Bürger, Ritter, Mietsoldat.

4829 f. Die Könige anderer Länder müßten doch eigentlich dem Kaiser als Bundesgenossen helfen, schon um für das Königtum an sich einzutreten.

4833 R ö h r e n w a s s e r : Wasserleitungen früherer Zeit versagten öfters.

4847 W e r j e t z t w i l l : wer will jetzt.

4863 J a h r e s l ä u f t e : Vgl. V. 4931 Schreckensläufte.

4870 J u d e : als Geldverleiher.

4875 v o r g e g e s s e n : vorweggegessen; gegessen, bevor es bezahlt ist.

4877 z u s c h a u e n : Ist mir doch vergönnt zu schauen, ich schaue ja. Nennform wie V. 5347.

4878 M a n g e l t e : darf Vertrauen fehlen?

4896 Vordeutung auf Faust.

4897 ff. N a t u r u n d G e i s t : als geeinter Doppelurgrund des All. Eine solche Weltauffassung erschien den christlich Rechtgläubigen als Gottesleugnung, sie sahen in der Natur das Urböse und im Geist die vom wahren Glauben sich entfernende weltliche Vernunft. Diese Rede des Kanzlers ist ein Musterbeispiel reaktionärer Agitation.

4903 U n s n i c h t s o : Komme uns ja nicht so!

4906 H e i l i g e , R i t t e r : Geistlichkeit und Adel gelten als Stützen des Throns; sie empfangen dafür die Herrschaft in Kirche und Staat.

4909 f. D e m [...] e n t w i c k e l t s i c h : Aus unklarem Denken und niedriger Gesinnung, verkörpert in Ketzern, die mit den Zauberern auf eine Stufe gestellt werden, entwickelt sich, nach Ansicht des Kanzlers, eine Gegenbewegung gegen das von Adel und Geistlichkeit gestützte Kaisertum.

4913 D u : Mephisto.

4914 s c h w ä r z e n : einschmuggeln.

4915 I h r h e g t e u c h : Ihr beide, du Narr und die Ketzer, hegt einander.

4916 s i e : die Ketzer und Teufelsbanner.

4924 F a s t e n p r e d i g t : Predigten in der Fastenzeit enthielten besonders eindringliche Mahnungen.

4932 M e n s c h e n f l u t e n : Völkerwanderung, Kriegszüge.

4940 K a i s e r s R e c h t : Sachsen- und Schwabenspiegel usw. bestimmen: Jeder Schatz, der tiefer vergraben ist, als ein

Pflug geht, also auch Silber und Erz, untersteht der königlichen bzw. kaiserlichen Gewalt.

4949 K r e i s e , S t u n d e , H a u s : Die Sterndeuter teilten den Himmel in zwölf Häuser ein, zu deren jedem ein Gestirn des Tierkreises gehörte. Jede Stunde untersteht einem bestimmten Stern.

Vor 4955 b l ä s t e i n : sagt vor, souffliert.

4956 ff. M e r k u r *, V e n u s * usw.: Die Wandelsterne und ihre Stellung zueinander wirken nach Astrologenmeinung schicksalbestimmend. Vgl. die Bedeutung des Sternenglaubens für die Entwicklung in Schillers »Wallenstein«. Außerdem stellt jeder Wandelstern ein Metall dar, z. B. die Sonne das Gold, Luna das Silber, Jupiter das Zinn, Saturn das Blei, worauf im folgenden angespielt wird. Die verworrene Rede des Astrologen bzw. Mephistos soll in den Hörern lediglich die Goldgier wecken.

4959 L u n a l a u n e t : ähnliche Wortspiele wiederholt in V. 6232, 6414, 6659, 6735 f., 6983, 7035, 7096 f. usw.

4973 g e d r o s c h e n : abgedroschen, durch Wiederholung langweilig geworden.

4974 K a l e n d e r e i : Betrügerei. Kalendermacher galten zugleich als Propheten; die früheren Kalender enthielten vielfach auch Voraussagen, allerdings oft verwirrende, inhaltlose.

4976 e r : Vgl. V. 4970. Und wenn der neue Alchimist sich auch hierher wagt, er ist doch ein Betrüger.

4980 Schätze werden oft von einem schwarzen Hund bewacht.

4985 I h r : wie die Menschen, die Metall im Erdboden spüren; vgl. die Metallfühler und Wünschelrutengänger.

4992 Vgl. die Redensart: ›Da liegt der Hund begraben‹; hier ist die gesuchte Stelle, das Geheimnis.

4993 ff. Die Worte Mephistos wirken auf die Hofgesellschaft suggestiv, d. h. derart, daß sie alles von Mephisto Behauptete schon zu fühlen glaubt.

5006 Den Weg zur Hölle wüßt' ich als Teufel wohl auch ohne dich zu finden.

5011 S a l p e t e r , L e i m e n w a n d *: Alte Lehmmauern schwitzen Salpeter aus; ihn kratzt der Bauer als Viehfutter ab. Dabei legt er gelegentlich auch das bloß, was hinter dem Putz etwa in Mauerhöhlen verborgen ist; hier also den Goldschatz.

5021 Aus Rubinen hergestellte Pokale, Prunkbecher mit hohem Fuß, stehen da.

5026 W e i n s t e i n : Der Wein hat rings im Faß eine Kruste von Weinstein abgesetzt; diese hält den Wein auch noch zusammen, nachdem das Holz zerfallen ist. Bei so hohem Alter ist der Wein zur Essenz* geworden.

5041 g o l d n e K ä l b e r : 2. Mose 32,4; eine ganze Menge von
    Schätzen.
5044 Du kannst dich schmücken und wirst die Geliebte schmücken.
Vor 5048 Mephisto bläst wieder ein. Was er aber einbläst, ist
    nicht ernst gemeint.
5049 F r e u d e n s p i e l : der folgende *Mummenschanz*.
5051 v e r s ü h n e n : entsühnen, versöhnen mit Gott, dessen Se-
    gen erst die unterirdischen Schätze zum Gewinn macht. Das
    kann erst nach dem die Fastenzeit einleitenden Karneval*
    geschehen. Damit hat Mephisto einen Vorwand zum Auf-
    schub.
5064 Sie würden mit ihrem Glück nichts anzufangen wissen.

Weitläufiger Saal

Vor 5065. M u m m e n s c h a n z *: Sinnvolle Maskenfeste hat
    Goethe selbst oft für den Weimarer Hof gedichtet. Vorbilder
    gaben ihm der Triumphzug des Julius Cäsar von Mantegna
    sowie der des Kaisers Maximilian von Dürer. Außer diesen
    Gemälden benutzte Goethe auch ein Werk des Grazzini,
    »Tutti i Trionfi, Carri, Mascherate; o Canti carnascialeschi
    andati per Firenze dal tempo del Magnifico Lorenzo de'
    Medici fino all' anno 1559«. Darin wurden u. a. die von
    Goethe auch verwendeten Gruppen gebracht: Florentiner
    Gärtnerinnen und Fruchthändlerinnen, Fischer und Vogel-
    steller, Holzhacker, Trunkenbolde, *Pulcinelle**, Mütter mit
    heiratslustigen Töchtern, Sagengestalten des Altertums. Es
    findet sich hier auch der Triumph der Glück und Freude
    spendenden *Klugheit*, ferner *Pan** und sein Gefolge, *Avari-
    tia** sowie ein Aufzug des *Plutus**. Vgl. dazu von Goethe
    »Das römische Carneval«, 1789, ein Prachtwerk mit 20 far-
    bigen Tafeln. – Was mit Teufeln und Narren zusammen-
    hängt, ist für Goethe nordisch; der nunmehr folgende Kar-
    neval soll dagegen heiter italienisches Gepräge erhalten.
5065 H e r o l d : als Erläuterer des Festzugs nach Art des Ehrn-
    holt bei Hans Sachs, V. 5494 f., 6377. Vgl. zu V. 4227 ff.
5068 R ö m e r z ü g e : Die deutschen Könige zogen nach Rom,
    um sich vom Papst krönen zu lassen.
5072 S o h l e n : Pantoffel des Papstes, den zu küssen ein Zeichen
    der Demut ist. Der Kaiser läßt sich zur Macht, die er bereits
    besitzt, vom Papst noch das Recht auf diese Macht geben.
5075 K a p p e : Narrenkappe, hier ›Karneval‹*. Der Kaiser hat
    – so wird hier angenommen – aus Italien außer seiner neuen
    Würde auch den Karneval nach Deutschland gebracht.
5079 ä h n l e t : macht ähnlich.

5083 Z u d r i n g l i c h : herzudrängend.

5098–5157 G ä r t n e r i n n e n : Sie kommen aus Florenz und
sind dem Zug des zurückkehrenden Kaisers nach Deutschland
gefolgt. Jetzt bieten sie k ü n s t l i c h e Blumen an, die als
Olivenzweige, Ährenkränze, Phantasiekränze und -sträuße
selbst sprechen und denen als n a t ü r l i c h e Blumen die
Rosenknospen antworten.

5098 k ü n s t l i c h : Die italienischen, naturgetreu nachgemach-
ten Blumen waren zu Goethes Zeit berühmt und Mode
(V. 5145).

5100 f. S c h n i t z e l n : Die künstlichen Blumen bestehen aus
symmetrisch geordneten bunten Schnitzeln.

5112 L a u b u n d G ä n g e : Beide Ausdrücke besagen eigentlich dasselbe; vgl. Laubengang.

5114 w ü r d i g [...] z u u m d r ä n g e n : wert, umdrängt zu
werden.

5116 f. F e i l s c h e t * [...] M a r k t e n *: kauft, aber sucht
nicht abzuhandeln.

5120 ff. Im folgenden erfährt jeder Käufer durch die Blumen
selbst, was er gekauft hat.

5136 f. T h e o p h r a s t *: Die Huldigung für den griech. Botaniker lautet in der Handschrift: »Würde selbst kein Humboldt wagen.« Gemeint ist A. v. Humboldt, der Verfasser
der »Ideen zu einer Physiognomik der Gewächse« 1806 und
der »Verteilung der Pflanzengestalten« 1816.

5144 A u s f o r d e r u n g : Die Rosenknospen fordern die Phan-
tasieblumen heraus; sie beginnen schon V. 5144 und nicht
erst V. 5150 zu sprechen.

5162 Gärtner mit ihren sonngebräunten Gesichtern bieten Obst an.

5163 P f i r s c h e n *: Goethes Frankfurter Mundart erlaubt den
Reim auf Kirschen. Ursprünglich schrieb Goethe für beides
Aprikosen.

5163 K ö n i g s p f l a u m e : Reneklode; besonders gute Eier-
pflaume.

5170 u n s a n z u p a a r e n : uns euch so anschließen, daß wir
Gärtner und ihr Gärtnerinnen als zusammengehörig erscheinen.

5172 f. e m p o r : Wir putzen die Fülle der reifen Waren von
uns beiden derart auf, daß sie sich nebeneinander in Stufen
aufbauen, türmen.

Nach 5177 W e c h s e l g e s a n g : deutet darauf, daß der Dichter dieses Stück noch weiter ausführen wollte.

5194 D r i t t e r M a n n : Spiel mehrerer im Kreise stehender
Paare, bei dem jeder dritte Mann abgeschlagen wird.

Nach 5198 D i a l o g e : Alle diese Zwiegespräche sollten vom
Dichter wohl noch ausgeführt werden. Vgl. zu V. 5177.

5199–5261 H o l z h a u e r : Ihnen als Schwerarbeitern treten die tändelnden P u l c i n e l l e * und die sich der Arbeit der Holzhauer zum Genuß bedienenden P a r a s i t e n * gegenüber.

5199 B l ö ß e : freier Raum, vgl. Waldblöße.

5206 i n s r e i n e : Erklärt das so, daß unsere Ungeschlachtheit als lobenswert erscheint.

5211 w i t z e n : den Geist anstrengen. »Witz« zu Goethes Zeit ›scharfer Verstand‹. In ungeheiztem Zimmer erstarrt das Denken.

5216 G e b ü c k t g e b o r e n : von Geburt an schon auf Dienstbarkeit eingestellt.

5223 W i r i m m e r m ü ß i g : Ergänze vor *wir: sind.* Mit Behagen haben wir immer Zeit, zu laufen, zu stehen, zu krähen.

5237 T r ä g e r : Holzträger; die V. 5199 ff. genannten Holzhauer.

5244 D o p p e l b l a s e n : Das Blasen in heiße Suppen und in kalte Hände, also das Kalt- und Warmblasen aus demselben Munde, gilt als Zeichen menschlicher Zweideutigkeit. Schon von Äsop in einer Fabel verwendet, die Lessing in seiner Abhandlung vom Wesen der Fabel anführt.

5247 ff. Selbst das vom Himmel kommende Feuer, der Blitz, würde weder zum Braten noch zum Kochen dienen, wenn die dazu nötigen Holzscheite und Kohlen fehlten.

5252 K o h l e n t r a c h t e n : von tragen; eine Last Kohlen, die man auf einmal tragen kann.

5255 p r u d e l n : brodeln, dampfen, dünsten.

5263 u n b e w u ß t : des klaren Bewußtseins beraubt, benebelt.

5268 T i n k e , T i n k e : Nachahmung des Gläserklirrens beim Anstoßen.

5269 D u d o r t h i n t e n : Ruf in den Zuschauerraum.

5272 R ü m p f t e d i e s e m : rümpfte die Nase wegen dieses Rocks.

5276 A n g e k l u n g e n : Stößt an, so daß die Gläser klingen.

5294 d e m i s t ' s g e t a n : der hat genug.

Nach 5294 Wieder Entwurf zu weiteren Dichtungen wie nach V. 5177, 5198. Ausgeführt ist nur, was der S a t i r i k e r * sagt. Während die vorher genannten Dichter, romantische Richtungen andeutend, sich in ihrem Dichten ganz nach dem Geschmack der Leser richten, will der Satiriker, ins Gegenteil umschlagend, gerade das dichten, wonach niemand verlangt.

Nach 5298 N a c h t - u n d G r a b d i c h t e r : Wiederum Entwurf (V. 5177, 5198, 5294), wobei allerdings die Auf-

führbarkeit nicht berücksichtigt ist. Nach englischem Vorbild
arbeiteten die Romantiker gern mit Gespensterhaftem. So
schuf nach dem englischen Roman »The Vampire« (1819) von
Polidori beispielsweise E. T. A. Hoffmann seine Novelle
»Vampyrismus«. Goethe ließ den Vampyrismus* zwar literarisch gelten, lehnte ihn aber innerlich als widerwärtig ab
und bekennt sich auch an dieser Stelle zur griech. Mythologie, die – nach seiner durch Winckelmann bestimmten Auffassung der klassischen Kunst – auch im Grausigen nie das
Gefällige verliert.

5299 G r a z i e n *.

5305 ff. P a r z e n * : Nach der griech. Sage ist *Lachesis* die älteste, *Klotho* die jüngste; uralt sind alle. Goethe nimmt *Atropos* als älteste und läßt Klotho als wirklich jugendlich erscheinen. Das Handspinnen vollzieht sich folgendermaßen:
Aus dem *Flachs* wird der *feinste* ausgesichtet (V. 5310).
Dieser wird mit dem *Finger* geglättet (V. 5312). Die aus ihm
gesponnenen Garnfäden kommen auf die Spule. Von dieser
werden sie mit der *Weife* (V. 5335) oder Haspel, von der sie
nicht abgleiten (»*überschweifen*« V. 5339) dürfen, abgewunden,
um dann zum *Strang* (V. 5344) vereinigt zu werden. Bei
Goethe hat Atropos das Spinnen des Lebensfadens übernommen, Lachesis ordnet die von der Spule zur Weife gehenden Fäden, Klotho schneidet sie ab. Atropos besaß die
Schere zwar zunächst. Sie hat den Lebensfaden von längst
dem Tode Verfallenen nicht abgeschnitten, dagegen hoff-
nungsfrohe Jugend zu verfrühtem Tode verurteilt (V.
5321 ff.). Weil sie also von ihrer Schere unrechten Gebrauch
machte, mußte sie diese der Jüngsten abgeben, von der mehr
Verständnis für die Wirklichkeit zu erhoffen ist und die
heute, um die Festlaune nicht zu stören, von der Schere
überhaupt keinen Gebrauch machen will.

5343 S t u n d e n z ä h l e n , J a h r e m e s s e n : Dieser Vers
spiegelt das in V. 5185 ff. entworfene Bild und läßt es
– sprachlich äußerst gerafft – in Lachesis' mythischem Be-
rufe gründen. Dieses Gegenbild war in der früheren Fassung
(H[12]) der Verse 5178–98 und 5305–44 noch umständlicher
ausgeführt:

> »Wenn ich nicht weifte
> Wo gäb' es Stränge
> Wenn ich nicht mäße
> Wenn ich nicht zählte
> Wer wollte weben«

und ist aus den später durchgestrichenen gedanklichen An-
sätzen

»Denn wenn ich nicht zählt und mäße
Mancher bunte«
entwickelt worden.

5344 d e r W e b e r : Gott, vielleicht auch der Tod.

5349 ff. F u r i e n * : Sie dachte man sich im Altertum äußerlich
nicht anders als die anderen Gottheiten. So auch noch
Winckelmann und Lessing. Goethe ließ sie in Weimar als
hübsche Mädchen auftreten. Sie erscheinen hier als Feindinnen
des Liebesglücks.

5355 A u c h s i e : Am heutigen Tage, da jeder im Mummenschanz Mitwirkende sein Wesen offen darstellt, verlangen
auch sie nicht den Ruhm, als Engel zu gelten; sie geben ihre
Heimtücke offen zu.

5369 d a s : was *Alekto* dem Brautpaar gegenüber getan hat. Den
Verheirateten weiß *Megära* noch Schlimmeres als den Lie-
bespaaren anzutun: Sie lenkt ihre Sehnsucht von dem Glück,
das sie besitzen, auf ein unerreichbares ab und fügt ihnen
damit törichte Qual zu.

5376 Die ihn wirklich Liebende verschmäht er, weil er durchaus
die Spröde gewinnen möchte.

5381 ff. Was im vorhergehenden Braut- oder Eheleute Unrechtes
gedacht haben, vergilt *Tisiphone* als Furie der Rache.

5393 ff. Nach den Figuren des Lebens (V. 5088 ff.) und der
Mythologie (V. 5299 ff.) erscheinen nunmehr Allegorien.

5395 ff. B e r g : Der Elefant ist die Macht; ihn lenkt die *Klugheit* (V. 5399), überragt von der Siegesgöttin (V. 5401). Ge-
kettet an ihn gehen Furcht und Hoffnung; denn entfesselt
kann jede von beiden das Gemeinwesen (V. 5443) von dem
sicheren Mittelweg abdrängen. Gutes wirken sie nur, wenn
die Staatsklugheit sie in ihrer Gewalt hat. Angeregt wurde
Goethe durch ein Gemälde von Mantegna, »Triumphzug des
Julius Cäsar«, in dem u. a. vier Elefanten erscheinen, sowie
durch die Schilderung, die Athenäus von dem Prachtzug des
Ptolemäus Philometor gibt. In diesem erscheint unter anderem Alexanders Prunkwagen, von Elefanten gezogen, auf
dem Nike, die Siegesgöttin, thront; auch Athene als Göttin
der Klugheit wird erwähnt.

5398 S c h l ü s s e l : Deutung der Allegorie.

5405 f r e i : Die Furcht wünscht sich frei, ist also nicht frei. Die
Hoffnung dagegen fühlt sich frei, auch wenn sie es nicht ist.

5441 M e n s c h e n f e i n d e : Als Feinde der Durchschnittsmen-
schen kennt Goethe Furcht und Hoffnung z. B. aus Spinoza
sowie aus Wielands Lukian-Übersetzung, vor allem aus
eigener Menschenerfahrung. Übrigens hält auch in Grazzinis
»Trionfo della Prudenza« die Klugheit Hoffnung und Furcht
als Feinde unseres Lebens gefesselt.

5457 ff. Z o i l o - T h e r s i t e s * : Bereits im Namen vereinen
sich hier zwei Neider des Altertums zu einer *Doppelzwerg-*
gestalt (V. 5474). Unter den Schlägen des Herolds schrumpft
sie bis zum *Ei* zusammen, und aus diesem gehen die Schlange *(Otter)* als Sinnbild verderblichen Gifts und die *Feder-*
maus als Sinnbild unheimlicher Nacht hervor. Wer diesen
beiden als *»dritter«* (V. 5483) anheimfällt, ist verloren. In
der Maske des *Zoilo-Thersites* steckt Mephisto.

5499 W e d e r w a n k e : Ich wanke weder, noch weiche ich.

5512 ff. W a g e n : Er trägt den Gott des Reichtums, *Plutus**
(V. 5569), dem als Gegensatz der Geiz (V. 5646) beigesellt
ist. Gelenkt wird der Wagen durch den Genius der ver-
schwenderisch reichen *Poesie* (V. 5573). Für Knabe Lenker
hatte Goethe ursprünglich in der Tat Euphorion* geschrieben,
der hiermit also bereits vor seiner doch erst im 3. Akt er-
folgenden Geburt auftrat. Dazu bemerkt Goethe zu Eckermann, 20. Dezember 1829: »Daß in der Maske des Plutus
der Faust steckt und in der Maske des Geizes der Mephistopheles, werden Sie gemerkt haben. Wer aber ist Knabe Lenker? Es ist Euphorion [...]. Der Euphorion ist kein menschliches, sondern nur ein allegorisches Wesen. Es ist in ihm
die Poesie personifiziert, die an keine Zeit, an keinen Ort
und an keine Person gebunden ist. Derselbige Geist, dem es
später beliebt, Euphorion zu sein, erscheint jetzt als Knabe
Lenker, und er ist darin dem Gespenstern gleich, die überall
gegenwärtig sein und zu jeder Stunde hervortreten können.«
Als Vorbild der äußeren Erscheinung können die Liebesgötter
gelten, wie sie auf geschnittenen Steinen oder halberhabenen
Bildern des Altertums gern als Lenker von Rennwagen dargestellt sind.

5525 D i e s e R ä u m e : der Kaiserpalast.

5531 ff. A l l e g o r i e n * : Der Begriff, den Allegorien darstellen, ist erkennbar an ihren Beigaben. Wer deren Bedeutung nicht kennt – wie hier der Herold –, vermag auch ihr
Wesen nicht zu deuten.

5538 m ö c h t e n : Frauen dürften dich wohl schon für voll nehmen.

5542 W o r t : die Auflösung des Rätsels.

5545 ff. G e w a n d : wie es die sich selbst auf dem Saiteninstru-
ment begleitenden Sänger der Griechen trugen.

5563 M o n d g e s i c h t : hier noch nicht wie heute im scherz-
haften und herabziehenden Sinn.

5565 T u r b a n *.

5576 r e i c h : Des Dichters verschwenderischer Reichtum besteht
aber nicht in dinglichen, sondern in geistigen Gütern.

5582 S c h n i p p c h e n s c h l a g e n : Zwei Finger der erho-

benen Hand so rasch am Daumen vorüber auf den Ballen
aufschlagen lassen, daß ein Knallgeräusch entsteht. Mit dieser Bewegung greift der Zauberkünstler vorher nicht vorhandene Dinge aus der Luft.

5588 F l ä m m c h e n : wird ausgeführt, vgl. zu V. 5633 ff.

5594 P f i f f e : witzige Einfälle, vgl. pfiffig.

5597 f l a t t e r t   i h m   d a v o n : Der Masse fehlt das Verständnis für das Wesen der Dichtkunst, sie weiß mit ihren
Gebilden nichts anzufangen.

5605 g l e i ß t : Auf diesem Wort liegt der Ton. Nur Scheingold
verleiht der Knabe Lenker. Das ist aber gerade sein Wesen
(V. 5607); denn die Dichtkunst hat es mit dem schönen
Schein zu tun.

5617 P a l m e : als Sinnbild des Siegs.

5623 Vgl. 1. Mose 2,23: »Das ist doch Bein von meinem Beine.«
Die Kunst setzt den Wohlstand voraus und verklärt ihn
zugleich.

5627 Z w e i g : mit dem Dichter gekrönt wurden.

5629 Luk. 3,22: »Du bist mein lieber Sohn, an dem ich Wohlge-
fallen habe.«

5633 ff. F l ä m m c h e n : Vgl. die feurigen Zungen bei der
Ausgießung des Geistes (Apg. 2,3). Der Genius der Dichtkunst hat vielen von seinem Geist mitgeteilt. Aber wenn der
oder jener auch im Augenblick dichterisch entflammt ist,
meist ist die Begabung doch Täuschung und verlischt in rasch
sich verpuffender Genialität.

5642 G e k a u z t : wie ein Kauz geduckt; Ausdruck von Goethe
gern gebraucht.

5645 f ü h l t   w o h l   n i c h t : vor lauter Magerkeit.

5649 ff., 5665 Seitdem der Sparsinn der Hausfrau nachgelassen
hat, ist der Geiz auf den Mann übergegangen und somit
männlich geworden.

5660 e r s p u l e n : beim Spinnen durch Spulen verdienen.

5664 Da die Frau verschwendet, wird der Mann goldgierig.

5665 Vgl. zu 5649 ff.

5666 f. H a u p t w e i b : Die Sprecherin der soeben als ver-
schwenderisch beschuldigten Frauen befürchtet, der in der
Gestalt des Abgemagerten verkörperte Geiz werde mit seinen
Klagen die unter den Zuschauern befindlichen Männer auf-
hetzen.

5670 S t r o h m a n n : Vogelscheuche, als Schimpfwort. –
S c h l a p p e *.

5671 M a r t e r h o l z : so dürr wie das Kreuz oder wie der aus
Holz geschnitzte Gekreuzigte. Vgl. die volkstümliche Redensart, daß jemand aussehe wie das Leiden Christi.

5677 U n g e s t a l t e n : die geisterhaften Drachen.

5680 f. E n t r ü s t e t : wegen der Ungebühr der Weiber.

5685 h a b e n s i e : hat man.

5693 ff. Nur in der *»Einsamkeit«* und Erdenferne vermag sich der echte Dichtergeist zu entfalten. Vgl. V. 59 ff., 3278 f., 6212–56, 10 039 ff.

5699 f. F ü l l e , G e w i n n : Der Gegensatz liegt in *»ist«* und *»fühlt«*.

5701 ff. Der Mensch schwankt oft, ob er sich dem dinglichen, ein bequemes Leben verheißenden Reichtum oder dem höheren geistigen Leben, das immer auf Tätigkeit verweist, ergeben soll.

5706 v e r r a t e n : Zum Wesen des Dichters gehört, sich der Menge offenbaren zu müssen. Vgl. »West-östlicher Divan«, Schenkenbuch, Hatem: »Dichter ist umsonst verschwiegen, / Dichten selbst ist schon Verrat.«

5710 R u t e : Der Heroldsstab hat die Kraft, Schlösser durch bloßes Berühren aufspringen zu lassen.

5711 E s : ein Unsagbares, geheimnisvoll Unfaßbares.

5712 g o l d n e s B l u t : Das geschmolzene Gold wallt wie Blut.

5715 o h i n : o seht hin!

5728 M a s k e n s p a ß : Die Menge hat das Truggold fälschlich für wirkliches Gold gehalten, dessen sie aber nicht wert ist.

5747 U m g a n g : Ich fange an umherzugehen.

5762 f. B a n d : Plutus zieht einen bannenden Zauberkreis *(Band)* um die Kiste, der zugleich die wiedergewonnene Ordnung auch weiterhin gewährleisten soll *(Unterpfand)*. Innerhalb des Kreises bleiben *Plutus*, also Faust, ferner der *Geiz*, in dem sich Mephisto verbirgt, und schließlich der *Herold*.

5789 Der *Geiz (Mephistopheles)* hat aus dem erweichten Gold ein Symbol der Zeugungskraft geknetet, wie es gern in antiken Festzügen mitgetragen wurde, und macht sich einen rohen Spaß daraus, mit ihm das Schamgefühl der Frauen zu verletzen.

5791 w i d e r w ä r t i g : abweisend, widerstrebend, feindlich.

5792 ü b e l f e r t i g : bereit zu Üblem.

5804 s i e : das eben genannte wilde Heer.

5805, 5809 k e i n e r w e i ß : daß *der große Pan** in Wirklichkeit der Kaiser ist.

5806 K r e i s : vgl. zu V. 5762 f., 5810.

5810 s c h u l d i g : wie ich schuldig bin; wie mir, gegenüber der Majestät des Kaisers, gebührt.

5815 F l i t t e r s c h a u : die Hofgesellschaft in ihren Maskengewändern.

5816 S i e : Die wilden Männer sprechen von sich selbst in dritter Person. Vgl. V. 4383 ff.

5836 in Tales Dampf; im Dampf des Tals, in dem von Nebeln dampfenden Tal.

5845 wimmelhaft: wimmelnd.

5848 Gütchen*.

5849 Felschirurg: Wie ein Arzt schröpft der Bergmann die Metalladern der Berge.

5857 Damit: womit.

5859 allgemeiner Mord: Krieg.

5860 drei Gebot': Sie betreffen Diebstahl, Ehebruch, Totschlag (V. 5857 ff.).

5862 Schuld: Die *Gnomen* schaffen Erze, lehnen aber jede Verantwortung dafür ab, was Menschen damit machen.

5864 ff. Riesen: Sie sind hier dargestellt wie auf Harztalern oder im preußischen Wappen.

5866 Natürlich: wie sie die Natur erschaffen hat.

5872 Auch: Nun kommt auch er an, *der große Pan.*

5880 Wölbedach: Himmel.

5884 schläft: Während der südlichen Mittagsstille dachte man sich den Naturgeist schlafend. Sein plötzliches Erwachen, verkörpert im Gewitter (V. 5890 ff.), bringt allgemeinen ›panischen‹* Schrecken.

5896 Ehre dem: in ganz anderem Sinne bereits V. 3964.

5900 Wünschelrute: Die unterirdischen Metall-, aber auch Wasseradern (*Faden* V. 5899) verraten sich dem, der die Wünschelrute zu handhaben weiß. Nochmaliger Hinweis auf Mephistos Geldpläne.

5907 Quelle: der lebendige Goldschatz in des Plutus Kiste (V. 5711 ff.).

5914 im hohen Sinne: hohen Sinnes, erhaben auch über Schlimmes, wie es sich im folgenden ereignet bzw. *eräugnet**.

5919 Protokoll*: Siehe zu V. 5935 ff.

5932 das glatte Kinn: der Kaiser, der nun, nachdem der Maskenbart ihm entfallen ist, die Hand vors Gesicht hält, um nicht erkannt zu werden.

5934 Ungeschick: Mißgeschick.

5935 ff. Der Bart entflammt: Die Historische Chronica von Gottfried (1642) erzählt, 1394 bei einem Maskenfest habe der Herzog von Orleans dem als wilder Mann oder Satyr verkleideten Karl VI. mit einer Fackel unters Kinn geleuchtet und durch Entzündung von Hanf und Pech den Maskenanzug des Königs in Brand gesetzt, wobei einige zu Hilfe eilende Hofleute umkamen. Der König verfiel darüber in Trübsinn. Davon, daß Faust dem Kaiser Donner und Blitzen vorzaubert, erzählen auch die Faustbücher.

5943 Maskenklump: Maskenhaufe.

5954 Sie: Die Schar, die Umgebung des Kaisers, hat ihn veran-

läßt, sich ein Maskenkleid aus harzigem und darum brenn-
barem Reisig zu wählen.

5955 **h a r z i g R e i s** : Nadelholzreiser, die wegen ihres Harzes
leicht brennen.

5960 f. schreibt ein großherzoglich weimarischer Staatsminister!

5962 **W a l d** : der Festschmuck des Saals.

5964 **h o l z v e r s c h r ä n k t** : Kassettendecke.

5977 **s c h w a n g r e   S t r e i f e n** : regenschwere, streifige
Wolken. Das Scheinfeuer wird durch einen Scheinregen ge-
löscht.

Lustgarten

Vor 5987 **a n s t ä n d i g** : wie es einem Hofmann ›ansteht‹, ge-
ziemend, dem Hofbrauch entsprechend.

5989 f. Demnach hat der Kaiser von der Gefahr nichts gespürt,
sondern die Fülle der von unten aufwirbelnden und sich
über ihm zum Dom wölbenden Flammen als eine neue Ver-
herrlichung seiner Majestät empfunden.

5991 ff. Ein Felsgrund lag vor mir, aufgebaut aus Nacht und
Kohlen. Dem Schlund entwirbelten Flammen.

6002 **S a l a m a n d e r *** : Deren Lebenselement ist ja der Sage
nach das Feuer.

6004 **u n b e d i n g t** : von keiner Bedingung abhängig, ganz auf
sich selbst gestellt. Der Kaiser bleibt die Majestät, gleichviel
welcher Art rings um ihn die Bedingungen sind. So würde,
wie Mephisto im folgenden darstellt, auch das Wasser, falls
der Kaiser sich in dieses Element begeben wollte, sich sofort
zum Palast für ihn wölben, und die Meeresgöttin (V. 6025)
würde ihn als Kaiser und Herrscher anerkennen.

6009 f. Vgl. Goethes »Farbenlehre, Didaktischer Teil«, § 78:
»Wenn Taucher sich unter dem Meere befinden und das
Sonnenlicht in ihre Glocke scheint, so ist alles Beleuchtete,
was sie umgibt, purpurfarbig; die Schatten dagegen sehen
grün aus.« Die Perlmuschelsucher bedienten sich auch der
Taucherglocke.

6029 **j e n e n T h r o n** : Da er im Jenseits errichtet ist, setzt er
den Tod voraus.

6035 **e u r e T a g e s w e l t** : Die alltägliche Welt der Hofgesellschaft im Gegensatz zu der Scheinwelt des Zauberers.

6036 Mit diesem Vers schließt das Bruchstück des »Faust«, wie es
Goethe 1828 in der Ausgabe letzter Hand veröffentlichte.

6037 f. **i c h d a c h t** [...] **g e b e n** : Ich dachte nicht, daß
ich dir je eine Verkündung wie diese würde geben können,
daß ich dir je solches Glück verkünden dürfte.

6042 W u c h e r k l a u e n : Die Wucherer mit ihren gierigen Händen.

6045 A b s c h l ä g l i c h : als Abschlagszahlung auf den zustehenden Sold.

6055 d a s   s c h i c k s a l s c h w e r e   B l a t t : Die Erfindung des Papiergelds ist von einer Tragweite, die nicht abzusehen ist.

6066 ff. u n t e r s c h r i e b e n : Der gegenwärtige *Mummenschanz* enthält keine Andeutung darauf, daß der Kaiser das Papiergeld unterschrieben habe. Die Erfindung des Papiergelds stammt von dem schottischen Geldmann John Law (1671–1729), der es in Frankreich einführte. Im Zusammenhang mit der Französischen Revolution hatte Goethe 1792 echte und falsche Assignaten kennengelernt und an ihnen seinen Widerwillen gegen das Papiergeld steigern können (Assignaten von lat. ad-signatus, jemandem zugezeichnet, angewiesen, Anweisungen). Auch die Schatzanweisungen der deutschen Länder, vor allem Österreichs, die während der Napoleonischen Kriege ausgegeben wurden, entwerteten rasch, weil keine genügende Deckung vorhanden war. Bei den von Mephisto hergestellten Scheinen ist die angebliche Deckung überhaupt nicht greifbar, da das Vorhandensein vergrabener Schätze nur in den Bereich der Möglichkeit gehört.

6071 r e i n : klar, deutlich.

6081 A l p h a b e t : Das Papiergeld gibt den auf ihm eingezeichneten Buchstaben des kaiserlichen Namenszugs die Bedeutung eines neuen Alphabets.

6082 I n   d i e s e m   Z e i c h e n : Von Konstantin d. Gr. wird berichtet, er habe vor der Entscheidungsschlacht 312 am Himmel das Kreuz Christi gesehen mit der Unterschrift: τούτῳ νίκα (in hoc signo vinces, in diesem Zeichen wirst du siegen).

6088 s p e r r i g : weit geöffnet; vgl. sperrangelweit.

6090 R a b a t t : Der Geldwert des Scheins wird nicht voll ausgezahlt *(honoriert*)*; ein Teil geht zugunsten der Bank, teils als Gegenleistung für das Einwechseln, teils wohl auch wegen zu geringen Vertrauens zur Güte des Scheins.

6099 P f a u e n w e d e l : Fächer aus Pfauenfedern.

6100 S c h e d e l *.

6111 Ü b e r m a ß   d e r   S c h ä t z e : Faust denkt wohl an den grenzenlosen Reichtum der ungenutzten Bodenschätze, für deren landwirtschaftliche und bergmännische Nutzung die größtmögliche Planperspektive noch eine enge Grenze zieht. Mephisto will dagegen nur den Betrug.

6124 Falls der Wechsler auf Schatzanweisungen nicht Metallgeld herausgibt, weil er ihren Wert bezweifelt, so muß eben nach Gold gegraben werden. Findet sich keins, so versteigert man

Kunstgegenstände aus Edelmetall und zeigt sich mit dem
Bargelderlös zahlungsfähig, worauf der Wechsler unser Papiergeld weiterhin in Zahlung nimmt.
6162 S c h l a u c h : Des trunksüchtigen Narren Körper ist eigentlich nur noch zur Aufnahme von Flüssigkeiten da.
6170 g e s t r e n g e r   H e r r : Adelsanrede. Mit der Vorausnahme des Titels verspottet Mephisto den Narren als künftigen Grundbesitzer.
6172 W i t z : Der einzige Witzige, d. h. hier Vernünftige, ist der
Narr, der allein das an sich wertlose Papiergeld sofort in
wertbeständige Dinge umsetzt.

Finstere Galerie

6178 a n   d e n   S o h l e n   a b g e t r a g e n : Es ist daher wie
abgetragene Stiefel etwas Altes. Von solchem mag Faust jetzt
nichts hören.
6181 t u n : Ich werde gedrängt zu handeln.
6185 M u s t e r b i l d : Ideal, Typus. – s o : ebenso wie.
6196 n e u e   S c h u l d e n : Du machst dich von neuem schuldig,
indem du wiederum in einen Bereich greifst, der den Menschen verboten ist.
6216ff. M ü t t e r *.
6235 ff. Diese Verse sind später nachgetragen. Wohl als Hindeutung auf die innere Vereinsamung Fausts, die bereits aus
dem ersten großen Monolog hervorklingt. Bei seinem rast-
losen Streben nach dem Urgrund der Dinge mußte ihm auch
überlieferte Wissenschaft leer erscheinen.
6236 W i l d e r n i s *.
6237 v e r s ä u m t : verlassen, einsam, aufgegeben.
6243 D u   s ä h s t   d o c h   e t w a s : Der Ton liegt auf »s ä h s t«.
– G r ü n e : Goethe sagt »die *Grüne*«, wir entgegen dem
üblichen ›das Grün‹.
6249 ff. M y s t a g o g e n * , N e o p h y t e n * : Die Verkünder
angeblicher großer Geheimnisse pflegten den Neulingen mit
überstiegenen Redensarten das All zu versprechen, wo in
Wirklichkeit nichts vorhanden war; das von Mephisto angekündigte *Nichts* dagegen bedeutet nach Fausts Meinung in
Wirklichkeit das *All* im Sinn der höchsten Erkenntnis.
6252 s o [. . .] a l s : sowohl als auch.
6253 f. K a t z e : Hindeutung auf die z. B. von Lafontaine behandelte Fabel (IX,17). Um geröstete Kastanien aus dem
Feuer zu holen, ohne daß die zu Aschenteilchen zerspringen-
den Schalen ihm das Gesicht verletzen, bedient sich der
Affe einer Katze.

6259 S c h l ü s s e l : Ein Versuch des Dramatikers Goethe, der Anschauungskraft des Lesers oder Zuschauers durch etwas Sinnenfälliges zu Hilfe zu kommen.

6272 S c h a u d e r n : Wie Platon* und Aristoteles* sah auch Goethe das wertvollste Ergebnis wissenschaftlichen Strebens im Staunen als dem Gegensatz zu kalter Gleichgültigkeit (Erstarren). Vgl. zu Eckermann, 18. Februar 1829: »Das Höchste, wozu der Mensch gelangen kann, ist das Erstaunen, und wenn ihn das Urphänomen in Erstaunen setzt, so sei er zufrieden!«

6273 v e r t e u e r n : teuer, selten, unerschwinglich machen; auch abstumpfen.

6275 v e r s i n k e [. . .] s t e i g e : Beides ist im Grunde dasselbe, wenn der Raum überhaupt aufgehoben ist.

6277 l o s g e b u n d e n : Er ist das Reich, in dem die Gebilde ihre feste Gestalt verloren oder noch nicht gehabt haben.

6283 D r e i f u ß * : (Vgl. zu V. 1.) Hier, gleich dem Schlüssel, ein sinnfälliges Hilfsmittel für den Zuschauer zum Erfassen des sonst rein Geistigen.

6289 B i l d e r a l l e r K r e a t u r * : Goethe las in Plutarchs Schrift »Über die Orakel«, Kap. 13 von den göttlichen Dreiecken und Kap. 22 von den dreieckigen Weltformen: »Die Fläche innerhalb des Dreiecks ist als ein für alle Welten gemeinschaftlicher Herd anzusehen. In demselben liegen die Gründe, Gestalten und Urbilder aller der Dinge, die je existiert haben und noch existieren werden, unbeweglich.« Auch Plato in seinem »Staat« spricht von »Ideen« als Urbildern.

6304 Faust versinkt ohne Zauberformel; in der höheren Magie genügt der bloße Wille zum wirklichen Eindringen in die übersinnliche Welt.

Hell erleuchtete Säle

Dem Kaiser zaubert Faust im Faustbuch Alexander den Großen und seine Gemahlin vor, und für die Studenten beschwört er zu Fastnacht die schöne Helena. Im Puppenspiele wird eine ähnliche Beschwörung zu Parma vorgenommen.

Vor 6307 H o f i n B e w e g u n g : Man bewegt sich hin und her, geht auf und ab.

6315 d a s S c h ö n e : Der in diesem Falle zu hebende Schatz ist Helena als Inbegriff der Schönheit an sich.

6336 Z u G l e i c h e m G l e i c h e s : Verspottung der Homöopathie; ihr Begründer, der Arzt Hahnemann, hatte 1810 das Wort geprägt: Similia similibus curantur (Ähnliches wird durch Ähnliches geheilt).

6342 f ü ß e l n *.

6357 S c h e i t e r h a u f e n : auf dem Hexen, Zauberer oder Ketzer verbrannt werden; Gegenstände, die mit einer Hinrichtung zusammenhängen, gelten als zauberkräftig.

6369 A n s t ä n d i g : Siehe vor V. 5987. – F o l g e : Reihenfolge der höfischen Würden.

6373 s p e n d i e r t *.

Rittersaal

Am 30. Dezember 1829 las der achtzigjährige Goethe die fertige Szene Eckermann vor.
Angeregt ist sie zunächst durch die Faustbücher, ferner durch ein Spruchgedicht des Hans Sachs von Kaiser Maximilian und einem Nigromanten 1564 sowie durch eine 1778 deutsch übersetzte Erzählung »L'Enchanteur Faustus« von A. v. Hamilton. In dieser führt Faust der Königin Elisabeth von England Helena, Mariamne, Kleopatra vor, und diese werden durch Essex, Sidney sowie die Königin kritisiert (vgl. V. 6453 ff.). Als die Königin eine der Erscheinungen, die schöne Rosamund, anspricht, erfolgt eine Explosion, nach der man Faust bewußtlos auf dem Boden liegen sieht. Vgl. zu V. 6563 ff.

6377 H e r o l d : Vgl. zu V. 5065. Seine Kunst, Namen und Inhalt die aufzuführenden Stückes anzusagen, versagt angesichts der geheimnisvollen Vorbereitungen. Der Name wird dem Stück erst am Schluß gegeben, aber auch nicht durch ihn, sondern durch den Astrologen (V. 6548).

6383 T a p e t e n : Wandteppiche, mit Schlachtenbildern verziert.

6384 g r o ß e Z e i t : vielleicht des Hochmittelalters, etwa der Staufer, vielleicht auch des Altertums, etwa Alexanders oder Cäsars.

6394 Brennender Stoff rollt sich ein.

6396, 6403 ff. T h e a t e r : Das Zaubertheater baut sich von selbst auf.

6410 ü b e r l ä s t i g : zu schwer lastend.

6413 S p i t z b ö g i g e r Z e n i t * : Der Architekt* lobt – wie es Goethe 1771 f. getan hatte und wie es seit Anfang des 19. Jh.s die Romantiker taten – die leichte gotische zuungunsten der als zu schwer lastend empfundenen antiken Baukunst. Der Dichter selbst hatte sich inzwischen wieder zur Antike bekannt.

6414 G e b ä u : Gebäude.

6415 s t e r n g e g ö n n t : Stunden, in denen die Stellung der Gestirne zueinander nach Ansicht der Sterndeuter auf Günstiges deutet.

6420 U n m ö g l i c h , g l a u b e n s w e r t : Vgl. Tertullian: [Jesu Tod und Auferstehung] ist glaubhaft, w e i l ungereimt; gewiß, weil unmöglich (credibile est, quia ineptum est; certum est, quia impossibile).

6427 ff. M ü t t e r *.

6435 f. d e s L e b e n s h o l d e r L a u f : Durch den Willen der Mütter wird ein Teil der Urbilder zu wirklichen Wesen, die dann am Leben in der Erscheinungswelt teilnehmen. Die anderen bleiben jenseits dieser Welt und dieses Lebens und sind nur der Beschwörung des Zauberers zugänglich, wie sie jetzt Faust vornehmen will.

6436 M a g i e r : Die ursprüngliche Fassung lautet hier: »Die andern sucht getrost der Dichter auf.«

6438 d a s W u n d e r w ü r d i g e : des Sichwunderns würdig; bewundernswert.

6441 f. W o l k e n a r t : Darüber hatte Goethe viel beobachtet; vgl. »Wolkengestalt nach Howard«, 1820.

6446 ff. M e l o d i e : Was sich vollzieht, ist eine musikalische Architektur. Die Romantiker, z. B. Görres, nannten die Baukunst »gefrorene Musik«.

6459 S c h ä f e r k n e c h t : *Paris* * hütete auf dem Berg Ida die Herden.

6468 K a i s e r s G e g e n w a r t : Im klassisch-französischen Hofschauspiel durfte der Schauspieler die Rücksicht auf die vornehme Zuschauerschaft auch dann nicht außer acht lassen, wenn er allein, also unbelauscht, auf der Bühne war. Vgl. auch V. 6513.

6472 n a t ü r l i c h : Vgl. Goethes Abneigung gegen den Naturalismus auf der Bühne.

6473 d u f t e t : Unter Weihrauchdampf mischt sich Ambrosiaduft, ausgestrahlt von Paris und der bald kommenden Helena. Vgl. »Ilias« XIV, 172; »Odyssee« IV, 445; Goethe hatte ein feines Gefühl für den den Menschen umgebenden *Dunstkreis*; vgl. auch V. 2671, 9046, 12 031; zu V. 8.

6483 u n d h ä t t i c h F e u e r z u n g e n : Ergänze: so würde ich ihre Schönheit doch nicht beschreiben können. Erinnerungen an Apg. 2,3 f. und 1. Kor. 13,1 haben sich hier verschmolzen.

6492 E r s t : Nun, seitdem Faust als Priester Helena beschworen hat, erscheint ihm die Welt wieder begehrenswert; sie hat für ihn eine feste Grundlage erhalten *(gegründet)* und offenbart im Fluß der Erscheinungen ihm das Ewige *(dauerhaft)*.

6495 v o r e i n s t : in der Hexenküche V. 2429, 2604.

6509 g e m a l t : Vgl. z. B. den Stich nach Sebastian Conca, den
      Goethe besaß.

6513 Vgl. zu V. 6468.

6528 f. Helena hat vielen angehört und dabei nach Ansicht der
      Hofdame von ihrem Wert verloren.

6530 V o m z e h n t e n J a h r : Zum Alter Helenas vgl. V.
      7426, 8850. Mythologische Zahlenangaben dürfen nicht ge-
      preßt werden. Vgl. zu V. 7426.

6538 G r a u b ä r t e : Vgl. »Ilias« III, 156 ff.; verwendet von
      Lessing in »Laokoon«.

6541 K n a b e : nicht mehr als ein Knabe, sondern als Erwach-
      sener.

6551 G r a u s * : Geröll, wüstes Durcheinander, wofür Goethe
      allerdings sonst »Grus« sagt.

6555 D o p p e l r e i c h : die gedachte und die wirkliche Welt,
      Idealität und Realität in eines begreifend.

6557 d o p p e l t : einmal, insofern er sie aus dem Reich der
      *Mütter** geholt hat, und das andere Mal, indem er sie jetzt
      vor der Entführung bewahrt.

6559 e r k a n n t : wer ihre tiefste Bedeutung erfaßt hat.

6560 F a u s t e : lat., Anredefall zu Faustus.

6563 ff. B e r ü h r t : Geistererscheinungen berühren heißt ihr
      Verschwinden veranlassen und sich selbst in Lebensgefahr
      bringen. Schon Hans Sachs läßt die vom Totenbeschwörer
      hervorgezauberte Maria, als Kaiser Maximilian sie berührt,
      in Dampf und Getümmel verschwinden. Auch in Hamiltons
      »L'Enchanteur Faustus« will Elisabeth eine der Erschienenen
      umarmen, ihr Ausruf »Ah! meine traute Rosamund« bewirkt
      aber nur, daß sie unter Donner, Dampf und Blitzen ver-
      schwindet und daß der Magikus Faust zu Boden geworfen
      wird.

6563 N u ! i m N u : Zweifacher Ausdruck des Erschreckens mit
      verschiedener Bedeutung; zuerst erwartendes Grauen, dann
      Entsetzen angesichts des plötzlich Geschehenen.

Zweiter Akt

(Abgeschlossen Dezember 1830)

Hochgewölbtes, enges gotisches Zimmer

Begonnen Herbst 1827, beendet Dezember 1829.

6567 s c h w e r g e l ö s t · was nur schwer gelöst werden kann;
      schwer lösbar.

6571 A l l u n v e r ä n d e r t : ganz unverändert. Vgl. V. 7598 *allemsig*, V. 9478 *alleinzeln*.

6587 R a u c h w a r m : Die Hülle ist warm, weil sie aus Pelz (vgl. Rauchwaren) besteht oder mit ihm gefüttert ist.

6597 g e p f l a n z t : geschaffen. Vgl. V. 1516 f.

6600 ff. Heimtückische Gedanken verwahren sich in der Brust fester als Läuse im Pelz.

6624 S p r i n g t : Es *springt das Estrich**.

6630 S e i n e n : Vor seinen, vgl. V. 9932.

6635 O r e m u s * : Beten will der Famulus mit Mephisto, weil er ihn für einen hohen Geistlichen hält.

6642 B e s c h l a g n e r : Wie des Pferdes Huf mit Eisen beschlagen ist, ist sein Geist mit dem nötigen Wissen ausgestattet.

6650 f. S a n k t P e t e r : Schlüsselgewalt der Petrus nach Matth. 16,19 und 18,18. Wie er das Himmelreich zu erschließen berechtigt ist, so vermag Wagner Aufschluß über das Untere und Obere, d. i. Himmel und Hölle bzw. das Weltall, zu geben.

6667 S t e r n e n s t u n d e : Die Sterndeuter berechnen die Bedeutung jeder Stunde nach der Stellung der Gestirne zueinander. Vgl. V. 6415.

6678 ff. K o h l e n b r e n n e r : Wagner als Alchimist steht vor dem Ofen.

6681 j e d e m : nach jedem.

6682 Z a n g e : Kohlenzange.

6684 b e s c h l e u n e n : beschleunigen. Auch nach V. 7004 wirkt Mephisto am Entstehen des Homunkulus mit. Vgl. Goethe zu Eckermann, 16. Februar 1829: »Ich habe schon gedacht, ob ich nicht dem Mephistopheles, wie er zu Wagner geht und der Homunkulus im Werden ist, einige Verse in den Mund legen solle, wodurch seine Mitwirkung ausgesprochen und dem Leser deutlicher wird.« Vgl. die von Beutler gegen die Mitwirkung Mephistos erhobenen Einwände in seinem Kommentar zu V. 6684 und 6835.

6688 e r d r e u s t e n * : Das mitteldeutsche mundartliche ›eu‹ wird von Mephisto wohl mit komischem Klang gesprochen.

Vor 6689 B a k k a l a u r e u s *.

6705 B ä r t i g e : Professoren, Philosophen; als Gegensatz zu den bartlosen Jungen auch V. 9578.

6716 g e h ü l l t i m : so auch bei Schiller und H. v. Kleist.

6734 S c h w e d e n k o p f : kurzer Haarschnitt nach Schwedenart (Gustav Adolf) war nicht zu Fausts, wohl aber zu Goethes Zeit hochmodern.

6736 a b s o l u t * : Kommt nur nicht wie jemand, der gar keine Bindungen kennt. Verspottung der Metaphysik des Absoluten.

6745 g e l b e S c h n ä b e l : Kennzeichen junger Vögel; Gelb-
schnabel, Spottbezeichnung überkluger Jugendlicher.

6757 w o h l : vorzüglich, hier allerdings spottend.

6758 E r f a h r u n g s w e s e n : Die vom reinen Denken ausgehende spekulative Philosophie verwarf die empirische, das
ist die sich auf die sinnliche Wahrnehmung gründende Philosophie. Für den Naturwissenschaftler Goethe war die Erfahrung die erste Quelle der Erkenntnis.

6772 f. z u m P a r t e r r e * : Anrede der Zuschauer häufig in
der antiken und in der sächsischen Komödie, z. B. bei Lessing,
aber auch in der Romantik. Auch V. 5061, 6814, 9578,
10 210, 10 554, 11 286. Durch seinen Verkehr mit den Zuschauern erscheint Mephisto als über der Handlung stehend.

6785 A l t e r : Vgl. Terenz: »Ipsa Senectus morbus est« (das
Alter selbst ist eine Krankheit).

6787 d r e i ß i g J a h r : von jeher verbreitete Anschauung, zuletzt aufgenommen durch Fichtes »Episode über unser Zeitalter, von einem republikanischen Schriftsteller« 1806: »Wie
sie über dreißig Jahre hinaus waren, hätte man zu ihrer
Ehre und zum Besten der Welt wünschen müssen, daß sie
stürben, indem sie von nun an nur noch lebten, um sich und
die Umgebung immer mehr zu verschlimmern.«

6794 ff. Vgl. Schopenhauers Hauptwerk »Die Welt als Wille und
Vorstellung« 1819: »Die Welt ist meine Vorstellung.« Fichte
lehrte, die Welt sei nur vorhanden, sofern das Ich sie denkt.
Die Lehre, daß letzten Grunds überhaupt nur das Ich vorhanden ist, nennt man Solipsismus. Vgl. zu vor V. 6689.

6801 f. P h i l i s t e r *.

6804 i n n e r l i c h e s L i c h t : lumen internum.

6807 O r i g i n a l *.

6813 M o s t : Der gärende Traubensaft klärt sich erst allmählich
zum Wein ab.

6814 e' W e i n : frankfurterisch.

Laboratorium

Begonnen vermutlich 1828, beendet Dezember 1829.

6819 G l o c k e : Vgl. vor V. 6620.

6825 l e b e n d i g e K o h l e : Kohlenstoff ist das notwendige
Element für alle organischen Verbindungen.

6832 S t e r n d e r S t u n d e : Vgl. zu V. 6415.

6837 R a u c h l o c h : Ofen der Alchimisten.

6859 f. o r g a n i s i e r e n * [...] k r i s t a l l i s i e r e n : Die
Natur gestattete jedem Wesen, sich kraft seines inneren Bil-

dungstriebes zu gestalten; Naturhaftes entwickelt sich also organisch. *Wir* dagegen gehen von außen her vor: Wir lassen das neue Ganze aus einzelnen Teilen entstehen. Beispiel für das Aneinanderschießen kleinster Teilchen zu Kristallen: Man kann Wasser auf dem Gefrierpunkt durch Erschütterung zu Eis werden lassen.

6864 Menschen, die gefroren oder versteinert waren.

Vor 6879 H o m u n c u l u s * : Erscheint zuerst in Goethes Plan vom 9. November 1826.

6889 s i c h   s c h ü r z e n : die Arbeitsschürze umbinden, also die Arbeit beginnen.

6903 B e d e u t e n d * : sinnvoll, sinnig; Homunkulus, vermöge seiner höheren Geistigkeit, sieht Fausts Traum und erkennt sogleich seinen tieferen Sinn.

6903 ff. Angeregt durch Correggios Gemälde »Leda mit dem Schwan« in der Berliner Galerie. Vordeutung auf Helena*, die Schwanerzeugte, die im folgenden Akt die Hauptrolle spielt; bestätigt durch Goethe zu Eckermann, 16. Dezember 1829: »So werden Sie finden, daß schon immer in diesen früheren Akten das Klassische und Romantische anklingt und zur Sprache gebracht wird, damit es wie an einem steigenden Terrain zur ›Helena‹ hinaufgehe, wo beide Dichtungsformen entschieden hervortreten und eine Art Ausgleichung finden.«

6924 N e b e l a l t e r : dunkles Mittelalter, als der Teufelsglaube eigentlich erst auflebte. – j u n g   g e w o r d e n : geboren.

6929 S p i t z b ö g i g : Abneigung des Homunkulus gegen die Gotik.

6930 d i e s e r : Faust.

6935 d e r   B e q u e m s t e : der sich allem Anbequemende, sich in jeder Lage Findende.

6937 ff. Ein jeder lebt in dem seinem Eigenwesen entsprechenden Lebensbereich auf, und dieser ist für Faust jetzt die altgriechische Welt.

6944 Die Klassische Walpurgisnacht lag also nicht in Mephistos Plan.

6946 R o m a n t i s c h : nordisch-mittelalterlich.

6949 w i d e r n : anwidern. – a n t i k i s c h * : hier geringschätzig gesagt.

6952 ff. F l ä c h e : Die Ebene von Pharsalus*.

6955 a l t   u n d   n e u : Alt-Pharsalos und Neu-Pharsalos.

6957 T y r a n n e i   u n d   S k l a v e r e i : Cäsarismus und Republik.

6959 v o n   v o r n e : Man glaubte, die Pharsalische Schlacht erneuere sich geisterhaft, so wie der Hunnenkampf auf den Katalaunischen Feldern.

6961 A s m o d e u s * : hier wohl der Teufel überhaupt, insofern
er am Stiften von Verwirrung seine Freude hat.
6971 H e i d e n r i e g e l : Für den der nordisch-christlichen Welt
angehörenden Mephisto ist das heidnische Altgriechentum
wie mit einem Riegel verschlossen.
6992 W a s , W i e : Stoff und Werdevorgang, wovon das zweite
eingehenderes Nachdenken erfordert.
6994 T ü p f c h e n : das an sich Unbedeutende, aber doch Entscheidende. Hier ist es das, was den Homunkulus zum Menschen machen würde, was aber Wagner bei seinen Experi-
menten nicht zustande gebracht hat: die Körperlichkeit des
Homunkulus.
7003 f. Goethe mit Beziehung auf diese Verse zu Eckermann,
16. Dezember 1829: »Ich dächte, man hätte eine Weile daran
zu zehren. Ein Vater, der sechs Söhne hat, ist verloren, er
mag sich stellen, wie er will. Auch Könige und Minister, die
viele Personen zu großen Stellen gebracht haben, mögen aus
ihrer Erfahrung sich etwas dabei denken können.«

Klassische Walpurgisnacht

Entworfen Dezember 1826, ausgeführt Januar bis Juli 1830. Da
diese ganze Szenenfolge im Grunde nur die Überleitung zum
Helena-Drama bedeutet, nannte sie Goethe in seinen Vorarbeiten
immer »Antecedentien der Helena«. Als Hilfsmittel benutzte
Goethe Benjamin Hederichs »Gründliches mythologisches Lexikon«,
ein im 18. Jh. vielgebrauchtes Buch, und zwar zuerst in der Ausgabe von 1724, dann in der zweiten Auflage von 1770, die Johann
J. Schwabe durchgesehen, »ansehnlich vermehrt und verbessert«
hatte. Ferner las Goethe 1825 E. Dodwell, »A Classical and Topographical Tour through Greece« (1819), deutsch »Klassische und
topographische Reise durch Griechenland« in der Übersetzung von
Sickler 1821, sowie von antiken Schriftstellern 1826 Marcus An-
naeus Lucanus, »Pharsalia« und Plutarch, »Leben des Pompejus«.
Vgl. auch zu V. 7249 ff. 1800 und 1825 las Goethe Barthélémy,
»Reisen des jungen Anacharsis«.
Zum Zeichen des Übergangs in die klassische Welt verwendet
Goethe ein antikes Versmaß, den aus drei Doppeljamben bestehen-
den Trimeter*, den er aber mit dichterischer Freiheit behandelt.
Mit dem Eintreten der nordischen Wesen in die griechische Welt
mischen sich auch die neueren Versformen ein.
Den Begriff einer Walpurgisnacht kannte das Altertum nicht, der
Name und dessen Inhalt sind ganz eigene Erfindung Goethes.
Mit ergreifender Schaffensfreudigkeit gab der Achtzigjährige, dem
die nordische Zauberwelt längst ferngerückt war, den ihm aus der

Antike zuströmenden Bildern Raum. Die Verworrenheit, die ja im Wesen einer Walpurgisnacht liegt, ist künstlerische Absicht des Dichters. Wer sich in das Ganze und einzelne tiefer versenkt, wird aber eine staunenswerte Ordnung und Gliederung finden, worin jede Einzelheit ihre besondere Beziehung zum Grundgedanken hat. Es erleichtert das Verständnis, wenn man die Stellen, an denen Faust, Mephistopheles, Homunkulus auftreten, zunächst für jede Person einzeln durchliest.

Zur Klassischen Walpurgisnacht vgl. noch S. 45–51, 75, 79, 93 f., 98, 125.

Pharsalische Felder

Entstanden Anfang bis Mitte Januar 1830.

7007 D i c h t e r : *Erichtho** wird durch Ovid und Lukan geschildert.

7008 E n d i g e n : ein Ende finden.

7010 Z e l t e n : schwach gebeugt. Goethe schreibt auch *Thronen* (V. 9572), *Schuften* (V. 11 656). *Stiefeln* usw. Graue Zelte mit ihren windbewegten Tüchern erscheinen wie eine Woge. Doch sind hier die Zelte, nach V. 7033, nur ein Trugbild des grauen Bodens.

7011 N a c h g e s i c h t : Nach dem vom wirklichen Auge aufgenommenen Bild erscheint dem geistigen Auge ein zweites, aber auch öfter wiederholtes geistiges Bild, ein Nachbild. *Erichtho* sieht die feindlichen Heere, die hier einst vor der Entscheidungsschlacht rasteten, nachts immer wieder in Geistergestalt an derselben Stelle.

7014 m i t   K r a f t   e r w a r b : Cäsar. Vgl. »Geschichte der Farbenlehre«: »Wie wenig selbst die bessern [unter den Römern] begriffen, was Regieren heißt, sieht man an der Ermordung Cäsars.« – »Zahme Xenien«, IV: »Sie gönnten Cäsarn das Reich nicht, und wußten's nicht zu regieren.«

7020 f. Die republikanische Freiheit erliegt der aufkommenden Alleinherrschaft (Monarchie).

7022 M a g n u s * : Pompejus träumte in Scotusa, das Volk bejubele ihn im Theater wie beim ersten jugendlichen Triumph.

7023 Z ü n g l e i n : der Waage, auf der beider Schicksal gewogen wird.

7024 D a s : Cäsar und Pompejus. – w i r d : *Erichtho* fühlt sich am Vorabend der Schlacht und überdenkt die Zukunft.

7028 L e g i o n * : Griech. Sagengestalten kommen in Menge zusammen.

7030 f a b e l h a f t : der Fabel entstammende Gebilde aus alter Zeit.

7033 b l a u : So erscheint, nach Goethes Farbenlehre, das Feuer
auf hellem Grunde; vorher (V. 7025) erschien es in der Dunkelheit rot.

7034 M e t e o r *: die durch die Nacht leuchtende Phiole des Homunkulus.

7035 B a l l : der in Mephistos Mantel gehüllte Faust.

7040 ff. Beachte die verschiedene Einstellung der drei Luftfahrer
zu der neuen Umgebung.

7040 S c h w e b e : Ich schwebe.

7053 R i t t e r : Faust.

7056 s i e : Der auf griechischem Boden zum Leben zurückkehrende Faust läßt erkennen, daß seit V. 6557 f. und 6903 nur
eine Vorstellung in seinem Unterbewußtsein lebte: Helena.

7071 S c h o l l e : Wäre nicht der Erdboden und nicht das Gewässer, so würde der Luftkreis die Gegenwart Helenas künden.

7077 A n t ä u s *: Wie dieser durch Berührung mit seiner Mutter
Erde neue Kräfte erhielt, so fühlt sich Faust auf griechischem
Boden geistig belebt.

7081 e n t f r e m d e t : also nicht mehr fremd, sondern ange-
heimelt.

7083 u n v e r s c h ä m t : ohne Scham.

7087 l e b e n d i g : natürlich.

7093 ff. Eckermann berichtet über Goethe als Vorleser, er habe
u. a. auch wiedergegeben das »Schnarchen der Greife, welches
er genau nachzuahmen versuchte, wobei gewöhnlich lauter
garstige Töne zum Vorschein kamen, die gequetscht und mit
sichtbarer Anstrengung aus der Kehle sich vernehmen lie-
ßen«.

7097 E t y m o l o g i s c h *: Die schnarrenden Stabreime sollen
verworren-gelehrtes Kauderwelsch darstellen. Das etymolo-
gische Spiel ist nach Goethe das witzigste der Welt. Vgl.
»Moritz als Etymolog« in der »Italienischen Reise«.

7104 A m e i s e n *.

7115 v e r k ö r p e r n : Körperlichkeit bedeutet zugleich Vergrö-
berung.

7118 ff. B r i t e n : Verspottung der Reiselust der Engländer.

7122 B ü h n e n s p i e l : Moralitäten, Theaterstücke sittlich be-
lehrenden Gehalts.

7123 O l d   I n i q u i t y *: In den Moralitäten ist das Laster
(Vice, Iniquity) allerdings nicht der Teufel, sondern sein
Begleiter.

7127 s c h i e ß t : Sternschnuppenfall. — b e s c h n i t t n e r
M o n d : Halbmond.

7131 S c h a r a d e n *: Die Sphinx von Theben gab den ihr
Nahenden Rätsel auf.

7134 ff. Dem Frommen ist der Teufel eine Art Paukzeug *(Plastron*)*, auf das ein Fechter mit dem Stoßdegen *(Rapier*)* zur Übung losstößt; an der Sünde kann der Fromme ja seine Entsagung üben. Dem Bösen dagegen ist er Genosse *(Kumpan*)*. Beides aber ist für die jenseits von Gut und Böse stehende Gottheit (Zeus) ein Schauspiel. Vgl. die Charakterisierung Mephistos V. 338–343, 1338–44.

7147 B e s t i e : Löwenunterleib der Sphinx.

7153 P a p p e l s t r o m : Strom, von Pappeln umgeben; auf den Ästen sitzen die Sirenen.

7154 G e w a h r t : Wahrt euch, hütet euch.

7156 v e r w ö h n e n : gewöhnen im schlechten Sinn, vom Schönen hinweg sich ans Häßliche gewöhnen.

7167 S a m m e l n w i r : Laßt uns sammeln!

7172 ff. N e u i g k e i t e n , T r a l l e r n : Gemeint sind wohl die romantischen Dichter mit ihrer Freude an gleitenden und klingenden Reimen.

7181 ff. Völlig andere Einstellung zum Altgriechentum bei Faust, der auch im Häßlichen das Große erkennt.

7185 Ö d i p u s *: löste die Rätsel der Sphinx. Vgl. V. 7131.

7186 U l y ß *: Odysseus ließ sich an den Mastbaum seines Schiffes binden, um den Gesang der Sirenen hören zu können, ohne doch von ihnen betört zu werden.

7197 h i n a u f : Die Zeitrechnung beginnt hier mit der Urzeit und steigt aufwärts (d. h. in Richtung auf unsere Gegenwart) bis zu den Tagen des Herkules und dann weiter bis zu denen der Helena, wo es Sphinxe bereits nicht mehr gab.

7198 e r s c h l a g e n : Daß Herkules die letzten Sphinxe vernichtet hat, ist Erfindung Goethes.

7210 f. Während Ulyß sich mit Stricken binden ließ, binde dich unser Rat.

7215 m a g : kann.

7219 A l c i d e s *: Die *Stymphaliden** wurden von Herkules vernichtet.

7233 W e n d e h a l s : Spechtvogel (lynx), der immer den Hals verdreht.

7235 ff. L a m i e n *: Diese Handlung setzt sich fort V. 7696 ff.

7235 l u s t f e i n : fein zur Lust, ›raffiniert‹.

7238 B o c k s f u ß : Mephistopheles.

7242 i n : auf . . . hin.

7244 Die Sphinxalleen Ägyptens verwendete man zur Bestimmung des Jahreslaufs.

Peneios

Entstanden Januar bis März und Mitte bis Ende April 1830.

7249 ff. Der Flußgott *Peneios** spricht. Die Schilderung des
Peneiostals ist angeregt durch die Lektüre von Dodwell und
die dort mitgeteilte Schilderung des Tempetals durch Älian
sowie durch Barthélémy. Vgl. Vorbemerkung zur Klassischen
Walpurgisnacht (S. 236).
Beachte die Lautmalerei in den Flüsterversen.

7250 R o h r g e s c h w i s t e r : die Nymphen im Rohr als Verwandte des Flußgottes.

7253 T r ä u m e n : Ledatraum. Vorgedeutet V. 6903 ff., fortgesetzt V. 7275 ff.

7254 f. W i t t e r n : Vgl. zu V. 8.

7273 s c h i c k t : Faust belebt mit seinen Traumgestalten (V.
6903 ff.) die dem Traumbild gleichende Flußlandschaft.

7276 S c h o n e i n m a l : V. 6903 ff., 7253.

7301 E i n e r : der Schwan, in dem sich Jupiter–Zeus verkörpert.

7317 d i e s e r N a c h t : Botschaft v o n dieser Nacht: Kunde
von unserer Festnacht. Oder aber: zeitlicher Wesfall wie
›heutigentags‹, also i n dieser Nacht.

7325 R e u t e r : zu Goethes Zeit noch gebräuchliche Form für
Reiter; als ein solcher erscheint dem Faust der Pferdemensch
in der Ferne.

7326 v o n G e i s t [...] b e g a b t : begabt mit Geist.

7330 C h i r o n *.

7340 Alle die Helden, die dem Dichter Stoff zu seinen Dichtungen
geben.

7342 Wenn selbst Athene als Führerin eines Telemach nichts auf
die Dauer ausrichtet, dann ist es nicht verwunderlich, wenn
auch einem Zentauren das Amt des Erziehers vergeblich erscheint.

7345 ff. Die Zentauren galten als heilkundig, eine Kunst, die
später von Frauen und Geistlichen (V. 7352) ausgeübt wurde.

7356 s e i n e s g l e i c h e n : Männer wie *Chiron* sind unver-
gleichlich.

7364 Faust möchte nach Helena als der schönsten Frau fragen
(V. 7398), wählt aber den Umweg über die Frage nach dem
tüchtigsten Mann.

7365 A r g o n a u t e n k r e i s *: Zu ihm zählten die *Dioskuren,*
Herkules, die *Boreaden, Jason, Lynceus* als Steuermann,
Orpheus. Vgl. in Goethes Schrift über »Philostrats Gemälde«
besonders die Abschnitte »Prolog der Argonautenfahrt« sowie »Herkules und Telephus«.

7380 l o b e n : Alle sind einverstanden.

7389 ä l t e r n B r u d e r : Gemeint ist wohl Eurystheus, des Herkules' Oheim, dem seine berühmten zwölf Arbeiten galten; man hat auch an einen brüderlichen Freund wie Admetus gedacht.

7390 F r a u n : Omphale, Megara, Deïanira usw. Vgl. Herakles*.

7391 ff. Einen zweiten Herkules wird die Erde (*Gäa**) nicht wieder hervorbringen, ein zweiter erhält auch nicht wieder Zutritt zum Olymp und wird weder von der Dichtkunst (*Lieder*) noch von der bildenden Kunst (*Stein*, V. 7394) festgehalten. Bei der bildenden Kunst denkt Goethe wohl an den Torso des Herkules im Vatikan.

7403 f. Der Gegensatz der Schönheit (*Schöne*) und der durch Bewegung reizenden *Anmut* wie bei Lessing und Schiller.

7405 Daß *Chiron Helena* trug, ist Erfindung Goethes.

7415 Kastor* und Pollux* befreiten Helena aus der Gewalt des Theseus* und führten sie nach Sparta zurück. Daß Chiron dabei mitwirkte, ist Goethes Erfindung.

7426 z e h e n J a h r : Goethe schrieb beim ersten Druck »*sieben*«, weil er auf Göttlings Rat V. 8850 »*siebenjährig*« geschrieben hatte, doch widerrief er 17. März 1830 an Eckermann: »Ich bin auch dafür, daß sie zehn Jahr alt gewesen sei, als Theseus sie entführte, und ich habe auch später [V. 6530] geschrieben: Vom zehenten Jahr an hat sie nichts getaugt. In der künftigen Ausgabe mögt Ihr daher aus dem siebenjährigen Reh immer wieder ein zehnjähriges machen.«

7426 P h i l o l o g e n *: Verspottung der Gelehrten oder, wie Goethe ursprünglich schrieb, der »Mythologen«, die die Fülle der Sagengestalten verschiedenster Herkunft in eine Zeitfolge zwängen wollten. Zu ihnen rechnete er Hederich, vielleicht auch Göttling.

7435 P h e r ä *: Die Vermählung des *Achill* mit *Helena* hat Goethe von der Insel Leuke, wo sie nach griechischer Sage stattfand, nach *Pherä* verlegt. Nach Hederich* fand die Vermählung nach Helenas Tode statt; aus ihr ging *Euphorion** hervor.

7438 s e h n s ü c h t i g s t e r : lat. Wesfall des Mittels, mit Hilfe sehnsuchtsvoller Gewalt.

7442 h e u t : Wenn dies auf das Geisterspiel am Kaiserhof geht (V. 6479 ff.), dann vollzieht sich der 2. Akt noch am selben Tage wie der Schluß des 1. Akts.

7454 T o t s c h l a g : Spott auf die Ärzte aus Goethes eigener Zeit.

7455 S i b y l l e n g i l d e : Vgl. *Sibylle**.

7460 n i e d e r t r ä c h t i g : nach Niederem trachtend, gewöhnlich, unedel, zu höherer Erhebung nicht fähig.

7462 h e r a b : vom Rücken des Zentauren.
7465 ff. H i e r : Bei der Pydna wurde 168 v. d. Z. König Perseus
    von Makedonien durch den römischen Konsul Ämilius Paul-
    lus besiegt und gefangengenommen, womit das Makedonier-
    reich im Römerreich und also das Königtum (König) in der
    Republik (Bürger) aufging.
7478 Da Mantos* Tempel noch immer besteht, darf sie sich nicht
    wundern, daß auch Chiron noch immer umherstreift.
7487 Faust ist mehr als viele andere heilungsbedürftig.
7488 Anerkennung des nordischen Faust in Griechenland an heili-
    gem Ort.
7492 v e r b o t n e m G r u ß : Persephone* darf das Tageslicht
    nicht schauen. Ein Gruß aus der Oberwelt kann ihr nur
    heimlich zugebracht werden.
7493 e i n g e s c h w ä r z t : Daß Manto den Orpheus* in die
    Unterwelt geführt habe, ist Erfindung Goethes.
7494 b e s s e r : Orpheus hat den Aufenthalt in der Unterwelt
    nicht gut ausgenutzt, insofern er sich verbotenerweise nach
    seiner Gattin Eurydike umschaute und sie dadurch auf im-
    mer verlor.

W i e Faust Helena von Persephone aus der U n t e r w e l t erbittet, stellt der Dichter nicht dar. Er überläßt es der Einbildungskraft des Lesers oder Zuschauers. Vgl. aber Goethe zu Eckermann,
15. Januar 1827: »Fausts Rede an Proserpina, um sie zu bewegen,
daß sie Helena herausgibt, was muß das nicht für eine Rede sein,
da die Proserpina selbst zu Tränen davon gerührt wird! Dieses
alles ist nicht leicht zu machen und hängt sehr viel vom Glück ab,
ja fast ganz von der Stimmung und Kraft des Augenblicks.«

Am obern Peneios wie zuvor

Entstanden vorwiegend Januar und Juni 1830.

Vor 7495 w i e z u v o r : Vgl. 7080.
7498 u n s e l i g : so erscheinen Goethe die Anhänger der vulka-
    nistischen* Theorie.
7499 O h n e W a s s e r i s t k e i n H e i l : Dieser Vers gibt
    den Grundgedanken für alles Folgende bis V. 8480 ff. Die
    gesamte hier in dichterischen Bildern vorgetragene Natur-
    philosophie gilt dem Lob des Wassers als dem Grundelement
    alles Seins, also der neptunistischen* Theorie.
7500 F ü h r e n w i r : würden wir fahren. – h e l l : Vgl. ›in
    hellen Haufen‹.
7505 s t a u c h t : staut; beides von Goethe abwechselnd ge-
    braucht.

7511 f. B l i n k e n d , w o : wo die zitternden Wellen, blinkend und die Ufer netzend, schwellen.

7513 d o p p e l t : vom Himmel und aus dem die Mondscheibe widerspiegelnden Wasser.

7513 ff. Goethe betrachtete April, Mai 1829 den Karton Raffaels »Die Befreiung Pauli aus dem Gefängnis« und wurde dadurch zur Personifizierung des Erdbebens angeregt. Was jetzt folgt, zunächst bis 7809 ff. und dann wieder aufgenommen durch *Anaxagoras** 7851 ff., soll die von Goethe verworfene Idee veranschaulichen, die gegenwärtige Welt sei durch gewaltsame Erdbewegungen entstanden.

7532 ff. Leto, von der eifersüchtigen Here verfolgt, fand Zuflucht auf der für sie durch den Erderschütterer Poseidon geschaffenen Insel *Delos* und brachte dort als Kinder des Zeus Apollo und Diana zur Welt.

7559 f. C h a o s und N a c h t : Mutter und Tochter (Hesiod); beide die Urahnen der Welt.

7561 f. P e l i o n * und O s s a *: Die kämpfenden Riesen bewarfen einander mit Bergen. Der Dichter benutzt das als Sinnbild für die vulkanische Theorie, nach der die Gebirge explosionsartig aus dem Erdinnern hervorgestoßen worden sind. – m i t B a l l e n : oberdt., Mehrzahl von Ball; Goethe sagt auch z. B. im »Elpenor« »der Ballen«.

7564 ff. D o p p e l m ü t z e : Der *Parnaß** ist zweigipfelig. Der eine Gipfel war dem *Apollo* mit den *Musen* sowie der Artemis, der andere dem Dionysos geweiht.

7569 S e s s e l : Dem Olymp als dem Sitz des Zeus wird hier ebenfalls vulkanische Entstehung zugeschrieben.

7573 B e w o h n e r : die Pflanzen, Tiere und Menschenwesen, die den neuentstandenen Berg besiedeln.

7575 E m p o r g e b ü r g t e : das in die Höhe Getriebene, so daß der Berg daraus werde.

7580 e i n S p h i n x *: männlich, so auch bei Herder.

7586 d i e R i e s i g e n : Riesen, oben zusammengefaßt im *Seismos**.

7586 ff. A m e i s e n *, P y g m ä e n *, D a k t y l e *: wirken hier zusammen, um teils als Bergleute, teils als Schmiede das Metall der soeben aufgetürmten Berge zu verwerten. Das Ergebnis ihrer Arbeit dient aber schließlich den Kriegsleuten, die es zu unrechtem Tun (*Reihermord* V. 7646 ff.) verwenden und die anderen unterjochen (V. 7656).

7593 W e r t , z u b e s i t z e n : wert, besessen zu werden; daß man es besitzt.

7598 A l l e m s i g : Vgl. zu V. 6571.

7601 B e r g : Bergmannsausdruck für taubes Gestein, das kein Edelmetall enthält oder aus dem dieses herausgeschmolzen ist.

7606 H a b e n : wir haben.
7653 H e l m   u n d   S c h m u c k : Die *Reiher* werden von den *Pygmäen* nur abgeschossen, damit ihre Generäle Helmstutze aus ihren Federn erhalten. Wegen dieses Frevels rufen die *Kraniche* dann um Rache.
7658 z e i t i g : Es ist noch nicht Zeit dazu.
7660 ff. M o r d g e s c h r e i : Über einen Kampf zwischen *Pygmäen* und *Kranichen* berichtet bereits die Sage des Altertums. Die Überschrift ist Schillers Gedicht entlehnt, in dem die Kraniche als berufene Rächer blutiger Verbrechen dargestellt werden. Vgl. V. 7672.
7669 F e t t b a u c h : So erscheinen die *Pygmäen* z. B. auf einer Vase in Tischbeins Sammlung.
7670 G e n o s s e n : die im Zuge mitfliegenden *Kraniche.*
7671 R e i h e n w a n d e r e r : *Kraniche* fliegen im regelmäßigen Winkelzug.
7675 Die hier abgebrochene Handlung wird fortgesetzt V. 7884 ff.
7676 ff. M e p h i s t o p h e l e s : Er kommt mit der Absicht, die *Lamien** zu suchen. Anknüpfung an V. 7235 ff.
7681 H e i n r i c h s h ö h e : Vgl. Heinrich*.
7683 g e t a n : Infolgedessen bleibt es, wie es ist, für ewig.
7710 M a n n s e n : Vgl. ›Weibsen‹.
7711 H a n s e n : Mehrzahl zu Hans; dieses allgemein für Mann im Sinne eines Tölpels. Vgl. zu V. 2727.
7716 e r w i d e r n : als Gegenleistung darbieten.
7721 e n t g e g n e n : entgegengehen.
7750 e r ä u g n e n *.
7772 d ü n k   e s   n i c h t : bilde es dir nicht ein.
7793 v e r t r a c k t : verschroben, von vertrecken, verwirren.
7802 G r a u s *.
7811 O r e a s *, N a t u r f e l s : z. B. Granit. Hier Vertreter des in sich selbst gegründeten Urgebirges im Gegensatz zu dem gewaltsam emporgetriebenen und auch wieder vergänglichen Berg (V. 7817).
7816 P o m p e j u s *: Er floh, von Cäsar besiegt, vorüber an Larissa bis Tempe und dann weiter ans Meer.
7831 e n t s t e h n : *Homunkulus* will aus dem künstlichen Halbdasein zum wirklichen Sein und Leben gelangen und erhofft Rat von den Naturphilosophen.
7834 H i n e i n   d a : da hinein.
7846 n e u e : nämlich Gespenster. Gemeint sind die von Philosophen geschaffenen Begriffe und Hypothesen.
7851 A n a x a g o r a s *, T h a l e s *: der erste hier als Vertreter der vulkanistischen, das *Feuer* als Grundstoff annehmenden Naturanschauung; der zweite als Vertreter der neptu-

nistischen Theorie, nach der alles aus dem *Wasser* entstanden ist (V. 8435).

7853 f. Freundlicher Überredung beugt man sich gern, aber mit einem Eigenwilligen läßt sich nicht verhandeln.

7860 S c h l a m m : das aus dem *Feuchten* Abgelagerte.

7866 Ä o l i s c h e * D ü n s t e : Gase des Erdinnern, die die Erdrinde sprengen und dadurch Gebirge entstehen lassen, sind dem Windgott unterstellt. Vgl. V. 10 084 ff.

7873 M y r m i d o n e n *: die wie Ameisen den neuentstandenen Berg rasch besiedelnden Wesen, hier verglichen mit Achills *Myrmidonen.*

7884 ff. K r a n i c h w o l k e : Es sind die in V. 7672 zur Rache aufgerufenen und nunmehr eingetroffenen Kraniche.

7885 V o l k e : eben die *Myrmidonen* bzw. *Pygmäen* (V. 7875), die vorher (V. 7660 ff.) die *Reiher* getötet haben.

7887 K r a l l *.

7893 R a c h e s e g e n : ein Segen, der von Rachegedanken geleitet ist und darum Unheil bringt.

7897 R e i h e r s t r a h l : Vgl. zu V. 7653.

7900 l o b e n : Die Unterirdischen hatten ja des Anaxagoras Naturanschauung durch Aufwölben des Berges bestätigt.

7903 ff. D r e i n a m i g - D r e i g e s t a l t e t e : *Hekate* gilt als Mondgöttin, heißt aber am Himmel *Luna*, auf Erden *Diana*, in der Unterwelt bzw. Hölle *Hekate* oder Proserpina (Hederich*).

7909 o h n e Z a u b e r : also ohne besondere Beschwörungsformeln.

7910 ff. Anaxagoras glaubt, als Folge seines Gebets zu Hekate falle der *Mond* auf die Erde; tatsächlich ist es nur ein riesiger Meteorstein, der dem eben entstandenen, zunächst oben abgerundeten *Berg* einen Felsengipfel (V. 7937) aufsetzt.

7915 r u n d u m s c h r i e b e n : als Kreis gezeichnet, umrissen; die Mondscheibe als Lunas Thron.

7917 I n s D ü s t r e r ö t e t s i c h s e i n F e u e r ...: Der Mond, den Anaxagoras bei seiner Hekate-Beschwörung gebannt anblickt, erzeugt im geschlossenen Auge ein Nachbild, das farbig abklingt und der Bewegung des Auges folgt. Vgl. »Geschichte der Farbenlehre«, 1. Abt. Griechen: »Wenn wir anhaltend einer Sinnesempfindung uns hingeben und nun den Sinn auf einen anderen Gegenstand übertragen, so begleitet ihn der erste Zustand mit hinüber, zum Exempel, wenn man aus der Sonne ins Dunkle geht. Dann sieht man nichts wegen des in den Augen fortdauernden Lichteindruckes [...]. So erscheint uns etwas dergleichen, wohin wir auch den Blick wenden mögen, [...] zuvörderst etwas dergleichen an Farbe: dann verwandelt es sich in Rot, dann in

Purpur, bis er zuletzt ins Schwarze übergeht und verschwindet« (Hamburger Ausgabe Bd. 14, S. 28).
Der Ausdruck ›düster‹ wird noch in Adelungs Wörterbuch 1811 als ein der »höheren Schreibart unwürdiger« mundartlicher Ausdruck für dunkel empfunden; Goethe braucht ihn häufig im Sinne bedrückenden Mangels an Licht, das ihm wiederum Symbol ist für Klarheit, Reinheit und Wahrheit.

7918 R u n d e : Scheibe.

7920 t h e s s a l i s c h e   F r a u e n : Zauberinnen Thessaliens* haben den Mond, so meint Anaxagoras, mit ihren Zaubergesängen auf die Erde herabgezwungen. Vgl. V. 6977.

7930 Es ist alles nur eingebildet. Vgl. auch zu V. 7946.

7942 l o b e n : *Homunkulus* in seiner Anpassungsfähigkeit erkennt auch den Vulkanismus* an.

7945 B e r g g e b ä u : von bauen; hier ein Naturgebäude aus Bergen.

7946 n u r   g e d a c h t : eingebildet, geträumt, zusammenphantasiert. Mit den Worten des *Thales* über *Anaxagoras* erklärt Goethe den Vulkanismus, der schließlich doch nur zu sinnloser Zerstörung führt, für Einbildung.

7948 K ö n i g : Hätte *Homunkulus* sich zum Herrscher über die den neuentstandenen Berg bevölkernden Wesen krönen lassen (V. 7880, 7886), so wäre er mit diesen durch den aufschlagenden Meteorstein zerquetscht worden.

7949 M e e r e s f e s t : Damit wird der Übergang von der vulkanischen zur neptunistischen (V. 8034 ff.) Welt angedeutet.

7989 O p s   u n d   R h e a *.

7991 g e s t e r n : Geht wohl kaum auf den *Mummenschanz*, wo die *Parzen* doch nur verkleidete Hofdamen waren (V. 5305 ff.); es weist vielmehr auf die alte Bekanntschaft Mephistos mit ihnen und damit auf sein eigenes hohes Alter hin. Mephisto denkt in Jahrtausenden.

7998 M e i ß e l : Die Bildhauer sollten versuchen, anstatt der griechischen Göttinnen euch darzustellen.

8006 D o p p e l s c h r i t t : Zwei Schritte auf einmal; in so rascher Folge entstehen in kunstsinnigen Ländern marmorne Heldendenkmäler.

8017 B i l d n i s : die äußere Erscheinung.

8023 R a f f z a h n : Eck- oder Reißzahn.

8026 a l s   P h o r k y a s *: Es ist gedacht, daß Mephisto hier nach Art der antiken Schauspieler Kothurn* und Maske annimmt, die er dann am Schluß des 3. Aktes (nach V. 10 038) wieder ablegt.

8027 D e s   C h a o s   S o h n : Vgl. V. 1384.

8032 Mephisto fühlt sich als Phorkyas so scheußlich, daß er glaubt, in dieser Maske selbst Teufel erschrecken zu können. Die griechische Verkleidung soll dem nordischen Teufel die Mitwirkung im Helena-Drama ermöglichen.

Felsbuchten des Ägäischen Meeres

Entstanden Ende Februar bis März 1830 (bis V. 8274), vermutlich vorwiegend März und Juni 1830 (V. 8275–8487).

8034 S i r e n e n *: Sie erscheinen im folgenden als schmeichelnde Meergeister, nicht mehr als Halbvögel, und begleiten mit ihren Gesängen, ohne trügerisch zu locken, das Meeresfest. Hier reden sie den Mond an.

8035 t h e s s a l i s c h e * Z a u b e r f r a u e n : Vgl. V. 6977, 7920.

8038 f. Z i t t e r w o g e n : Wesfall, blicke auf der Wogen glänzendes Gewimmel.

8054 f. e u r e F r u c h t : Ergebnis des Gesangs der Sirenen. Die Schätze, mit denen sich die Meerwesen schmücken, stammen von untergegangenen Schiffen, die durch Sirenensang in die Klippen gelockt waren.

8063 m e h r a l s F i s c h e : indem ihr warmes Leben habt.

8071 S a m o t h r a c e *: Die zu den *Kabiren** Entschwommenen kehren V. 8168 ff. wieder, und zwar mit den *Kabiren* (V. 8178).

8082 ff. T h a l e s *: Anknüpfung an V. 7949 f.

8104 F l a m m e : *Homunkulus.*

8105 Stellung: Sie ergibt sich deinem Rat.

8108 s e l b s t g e s c h o l t e n : Das gegen des *Nereus** Rat Getane hat sich durch den Erfolg bzw. Mißerfolg selbst verurteilt.

8109 s e l b s t w i l l i g : eigenwillig.

8116 r h y t h m i s c h f e s t g e b a n n t : Der Untergang *Trojas* ist festgehalten in den Rhythmen der griech.-röm. Dichtung eines Homer oder Virgil.

8121 f. Daß die *Adler des Pindus** nach Troja geflogen seien und daß *Nereus* auch dem *Ulyß* geweissagt habe, ist Goethes Erfindung.

8124 D a s Z a u d e r n s e i n : sein Verzögern der Heimkehr.

8127 g a s t l i c h U f e r : Land der Phäaken.

8128 f. w e i s e [...] g u t : Als Weiser müßte Nereus nach so vielen Enttäuschungen weitere Auskunft eigentlich ablehnen, doch als guter Mann wird er auf Grund seiner Herzensgüte gewiß noch einmal Rat erteilen.

8133 w e i s l i c h : wohlweislich, wohldurchdacht.

8134 H u m o r : Laune, die bei mir heute besonders gut ist.

8138 e u e r   B o d e n : Griechenland; der geschichtliche Thales stammte allerdings aus Milet.

8145 ff. G a l a t e e*, K y p r i s *: *Galatee* vertritt in der *Klassischen Walpurgisnacht* die zyprische *Venus*, weil sie den gestaltenden Naturkräften noch nähersteht. Der Triumph der Galatee ist dargestellt auf Gemälden von Raffael, Caracci usw.

8162 A l s   w i e : als wenn.

8170 R i e s e n s c h i l d : Schild der in eine Riesenschildkröte verwandelten *Chelone*. Auf diesem von den Meerwesen getragenen Schild stehen Götterbilder *(Gebilde)*, die ihm *entglänzen,* d. h. weithin leuchten.

8178 ff. K a b i r e n *: Die *Nereiden* und *Tritonen* holen diese göttlichen Schützer der Seefahrer, weil ihnen in dieser weihevollen Nacht nichts am Untergang von Schiffen und an den dadurch zu gewinnenden *Schätzen* (V. 8050 ff.), sondern an einem ungestört friedlichen Verlauf des Festes liegt.

8182 ff. s t e h e n   e u c h   n a c h : Die *Sirenen* vermögen zwar mit ihren Liedern Schiffe zum Scheitern zu bringen, die *Kabiren* haben aber die Macht, die Schiffer zu retten.

8186 ff. d r e i , v i e r , s i e b e n usw.: Der Dichter verspottet hier die Versuche der Mythologen seiner Zeit, das Wesen der Kabiren* zu deuten. Wie beim *Hexen-Einmaleins* (V. 2540 ff.) ist die Dunkelheit im einzelnen beabsichtigt: Das Spiel selbst ist Sinn des Spiels.

8198 w e s t : feierlich statt >ist<; existiert, hat sein Dasein, treibt sein Wesen.

8215 f. s i e – i h r : Die *Sirenen* schätzen das Verdienst der *Argonauten*, die das Goldene Vlies eroberten, geringer als das der *Nereiden und Tritonen,* denen es gelungen ist, die *Kabiren* herbeizubringen. Das *»Ihr«* könnte sich außerdem auch auf Creutzer und Schelling beziehen, die sich an der Deutung der Kabiren* die Köpfe zerbrachen (V. 8221 f.) und dafür hier verspottet werden.

8218 w i r – i h r : *»Wir«* singen die *Nereiden und Tritonen,* *»Ihr«* die *Sirenen.* Das Opernhafte des Gesangs soll vielleicht das spöttische literarische Lob (vgl. zu V. 8215 ff.) noch steigern.

8220 T ö p f e : Die Kabiren* werden gern als »irdene, mitunter goldene Töpfe« (Creutzer), also als Kruggottheiten dargestellt.

8221 W e i s e : z. B. Creutzer und Schelling (zu V. 8215 ff.).

8225 F a b l e r : *Proteus*, der weissagende Meergreis, verwandelt sich in Tiere, Bäume, Wasser (vgl. Homers »Odyssee« IV, 384, 417, 455). Er wird von dem Philosophen Heraklit* gedeutet als der rohe Urstoff, der sich zu den vier Elementen entwickelt.

8228 B a u c h r e d n e r : Ein solcher vermag scheinbar mit dem Bauch, tatsächlich unter Herabdrückung des Kehlkopfes nahe und ferne Stimmen vorzutäuschen.

8240 a u f m e n s c h l i c h b e i d e n F ü ß e n : als Mensch auf zwei Füßen.

8246 e n t s t e h n : Vgl. V. 8252 *verkörperlicht*. Diesen Wunsch hat *Homunkulus* V. 7858 selbst ausgesprochen, und *Thales* hat ihn V. 8133 bereits dem *Nereus* mitgeteilt.

8253 J u n g f e r n s o h n : vor der Ehe, also zu zeitig geboren; außerdem ist auch beim Homunkulus die Vaterschaft nicht festzustellen.

8256 ff. h e r m a p h r o d i t i s c h [4] : eigentlich zweigeschlechtig; *Homunkulus* ist aber eher vorgeschlechtig und kann sich mit dem Erwerb der Körperlichkeit nach dem einen wie dem andern Geschlecht hin entwickeln. Übrigens ließ Goethe in einem früheren Entwurf den *Homunkulus* sein Weibchen suchen.

8260 a n b e g i n n e n : Die Verkörperlichung kann nur – wie es ja auch der Weltanschauung des *Thales* entspricht (V. 7856) – im *Wasser* mit seiner Lebensfülle und -möglichkeit beginnen.

8266 g r u n e l t : Von Goethe gern gebraucht für den Duft des Pflanzenwuchses nach Gewitterregen. *Homunkulus* hofft für sich auf solches Wachstum.

8274 D r e i f a c h m e r k w ü r d i g : Das Gemeinsamgehen von *Homunkulus*, *Thales*, *Proteus*, die doch alle Geister sind, erscheint dem Homunkulus in gesteigertem Maße bemerkenswert.

8275 ff. Das Vorbild für das Folgende liefert dem Dichter Joannis Meursii Creta, Cypris, Rhodus. Amsterdam 1675.

8276 b e g ü t e t : begütigen, besänftigen.

8283 W e s h a l b e r : *Neptun* hat sein *Zepter*, den *Dreizack*, andern überlassen; er will also heute nicht mit ihm die Wogen aufwühlen (V. 8280) und also auch nicht Schiffern den Untergang bereiten (V. 8281 f.).

8286 G e b e n e d e i t e : Gesegnete, von lat. bene dico (ich spreche gut von jemand, lobe, segne).

8290 ff. B r u d e r : Luna* ist die Schwester des Sonnengottes Helios*.

8293 f. Beim Auf- und Untergang erscheint die Sonne blutrot.

8300 R i e s e : Koloß von Rhodos, der den Sonnengott darstellte.

8301 f. W i r e r s t e n : Die *Telchinen* als erste sollen Götterbilder in Menschengestalt geschaffen haben; frühere, z. B. die orientalischen Götter, hatten noch die Tiergestalt, die Goethe verhaßt war.

8303 d u : *Homunkulus.*

8305 t o t e W e r k e : Bildhauerei ist zwar auch eine Verkörperlichung. Aber die Leiblichkeit, die *Homunkulus* zum Entstehen braucht (V. 8246, 8252), vermag er nur im Urstoff
Wasser (V. 8315) zu finden.

8311 E r d e s t o ß : Der Sonnenkoloß von Rhodos wurde durch
ein Erdbeben zerstört.

8319 f. R ü c k e n : So nahm *Chiron* den Faust auf (V. 7333 ff.).

8321 f. G i b n a c h : Gib dem Verlangen nach, in dir die
ganze Entwicklung der Natur in ihrer ununterbrochenen
Wandlung von Form zu Form bis hinauf zum Menschen,
allerdings in beschleunigtem Zeitmaß, nachzuholen. Vgl.
Goethe zu Riemer, 23. November 1806: »Die Natur, um zum
Menschen zu gelangen, führt ein langes Präludium auf von
Wesen und Gestalten, denen noch gar sehr viel zum Menschen fehlt. In jedem aber ist eine Tendenz zu einem andern,
was über ihm ist, ersichtlich.«

8327 g e i s t i g : als Geist in deinem vorkörperlichen Zustand.

8330 ff. n a c h h ö h e r e n O r d e n : Solange Homunkulus in
der untermenschlichen Natur bleibt, ist er von unbegrenzter
Wandlungsfähigkeit – wie *Proteus,* der die immer neu sich
gestaltende Natur darstellt. Sobald er aber die Stufe des
Menschseins erklommen hat, steht die Bildungsfähigkeit still.

8339 ff. W ö l k c h e n : Der *Mondhof* (V. 8348) ist gebildet
durch weiße *Tauben,* die Vögel der Venus und hier der
Galatee.

8359 P s y l l e n * und M a r s e n *: Diese schlangenbeschwö-
renden Volksstämme werden von Goethe zu Hütern der
zyprischen Venus gemacht.

8369 T o c h t e r : *Galatee* als Tochter des *Nereus.*

8371 f. A d l e r : Rom; – g e f l ü g e l t e r L e u * (Markus-
löwe): Venedig; – K r e u z : Kreuzfahrer; – M o n d :
Türken. Diese alle beherrschten nacheinander Zypern.

8374 w e g t : bewegt.

8377 s o f o r t a n : wie bisher.

8385 f. Bringt, ihr *Doriden*, eure Schwester Galatee herbei, die
das Abbild unserer Mutter Doris ist.

8388 ff. Von würdevoller Unsterblichkeit, von lockender Anmut.

8393 l i e b e G a t t e n : Die Doriden stellen dem Vater die
von ihnen geretteten jungen Seeleute *(Knaben)* als ihre Gatten vor.

8398 A u f g e w ä r m t : Die bereits in Todeskälte Erstarrten
sind zu neuem, warmem Leben erweckt worden.

8399 e s : daß wir sie geweckt haben.

8420 s o f e r n e r : auch in Zukunft so.

Vor 8424 ff. G a l a t e e a u f d e m M u s c h e l w a g e n :

Angeregt durch Raffaels »Galatea« zu Rom in der Villa Farnesina. Vgl. auch den Abschnitt ›Zyklop und Galatee‹ in Goethes »Philostrats Gemälde und Antik und Modern«.

8431 **d a s g a n z e J a h r** : in dem wir getrennt sind.

8435 ff. **W a s s e r** : Das Triumphlied des Neptunisten* *Thales* auf das *Wasser* ist ein Höhe- und Zielpunkt dieser Szenenfolge und zugleich das naturphilosophische Glaubensbekenntnis des Dichters. Goethe las bei L. Oken: »Schöpfung des Organischen«: »Der Urschleim, aus dem alles Organische geschaffen worden, ist der Meerschleim [...]. Alles Leben aus dem Meere, keines aus dem Kontinent.« Vgl. V. 7499.

8447 **K e t t e n k r e i s e** : Reigen.

8451 **a b e r** : wiederum.

8455 **A u c h** : obwohl.

8461 **L e b e n s f e u c h t e** : Das Wasser mit seiner lebenschaffenden Kraft. Vgl. V. 7856.

8465 **s i c h o f f e n g e b a r e n** : sich offenbaren.

8468 **P u l s e** : Schläge, Herzschläge. Vgl. V. 4679.

8473 **e r g i e ß e t s i c h** : In dem Augenblick, da die Glasphiole, die den *Homunkulus* umschließt, an *Galatees* Muschelthron zerschellt, ergießt sich ihr Inhalt über die Meeresoberfläche, wobei *Homunkulus* selbst mit verfließt, wenn auch in feuriger Form. Bedeuten soll das die von der Urliebe *(Eros)* ausgehende Vermählung von *Homunkulus* und Galatee und damit zugleich die höchste Vereinigung von *Feuer* und *Wasser*, den Urelementen alles Seins.

8476 **h e l l e t** : leuchtet, spendet Licht.

8479 **E r o s** *: Nach den orphischen Weltentstehungslehren ist die Liebe, als Urgott aus dem Chaos, im All die schaffende Kraft.

8487 **E l e m e n t e** : das *Meer*, wie es die ganze Zeit über ausgebreitet lag, das *Feuer*, wie es sich von *Homunkulus* aus über die Wogen ergoß, die *Luft*, die in *Rhodos* besonders *rein* war (V. 8298, 8362, 8484), die Erde, dargestellt in den *Grüften* der *Kypris** (V. 8359, 8485).

Dritter Akt

Vor dem Palaste des Menelas zu Sparta

Helena auftreten zu lassen, war schon in der ursprünglichen Faust-Dichtung beabsichtigt. Doch erst auf Grund des Plans von 1797 schrieb Goethe den Eingang des dritten Akts nieder, der jedoch von der endgültigen Form noch vielfach abweicht, die beiden

ersten zwischengeschobenen Chorlieder nicht hat und im ganzen
nur von V. 8489–8802 reicht. Das Bruchstück bezeichnet Goethe
später als »Helena im Mittelalter. Satirdrama. Episode zu Faust«.
Die Vollendung allerdings geschah erst vom Sommer 1825 bis Januar 1827. Sie erschien Ostern unter der Überschrift »Helena.
Klassisch-romantische Phantasmagorie. Zwischenspiel zu Faust« im
4. Band der Ausgabe letzter Hand.

Vor 8488 V o r d e m P a l a s t e : entsprechend den altgriechi-
    schen Dramen, die sich ebenfalls v o r dem Hause abspiel-
    ten. Antik sind auch der Chor, der jambische Trimeter, die
    ein bis zweizeilige Wechselrede (Stichomythie στίχος = Zeile,
    μῦθος = Rede), die geringe Zahl der Schauspieler. – C h o r
    g e f a n g e n e r T r o j a n e r i n n e n : aus Euripides'
    Drama »Troerinnen«. – Landschaft nach Barthélémy, »Reise
    des jungen Anacharsis«.
8488 fehlt noch im Jahre 1800. Selbstvorstellung mit Namens-
    nennung wie in den Prologen, z. B. des Euripides. Besonders
    wird man erinnert an die »Eumeniden« des Aischylos.
8491 B l a c h g e f i l d : Ebene.
8492 s t r ä u b i g : sich aufsträubend, wie die Nackenmähne der
    Pferde.
8492 f. P o s e i d o n s * G u n s t u n d E u r o s ' * K r a f t :
    Das Meer (Poseidon) war günstig, und der Ostwind (Euros)
    wehte kräftig, so daß die Schiffe glücklich von Phrygien
    nach der spartanischen Heimat geführt wurden.
8497 Betone hier Týndareós, sonst Tyndáreos*.
8498 w i e d e r k e h r e n d : Tyndareos kehrte aus Ätolien als
    Ledas Gatte heim.
8511 ff. C y t h e r e n s * T e m p e l : Als Paris mit seiner
    Flotte auf der Insel Cythera gelandet war, kam Helena aus
    Neugier, ihn zu sehen. Sie opferte der Diana, dabei raubte
    Paris sie aus dem Tempel (Hederich*).
8516 C h o r : 8516 ff., 8560 ff., 8591 ff. gehören zusammen als
    Strophe, Gegenstrophe und Abgesang.
8537 g e g e n m i r : mir gegenüber.
8543 f. z i e h e [...] a u f : ziehe längs dem Ufer flußauf-
    wärts!
8549 B e t r e t e : betritt.
8561 B r u s t : als Trägerin des Schmucks.
8562 G e s c h m u c k : oberdt., Sammelbegriff.
8564 f o r d r e a u f : fordere heraus zum Wettstreit der
    Schmuckstücke mit Helenas Schönheit.
8570 D r e i f u ß : darauf wird der Weihrauch verbrannt.
8573 S c h a l e n : zum Auffangen des Opferblutes. – d a s
    f l a c h e R u n d : Schüsseln für die Opferspende.

8575 f. H o l z , d e r F l a m m e n s c h n e l l e m p f ä n g -
l i c h : Holz, empfänglich für die Flammen; leicht brenn-
bar.

8579 f. n i c h t s l e b e n d i g e n A t e m s : kein Lebewesen,
das als Opfertier taugt.

8580 z e i c h n e t : bezeichnet. – d e r O r d n e n d e : der An-
ordnende.

8586 d i e S t e r b l i c h e n , w i r : Wir, die Sterblichen, er-
tragen, was die olympischen Götter schicken.

8596 A u c h v e r k ü n d e t : *Wir glauben,* optimistisch wie
wir sind, das Künftige *auch* dann *nicht,* wenn es vorausge-
kündet wird, denn [...].

8603 H u l d v o l l , d i c h , [...] G l ü c k l i c h e n : dich, die
voll Huld gegen uns ist und uns dadurch glücklich macht.

8622 e n t b u n d e n : von Banden gelöst.

8637 A n g e f r i s c h t : neu erinnert.

8638 P a n t h a l i s *.

8662 d i r [...] b e i s t e h e n : dir zur Seite stehen.

8664 f. i h r G e b i l d e : das Gebilde, das sie, die Nacht, erst
selbst geschaffen hat.

8674 S c h o ß d e s H e r d e s : Der Herd ist der Schoß, die
sicherste Zuflucht des Hauses.

8681 e i n g e f a l t e t : in die Falten ihres Gewandes gehüllt.

8687 d a s W u n d e r : die unheimliche Erscheinung.

8691 f. i n d i e L ü f t e [...]: Ich versuche vergebens, ihre Ge-
stalt mit Worten nachzuschaffen.

8697 ff. C h o r : Zweites Chorlied: Je zwei Strophen und zwei
Gegenstrophen umschließen einen Abgesang.

8704 Z w i e t r a c h t : hier die streitstiftende Göttin Eris.

8743 N i e e r b l i c k t e : Der Schatten fällt ja hinter den von
dem Sonnengott beleuchteten Gegenstand.

8750 e n t g e g e n e n : entgegentreten.

8754 f. A l t : Vgl. z. B. Ovid, Epist. 16,288: »Lis est cum forma
magna pudicitiae« (Streit besteht zwischen hoher Gestalt und
Scham).

8778 Bis hierher reicht im Manuskript H 1, die alte Reinschrift
von Geists Hand aus dem Jahre 1800. Die folgenden V. 8779
bis 8802 sind von Goethe eigenhändig in H 1 eingetragen.

8784 g e g e n w a r t s : in Gegenwart; vgl. angesichts.

8789 d i e h o h e K r a f t : das kraftvolle Ilios.

8810 ff. Streitgespräch, von Vers zu Vers wechselnd, vgl. zu vor
V. 8488; besonders bei Euripides. Die Streitenden suchen
sich in Schmähungen zu überbieten.

8821 B l u t : Schatten wollen Blut trinken, um dadurch Leben
zu gewinnen.

8825 h e b t s i c h a u f : gleicht sich aus. Wir beide entstammen der Unterwelt und sind Dämonen, ich als Teufel, ihr als Gespenster.

8829 u n t e r s c h w o r e n *.

8832 f. Ihn, der selbst verirrt ist und vergebens schilt.

8864 *Phorkyas*–Mephisto gibt sich als kretische Kriegsgefangene, nach Sparta gebracht in Helenas Abwesenheit.

8872 f. d o p p e l h a f t G e b i l d : Nach einer Sage, die Euripides verwendet, entführte Paris nur ein Trugbild von Helena nach Troja, während Helena selbst von den Göttern nach Ägypten gebracht wurde.

8874 g a r : ganz und gar.

8877 A c h i l l *: Er hatte nach der Sage Helena auf der trojanischen Mauer gesehen und war so entbrannt, daß ihm seine Mutter Thetis wenigstens einen Traumgenuß verschaffen mußte. Er soll nach seinem Tode selbst als Schatten die gleichfalls bereits zum Schatten gewordene Helena geheiratet haben. Vgl. V. 7435.

8882 ff. C h o r : Gliederung des Chorliedes in Vorgesang, Strophe, Gegenstrophe, Abgesang.

8888 Nach Matth. 7,15.

8889 f. d r e i - K ö p f i g : Verschlingung zweier Verse unter Spaltung eines Wortes.

8890 H u n d : Höllenhund Zerberus.

8909 ff. Beachte die rasch hinlaufenden trochäischen Tetrameter*.

8916 s i c h e r m a n n e n : sich zusammenraffen; unter Außerachtlassen des Geschlechtsbetonten auch in bezug auf Frauen gesagt.

8928 f. So verfuhr Odysseus (XXII, 458 ff.) mit den ungetreuen Mägden der Penelopaia.

Vor 8930 w o h l v o r b e r e i t e t : Bühnenanweisung des Dichters; die Personen sollen bereits während der vorangehenden Worte nach und nach die Stellungen einnehmen, die zusammen am Schluß die beabsichtigte Gruppe bilden.

8931 G e s c h r e c k t : voll Schrecken, daß ihr vom Tag, d. h. aus dem Leben scheiden sollt.

8937 U n g e t ü m : Sammelbegriff für die herbeigerufenen teuflischen Zwerge.

8946 A n s t ä n d i g : ihrem Stande entsprechend. Vgl. V. 6369.

8957 ff. C h o r : Beachte den Gegensatz des jetzt beginnenden angstgeborenen Schmeichelgesangs zu den früheren Schmähreden, V. 8810 ff.

8958 g e s p e r r t : so, daß die Schere den Lebensfaden nicht abschneidet.

8960 f. e r g e t z t e n , / R u h t e n : die sich erst ergötzen und dann ruhen möchten.

8978 R i c h t e : Richtlinie.

8990 Betone: *Týndareós*; wie V. 8497.

9000 c i m m e r i s c h *: hier allgemein nordisch; für Griechen
sind die Franken Nordländer.

9004 z w a n z i g J a h r : Dichterisch kühne Zusammenziehung
des Zeitraums zwischen der Zerstörung Trojas und den
Kreuzzügen. Dabei ist noch zu beachten, daß der geschicht-
liche Faust der Reformationszeit angehört, während der
dichterische hier als kreuzfahrender fränkischer Ritter er-
scheint. Zur Geschichte: 1204 fand der vierte Kreuzzug statt,
1205 eroberte Wilhelm von Champlitte den größten Teil des
Peloponnes, 1207 gründete Guillaume von Villehardouin das
Fürstentum Achaia, einen Feudalstaat vorzugsweise von
Normannen, aber auch von Franzosen und Deutschen. Nahe
Sparta auf einem Bergkegel erstand später die Frankenburg
Mistrá. Der Frankenstaat wurde vernichtet 1446 ff. durch
die Türken. Erst Anfang des 19. Jh.s erfolgte dann der
Freiheitskampf der Griechen. Alle diese geschichtlichen Er-
innerungen sind von Goethe nur ganz allgemein verwendet
worden.

9015 m e n s c h e n f r e s s e r i s c h : Vgl. »Ilias« XXII, 346,
wo Achill dem sterbenden Hektor sagt: »Daß doch Zorn
und Wut mich erbitterte, roh zu verschlingen dein zerschnit-
tenes Fleisch für das Unheil, daß du mir brachtest.«

9016 I c h a c h t : ich würde achten, ich empfehle zu achten und
zu vertrauen.

9022 ff. Gotische, nordische Bauweise.

9032 D i e S i e b e n v o r T h e b e n : Helden des Dramas
von Aischylos. Darin beschreibt ein Bote ihren Schild ähnlich
wie hier.

9038 s e i n e n : jeder von seinen Ahnen her.

9046 d u f t e n : Vgl. V. 6473 ff.

9047 *Helena* wünscht jetzt nicht an *Paris* erinnert zu werden.

9056 W i t w e d i c h : dich, die du durch den Tod des *Paris* zur
Witwe geworden bist.

Vor 9063 T r o m p e t e : wie das Folgende Zauber des Mephistopheles.

9087 L i s t : das hölzerne Pferd.

Vor 9088 n a c h B e l i e b e n : Bemerkung für den Spielleiter,
den Leser jedoch störend. Das Chorlied ist zugleich gespro-
chene Bühnenanweisung, wie sie öfters in dieser Dichtung
vorkommt.

9101 T ö n e n : mit Wenfall öfters bei Goethe.

9108 s c h w a n e r z e u g t : Helena*.

9117 H e r m e s *: hier als Führer der Seelen Verstorbener; die
verängsteten Mägde glauben sich bereits auf dem Wege zum
Hades.

V e r w a n d l u n g des Bühnenbildes: Goethe will damit die im griechischen Drama übliche Einheit des Ortes wahren. Vgl. Goethe an Sulpiz Boisserée, 22. Oktober 1826: »phantasmagorisch freilich, aber mit reinster Einheit des Orts und der Handlung«.

Innerer Burghof

Goethe dachte sich den zweiten Teil des Helenadramas opernhaft: Zu Eckermann, 25. Januar 1827: »Der erste Teil erfordert die ersten Künstler der Tragödie, so wie nachher im Teile der Oper die Rollen mit den ersten Sängern und Sängerinnen besetzt werden müssen. Die Rolle der Helena kann nicht von einer, sondern sie muß von zwei großen Künstlerinnen gespielt werden; denn es ist ein seltener Fall, daß eine Sängerin zugleich als tragische Künstlerin von hinlänglicher Bedeutung ist.«

9127 W e i b s g e b i l d : Weibsbild. Vgl. V. 8465, offengebaren.
9136 Aus den Gewölben dieser düstern Burg tritt hervor.
9157 J ü n g l i n g s k n a b e n : Halbwüchsige, hier Pagen.
9164 A s c h e : Der Sodomsapfel (Poma Sodomitica) ist, sofern er am Stamm vertrocknet, voller Staub. Entsprechend könnten die Pagen im Augenblick der Berührung zu Staub zerfallen.
9172 Ü b e r ü b e r w a l l t : als ein Thronhimmel. Dem Dichter erscheint das zusammengesetzte Zeitwort noch nicht anschaulich genug, deshalb wiederholt er die Vorsilbe als Umstandswort.
9194 f. s o l c h e n . [...] D e r : diesen, weil er; Sprachgebrauch des 18. Jh.s.
9195 P f l i c h t [...] P f l i c h t : des Türmers Pflicht, Ankommende zu melden, und des Hausherrn Pflicht, die Gäste zu empfangen.
9213 S o h o h e W ü r d e : Im Besitz so hoher Würde übe ich.
9218 L y n c e u s *: hier nur Türmer. – In den griechischen Trimeter* klingen von jetzt an nordische Reimverse.
9221 F r a u e n : Schwacher Wemfall der Einzahl. Vgl. auch V. 9588 und 9599; auch in der »Iphigenie«.
9225 S ü d e n : Vgl. V. 8995.
9231 L u c h s : griech. lynx, vgl. Lynceus*. – a u f h ö c h s t e m B a u m : Baumspitze.
9239 S o g i c h a n : Ich sog den Glanz an.
9243 b e s c h w o r e n : das Wächterhorn, auf das ich eingeschworen bin. Vgl. V. 11 290.
9250 ff. R a u b e n d [...]: Theseus, der sie raubte, Paris*, der sie verführte, Menelas*, der um sie focht, die Gottheit, die sie nach Ägypten entrückte. Vgl. Helena*.

9254 f. d o p p e l t , d r e i f a c h , v i e r f a c h : in Person
und als Scheinbild zugleich in Troja und in Ägypten, in
Sparta und hier in der Burg. Vgl. V. 8872 f.

9269 a n h e i m z u g e b e n : als Lehnsmann.

9281 ff. O s t e n : Da die Kreuzzüge n a c h Osten gingen, hat
man an Völkerwanderungen oder Hunnenzüge gedacht; hier
ist alles außerzeitlich, so daß sich ein Nachrechnen erübrigt.
Vgl. zu V. 9004.

9300 g e d ö r r t e s G r a s : wertlos. Vgl. V. 8948, 9330.

9310 T r o p f e n e i : Perle der Perlmuschel, deren Gestalt sich
sowohl dem Tropfen wie dem Ei nähert.

9319 f. E r l a u b e m i c h [...] U n d : Duldest du mich in
deinem Gefolge, so werde ich dir viele Schätze verschaffen,
daß die Schatzkammern füllen.

9325 f. f e s t [...] l o s e : Was ich für mein sicheres Eigentum
hielt, löst sich von mir und wird das deine.

9327 b a r : unmittelbar wertvoll wie bares Geld.

9340 H i m m e l : Diamanten sind die Sterne. – P a r a d i e s :
farbige Edelsteine sind die Blumen.

9347 g e s p i e l t : Es wird wie spielend vollzogen.

9349 Ü b e r m u t : Mut = Sinn, Gesinnung; außergewöhnlich erhabene Gesinnung, besonders hoher Sinn.

9358 s i c h e r t m i r d e n m e i n e n : Erst wenn der Herr
der Herrin zur Seite sitzt, fühlt diese sich in ihrem Herrschertum gesichert.

9359 E r s t : laß zuvor. – W i d m u n g : Huldigung.

9362 B e s t ä r k e : bestätige. Faust, obwohl der eigentliche Herrscher, möchte nur als Helenas Mitherrscher anerkannt sein.

9367 ff. R e d e d e s M a n n s : Helena ist erstaunt über die
der altgriechischen Zeit fremden Reimstrophen des *Lynceus*.
Die fünffüßigen Jamben allerdings hat sie bereits V. 9246 ff.
in gleicher Weise erwidert. Vgl. Goethes »West-östlicher
Divan« – Buch Suleika: »Behramgur, sagt man, hat den
Reim erfunden, / Er sprach entzückt aus reiner Seele
Drang; / Dilaram schnell, die Freundin seiner Stunden, / Er-
widerte mit gleichem Wort und Klang.«

9372 S p r e c h a r t : Reimstrophen als Eigenart abendländischer
Dichtung.

9380 m i t g e n i e ß t : Helena ergänzt das zweite Reimwort, ein
Zeichen, daß sie sich in die abendländische Art des Dichtens
einfühlt und daß griechischer und nordischer Geist sich
innerlichst zu vereinen streben.

9385 C h o r : Hochzeitslied im altgriechischen Sinne, hier allerdings v o r der eigentlichen Vermählungsfeier.

9400 V o l l e r t e i l e n : ganz und gar erteilen.

9407 ff. O f f e n b a r s e i n : Die beiden Majestäten versagen

sich nicht, in ihrem überschwenglichen Glücksgefühl sonst
heimlich gehaltene Liebesfreuden ihrem Volk zu offenbaren.

9411 f e r n [...] n a h : Aufhebung des überwundenen, aber im
Unterbewußtsein noch vorhandenen Abstands von Jahrtausenden.

9414, 9418 T r a u m , A u g e n b l i c k : Der höchste, des Festhaltens werte *Augenblick* (vgl. den Vertrag V. 1699 ff.)
scheint gekommen wie V. 3191 ff. Ähnlich wie V. 520 f. erfolgt sofort die Störung.

9415 v e r l e b t : mein Leben liegt ja eigentlich längst abgeschlossen hinter mir.

9418 D a s e i n : Gegensatz zu *Grübeln*; ohne alles Nachsinnen
ganz den jeweils gegenwärtigen Augenblick voll durchleben.

9431 F r a u n g e l e i t : hier das Unterfangen, eine dir nicht gehörige Frau in Schutz und damit in dein Eigentum zu nehmen.

9433 D i e s e r g l e i c h : Für diese, *Helena*, ist das Beil gleich
bereit.

9437 h ä ß l i c h e n : häßlich machen.

Nach 9441 E x p l o s i o n e n : Kanonenschüsse. Zwar nicht das
Mittelalter, wohl aber Fausts Zeit kennt den kriegerischen
Gebrauch des Pulvers. Aber auch darauf kommt es nicht an
angesichts der Außerzeitlichkeit alles Geschehens in diesem
Akt. Übrigens ist der Kriegslärm hier nur eine von Mephisto
vorgespiegelte Gefahr.

9446 ff. Geschichtliche Anklänge an die Eroberung des Peloponnes
durch die Kreuzfahrer. Vgl. zu V. 9000 ff., 9004 ff.

9456 K ö n i g s b a n d e : die auf dem Peloponnes in Menge
vorhandenen Reiche, deren Völker durch Königsherrschaft
gebunden waren.

9459 d e m M e e r : zu dem Meer.

9462 H e r z o g e [...] e u c h : euch als Herzöge.

9465 d e s R e i c h s G e w i n n : Was das Reich in diesem
Kriege neu erworben hat, wird den Heerführern zu Lehen
gegeben.

9466 G e r m a n e : hier als Stamm n e b e n *Goten, Franken*
usw.

9476 ü b e r t h r o n e n : übertragen und beherrschen durch die
Übermacht seines Throns.

9477 v e r j ä h r t : durch jahrelangen Besitz zum Eigentum geworden.

9478 A l l - e i n z e l n : jeder einzelne und zugleich alle.

9481 L i c h t : Erleuchtung durch klugen Rat.

9512 N i c h t i n s e l : Der Peloponnes wäre eine Insel, wenn
die schmale Landzunge von Korinth sie nicht mit dem Festland verbände.

9513 B e r g a s t : der mazedonisch-thessalische Gebirgszug, der
über den Isthmus in den Peloponnes verläuft.

9517 ff. Vgl. H e l e n a *.

9519 S c h a l e : Ei, aus dem Helena hervorging.

9520 d e m   G e s c h w i s t e r : Sammelbegriff für *Kastor**, *Pollux**, *Klytämnestra**.

9521 ü b e r s t a c h : *Helenas* Schönheit wirkte so stark auf die
Sehkraft der Augen, daß sie von diesen als stechend empfunden wurde.

9522 D i e s   L a n d : *Arkadien.* Zur Schilderung angeregt wurde
Goethe durch E. Dodwell, »A Classical and Topographical
Tour through Greece«, 1819, und Gell, »Narrative of a
journey in the Morea«, 1823.

9526 ff. U n d   d u l d e t [. .]: Wenn auch auf dem höchsten
Gipfel der Sonnenstrahl kalt bleibt, also den Schnee nicht
zum Schmelzen bringt, so lockt doch etwas tiefer zwischen
den Felsen spärliches Grün die Tiere an.

9527 Z a c k e n h a u p t : der vielzackige *Taygetos**, dessen Ab-
flüsse das tiefere Land rings bewässern (V. 9530 ff.).

9538 L e b e n s n y m p h e n : Die Quellgeister spenden durch
ihr Wasser Leben.

9541 z w e i g h a f t : (behaftet) mit den himmelwärts strebenden
Zweigen.

9549 H o n i g : Bienenstöcke in hohlen Bäumen.

9551 h e i t e r t : ist heiter.

9552 u n s t e r b l i c h : also göttergleich.

9558 z u g e s t a l t e t : *Apoll** war bei Admet den *Hirten* z u -
gesellt und glich ihnen an Gestalt.

9561 E r g r e i f e n [...] s i c h : Götter- und Menschenwelt
gehen ineinander über.

9566 u m s c h r e i b e n : umgrenzen.

9567 z i r k t : bildet einen Bezirk; noch liegt im Umkreis *Arkadien.*

9573 A r k a d i s c h   f r e i : dem reinen, kulturfernen, ungebun-
denen Naturzustand *Arkadiens* entsprechend.

Schattiger Hain

9578 I h r   B ä r t i g e n : die Bejahrten im Zuschauerraum.

9585 l a n g e w e i l t   i h r : (ohne Ergänzung) habt ihr schon
Langeweile.

9588, 9599 F r a u e n : Einzahl wie V. 9221.

9595 a b s p i n n e n : Das Märchen gleicht während der Erzählung einem vom Spinnrocken gezogenen Faden. Auch der
Abenteuer berichtende Seemann ›spinnt ein Garn‹.

9598 e c h o t : (nur hier) hallt wider.

9603 f a u n e n a r t i g : nicht wegen der Gestalt, sondern wegen des Verhaltens, insbesondere des tollen Springens. Vgl. *Faun**.

9629 ff. W u n d e r : Goethe rechtfertigt mit diesen Versen, daß er *Euphorion** sofort nach der Geburt als bereits erwachsen auftreten läßt. Enge Zeitmaßstäbe sind ja hier überhaupt nicht am Platze, vgl. zu V. 7426 ff., 9004 ff. Ferner Goethes Aufsatz über »Philostrats Gemälde«: »Götter und gottähnliche Wesen sind gleich nach der Geburt vollendet: Pallas entspringt dem Haupte Jupiters geharnischt, Merkur spielt den diebischen Schalk, ehe sich's die Wöchnerin versieht.« Zum folgenden vgl. *Hermes**.

9641 f. Was du erzählst, ist nicht zu vergleichen mit dem, was die Sage, die mehr Wahrheitsgehalt hat als die *Wahrheit*, von *Hermes**, *dem Sohn der Maja*, sang.

9645 ff. Den *Säugling* wickelt *(faltet)* die *Wärterinnen Schar in flaum*weiche *Windeln* und bindet ihn fest *(strenget)* in schmückende *Wickel*, und zwar in dem *unvernünftigen Wahn*, er sei damit versorgt.

9655 S c h a l e : Umhüllung.

9664 Und auch allen Vorteilsuchenden.

9668 M e e r e s B e h e r r s c h e r : Neptun*; hier Wemfall.

Vor 9679 v o l l s t i m m i g e M u s i k : *Bis zur Pause* (V. 9938) ist alles opernhaft. Deswegen sollte Helena von hier an durch eine Sängerin dargestellt werden. Vgl. die Vorbemerkung zu *Innerer Burghof* und Goethes Äußerungen vom 12. Februar 1829, 21. Februar 1831.

9685 Damit wird *Phorkyas*–Mephisto, aus der Rolle fallend, Sprecher des Dichters. Zum Sinn vgl. V. 544 ff.

9689 f r i s c h g e n e s e n : neu geboren, jugendlich; im Gegensatz zur uralten *Phorkyas*.

9691 ff. Die *Sonne* verbleicht, wenn das innere Licht leuchtet.

9704 Uralte deutsche Verlöbnisformel.

9706 D ü r f t : möchte.

9707 W o h l g e f a l l e n : Glücksgefühl.

9710 d e r V e r e i n : solche Gemeinschaft.

9721 Z u g r u n d : d a ß uns nicht zugrunde richte.

9751 K ü n s t l i c h e m R e i h n : zu kunstvollem Reigen.

9794 d e r b : kräftig gebaut.

9798 w i d e r w ä r t i g : widerstrebend.

9825 f. P e l o p s ' * L a n d : Der Peloponnes heißt Pelopsinsel, ohne Insel zu sein, und ist mit seinen vielen Buchten halb Land, halb Meer *(erde- wie seeverwandt)*.

9830 Z e i l e n : Weinstöcke werden in Reihen gepflanzt.

9837 K r i e g : Hiermit wird *Euphorion* zum dichterischen Abbild Byrons*.

9843 ff. W e l c h e d i e s L a n d g e b a r [...]: Denen, welche
dieses Land als Freigesinnte und Todesmutige *(das eigene
Blut verschwendend)* hervorbrachte, um sie von einer Gefahr
in die andere *(aus Gefahr in Gefahr)* zu bringen, sowie allen
denen, deren heiliger Sinn sich nicht dämpfen, unterdrücken
läßt, möge dieses Land Gewinn bringen. Diese Worte
Euphorions sind zugleich eine Anrede Goethes an die Griechen, die 1822 ff. um ihre Freiheit kämpften.

9856 s i c h s e l b s t b e w u ß t : auf sich selbst gestellt.

9863 Poesie: Der Sohn von *Faust* und *Helena* wird hier zur Verkörperung der Dichtkunst. Goethe zu Eckermann, 20. Dezember 1829: »Der Euphorion« ist kein menschliches, sondern
nur ein allegorisches Wesen. Es ist in ihm die Poesie personifiziert, die an keine Zeit, an keinen Ort und an keine
Person gebunden ist.« (Ausführlich mitgeteilt zu V. 5512 ff.)

9879 S c h w i n d e l s t u f e n : *Euphorion,* der bereits zu schwin-
delnder Höhe aufgestiegen ist, strebt in den leeren Raum,
der ihm Schmerzen und Tod bringen muß.

9884 d o n n e r n : Land- und Seeschlacht wie im griechischen
Freiheitskampf.

Nach 9902 b e k a n n t e G e s t a l t : Byron*.

Vor 9903 K l e i d [...]: Vgl. den Prophetenmantel des Elias,
2. Kön. 2,13.

9907 ff. T r a u e r g e s a n g : auf *Euphorion,* in Wirklichkeit
auf Byron*. Am 5. Juli 1827 sagte Goethe, eine Bemerkung
Eckermanns bestätigend: »Der Chor fällt bei dem Trauergesang ganz aus der Rolle; er ist früher und durchgehends
antik gehalten oder verleugnet doch nie seine Mädchennatur,
hier aber wird er mit einmal ernst und hoch reflektierend
und spricht Dinge aus, woran er nie gedacht hat und auch
nie hat denken können.«

9913 ff. D i r [...] L i e d u n d M u t : Dichten und Streben
war bei dir (*Euphorion*-Byron) groß.

9916 A h n e n : Vgl. Byrons* Adel.

9920 M i t s i n n : Gesinnung, die mitfühlt.

9933 u n g l ü c k s e l i g s t e r T a g : Byrons Tod.

9935 e r f r i s c h e t : stimmt frisch wieder an.

9937 s i e : Helden, Dichter und Denker wie Byron*.

9939 f. Für diese beiden Verse hat Goethe erst nach zehn verschiedenen Versuchen die endgültige Gestalt gefunden.

9945 ff. P h o r k y a s : Mephisto fällt, wie V. 9907 ff. der Chor,
aus der Rolle und deutet, besonders V. 9952 f., den tieferen
Sinn des Vorgangs an: Die *Gewande Helenas,* die antike
Form darstellend, sollen Faust über das Alltägliche (*alles
Gemeine,* vgl. V. 10 259) erheben und ihn, so meint es wohl
Mephisto, zu neuen Genüssen führen.

9956 ff. D i e F l a m m e [...]: *Phorkyas*-Mephisto verspottet
die Nachahmer Byrons, denen die Flamme des Genies fehlt,
die aber an Äußerlichkeiten, z. B. Dichterkrönungen, hängen.

9959 G i l d - u n d H a n d w e r k s n e i d : Handels- und
Handwerkervereinigungen verleihen allerhand Würden, die
zur Eifersucht Anlaß geben. Vgl. auch die Rangordnung in
der Meistersingerzunft.

9963 V e t t e l * : die Hexe *Phorkyas*-Mephisto.

9964 S o : ebenso wie.

9977 U n f r u c h t b a r e W e i d e n : Vgl. Homer »Odyssee«
X, 509 f., und Plinius »Hist. Nat.« XVI, 109 f.

9981 k e i n e n N a m e n : Goethe zu Eckermann, 1. September
1829: »Ich zweifle nicht an unserer Fortdauer, denn die
Natur kann die Entelechie* nicht entbehren; aber wir sind
nicht auf gleiche Weise unsterblich, und um sich künftig als
große Entelechie zu manifestieren, muß man auch eine sein.«
Vgl. zu V. 11 825.

9984 P e r s o n : Eigenwesen, Individualität.

9985 ff. z u m H a d e s n i m m e r : Goethe zu Eckermann,
25. Januar 1827: »Auf den Gedanken, daß der Chor nicht
wieder in die Unterwelt hinab will, sondern auf der heite-
ren Oberfläche der Erde sich den Elementen zuwirft, tue ich
mir wirklich etwas zugute.«

9989 ff. N a t u r : Die Wesen, die den Chor gebildet haben, lösen sich wieder auf in die Urstoffe *(Elemente)*, denen sie
entnommen sind, und lassen weder leiblich noch geistig eine
Spur hinter sich. Sie entschwinden, obwohl eigentlich Unter-
weltschatten, als Elementargeister in Bäume (*Dryaden**, V.
9992 f.), in widerhallende Felsen (*Oreaden**, V. 9999 ff.),
in Quellwasser (*Najaden*, V. 10 005 ff.) und in den Wein
(V. 10 011 ff.), was den Ausklang des Ganzen in ein *Bacchus*fest (V. 10 017 ff.) verursacht. Man beachte die klare
Anschauung, die der Dichter nicht nur von den Naturvorgängen, sondern auch z. B. von der Weinlese hat.

10 002 A n t w o r t : Echo.

10 009 ff. Z y p r e s s e n : Den vielgewundenen Flußlauf deuten
die längs der Ufer stehenden *Zypressen* an, deren *Wipfel*
über die Landschaft, die Uferhöhen und den *Wellenspiegel*
nach dem *Äther* zu aufsteigen.

10 012 d u r c h a u s : ganz und gar.

10 014 z w e i f e l h a f t : weil der Erfolg nicht immer der Mühe
entspricht.

10 015 H ä u f e l n : die aufgelockerte Erde um die Rebe zu
Haufen aufschütten.

10 016 f ö r d e r s a m s t : zuvorderst, vor allem; zum Sonnengott, weil dieser den Weinbau am meisten fördern kann.

10 018 f a s e l n d : Unsinn treibend.

10 026 T r a g e b u t t e n : große, auf dem Rücken zu tragende
Holzgefäße.

10 033 ö h r i g : mit langen Ohren.

10 035 ü b e r t ä u b t : ist das Ohr, es ist mehr als taub geworden.

Nach 10 038 i n s o f e r n e s n ö t i g w ä r e : Bemerkung des
Dichters, der diese Szene vielleicht noch weiter ausführen
wollte.

Vierter Akt

Von der Entstehung berichtet Goethe an Eckermann am 13. Februar 1831: »Ich werde nun diese ganze Lücke, von der ›Helena‹
bis zum fertigen fünften Akt, durcherfinden und in einem ausführlichen Schema niederschreiben, damit ich sodann mit völligem
Behagen und Sicherheit ausführen und an den Stellen arbeiten
kann, die mich zunächst anmuten. Dieser Akt bekommt wieder
einen ganz eigenen Charakter, so daß er, wie eine für sich bestehende kleine Welt, das übrige nicht berührt und nur durch einen
leisen Bezug zu dem Vorhergehenden und Folgenden sich dem
Ganzen anschließt.« Ferner vgl. zu Eckermann, 17. Februar 1831:
»Ich habe nun auch das ganze Manuskript des zweiten Teils heute
heften lassen, damit es mir als eine sinnliche Masse vor Augen sei.
Die Stelle des fehlenden vierten Aktes habe ich mit weißem Papier ausgefüllt, und es ist keine Frage, daß das Fertige anlockt
und reizet, um das zu vollenden, was noch zu tun ist. Es liegt in
solchen sinnlichen Dingen mehr, als man denkt, und man muß dem
Geistigen mit allerlei Künsten zu Hilfe kommen.« Die Vollendung
geschah, nach kurzer Unterbrechung durch die Arbeit an den Ein-
gangsszenen des fünften Aktes, im Juli 1831. Vom Abschluß, der
zugleich der Abschluß der Arbeit am »Faust« überhaupt sein
sollte, berichtet das Tagebuch unterm 22. Juli 1831: »Das Hauptgeschäft zustande gebracht. Letztes Mundum. Alles rein Geschriebene eingeheftet.«

Hochgebirg

10 039 Die Trimeter bilden die Überleitung vom Helena-Drama
her.

10 041 ff. W o l k e : In einem Entwurf heißt es: »Die Wolke
steigt halb als Helena nach Südosten, halb als Gretchen
nach Nordwesten.« Die einzelnen Wolkenformen sind Ergebnisse von Goethes wissenschaftlichen Wolkenstudien, er

denkt vor allem an Kumulus- und Zirruswolken. Die Wolken sind zugleich Sinnbild: *Helena* wird genannt, V. 10 050, *Gretchen* wird angedeutet, V. 10 059.

10 047 m o d e l n : gestalten.

10 061 A u r o r e n s * : der Morgenröte; Liebe, Liebesglück der ersten Jugend; Hindeutung auf *Gretchen.*

10 065 Ä t h e r : Vorklang des Endes der ganzen Dichtung. Vgl. V. 12 095.

Vor 10 067 S i e b e n m e i l e n s t i e f e l : Dieser dem deutschen Märchen entlehnte Zug unterstreicht den Gegensatz zu der bisher erlebten altgriechischen Welt.

10 067 e n d l i c h : dem Ende nahe, rüstig, tüchtig.

10 072 ff. G r u n d d e r H ö l l e : Das durch Vulkanausbruch emporgewuchtete Urgestein lag ursprünglich im Erdmittelpunkt.

10 073 ff. L e g e n d e n : Wie in der *Klassischen Walpurgisnacht* V. 7550 ff., 7851 ff. wird vom Dichter auch hier die Gelegenheit benutzt, die unter den Naturphilosophen zu verspotten, die statt des *Wassers* das *Feuer* als Urgrund aller Dinge annehmen. Vor allem in Mephistos Worten, V. 10 079 ff., gibt Goethe, alles Gewaltsame hassend, dem Plutonismus* eine lächerliche Deutung.

10 079 H e l l u n g : Helligkeit.

10 091 k n e c h t i s c h - h e i ß : Hitze, die knechtet.

10 093 f. o f f e n b a r G e h e i m n i s : Eine allen offenbar liegende Tatsache, deren Sinn nur noch nicht erkannt ist. Vgl. Goethes »Märchen« von der grünen Schlange: »Welches ist das wichtigste Geheimnis? das offenbare.« – E p h e s . 6,12: »Denn wir haben nicht mit Fleisch und Blut zu kämpfen, sondern mit Mächtigen und Gewaltigen, nämlich mit den Herren der Welt, die in dieser Finsternis herrschen, mit den bösen Geistern unter dem Himmel.« Der Bibelverweis betrifft wohl mehr V. 10 091. Vgl. Erdgeist*.

10 095 e d e l - s t u m m : Vgl. Goethes »Wanderjahre« 2. Bd. 9. Kap.: »Die Gebirge sind stumme Meister und machen schweigsame Schüler.« Hier: Die Gebirge verraten in Vornehmheit nichts vom Geheimnis ihrer Entstehung.

10 097 i n s i c h s e l b s t g e g r ü n d e t : Goethes »Verschiedene Bekenntnisse«: »Nach meinem Anschauen baut sich die Erde aus sich selbst heraus.«

10 102 g e m i l d e t : oberdt., auch bei Schiller.

10 111 Z e n t n e r m a s s e n : Versprengte Granitblöcke, wie sie Goethe z. B. auf der Luisenburg im Fichtelgebirge oder auf dem Harz sah und von denen damals z. B. der Geologe Leopold von Buch annahm, daß sie aus dem Erdinnern hervorgeworfen und ins Weite verstreut worden seien.

10 112 s o l c h e S c h l e u d e r m a c h t : die Kraft, Massen von solcher Schwere zu schleudern.

10 115 w i r : So sprechen die Naturphilosophen.

10 116 t r e u - g e m e i n : treuherzig-schlicht.

10 120 G l a u b e n s k r ü c k e : Der Ungebildete ersetzt das fehlende Wissen durch den Glauben und bringt außergewöhnliche Steine und Felsbildungen – wie sie Goethe auf der Schweizer Reise z. B. am Urserner Loch kennenlernte – mit dem Teufel in Verbindung.

10 127 Z e i c h e n : »Ecce signum«, 1. Mose 9,12 (das ist das Zeichen des Bundes); Gewaltsames und Sinnloses in der Natur ist jeweilig Zeichen teuflischen Wirkens.

10 131 R e i c h e d e r W e l t : Vgl. die Versuchung Jesu, Matth. 4,8: »Wiederum führte ihn der Teufel mit sich auf einen sehr hohen Berg und zeigte ihm alle Reiche der Welt und ihre Herrlichkeit [...].«

10 137 B ü r g e r - N a h r u n g s - G r a u s :   Abstoßendes Durcheinander von Buden, an denen die Bürger ihre Lebensmittel kauften. Erinnerung an das enge Stadtinnere Alt-Frankfurts.

10 140 F l e i s c h b ä n k e : Verkaufsstände der Metzger.

10 148 R o l l e k u t s c h e n : auf Rädern dahinrollend.

10 156 ff. V o l k : der positive Gegensatz hierzu V. 11 563 ff., 11 579 f.

10 159 R e b e l l e n : Goethe an Zelter am 18. März 1811: »Erziehe man sich nur eine Anzahl Schüler, so erzieht man sich fast ebenso viele Widersacher.«

10 160 m i r s e l b s t b e w u ß t : Ludwig XIV., der Erbauer von Versailles mit seinen Parkanlagen, Kaskaden, Wasserkünsten, vertrat den Standpunkt: »Ich bin der Staat.«

10 176 m o d e r n : Im Gegensatz zur gesunden Sinnlichkeit des Altertums erscheint die Gegenwart lüstern-verdorben.

10 188 T a t : die Tat um ihrer selbst willen. Vgl. »Des echten Mannes wahre Feier ist die Tat« (»Pandora« 1045); »Und dein Leben sei die Tat« (Wanderlied im »Wilhelm Meister«).

10 192 n i c h t s g e w ä h r t : Für alles das ist dir kein Verständnis gegeben.

10 198 ff. M e e r : das Hin und Her der Brandung, die Dünung, Ebbe und Flut; Faust empfindet als Freund der Ordnung Unbehagen bei Zügellosigkeit und Fruchtlosigkeit des Strebens jeglicher Art. Aus gleichem Grunde galt Goethes Aufmerksamkeit dem seit Anfang des 19. Jh.s viel erörterten Gedanken, die wilden Dünen der Kultur dienstbar zu machen. Vgl. zu V. 11 127.

10 215 w ü s t e S t r e c k e : Strand, Watten.

10 216 k r a f t b e g e i s t e r t : Ein zielbewußter Wille scheint die Flut vorwärts zu treiben, aber dem widerspricht das Ausbleiben eines Ergebnisses.

10 229 ff. d a s M e e r a u s z u s c h l i e ß e n : Faust liegt hier lediglich daran, die formlos rohe Naturkraft zu beherrschen. Ein äußerer Zweck, wie die spätere Kolonisation V. 11 563 f., liegt hier noch fern.

10 237 a u s z u z i e h e n : herauszuziehen wie einen Extrakt, auszunutzen.

10 238 N u : Augenblick, Gelegenheit.

10 243 ff. K a i s e r : Wiederanknüpfung beim 1. Akt, wo der *Kaiser* sich in Geldschwierigkeiten zeigte. V. 4926, 6066 ff. Goethe zu Eckermann, 1. Oktober 1827: »Ich habe in dem Kaiser einen Fürsten darzustellen gesucht, der alle möglichen Eigenschaften hat, sein Land zu verlieren, welches ihm dann auch später gelingt.«

10 248 f a l s c h s c h l i e ß e n : einen falschen Schluß ziehen, einen Denkfehler begehen.

10 259 m a c h t g e m e i n : macht zu einem Glied der Masse; drückt den Menschen ins Gewöhnliche, Alltägliche herab. Des echten Herrschers Bereich ist das Überalltägliche. Vgl. Goethes »Epilog zu Schillers Glocke«: »Und hinter ihm im wesenlosen Scheine lag, was uns alle bändigt, das Gemeine.« Vgl. V. 9952.

10 271 d a s g i n g : Es nahm den vorauszusehenden Verlauf.

10 288 g e h e i l i g t : Die Kirche, sich durch Anarchie auch in ihrem Besitz bedroht fühlend, segnet die Empörung gegen den Kaiser, weil sie in der Aufstellung des Gegenkaisers ihren Vorteil sieht.

10 302 f. S i n n e n , Z w e c k : Ein auf hohe Zwecke eingestellter Sinn kann sich nicht aufhalten mit einer sittlichen Wertung der Mittel – ein mephistophelischer Grundsatz.

10 306 L e h n : Mehrzahl. Die hier angekündigte Belehnung fehlt im folgenden, wird aber V. 11 035 f. vorausgesetzt. Die Verse, mit denen Faust den Ehrenschlag erhält, hat Goethe wohl gedichtet, aber dann nicht eingefügt. Vgl. zu V. 10 976.

10 311 d i e r e c h t e H ö h e : Frankfurter Ausdruck für den höchsten Grad der Unverschämtheit.

10 312 n i c h t s v e r s t e h e : Der geschichtliche Faust dagegen rühmte sich, dem Kaiser in Italien Siege erfochten zu haben.

10 316 K r i e g s r a t : hier die ihn bildenden obersten Heerführer. V. 10 331 ff.

10 321 f. P e t e r S q u e n z * : Dieser bringt in dem gleichnamigen Lustspiel des Gryphius den Ausbund aller schauspielerischen Spießbürger auf die Bühne.

10 322 V o m   g a n z e n   P r a ß *   d i e   Q u i n t e s s e n z :
vom ganzen Plunder den Ausbund.

Vor 10 323 G e w a l t i g e : Vgl. 2. Sam. 23,8: »Dies sind die
Namen der Helden Davids.« Sie heißen dort aber Jaso-
beam, Eleasar und Samma. Die Namen Raubebald (Goethe: *Raufebold*) und *Eilebeute* stammen aus Jes. 8,1.
Goethe denkt Mephistos Gespensterhelden als Jüngling,
Mann, Greis. Dazu tritt später noch die *Marketenderin
Eilebeute*, V. 10 531 ff. Durch die Mitwirkung solcher
teuflischen Helden wird Fausts reines Tatstreben in Hab-
gier gefälscht.

10 327 ff. Hindeutung auf die Ritterromane von Fouqué u. a.

10 332 F r e s s e : Maul.

10 333 M e m m e : Feigling.

Auf dem Vorgebirg

10 360 P h a l a n x * : im 18. Jh. männlich gebraucht. Siehe V.
10 519.

10 363 Q u a d r a t : Das im Viereck aufgestellte Fußvolk.

10 376 O h e i m usw.: Anredeformen der Fürsten untereinander.

10 391 U n t ä t i g k e i t s e n t s c h u l d i g u n g :   Als Ent-
schuldigungsgründe für ihre Untätigkeit nennen die zur
Hilfe aufgerufenen Fürsten innere oder äußere Gefährdung
ihrer eigenen Länder.

10 395 R e c h n u n g   v o l l : wenn bei euch selbst zwar alles
in Ordnung ist. Möglich aber auch: wenn euer Zeitpunkt
gekommen ist.

10 396 N a c h b a r s   H a u s b r a n d : Vgl. Horaz, Epist. I,
18,84: »Nam tua res agitur, paries cum proximus ardet«
(es geht d i c h an, wenn die Nachbarwand brennt). –
s o l l : wird, kann.

10 405 L ü g e n f a h n e n : Fahnen eines Heereszugs, der zu un-
lauteren Zwecken unternommen wird.

10 406 S c h a f s n a t u r : Goethe sieht mit Beziehung auf den
Menschen die Schafsnatur darin, »daß sie, wenn der Bock
nun einmal über den Graben gesprungen ist, in ganzer
Masse nachzuspringen höchst einladend und bequem findet« (Paralipomenon: »Zur Geschichte der Farbenlehre«).

10 413 R i n g s p i e l : Bereits ein leichtes Ringelstechen erlebte
sein kriegerischer Sinn als ernsthaften Kampf.

10 417 b e s i e g e l t : bezeugt.

10 418 F e u e r r e i c h : Vgl. V. 5926 ff., 5987. Das *Flammengaukelspiel* hat den *Kaiser* von seiner Bestimmung zum
Helden überzeugt und seinem Herzen *das Siegel der Selbständigkeit* aufgedrückt.

10 423 ff. Bereits der Faust der Sage hilft Kaiser Karl V. seinen
Sieg erringen. Zauberhaftes Aufstellen von Heeren auch
sonst in der Sage.

10 426 s t u d i e r t : gelehrt in bezug auf Schriftkunde; hier bewandert im Deuten der Naturerscheinungen.

10 430 G a s : Volksglaube, daß die Metalle sich aus ursprünglich gasförmigem Zustand niederschlagen.

10 435 f. i m K r i s t a l l [...] e r b l i c k e n : Vgl. V. 880.

10 435 S c h w e i g n i s : Neubildung Goethes wie Schlechtnis,
Fördernis.

10 439 ff. N e k r o m a n t * v o n N o r c i a * : Person von Goethe erfunden. Faust gibt sich als Beauftragter eines Zauberers, den der Kaiser (Majestät, V. 10 446) durch Errettung
vom Scheiterhaufen sich zu Dank verpflichtet hatte. An-
scheinend will Faust nicht als der Zauberer des 1. Aktes
(V. 5987 ff.) wiedererkannt werden.

10 463 h o c h : entscheidend.

10 463 ff. l e n k e t d i e H a n d z u r ü c k : Laßt euer
Schwert in der Scheide.

10 469 ff. S e i d a s G e s p e n s t [...] g e s t o ß e n : Es sei
das Gespenst ins Totenreich gestoßen; ich selbst will den
Gegenkaiser töten.

10 480 E r s t e h e n : Sie alle erstehen zu neuem Leben.

10 488 Vgl. Psalm 110,1: »bis ich deine Feinde zum Schemel deiner Füße mache.«

10 494 E c h o : leerer Nachhall.

10 497 g e m ä ß : Die Ablehnung der Herausforderung empfinden die Tapfersten als wunschgemäß, da sie ja nun Gelegenheit haben, im Kampfe die Treue für ihren Kaiser zu
beweisen.

10 514 g r a ß : gräßlich.

10 518 G e b l ü t e : Blut.

10 519 D e r P h a l a n x * : auch hier männlich wie V. 10 360,
10 530, 10 595 u. ö.

Vor 10 531 E i l e b e u t e : Vgl. zu V. 10 323.

10 531 a n g e w e i b t : angetraut.

10 533 H e r b s t : Ernte, hier die Kriegsbeute.

10 553 W i s s e n d e : im Zuschauerraum, die Mephistos Zauber-
künste aus den früheren Akten kennen oder in Gespen-
stergeschichten bewandert sind.

10 574 G e w e h r e : Lanzen, Schwerter; vgl. noch heute ›Seiten-
gewehr‹.

10 583 N a t u r g e m ä ß : auf natürliche Weise.

10 584 ff. N e b e l s t r e i f e n : Fata Morgana, Luftspiegelung.
Vgl. zu Mütter*.

10 587 M i t t e l l ü f t e : Luftschicht in mittlerer Höhe.

10 596 F l ä m m c h e n : St.-Elms-Feuer* galt als Zeichen der *Dioskuren** (V. 10 600), und zwar in guter Vorbedeutung.

10 606 M e i s t e r : *der Nekromant,* V. 10 439 ff., 10 615, 10 988.

10 615 w e i ß e r B a r t : der bejahrte *Nekromant,* V. 10 439, dem der Kaiser von heißen Feuerqualen zu kühler Luft, d. h. vom Scheiterhaufentod zum Leben verholfen hatte.

10 618 s e i t : nach.

10 622 Z e i c h e n : Vogelorakel.

10 624 f. A d l e r , G r e i f * : lebendig gewordene Wappentiere von Kaiser und Gegenkaiser.

10 656 S t e i n e : Wurfgeschosse gegen die bergan drängenden Feinde.

10 664 R a b e n : Vgl. zu V. 2491.

10 672 f o l g e r e c h t : richtige Folgerungen ziehend, logisch, vernünftig und darum auch befolgenswert.

10 689 P f i f f : vgl. pfiffig; gesunder Verstand, um auch die letzte Verwicklung *(Knoten)* aufzulösen.

10 695 G a u k e l n : zaubern.

10 698 S t a b : Marschallstab als Sinnbild der Befehlsgewalt; ebenso v. 10 703, 10 707.

10 701 s c h a u d e r t : wie *Gretchen* V. 3471 ff. – K u n d e : Selbstbezeichnung der Landstreicher.

10 711 V e t t e r n : Die gespenstischen *Raben* gehören zur Teufelsverwandtschaft. Vgl. V. 2491, 10 664.

10 715 v o m S e i n d e n S c h e i n : Von dem wirklich vorhandenen Wasser vermögen die Undinen dessen äußere Erscheinungsform abzulösen und als scheinbares Wasser beliebig anderswo zu verwenden. Allerdings trügt der Schein nur das menschliche Auge, auch das Fausts. Für Mephisto ist die Täuschung überhaupt nicht vorhanden.

10 734 ff. W a s s e r l ü g e n : Vgl. zu 10 715.

10 742 h o h e r M e i s t e r : der Satan als oberster Teufel.

10 745 G e z w e r g : Sammelbegriff.

10 751 B l i c k s c h n e l l : so schnell wie ein einziger Augenaufschlag; gemeint sind die Sternschnuppen, wie sie besonders häufig im August fallen.

10 767 f a l s c h : unwirklich, täuschend.

10 773 e w i g e r S t r e i t : die allnächtlich sich erneuernde Geisterschlacht, z. B. auf den Katalaunischen Feldern.

10 774 i m e r e r b t e n S i n n e w ö h n l i c h : nach hergebrachter Weise, wie sie es seit Väterzeit gewöhnt waren; beharrlich; Goethe schrieb hier zuerst gewöhnlich.

10 780 w i d e r - w i d e r : Verdoppelung entweder als Steigerung oder Hindeutung darauf, daß der Lärm von beiden Seiten kommt. – p a n i s c h : nach Art des Schrecken verbreitenden *Pan**.

Des Gegenkaisers Zelt

10 791 M o r g e n s t e r n : Schlagwaffe, bestehend aus einer mit Eisenspitzen besetzten Kugel, die vermittels einer Kette an einem langen Haltestock getragen wird; oder auch nur Keule mit Stachelspitzen.

10 800 N e h m : nimm.

10 808 K r e u z : Rückgrat, meist dessen unterer Teil.

10 811 S c h o ß : hier Schürze bzw. Schürzentasche.

Vor 10 817 u n s r e s : Der Dichter ergreift Partei.

10 830 f. H a n d w e r k s g r u ß : Wie jedes Handwerk seine Grußformel hat, so heißt bei den Soldaten, ob hoch, ob niedrig, das Kennwort: *Gib her!*; d. h. sie rauben alle.

10 849 ff. Die steife Ausdrucksweise des Kaisers wird durch den altmodisch wirkenden Alexandriner* betont.

10 851 v e r r ä t e r i s c h : ein Schatz, mit Hilfe dessen Verrat getrieben wurde.

10 858 u n s : für uns. Der Kaiser möchte nach dem Siege die unheimlichen Helfer ableugnen, auch V. 10 857. Vgl. dagegen V. 10 697, 10 705.

10 860 Stein- und Blutregen, nach dem Volksglauben.

10 872 ff. e u c h v i e r W ü r d i g e n : Die vier weltlichen Kurfürsten. Der Sachse trägt als Erzmarschall das Schwert, der Brandenburger als Erzkämmerer trägt ein goldenes Becken mit Handtüchern, in dem sich der Kaiser die Hände wäscht, der Pfalzgraf bei Rhein als Erztruchseß kredenzt die Speisen in silbernen oder goldenen Schüsseln, der Böhme als Erzschenk reicht den Wein, den er zuvor gekostet hat. Die drei geistlichen Kurfürsten waren von Köln, Mainz, Trier. Hier tritt nur der Mainzer, und zwar als Siegelführer, auf. Er erinnert an den Kanzler des 1. Akts.

10 877 ff. Die vielen Erzämter des Hl. Römischen Reichs, von denen die drei geistlichen hier im Erzkanzler zusammengezogen werden, kannte Goethe bereits als Knabe. Während der Arbeit an dieser Szene, die das letzte war, was Goethe an seinem »Faust« arbeitete, entlieh er am 14. Juli 1831 aus der Weimarer Bibliothek J. D. von Olenschlager, »Neue Erläuterung der Guld. Bulle«, 1766.

10 895 R i n g e : Siegelringe als Sinnbilder kaiserlicher Macht, die während des Waschens abgelegt wurden.

10 907 F e r n und F r ü h : Ausländisches und vorzeitig zur Reife Gebrachtes.

10 916 a u f e r b a u t : erwachsen.

10 921 v e n e d i s c h : Venezianische Gläser galten als wunderkräftig.

10 927 G i f t *.

Vor 10 931 E r z k a n z l e r : Vgl. zu V. 10 877.

10 942 A n f a l l : Das kraft irgendeines Rechtes oder Gesetzes an jemanden fallende Gut.

10 943 b e s t i m m t : ausdrücklich.

10 947 G e l e i t : Einkünfte aus dem Schutz Reisender und Fahrender.

10 957 f. A u c h [...] s e i e s : Ferner sei es, wenn ich mich von meinen Lieben trennen werde, eure Pflicht, meinen Nachfolger zu ernennen.

10 959 A l t a r : Der eben Gekrönte wurde auf den Altar erhoben und so dem Volke gezeigt.

10 968 M i t d e m B e d i n g : mit der Bedingung, dem Vorbehalt.

Nach 10 976 e n t f e r n e n s i c h : Hier sollte nach ursprünglichem Plan die Belehnung Fausts folgen. Goethes Nachlaß enthält Verse dazu.

10 985 s t r ä f l i c h : strafend.

10 988 Z a u b e r e r : Vgl. V. 10 439 ff.

10 995 h o r c h s a m : gehorsam; gebildet nach folgsam.

11 008 C h o r : hier sächlich. Der Kirchenbau begann meist mit dem ostwärts gerichteten Chor, schritt über das Querschiff zum Längsschiff (vgl. *erlängt*) vor.

11 030 e n t f e r n t : weit her zu holend.

11 035 v e r r u f e n : der bei der Kirche in sehr schlechtem Ruf stehende Faust.

11 036 v e r l i e h n : Vgl. zu V. 10 976.

11 042 Die ganze Szene zeigt mit bitterem Spott den Zerfall des Reiches.

Fünfter Akt

Entstanden ist dieser Akt der Grundanlage nach wohl schon um 1800. Vgl. Goethe zu Eckermann, 2. Mai 1831: »Die Intention auch dieser Szenen [Anfang des 5. Akts] ist über dreißig Jahre alt; sie war von solcher Bedeutung, daß ich daran das Interesse nicht verloren, allein so schwer auszuführen, daß ich mich davor fürchtete.« Einzelnes war auch schon früh ausgeführt, vgl. Goethe zu Boisserée, 3. August 1815: »Vieles ist auch schon fertig«, und, über das Ende der Dichtung befragt: »Das sage ich nicht, darf es nicht sagen, aber es ist auch schon fertig, und sehr gut und grandios geraten, aus der besten Zeit.« Zeitweise versuchte er auch eine Ordnung der bereits gedichteten Stücke, wie der Tagebucheintrag vom 13. März 1825 zeigt: »An ›Faust‹ den Schluß fernerhin redigiert.« Damals sind u. a. vielleicht die Szenen vom Eintritt der Sorge bis zur Grablegung entstanden. So konnte Goethe sowohl

am 24. Januar 1830 zu Eckermann sagen: »Der fünfte Akt ist so
gut wie fertig«, als auch am 4. Januar 1831 an Zelter schreiben:
»Der fünfte [Akt] bis zum Ende des Endes steht auch schon auf dem
Papiere.« Die endgültige Ausarbeitung geschah in den beiden letzten Lebensjahren Goethes. So wurde die mit *Philemon und Baucis*
zusammenhängende Szenengruppe im April 1831 vollendet.

Offene Gegend

11 043 ff. Goethe zu Eckermann, 6. Juni 1831: »Mein Philemon*
und Baucis* hat mit jenem berühmten Paare des Altertums
und der sich daran knüpfenden Sage nichts zu tun. Ich gab
meinem Paar bloß jene Namen, um die Charaktere dadurch
zu heben. Es sind ähnliche Personen und ähnliche Verhältnisse, und da wirken denn die ähnlichen Namen durchaus
günstig.«

11 053 f. A l t s c h o n j e n e r T a g e : schon damals zu alt,
um mir heute noch begegnen zu können.

11 059 K ö m m l i n g : Ankömmling; Form ohne Vorsilbe nach
altdeutschem Brauch.

11 063 ff. b i s t d u ' s e b e n : Bist du es denn wirklich, so daß
du meinen Dank noch empfangen kannst für das, was du
einst getan hast.

11 069 D u P h i l e m o n : Und bist du noch jener Philemon.

11 074 a n v e r t r a u t : von der Vorsehung.

11 083 m i ß g e h a n d e l t : Das Meer, das euch so schlimm behandelt hat, ist, wie ihr seht, in einen Garten verwandelt
worden.

11 087 Ä l t e r : Da ich schon älter war, konnte ich bei dem
neu entstehenden Werk nicht mit zur Hand gehen.

11 089 f. K r ä f t e s c h w a n d e n : Mit der Zunahme meines
Alters rückte infolge der fortschreitenden Eindeichung das
wogende Meer immer weiter hinaus.

11 123 ff. T a g s u m s o n s t : Während die Knechte mit der
Tagesarbeit nichts vorwärts brachten, entstand in der
Nacht, wo mit Lichtern gearbeitet werden mußte, ein ganzer
Damm. Die Nachtschicht, so meint *Baucis*, geschah mit
Hilfe unheimlicher Gespenster.

11 127 M e n s c h e n o p f e r : Die schonungslose Ausnutzung
der Menschenkraft, bei der mancher zugrunde ging, deutet
Baucis im Sinne des sagenhaften Bauopfers (Einmauern
Lebendiger, Mischung des Mörtels mit Menschenblut). Ob
Faust solche Preisgabe von Menschenleben wollte oder dar-
um überhaupt wußte, ist fraglich. – Für Fausts großzügige
Kulturarbeit hatte Goethe mannigfache Vorbilder, z. B.

Friedrichs 11. Entwässerungsarbeiten im Oderbruch, die
Deicharbeiten an der Weser, die Ansiedlungen im Marsch-
land und in den Poldergegenden Frieslands, das Zurück-
drängen des Meeres in den Niederlanden, auch die Trok-
kenlegungen, die Kaiser Probus mit Hilfe Tausender von
Soldaten vornahm.

Palast

Vor 11 143 **i m   h ö c h s t e n   A l t e r :** Goethe zu Eckermann,
6. Juni 1831: »Der Faust, wie er im fünften Akt erscheint,
soll nach meiner Intention gerade hundert Jahre alt sein,
und ich bin nicht gewiß, ob es nicht etwa gut wäre, dieses
irgendwo ausdrücklich zu bemerken.« Der achtzigjährige
Goethe schiebt Fausts Alter wieder über das seine hinaus.

11 143 **L y n c e u s ***.

11 149 **d i r :** Kanal bzw. Hafen.

11 150 **z u r   h ö c h s t e n   Z e i t :** in letzter Stunde; dich, den
Hafen, grüßt das aus Seenot in höchster Zeit noch glücklich
einlaufende Schiff. Doppelsinnig auf das Leben Fausts
bezogen: auf dem Gipfel, auf der Höhe des Menschenlebens.

11 157 **B a u t e :** kleines Holzhaus.

11 177 **b e f r e i t :** von einem so engen Gesichtskreis, wie ihn,
nach Mephisto, die Achtung vor fremdem Eigentum darstellt.

11 182 **h a k e l t :** mit dem Enterhaken; Mephisto hat Seeräuberei
getrieben.

11 192 **G e s t a n k :** Vgl. ›einen Dreck‹.

11 194 **W i d e r l i c h :** ablehnend.

11 217 **b u n t e   V ö g e l :** Dirnen zur Erhöhung der Festfreude,
wie sie sich in Hafenstädten häufig einstellen.

11 222 **v e r s ö h n t :** Der Hafendamm hat friedlich Land und
Meer abgegrenzt.

11 229 **G r ä b c h e n [...]   h i n a b g e r i t z t :** Von der Düne
gegen das Meer hinunter war als Anfang nur ein kleiner
Graben gezogen worden.

11 249 f. **B e t ä t i g e n d [...]   W o h n g e w i n n :** Gewinn an
Wohnraum, also mehr Wohnraum schaffend.

11 255 **W i l l e n s   K ü r :** Wahlfreiheit des Willens. ›Willkür‹
ist hier in seine Bestandteile zerlegt.

11 261 **e d e l :** hier natürlich bezogen auf den Teufelsadel. Glok-
kenläuten bannt ja böse Geister.

11 266 **B a d :** Taufe.

11 268 **v e r s c h o l l e n :** wie ein Schall verklingend, also nichtig.

11 275 Faust drückt sich gefährlich unklar aus.
11 287 R e g u m I , 21 : 1. Kön. 21: Wie Ahab bei seinem Ver-
        brechen gegen Naboth* findet Faust in Mephisto einen Hel-
        fer, der seinen Wunsch rücksichtslos erfüllt, ohne daß auf
        Faust als Schuldigen hingewiesen werden darf. Im Grunde
        ist er natürlich schuldig.

Tiefe Nacht

11 297 Z i e r : die Schönheit der weise geordneten Welt; Zier
        gibt hier das griech. ›Kosmos‹ wieder.
11 309 D o p p e l n a c h t : Die beiden Baumkronen erscheinen
        tief dunkel, weil hinter ihnen das Feuer brennt.
11 321 M o o s g e s t e l l e : das mit Moos bedeckte oder bewach-
        sene Balkenwerk.
11 344 L u g i n s l a n d : Wartturm.
11 358 g e s c h i c h t : geschieht, altertümelnd.
11 365 g e s t r e c k t : zur Strecke gebracht, erschlagen.
11 373 e s : mein Fluchen.
11 376 S t i c h : aus der Fechtersprache; einem Degenstoß stand-
        halten.

Mitternacht

Vor 11 384 V i e r g r a u e W e i b e r : Die Zusammenstellung
        bereits vor Goethe vielfach; z. B. Vergil, »Äneis« VI,
        264 ff., nennt als Sorgen den zu bösen Taten verleitenden
        Hunger, den Mangel, die Not und den Tod.
11 384 S c h u l d : das anderen geldlich Geschuldete. Von Geld-
        schuld ist der Reiche ebenso frei wie von *Mangel* und *Not*.
        Dem Begüterten wagt aber auch niemand sittliche *Schuld*
        vorzuwerfen.
11 404 M a g i e : Ursprünglich schrieb Goethe: »Ich habe längst
        schon die Magie entfernt, die Zaubersprüche williglich ver-
        lernt.«
11 408 i m D ü s t e r n : Vgl. das erste Alleingespräch Fausts.
        Vgl. V. 377.
11 409 v e r f l u c h t : Vgl. den Fluch V. 1587 ff.
11 415 k r ä c h z t : vom Volksglauben als schlimmes Vorzeichen
        gedeutet.
11 417 E s e i g n e t s i c h : es eignet sich dem Auge, *»eräugnet«*
        sich; hier es spukt. – z e i g t s i c h a n : als Geist.
11 423 d i c h : Selbstwarnung. Indem Faust sich des Zaubers ent-
        hält, distanziert er sich bewußt von Magie, aber Mephisto
        kann nicht einfach *entlassen* werden (vgl. S. 123).

11 425 i m   H e r z e n : als innere Stimme.

11 492 g e i s t i g - s t r e n g : die straffe, schwer lösbare Verbindung mit der Geisterwelt.

Nach 11 498 h a u c h t   i h n   a n : Der Anhauch böser Geister
ist, wie das Anatmen durch Verruchte, nach dem Volksglauben verderblich.

11 500 i m   I n n e r n [...] L i c h t : Vgl. die Worte des erblindeten Milton im »Verlorenen Paradies«, 3. Gesang:
»Scheine du also, himmlisches Licht, in mir desto stärker.«
Im Paralipomenon 1 heißt es: »Schöpfungsgenuß von innen.« Mit dem Wegfall der Eindrücke von außen sammelt
sich das Denken auf den Sinn der Dinge und Ereignisse.
Vgl. V. 6804, 9692 und »An Werther«, V. 15–19 (entstanden Anfang März 1824).

11 510 Vgl. Schiller (»Spaziergang«): »Tausend Hände belebt ein
Geist.«

Großer Vorhof des Palasts

11 512 ff. L e m u r e n * : Der Sinn der Einführung dieser schauerlich-komischen Gestalten ist erkennbar aus Goethes Aufsatz über »Der Tänzerin Grab«, 1812. Darin rühmt er die
auf dem Grab dargestellten Lemuren als einen humoristischen Gewaltstreich, »durch dessen Zauberkraft in dem
ein menschliches Schauspiel und ein geistiges Trauerspiel
eine lemurische Posse, zwischen das Schöne und Erhabene
ein Fratzenhaftes hineingebildet wird«. Auch die mittelalterlichen Totentänze konnten Anregungen geben.

11 519 f. P f ä h l e [...] M e s s e n : Bei Erdvermessungen werden an bestimmten Punkten Pfähle eingeschlagen, zwischen
denen mit Meßketten die Entfernung festgestellt wird.

11 531 ff. W i e   j u n g   i c h   w a r [...]: nach dem Totengräberlied von Shakespeares »Hamlet« V,1, aber nach der
älteren Fassung in Percys »Reliques«.

11 539 e r g e t z t : tragische Ironie. Faust deutet das Grabschaufeln als Arbeit an seinem Werk.

11 540 f r ö n e t : Frondienste tut, dient.

11 547 W a s s e r t e u f e l : Mephisto zählt die altgriechischen
Gottheiten zu seiner Verwandtschaft. Vgl. außerdem V.
4273.

11 551 A u f s e h e r : Faust verkehrt mit Mephisto im ganzen
5. Akt im Ton des Vorgesetzten.

11 561 f a u l : übelriechend.

11 562 D a s   l e t z t e : betone *das*.

11 568 V ö l k e r s c h a f t : Arbeitermassen haben den Damm
emporgewühlt.

11 571 f. U n d   w i e   s i e   n a s c h t : Und sobald sie am
Damm zehrt, um durch eine so entstandene Lücke mit der
Geschwindigkeit eines Geschosses ins Land hereinzuströ-
men, drängt sich eiligst die Gemeinschaft der Siedler herzu,
um mit Erdreich, Steinen usw. den Damm wieder abzu-
dichten.

11 582 f. V e r w e i l e   d o c h : Wiederaufnahme der Vertrags-
formel von V. 1699 f. Ursprünglich schrieb Goethe: »Ich
darf zum Augenblicke sagen.« Also hat Goethe die jetzige
bedingte Form mit voller Absicht genommen.

11 585 f. I m   V o r g e f ü h l : Diese beiden Verse fügte Goethe
erst ein, nachdem er V. 11 581 geändert hatte.

11 593 f. S t e h t   s t i l l : Unheimliches Nachklappen der Gespenster. Die Form entspricht fast genau V. 1705 f. Damit soll
die Erfüllung des damals vorausgekündigten Zustands un-
terstrichen werden.

11 594 v o l l b r a c h t : Mit dem Kreuzesworte Jesu aus Joh.
19,30 glaubt Mephisto sein Werk besiegeln zu können.

Grablegung

Den Hintergrund für alles noch Folgende gibt die mittelalterlich-
katholische Vorstellungswelt. Sie ermöglicht dem Dichter, daß die
Idee durch Verwendung des unmittelbar Bildhaften in faßlicher
Anschaulichkeit bleibt. Mannigfache Vorbilder sind erkennbar:
Volksschauspiele vom Jüngsten Gericht; Bilder aus Dantes Hölle;
altdeutsche Gemälde, z. B. von Lucas Cranach; vor allem die gewaltig wirkenden Fresken im Campo Santo (Friedhof) zu Pisa:
Triumph des Todes, Weltgericht, Hölle usw. Ihr Maler ist u. a.
Andrea Orcagna (um 1344 bis 1377), Schüler des Giotto. Goethe
kannte sie aus dem Kupferstichwerk des Carlo Lasinio, »Pitture al
fresco del Campo Santi di Pisa« (1818–22).

11 604 ff. Vorbild für das Lied der Lemuren ist die dritte
Strophe des Totengräberliedes im »Hamlet«; die Auftei-
lung in Fragen des Toten und Antworten des Chors
stammt von Goethe, ebenso fügte er V. 11 608–610 hinzu.

11 606 G e w a n d : Sterbehemd.

11 611 G l ä u b i g e r : die Überlebenden, vielleicht außerdem
Würmer, Teufel, Gott.

11 628 h a s s e n : Die Verwesung bedeutet das Wiederauseinan-
derstreben der Elemente, die den Menschen gebildet haben.

Vor 11 636 f l ü g e l m ä n n i s c h : Der Flügelmann, der größte
in der Reihe, macht den anderen die Übungen in übertrei-

bender Weise vor; ähnlich wie ein Vorarbeiter. Ebenso
V. 11 670.

11 639 Höllenrachen: nach Jes. 5,14; Jes. Sir. 51,6; viel
verwendet in Passions- und Faustspielen sowie auf der
Barockbühne des 17. und 18. Jh.s.

11 640 Rachen viele: Arten, in denen der Mensch der
Hölle anheimfällt.

11 647 Flammenstadt: Höllenstadt in Dantes »Göttlicher
Komödie«, benannt nach dem Dis, auch Pluto, in der Antike der Herr der Unterwelt.

11 649 schwimmen an: durch den Feuersee.

11 654 f. Euer Warnen ist berechtigt, aber zwecklos.

11 662 besiegeln: durch Aufdrücken eines Siegels wird das
Eigentumsrecht erklärt. Vgl. Offb. Joh. 7,3.

11 665 Schlauch: hier etwa Dickbauch.

11 676 Gesandte: wörtliche Übersetzung von griech. angeloi
(Mehrzahl), Boten.

11 677 Himmelsverwandte: Der Amtsstil des 18. Jh.s
sprach von Haus-, Kanzlei- und Gesandtschaftsverwand-
ten; Himmelsangehörige, Himmelsgenossen.

11 680 Staub: Menschen, die der Erde entnommen sind und zu
Erde werden.

11 681 ff. Während euer Zug über der Erde verweilt, bewirkt
Spuren eures Daseins, die allen Wesen *(Naturen)* zum Segen gereichen!

11 685 Mißtöne: So wirken die Himmelsklänge nur auf ein
teuflisches Ohr.

11 686 Tag: Helligkeit.

11 687 bübisch-mädchenhaft: Engel sind als überge-
schlechtig gedacht.

11 692 f. Andacht: Selbst die Höllenqualen sind ihnen Anlaß zu frommer Betrachtung.

11 693 gleisnerisch: scheinfromm, nach Teufelsbegriffen.

11 699 Rosen: empfangen von heiligen Büßerinnen. V. 11 942.

11 704 entsiegelt: sich öffnend.

11 707 Purpur und Grün: Rosen, Blätter.

11 721 brennt: Die Rosen brennen nunmehr die Teufel selbst.

11 722 giftig: immer wieder vom Standpunkt des Teufels aus.

11 730 Herz: wie das Herz es mag, sich wünscht.

11 731 ff. Worte, Äther: Die Worte der Wahrheit, Sinnbild höchster Geistigkeit, bedeuten für Himmelswesen
allenthalben Lichthelle.

11 739 Gesegn euch: Alter Segenswunsch der Bademeister,
hier spottend verwendet.

11 750 tüchtig: tatkräftig, um gewaltsam Eingedrungenes zu
entfernen.

11 751 L i e b e   n u r : Allein die Liebe vermag Liebende in unseren Kreis einzuführen.
11 757 d i e : ihr, die ihr wie Verliebte späht.
11 759 A u c h   m i r : Ergänze geht es so. Auch Mephisto erliegt den Himmelsgewalten.
11 760 m i t   i h r : mit jener Seite, mit den Himmelswesen.
11 767 W e t t e r b u b e n : Vgl. Wettermädel, von Donnerwet-
ter; Wesen, bei deren Anblick man das Fluchen bekommt.
11 785 f. N a c k e n : Weil der ganze Mephisto liebentflammt
ist, fühlt er die Flammenrosen nicht mehr im Nacken. Vgl.
V. 11 949 ff.
11 797 a n s t ä n d i g : wie es ihnen nach Mephistos unsittlichem
Empfinden mehr ›anstehen‹ würde.
11 803 f. v e r d a m m e n : Alle, die in Selbsterkenntnis sich
schuldig sprechen, möge die Wahrheit, eben diese Selbsterkenntnis, erlösen.
11 807 A l l v e r e i n : Gemeinschaft der Erlösten.
11 813 G e r e t t e t : Wortlaut vom Dichter gewählt als Gegensatz zu V. 11 934.
11 814 a u f   d i e   H a u t : so, wie manche fiebrigen Krankheiten
überwunden sind, sobald sie sich in Hautausschlag ausge-
wirkt haben. Mephisto hat den Einfluß des himmlischen
Geistes wie eine Krankheit überwunden und fühlt sich wieder als er selbst, als Teufel.
Vor 11 825 U n s t e r b l i c h e s : Gleichbedeutend mit »Entelechie«*. Dieser von Aristoteles und Leibniz übernommene
Begriff bedeutet das tätige Grundwesen im Menschen, das
die Persönlichkeit unaufhörlich gestaltende und umgestaltende und ihre irdische Daseinsform überdauernde Prinzip.
Vgl. zu V. 9981.
11 831 w e g g e p a s c h t : weggeschmuggelt.
11 837 s c h m ä h l i c h : Wie schmachvoll ist das!
11 839 a u s g e p i c h t : eigentlich mit Pech ausgestrichen (und
darum undurchlässig für Wasser); von jemand gesagt, dem
nichts etwas anhaben kann, weil er bereits alle Erfahrungen durchgemacht hat. Mephisto fühlt sich, weil Liebschaft
ihn von der Totenwache ablenkte, als dummer Teufel, wie
schon V. 7791.

Bergschluchten

Gilt nur für den Anfang. Weiterhin vollzieht sich ein allmähliches
Aufsteigen aus den tieferen in die höheren Felsengegenden und
von V. 11 934 an hinaus in die freie Luft bis hinauf in den Bereich
der Himmelskönigin.

Vorbild für die Landschaft gab das eine der Wandgemälde im Campo Santo zu Pisa (vgl. die Vorbemerkung zu »Grablegung«), das die Einsiedler der ägyptischen Thebais in ihrer friedlichen Beschaulichkeit darstellt: unten wohl der Nilstrom, weiterauf Baumbestand, ferner Felsen mit Höhlen und allenthalben Einsiedler, unter ihnen auch Löwen.

Zum Grundgedanken des Ganzen vgl. Goethe zu Eckermann, 6. Juni 1831: »Übrigens werden Sie zugeben, daß der Schluß, wo es mit der geretteten Seele nach oben geht, sehr schwer zu machen war und daß ich, bei so übersinnlichen, kaum zu ahnenden Dingen, mich sehr leicht im Vagen hätte verlieren können, wenn ich nicht meinen poetischen Intentionen durch die scharf umrissenen christlich-kirchlichen Figuren und Vorstellungen eine wohltätig beschränkte Form und Festigkeit gegeben hätte.«

11 844–853 W a l d u n g [...] L i e b e s h o r t : Der Chor gibt zunächst ein Bild der ansteigenden Landschaft. Vgl. die Vorbemerkung.

Vor 11 854 s c h w e b e n d : als Zeichen, daß die Erdenschwere bereits überwunden ist; einzelnen Heiligen, z. B. Philipp Neri, wurde die Gabe des Schwebens zugeschrieben.

11 854 ff. P a t e r * e c s t a t i c u s , p r o f u n d u s , S e r a - p h i c u s : Goethe gibt den Einsiedlern überall statt der Eigennamen nur ihre Ehrenbezeichnungen, die sinnbildlich den poetischen Grundgedanken der Verklärung durch die reinste Liebe bis zum Gebet des *Doktor Marianus* repräsentativ begleiten und hymnisch steigern.

11 858 ff. P f e i l e , L a n z e n , K e u l e n : Todesarten, wie sie Märtyrer erlitten haben und nach denen sich die Einsiedler zur höchsten Läuterung sehnen.

11 862 ff. D a ß j a : Auf daß alles Wertlose ja vergehe, möge das Grundwesen *(Kern)* unvergänglicher Liebe gleich einem unvergänglichen Stern leuchten.

11 866–873 Die ungeheuren Tiefen unter ihm, die abwärtsstürzenden Bergwässer, die himmelanstrebenden Bäume, alles ist ihm Beweis für die bildende Kraft der allgewaltigen Liebe, nicht der sinnlichen (vgl. V. 8479), sondern der himmlischen.

11 874–883 Das Unwetter, dessen Regenströme doch den Pflanzenwuchs beleben, sowie auch der schließlich die Luft reinigende Blitz verkünden gleichfalls das Walten göttlicher Liebe. Zu dieser optimistischen Naturauffassung vgl. den Gesang der *Erzengel*, V. 243 ff.

11 887 K e t t e n s c h m e r z : in einem Schmerz, der verursacht ist durch die zu engen Fesseln *(Ketten, Schranken)* der Leiblichkeit *(Sinne)*.

11 890 M o r g e n w ö l k c h e n : Eine durch die Tannenwipfel
aufwärts wehende Wolke erweist sich bei näherem Zusehen
als eine Schar jugendlicher Geistwesen. Wolken, die in
Wirklichkeit Engelsköpfe sind, finden sich auf manchen
Gemälden.

11 898 M i t t e r n a c h t s g e b o r n e : Die in der Geister-
stunde geborenen, aber sofort wieder verstorbenen Kinder
bedürfen, weil sie zwar selbst keine Sünde getan haben,
aber doch mit der Erbsünde belastet sind, der Läuterung;
sie bedürfen auch der Belehrung, da sie auf Erden keine
Erfahrungen machen konnten und da ihnen jetzt die Sinne
fehlen. Darum läßt sie der Pater mit seinen Augen die
Welt betrachten. Obwohl er ihnen die Dinge auch noch
deutet, fühlen sie sich jedoch vom Irdischen abgestoßen.
Angeregt wurde Goethe durch Swedenborgs* »Arcana coelestia«. Vgl. Goethe an d'Alton, 20. August 1814: »Nun
aber seh ich mit Ihren Augen, wie ehmals die Geister durch
Swedenborgs Organe die Welt kennenlernten.«

11 911 a b e s t ü r z t : die Vorsilbe *abe* mhd. und mundart-
lich.

11 918 z u   h ö h e r m   K r e i s e : Sowohl die Kirchenlehre als
auch Welling (vgl. *Erdgeist**) und Swedenborg* kennen
verschiedene Himmelssphären, die je einen immer höhern
Grad der Seligkeit darstellen. Nach Swedenborg werden
die Kinder nicht sofort Engel, sondern gelangen erst allmählich, gemäß ihrer Glaubenshingabe an Gott, zur Erkenntnis.

11 932 f. Vgl. die Seligpreisung Matth. 5,8: »Selig sind, die reines
Herzens sind; denn sie werden Gott schauen.«

Vor 11 934 U n s t e r b l i c h e s : Vgl. zu vor V. 11 825.

11 936 f. W e r   i m m e r   s t r e b e n d : Vgl. Goethe zu Eckermann, 6. Juni 1831: »In diesen Versen ist der Schlüssel zu
Fausts Rettung enthalten: in Faust selber eine immer
höhere und reinere Tätigkeit bis ans Ende, und von oben
die ihm zu Hilfe kommende ewige Liebe. Es steht dieses
mit unserer religiösen Vorstellung durchaus in Harmonie,
nach welcher wir nicht bloß durch eigene Kraft selig werden, sondern durch die hinzukommende göttliche Gnade.«
Die Führung von oben her hatte bereits der *Prolog im
Himmel* angekündigt, V. 309. Auch das *Irren* im *Streben*
ist dabei eingerechnet, V. 317.

11 942 R o s e n : Vgl. V. 11 699.

11 956 A s b e s t *: Selbst wenn der *Erdenrest* unverbrennlich,
also unveränderlich wäre und somit dem ätherischen Stoff
der Geistwesen nahekäme, würde er eben doch nicht von
allem Irdisch-Niedrigen frei *(reinlich)* sein.

11 962 Z w i e n a t u r : Nach dualistischer Auffassung entsteht
der Mensch, indem sich der Geist mit dem Stoff *(Elemente)*
zu einer Einheit verbindet. Diese Verschmelzung ist so
innig, daß sie sich auch mit dem Tode nicht völlig löst.
Nicht einmal ein Geistwesen, wie es die Engel sind, kann
die Scheidung vollziehen. Einzig *die ewige Liebe* vermag
den Geist vom Irdischen zu lösen.

11 978 ff. Jesus: »Wenn ihr nicht werdet wie die Kinder«,
(Matth. 18,3).

11 980 D i e s e n g e s t e l l t : Den seligen Knaben soll Faust zunächst *(zum Anbeginn)* beigegeben werden, um mit ihnen,
die sich von der Erde gelöst haben und sich bereits höherer
Weltordnung *(Schmuck)* freuen, zu wachsen.

11 982 P u p p e n s t a n d : Wie beim Schmetterling Vorstufe der
eigentlichen Daseinsform, zugleich die Anwartschaft *(Unterpfand)* auf diese uns den Engeln *(englisch)* nebenord-
nende Daseinsform.

11 985 F l o c k e n : der Kokon (Puppenhülle) der Seidenraupe,
nach dessen Entfernung der Schmetterling erscheint.

Vor 11 989 r e i n l i c h s t e Z e l l e : Goethe schrieb ursprünglich »reinsten«; sinnbildliche Darstellung der geläuterten
Erkenntnis des Ewigen.

11 997 ff. H ö c h s t e H e r r s c h e r i n : Dieser Lobpreis stellt
sich würdig an die Seite dem Gebet des hl. Bernhard von
Clairvaux an Maria in Dantes »Göttlicher Komödie«,
33. Gesang.

12 000 G e h e i m n i s : sowohl das Jungfrau-Muttertum als auch
ihr ins Göttliche gesteigertes Frauentum überhaupt, V.
12 009–012.

12 028 W i e e n t g l e i t e t : wie schnell entgleitet doch.

12 031 O d e m : sowie der Odem; vgl. Äther V. 12 018, Hauch
V. 6475.

12 037 M a g n a p e c c a t r i x *: Luk. 7,36 ff.: »Da die [Sün-
derin] vernahm, daß er zu Tische saß in des Pharisäers
Hause, brachte sie ein Glas mit Salbe und trat hinten zu
seinen Füßen und weinte und fing an, seine Füße zu net-
zen mit Tränen und mit den Haaren ihres Hauptes zu
trocknen, und küßte seine Füße und salbte sie mit Salbe.
Da aber das der Pharisäer sah, der ihn geladen hatte,
sprach er bei sich selbst und sagte: Wenn dieser ein Prophet wäre, so wüßte er, wer und welch ein Weib das ist,
die ihn anrührt; denn sie ist eine Sünderin. [. . . Jesus:]
›Ihr sind viele Sünden vergeben, darum hat sie mir viel
Liebe erzeigt.‹« Durch altkirchliche Verschmelzung dieser
Stelle mit Luk. 8,2, Mark. 16,9 und Joh. 20 kam die un-
genannte Frau später zu dem Namen Maria Magdalena.

12 045 M u l i e r   S a m a r i t a n a : Joh. 4,6 ff. 14: »Es war
aber daselbst Jakobs Brunnen. Da nun Jesus müde war
von der Reise, setzte er sich auf den Brunnen [...]. Da
kommt eine Frau von Samarien, Wasser zu schöpfen. Jesus
spricht zu ihr: Gib mir zu trinken! [... Jesus:] das Wasser, das ich ihm geben werde, das wird in ihm ein Brunnen
des Wassers werden, das in das ewige Leben quillt.«

12 051 Ü b e r f l ü s s i g : immer überfließend; im Überfluß.

12 061 ff. z u   d r e i : Nachdem jede der drei Büßerinnen ihre
besonderen Gnadenerfahrungen mitgeteilt hat, lassen sie
auf die drei Vordersätze einen gemeinsamen Nachsatz folgen, indem sie die Gnade des Verzeihens erbitten für Gretchen *(Seele)*, die im Leben nur einmal, und auch da nur
unwissentlich, gefehlt habe.

12 063 b ü ß e n d e s   G e w i n n e n : Den auf dem Wege der
Buße erlangten Gewinn steigerst du bis zur Seligkeit.

12 068 a n g e m e s s e n : Wie du es angesichts der unwillent-
lichen und unwissentlichen Verschuldung für richtig erach-
test.

Vor 12 069 und 12 084 s o n s t   G r e t c h e n   g e n a n n t : fügte der greise Dichter noch nachträglich in die Handschrift
ein.

12 069 N e i g e ,   n e i g e : Der wörtliche Anschluß an Gretchens
Gebet V. 3587 ff. macht den Gegensatz zwischen dem damaligen Schmerz und dem gegenwärtigen Glück deutlich.

12 081 L e b e c h o r : Gemeinschaft der Lebendigen.

12 082 f. g e l e r n t ,   l e h r e n : Faust, im Besitz der Erfahrung
eines ganzen Menschenlebens, ist bereits so weit verklärt,
daß die *Mitternachtsgebornen* (vgl. zu V. 11 898) in ihm
ihren Lehrer erhoffen. Trotzdem bedarf er auch noch selbst
der Belehrung (V. 12 092).

12 094 M a t e r   g l o r i o s a *: Diese beiden Verse sind die einzigen Worte, die sie spricht, obwohl sie bereits seit
V. 12 032 sichtbar ist; um so mehr Bedeutung erhalten sie
in Beziehung auf das Gesamtdrama.

12 097 r e u i g : Das Gebet umschließt »alle«, also auch Faust.
Ihm war Reue im höheren Sinn ferngeblieben. Nach dem
Gretchen-Erlebnis entfernten gütige Geister »*des Vorwurfs
bittre Pfeile*« (V. 4624); die übereilte Tat gegen *Philemon*
und *Baucis* erweckte nur »*Verdruß*« (V. 11 341). Vor höchstem Richterthron ergreift aber jeden das Gefühl der Unzulänglichkeit.

12 099 u m a r t e n : Die alte Art in eine neue bessere verwandeln. Vgl. die von Jesus bei seinem Auftreten geforderte
»Umsinnung« (Luther: Buße), Mark. 1,15.

12 102 nimmt V. 12 009 ff. zusammenfassend auf.

12 105 G l e i c h n i s : Alles, was in der Erscheinungswelt vorgeht, ist nur Abbild und Sinnbild des ihm zugrunde liegenden Dauernden und Wesentlichen. Vgl. V. 4727 sowie
»Versuch einer Witterungslehre 1825«: »Das Wahre, mit
dem Göttlichen identisch, läßt sich niemals von uns direkt
erkennen, wir schauen es nur im Abglanz, im Beispiel, im
Symbol, in einzelnen und verwandten Erscheinungen; wir
werden es gewahr als unbegreifliches Leben und können
dem Wunsch nicht entsagen, es dennoch zu begreifen. –
Dieses gilt von allen Phänomenen der faßlichen Welt«
(WA II. Abt. Bd. 12, S. 74).

12 106 D a s   U n z u l ä n g l i c h e : hier in dem heute nicht
mehr gebräuchlichen Sinn: das nicht zu Erlangende, Un-
erreichbare, *Unzugängliche* (V. 9083 urspr. »unzulängliche
Mauer«). Die nach heutigem Sprachgebrauch festzustellende
Bedeutungsverschiebung vom Objekt vergeblichen Strebens
zum frustrierten Subjekt ist durch diese berühmten Schlußverse womöglich gefördert worden. Die starke Reimbindung
(Alles Vergängliche, Das Unzulängliche) verführte zu der
inhaltlichen Gleichsetzung, obwohl der prädikative Teil der
Aussagen mit den rhetorischen Anaphern »*Hier wird's*«,
»*Hier ist's*« deutlich »*das Unzulängliche*« in Parallele setzt
zu »*das Unbeschreibliche*«. Wer aber heutigen Sprachgebrauch voraussetzen zu dürfen glaubt, muß den Sinn der
Textstelle nicht völlig verfehlen: Was wir in der vergänglichen Welt wahrnehmen, bleibt mehr oder weniger unzu-
länglich. Auch die Vollendung unseres eigenen Wesens vermögen wir in ihr nicht zu erreichen. Nur im Bereich der
Dichtung und der Utopien wird die von uns gesuchte und
erstrebte Vollkommenheit zur Vorstellung, die wieder
reale Kräfte wecken kann.

12 110 D a s   E w i g - W e i b l i c h e : Was uns dem wahren
Sein und damit auch der sittlichen Vollkommenheit näher-
bringt, liegt nicht in unserer eigenen Macht. Von der
Erdenschwere und Sinnengebundenheit können uns nur von
außen kommende Kräfte entlasten. Wir empfinden sie als
Vergebung, Gnade, Liebe, diese aber in ihrer reinsten gei-
stigsten Form. Alle diese Kräfte bezeichnen zugleich das
Ewig-Weibliche, für dessen Idee der Dichter die Jungfrau
Maria als Sinnbild gewählt hat, für deren irdische Erscheinung er in Gretchen und Helena zwei Gestalten gefunden
hatte, die ihm jetzt zu Gleichnissen des Ewig-Weiblichen
geworden sind.

12 110 h i n a n : deutet auf noch höhere, unvorstellbare und un-
darstellbare Bereiche.

FAUST-WÖRTERBUCH

A b r a m 12 046: Verkürzte Nebenform für Abraham, die 1. Mose 17,5 f. als die ursprüngliche hingestellt wird und somit den Hauch besonderer Altertümlichkeit hat.

a b s o l u t 6736: lat. absolutus; abgelöst, an und für sich bestehend, unbedingt, unbeschränkt. Die Philosophie sieht im Absoluten das durch nichts Bedingte, so wie es Spinoza*, Schelling*, Hegel als Weltziel- und Ausgangspunkt hinstellen. Von Mephisto spottend gebraucht: jeder Schranke enthoben, anmaßend.

a b s u r d 6813, 7792, 11 838: lat. absurdus; albern, widersinnig, lächerlich.

A c h a i a 9468: Gebirgige Landschaft des Nordpeloponnes längs der Küste des Korinthischen Meerbusens.

A c h i l l 7435, 8877: griech. Achilleus, lat. Achilles; Sohn des Königs Peleus* von Phthia und der Nereustochter Thetis*. Erzogen und besonders in der Heilkunde unterwiesen durch Chiron*. Vom Vater her Herrscher der Myrmidonen*. Hauptheld im Kampf um Troja, bei dessen Eroberung er fiel. Als Schatten der Unterwelt vermählte er sich dem Schatten der Helena*.

A c t a   s a n c t o r u m 12 053 ff.: lat., Taten der Heiligen; Altkirchliche Sammlung von Nachrichten über Märtyrer und Heilige.

a d   s p e c t a t o r e s 7003, vor 10 210, 10 327, 11 286: lat., zu den Zuschauern; spectator, Mehrz. spectatores: Zuschauer.

A d e p t 1038: lat. adeptus, einer, der erlangt hat; Menschen, die die Kunst der Alchimie* erlangt haben und bis in die Tiefe dieser Wissenschaft gedrungen sind. Alchimisten.

Ä g ä i s c h e s   M e e r   vor 8034: Meer zwischen Griechenland und Kleinasien, angeblich benannt nach Ägeus, dem Vater des Theseus*, der sich hineinstürzte, als er seinen Sohn tot wähnte.

A g l a i a 5299: griech. Aglaia. Siehe Grazien*.

A g r i p p a v. Nettesheim, Cornelius; geboren 1486 in Köln, gestorben 1535 in Grenoble, Arzt, kabbalistischer Philosoph; abenteuerliches Leben; schrieb 1527 lat. »Über die Unzuverlässigkeit und Hohlheit der Wissenschaften«. Der Kölner Erzbischof Hermann von Wied hatte um 1532/33 von Faust und Agrippa, die damals an seinem Hofe lebten, die magischen Künste erlernen wollen. (Vgl. Einführung, 1. Geschichte des Faust-Stoffes.)

A j a x 9030: lat.; griech. Aias; Sohn des Königs Telamon von Salamis. Nach Achill* der stärkste Held vor Troja; trug einen siebenhäutigen Schild, auf dem ein Drache abgebildet war.

a k k u r a t 3114, 11 667: lat. accuratus; sorgfältig, genau.

A l c h i m i e, von arab. alkimia; mittelalterliche Wissenschaft; bemüht sich um Herstellung des Goldes oder des Steins der Weisen, mit Hilfe dessen man Gold zu gewinnen hoffte, im weiteren Sinne auch die Chemie, sofern ihre Arbeit mit abergläubischen Vorstellungen verknüpft ist.

A l c i d e s 7219: von lat. Alcaeus (griech. Alkaios) abstammend. Des Alkaios Enkel war Herakles*.

A l e k t o 5357: Siehe Furien*.

A l e x a n d e r VI., Borgia, Papst, 1492–1503; sittenlos, erstrebte rücksichtslos Hausmacht zugunsten seiner Kinder. Vgl. S. 10.

A l e x a n d r i n e r; zu 10 849: klassischer frz. Vers mit 12 oder 13 Silben und einem Einschnitt nach der 6.

A l l e g o r i e, a l l e g o r i s c h 5531, 10 329: von griech. allēgoreō, ich spreche etwas anders aus; bildlich bezeichnen. Verkörperung eines Gedankens; anschauliche Darstellung einer Idee, meist durch eine Menschengestalt. Im 18. Jh. wurden Allegorie und Symbolik noch nicht deutlich geschieden. Goethe selbst machte mehrmals Versuche der Scheidung.

A l r a u n, A l r a u n e 4979, 7972: von mhd. rûnen, raunen, heimlich reden; sagenhaftes Wesen, das im geheimen wirkt. Dann: Mandragora officinalis, Galgenwurzel, zweigförmige, menschengestaltähnliche Wurzel, die als Zaubermittel Gesundheit, Reichtum, Gewalt über Wetter verleiht. Weiter auch: Galgenmännlein, Schatzfinder.

A l t a n 9029: ital.; auf einem Unterbau oder auf Pfeilern ruhender Ausbau, der von einem Obergeschoß aus dem Austritt ins Freie gestattet.

A m a z o n e n 9861: griech. amazones; sagenhaftes kriegerisches Frauenvolk, wohnhaft am Flusse Thermodon in Kappadokien.

A m b r o s i a 6477: griech. ambrosia; Speise der Unsterblichkeit, Götterspeise.

A m e i s e n 5845, 7104 ff.,

7187, 7586 ff.: ahd. ameiza; in mannigfacher Abänderung der Form, z. B. auch Imse*. Nach Herodot IV, 27 gab es in Indien Ameisen größer als Füchse (Goethe: »von der kolossalen Art«), die Goldstaub ausgruben und daraus unterirdische Wohnungen bauten. Daß ihnen die Arimaspen* das Gold rauben, ist Goethes Erfindung.

a m o r t i s i e r e n   6126: von lat. mors; Tod, Vernichtung, einen Schuldschein einlösen und vernichten, tilgen.

a m ü s i e r e n   6192, 7137: von frz. amuser; ergötzen, unterhalten.

A n a c h o r e t e n vor 11 844: von griech. anachōrētēs; ein sich Zurückziehender; Einsiedler, wie sie besonders in den ersten christlichen Jahrhunderten durch Bußübungen nach mystischer Vereinigung mit Gott strebten.

A n a r c h i e   10 261: griech. anarchiā; Herrschaftslosigkeit, Gesetz- und Zügellosigkeit.

A n a x a g o r a s   7851 ff.: griech. Anaxagoras; Philosoph (500–428 v. d. Z.), brachte die Philosophie von Kleinasien zuerst nach Athen unter Perikles, schrieb »Über die Natur«. Goethe berichtet nach einer Biographie des Anaxagoras von Diogenes Laërtius (vgl. »Kunst und Altertum« IV, 1 »Euripides' Phaeton«): »Von diesem Philosophen wird gemeldet: er habe behauptet, die Sonne sei eine durchglühte Metallmasse [...]. Bald darauf heißt es, daß er auch den Fall des Steins bei Aigos Potamoi

vorausgesagt, und zwar werde derselbe aus der Sonne herunterfallen.« Nach Anaxagoras hat ein ungeheurer Umschwung die Gestirne von der Erde, dem Weltmittelpunkt, fortgeschleudert. Sie werden beim Nachlassen des Umschwungs wieder auf die Erde zurückstürzen. Urkraft der Welt ist das Feuer, dessen Sinnbild ist der Gott Vulkan. Darum heißt die Weltanschauung, die alles auf das Feuer gründet, Vulkanismus oder, nach dem griech. Gott der Unterwelt, Plutonismus*.

A n d r e a s ' N a c h t   878: Nacht vom 29. zum 30. November. In dieser litt den Märtyrertod der Apostel St. Andreas; Schutzheiliger der Unverheirateten; der ›Mannbescherer‹.

A n m u t   207, 5299, 5300, 5301, 5304, 7404, 8140, 8235, 8390: Vgl. Irmgard Nickel: »Anmut« und »anmutig« in Goethes Vorstellungswelt. In: Goethe 19 (1957). S. 179–195.

A n t ä u s   7077, 9611: griech. Antaios, lat. Antaeus. Riesiger Sohn des Meeresgottes Poseidon*, der bei jeder Berührung mit der Mutter Erde neue Kräfte gewann und dadurch im Ringen unüberwindlich war. Herakles* vermochte ihn schließlich nur zu bewältigen, indem er ihn von der Erde emporhob und in der Luft erwürgte.

a n t i k , a n t i k i s c h 6409, 6949, 7979: lat. antiquus, alt; im Geschmacke des Altertums.

A n t i p a t h i e   3501: von griech. anti, gegen, und pathos,

Leid, Stimmung, Affekt; Widerwille, Abneigung.

Antizipation 4871: von lat. anticipio, nehme vorweg; Vorausnahme; Vorschuß gegen Verpfändung künftiger Einnahmen.

Antonius 2926: Franziskanermönch (1195–1231), Bußprediger; als Heiliger Schutzpatron der Tiere; seine prächtige Grabkapelle in Padua* in Oberitalien.

äolisch 7866: von griech. Aiolos, lat. Aeolus; Beherrscher der Winde.

Äolsharfe 28, vor 4613: Vgl. äolisch*. Die im Frühmittelalter erfundene Äolsharfe besteht aus einer Reihe auf einen Resonanzkasten gespannter und aufeinander abgestimmter Saiten, die, vom Windhauch berührt, einen zarten Ton geben; zu Goethes Zeit gern in Gärten aufgestellt.

Äon 11 584: griech. aiōn; Zeit, lange Zeitspanne, Ewigkeit.

a part 1378: frz. à part, beiseite; eigenartig, besonders.

Aphidnus 8851: Herr v. Aphidnäi, einem festen Orte in Attika, Freund des Theseus*.

Apoll 7566, 9558: griech. Apollōn, auch Phoibos, lat. Phoebus genannt; Sohn des Zeus* und der Leto (Latona), Gott des Heils und der Ordnung, Schirmer des Rechts. Als Meister aller schönen Künste ist er Führer der Musen auf dem Dichterberge Parnaß* in Attika. Ein Jahr lang mußte er, weil er die Zyklopen getötet hatte, die Rinder des Kö-

nigs Admētos in Thessalien hüten.

Apollonius von Thyana in Kappadokien, Zeitgenosse Jesu, gestorben fast hundertjährig in Ephesus, neupythagoreischer Sittenlehrer (vgl. Einführung, 1. Geschichte d. Faust-Stoffes).

applaudieren vor 6815: von lat. applaudo, schlage an etwas; Beifall klatschen.

Architekt 6409: griech. architektōn, Baukünstler. Goethe denkt an einen Architekten seiner Gegenwart, der die antike Baukunst nicht zu schätzen weiß; er kennt zwar die Charakterisierung Winckelmanns (edel, groß), schwärmt aber für die von Goethe bekämpfte romantische Neugotik.

Ares 7384, 9669: griech. Arēs, lat. Mars; Sohn des Zeus* und der Hera, Gott des Schlachtengetümmels.

Argolis, Argos 9473: nordöstliche Landschaft des Peloponnes.

Argonauten 7339, 7365: griech. ›Argo-Schiffer‹. Auf dem nach seinem Erbauer Argos genannten Schiff Argo segelten unter Führung des Jason* die Helden Griechenlands, z. B. Orpheus*, Kastor, Pollux, Theseus*, Herakles*, nach Kolchis, um dort das im Haine des Ares aufgehängte Goldene Vlies* zu holen.

Ariel 4239, 4391, 4613, 4666: zarter, menschenfreundlicher, dienstfertiger Luftgeist aus Shakespeares »Sturm«.

Arimaspen 7106 ff.: griech. Arimaspoi, lat. Arimaspi. Sagenhaftes Volk im fernsten Nordosten Europas, einäugig, beritten, raubte den Greifen* das Gold. Goethe wurde auf sie aufmerksam durch die »Arimaspeia des Aristeas«, die A. Graf v. Veltheim erwähnt in seiner Abhandlung »Von den goldgrabenden Ameisen* und Greifen* der Alten« 1794.

A r i s t o t e l e s aus Stagira (384–322 v. d. Z.). Größter griech. Philosoph neben Platon*.   Naturwissenschaftler. Nach ihm kommt alles Geschehen dadurch zustande, daß sich das Wesen jedes Dings aus seinem viele Möglichkeiten bergenden Stoff durch die mit diesem gegebene Formkraft gestaltet (Entelechie*). (Vgl. Einführung, 7. Bedeutung und Geltung.)

A r k a d i e n , a r k a d i s c h 9569, 9573: Gebirgslandschaft in der Mitte des Peloponnes mit einem schlichten, arbeitsamen, fröhlichen, auch musikliebenden Volk, darum Urbild freier Glückseligkeit.

A s b e s t 11 956: von griech. asbestos, unauslöschlich; unverbrennliches Gewebe, zur Umhüllung der Leichen verwendet, gilt als unvergänglich und deshalb dem Stoff der ewigen Wesen am verwandtesten.

A s c h e r m i t t w o c h 5058: Mittwoch nach dem Sonntag Estomihi; der erste Tag der vierzigtägigen Osterfastenzeit.

a s k l e p i s c h 7487: Siehe Äskulap*.

Ä s k u l a p 7451: griech. Asklepios, lat. Aesculapius; Sohn des heilbringenden Gottes Apollon. Von seinem Vater wurde Asklepios als Knabe dem Kentauren Chiron* zum Unterricht in allen Künsten, auch in der Heilkunde, übergeben; später Gott der Heilkunde.

A s m o d e u s 6961: lat. Form in der Vulgata, asmodeus für hebräisch Asmod, vgl. Asmodi*.

A s m o d i 5378: Böser Geist persischer Herkunft, der nach Tobias 3,8 einer einzigen Frau nacheinander sieben Männer in der Brautnacht tötete; deswegen Eheteufel.

A s p h o d e l o s 9975: griech., lilienartige Wiesenblume, der Persephone* geweiht; eine Asphodeloswiese in der Unterwelt diente zum Aufenthalt der Seelen Verstorbener (»Odyssee« XI,539, 573).

a s s o z i i e r e n 1789: von lat. socius, Genosse, Geselle; zugesellen, verbinden mit.

A s t r o l o g vor 4728, 4948, 4955 ff., 6391 ff.: von griech. astron, Stern. Sternkundiger, insbesondere auch Sterndeuter, der aus der Stellung der Gestirne zueinander sowie zur Erde Menschenschicksale ablesen und vorausbestimmen zu können vermeint.

a s z e t i s c h 7135: von griech. askeō, ich übe mich; sich in mönchischen Bußübungen um Abtötung des Fleisches mühend.

A t h e i s t 4898: von griech. theos, Gott; Gottesleugner.

Ä t h e r 704, 9953, 10 065, 10 592, 11 923: griech. aithēr; Luft, Bereich der Götter und überhaupt der übersinnlich himmlischen Wesen.

ätherisch 4680, 12 090: von Äther*; eigentlich was noch zarter und reiner als Luft ist.

Atlas 6405, 7538: griech., der ›gewaltige Träger‹, ein Titane, der die großen Säulen stützt, die Erde und Himmel auseinander halten; nach späterer Sage trägt er mit Haupt und Armen den Himmel unmittelbar.

Atmosphäre 6478, 10 575, vor 11 934: von griech. atmos, Dampf, und sphaira, Kugel; die Luftschicht, die den Erdball umgibt. Nach Swedenborg* weist die jenseitige Welt unzählig viele solcher Schichten auf, die sich an Feinheit steigern. Vgl. *Erdgeist*.

Atropos 5305: Siehe Parzen*.

Attika 8851: östliche Halbinsel Mittelgriechenlands.

Attitüde 6293: frz., Gebärde, Haltung und Stellung des Körpers.

Aureole vor 9903: Goethe 1827: »Aureole ist ein im Französischen gebräuchliches Wort, welches den Heiligenschein um die Häupter göttlicher oder vergötterter Personen andeutet. Dieser kommt ringförmig schon auf alten pompejanischen Gemälden um die göttlichen Häupter vor. [...] Hiedurch wird auf alle Fälle eine höhere geistige Kraft, aus dem Haupte gleichsam emanierend und sichtbar werdend, angedeutet; wie denn auch geniale und hoffnungsvolle Kinder durch

solche Flammen merkwürdig geworden. Und so heißt es auch in Helena [9623 f.: *Denn wie leuchtet's ... Geisteskraft*]. Und so kehrt diese Geistesflamme, bei seinem Scheiden, wieder in die höheren Regionen zurück.«

Aurora 10 061: lat., griech. Eōs; Göttin der Morgenröte.

ausklauben 7585: von ahd. klûbôn, zerpflücken, zerspalten; hier: auflesen.

Autor 4088: lat., ›Urheber‹ eines Schriftwerks.

Avaritia 5649: lat., Geiz.

Baccalaureus 6689 bis 6818: von lat. bacca, Beere, und laurus, Lorbeer: der Belorbeerte, mit Lorbeer Gekrönte (frz. bachelier, engl. bachelor). Der erste akademische Grad. Der Baccalaureus in »Faust« II ist der Schüler aus »Faust« I. Auf die Vermutung Eckermanns, es sei in ihm »eine gewisse Klasse ideeller Philosophen« (Fichte*) gemeint, antwortet Goethe, 6. Dezember 1829: »Es ist die Anmaßlichkeit in ihm personifiziert, die besonders der Jugend eigen ist, wovon wir in den ersten Jahren nach unserm Befreiungskriege so auffallende Beweise hatten. Auch glaubt jeder in seiner Jugend, daß die Welt eigentlich erst mit ihm angefangen und daß alles eigentlich um seinetwillen da sei.«

Bacchus 10017: lat., griech. Bakchos, Dionysos. Sohn des Zeus und der Semele (griech. Semelē), Gott des Weins und des Weinbaus.

Balsam 1603, 2346, 5886: wohlriechendes Baumharz, schmerzstillendes Mittel; Sinnbild lindernder Kräfte.

Bannerherr 6149: Grundbesitzer von Adel mit eigenem oder zu Lehen erhaltenem Kriegsbanner.

Basilius Valentinus (zu Erdgeist*): angeblich Benediktinermönch zu Erfurt um 1413. Alchimist; doch Deckname des Chemikers Thölde aus Frankenhausen, Anfang des 17. Jh.s.

baß 4352: Umstandswort zu besser; dann auch: sehr.

Baubo 3962, 3965: Amme der Demeter*, sie sucht, nach einem spätorphischen Gedicht, die verzweifelnde Demeter durch unzüchtige Scherze aufzuheitern. Bereits Hamann und Herder verwenden das Wort allgemein für ein unzüchtiges Weib; Goethe nennt am Schluß seines »Römischen Carneval« eine den Anstand verletzende Maske eine »Baubo«.

Baucis 11 059 ff.: Siehe Philemon*.

bedeutend 6903: Ursprünglich soviel wie bezeichnend, andeutend, dann bedeutsam, bedeutungsvoll, einen tiefen Sinn enthaltend; von Goethe anfangs sparsam, später immer häufiger gebraucht.

bemoost 6638: mit Moos bewachsen, von Studenten in hohen Semestern gesagt. Der Ausdruck tritt erst im 19. Jh. auf; vgl. 1824 Gustav Schwab: »Bemooster Bursche zieh' ich aus.«

beschleunen 6684: Kurzform für beschleunigen. Vgl. bayrisch-österreichisch sich schleunen, eilen.

Bestje 4342, 7147: Bestie von lat. bestia, Tier, insbesondere das ungezähmte.

Bethe 10 947, 11 024: ahd. beta, mhd. bete, Bede; eine außerordentliche ›erbetene‹ Gabe, Abgabe in Form von Naturerzeugnissen.

bezirken 5959: von lat. circus, Kreis; begrenzen, in Schranken halten.

Billett 56: frz. billet, Einlaßkarte.

Blachgefild 8491: Ebene.

Blutbann: Vgl. zu 3715.

Blutstuhl: Vgl. zu 4590 f.

Boreaden 7372: Geflügelte Söhne des griech. Windgottes Boreas und der Oreithyia: Zetes und Kalais.

Bovist 7784: Lycoperdon bovista L. Giftiger Staubpilz mit leicht platzender Hülle.

Brimborium 2650: frz. brimborion, von altertümlich brimber: betteln; aus lat. breviarium, Lappalie, Lumperei, sinnlose Umständlichkeiten. (Andere erklären: aus lat. praeparatorium, Vorbereitung.)

Broden 11 717: eigentlich Brodem; schwerer giftiger Qualm.

Bruno, Giordano (1548 bis 1600), ital. Philosoph, als Ketzer verbrannt. Pantheist: Glaube an die Allbeseeltheit der Welt, in der Gott als Gesetz und Kraft enthalten ist (vgl. Einführung, 4. Geschichte d. Stoffaufnahme).

Büfett 10 918: frz. buffet; Schanktisch, Anrichtetisch.

B u h l e ; mhd. buole; der, die Geliebte; 2761, 3671 im ursprünglich reinen Sinne, 3565, 5661, 10 532 geringschätzig.

b u h l e n 11 588: werben, verlangen.

B u h n e 11 545: Wasserbau aus Flecht- und Lattenwerk mit Steinen, der zum Schutze der Ufer von den Deichen aus ins Meer hinausragt.

B y r o n (sprich: bair'n) zu Euphorion*, George Gordon Noel, Lord; geboren 1788 in London, 1809 im englischen Oberhaus, Reisen, Liebeswirren, seit 1816 Italien. Juli 1823 Teilnahme am griechischen Freiheitskampf, Januar 1824 in Mesolongion (Missolunghi), wo er auf eigene Kosten eine Brigade bildet, gestorben am 19. April 1824 nach kurzer Krankheit. Goethe sah in ihm den größten Dichter der Zeit, schätzte besonders »Manfred«, »Don Juan«, »Kain«, übersetzte manches, freute sich über Widmung des »Werner«, »Sardanapal«, sandte ihm 1823 als poetischen Scheidegruß »Ein freundliches Wort« und bewahrte im roten Portefeuille mehrere Andenken an ihn. 15. Juni 1824: »Der schöne Stern des dichterischen Jahrhunderts ist untergegangen, den Hinterlassenen bleibt es Pflicht, sein unauslöschliches Andenken immer frisch im großen und kleinen zu halten.« – Goethe zu Eckermann, 5. Juli 1827: »Ich konnte als Repräsentanten der neuesten poetischen Zeit niemanden gebrauchen als ihn, der ohne Frage als das größte Talent des Jh.s an-

zusehen ist. Und dann, Byron ist nicht antik und ist nicht romantisch, sondern er ist wie der gegenwärtige Tag selbst. Einen solchen mußte ich haben, auch paßte er übrigens ganz wegen seines unbefriedigten Naturells und seiner kriegerischen Tendenz, woran er in Missolunghi zugrunde ging [. . .]. Ich hatte den Schluß [der Helena-Tragödie] früher ganz anders im Sinne, ich hatte ihn mir auf verschiedene Weise ausgebildet, und einmal auch recht gut; aber ich will es euch nicht verraten. Dann brachte mir die Zeit dieses mit Lord Byron und Missolunghi, und ich ließ gern alles Übrige fahren.« Dazu J. Müller: Goethes Byrondenkmal in »Der Augenblick ist Ewigkeit«. Leipzig 1960. S. 107–122.

C: Vgl. auch K und Z.

C a m p a n e l l a , Thomas (1568–1639), ital. Philosoph, der sich auf Naturstudium gründet; erdachte idealen kommunistisch-philosophischen Priesterstaat: »Sonnenstaat« (vgl. Einführung, 4. Geschichte der Stoffaufnahme).

C ä s a r 7023: Gaius Iulius Caesar, römischer Feldherr und Staatsmann (100–44 v. d. Z.), siegte bei Pharsalus*.

C e r e s 5128: lat., griech. Dēmētēr. Tochter des Kronos und der Rhea*, Schwester des Zeus*, Mutter der Persephone*. Mutter Erde, Göttin des Pflanzenwuchses, zumal des Getreides, Ernährerin der Menschen.

Chaos 1384, 7559, 7990, 8028: griech., der ›gähnende‹, d. h. unermeßliche Weltraum als Urgrund alles Lebens; auch die uranfänglich vorhandene verworrene Masse, die sich zu Welt und Leben gestaltet. Mutter der Erde und der Unterwelt und dann der Urfinsternis und der Nacht. Goethe lernte außer diesen durch Hesiod und Altes Testament überlieferten Begriffen noch zwei andere Bedeutungen kennen (vgl. »Dichtung und Wahrheit«, 8. Buch): 1769 in Wellings »Opus mago-cabbalisticum«, 4. Kap. als »Weltzustand, die Urfinsternis, aus der die teuflischen Mächte entsprungen sind« (hierzu Grumach in Goethe XIV/XV, 1953, S. 74 ff.), und 1799 in Miltons Epos »Das verlorene Paradies« als Schauplatz (hierzu Morris' »Goethestudien« zu Paralipomenon 1, S. 224 f.). Die Frühzeit ist durch Wellings Chaosbegriff bestimmt, nach 1799 ist Goethe durch Miltons Werk beeinflußt; in der späteren Phase der Dichtung unterscheidet Goethe offenbar nicht zwischen den Bedeutungen bei Hesiod und Welling.

Chelōnē 8170: griech. Nymphe; von Hermes* in eine Schildkröte verwandelt.

Cherub 618: hebr., Flügelwesen, Engel; z. B. 1. Mose 3,24. (Vgl. Greif*.)

Chiron 7199, 7330 ff.: griech. Cheiron; Sohn des Kronos und der Philyra. Rastloser Zentaur mit Mannsoberleib und Pferdeunterleib, kennt die Kräfte von Kräutern und Wurzeln. »So ein guter Medicus, Musicus, Astronomus, daß er den Herkules, Aeskulapius, Jason, Achilles und sonst alle jungen Prinzen seiner Zeit in den ihnen nötigen Wissenschaften unterwies, wie denn noch außer diesen Cephalus, Melanio, Nestor, Amphiaraus, Peleus, Telamon, Meleager, Theseus, Hippolytus, Palamedes, Menestheus, Ulysses, Diomedes, Kastor und Pollux, Machaon und Podaleirius, Antilochus und selbst Æneas seine Schüler gewesen sein sollen. Man gab ihm den Namen eines Weisen« (Hederich*). Orpheus, die Boreaden* und Lynkeus (Lynceus*) hat Goethe hinzugefügt. Chiron führt den Faust zu Helena, ihn unterwegs belehrend.

Chirurg 5849: griech. cheirurgos; mit der Hand verrichtend; der operierende Arzt.

Choretiden vor 8812 ff. Vgl. Chorus*. Einzelne Tänzer bzw. Sänger aus dem Chor.

Chorus 11 167: lat., von griech. choros; Tanzplatz, Reigen, Chor.

Chorus mysticus 12 104 ff.: lat., geheimnisvoller, unsichtbarer, übersinnlicher Chor.

Chrysalide 6729: frz., von griech. chrysallis; Puppe des Schmetterlings.

Chymisterei 4974: Unaufrichtiges Verhalten der Alchimisten, die aus allen möglichen Stoffen Gold zu gewinnen vorgaben.

Ci-devant 4314: frz.,

früher; Hennings* Zeitschrift »Genius des 19. Jh.s« hieß vor 1800, also ›früher‹: »Genius der Zeit«.

c i m m e r i s c h 9000: Eigenschaftswort zu Kimmerier, griech. Kimmerioi; sagenhaftes Volk am äußersten Westmeer, wohin niemals Helios* leuchtet, wo also ewige Finsternis herrscht.

C i r c e 8123: lat., griech. Kirkē. Tochter des Helios* und der Perse; Zauberin, die Fremde anlockt und sie in Tiere, z. B. des Odysseus Gefährten in Schweine, verwandelt.

C o l l e g i u m l o g i c u m 1911: lat. collegium, eigentlich Amtsgenossenschaft, später öffentliche Schule, hohe Schule, dann Vorlesung auf einer hohen Schule. Hier Vorlesung über Logik, d. h. über die Wissenschaft vom Denken.

C u p i d o 2598: lat., griech. Eros*; Sohn der Venus, röm. Gott der sinnlichen Begierde; hier persönlich gefaßt.

C u r s u m 2054: 4. Fall von lat. cursus; Lauf, Lehrgang.

C y p r i e 9677: Vgl. Kypris*.

C y t h e r e 8511: von griech. Kythēra; den Spartanern gehörende Insel mit gleichnamiger Hauptstadt, nördlich dem Lakonischen Meerbusen vorgelagert; Beiname der Venus*.

D ä m o n , D ä m o n e n 8057, 11 491: von griech. daimōn; Gottheit, Geist, meist niederer, böser Art.

D a k t y l e 7622, 7654 ff., 7875, 7888: von griech. dakty-

los; Finger, daktylion, Fingerling, Däumling; die kleinsten der menschenähnlichen Wesen, wohnen am Berg Ida, geschickte Erzschmiede; sie stehen hier, wie die Ameisen, im Dienst der Pygmäen*.

D a u b e 5025: Faßdaube, gebogenes Holz, aus dem man Fässer und andere Gefäße herstellt.

D e f i n i t i o n 3045: von lat. definio, ich begrenze; Begriffsbestimmung.

D e i p h o b u s 9054 ff., 9430: lat., griech. Deiphobos; Sohn des Priamos und der Hekabe. Spätere Sage vermählt ihn nach dem Tode des Paris mit Helena. »Da ihn Menelaus in seine Hände bekam, so ließ er ihm erst die Ohren, sodann die Arme, ferner die Nase und endlich alle Glieder abschneiden und also mit größter Pein hinrichten« (Hederich*).

D ē l o s 7533: griech. Insel, kleinste unter der sogenannten Zyklalen, die der Sage nach Poseidon* durch einen Schlag des Dreizacks aus dem Meere aufsteigen ließ. Auf ihr fand Leto, nach langer Flucht vor Hera, eine Zuflucht und gebar hier Apollon* und Artemis (= Diana*).

D e l p h i n 6244, 8425; griech. delphis, delphin; eine kleine Art Wal, zugleich Sinnbild des Meeres und seiner Götter.

D e m e t e r : Siehe Ceres*.

D e p u t a t 4859: von lat. deputo, schätze genau ab; Ausgemachtes, Gebührendes; rechtspflichtige Abgaben von Naturerzeugnissen.

Deputation 5898: lat., Abordnung.

Despotismus 4166: von griech. despotes, Herr; Herrschertum.

destillieren 6326: von lat. destillo, herabträufeln; durch wiederholtes Durchgießen reinigen.

Diadem 10 989: griech. diadēma, Stirnbinde; Stirnreif des Königs oder Kaisers.

Dialog nach 5198: griech. dialogos, Zwiegespräch.

Diana 7905: lat., griech. Artemis; Tochter des Zeus* und der Leto, schützende, heilbringende Göttin, auch Hegerin und Jägerin des Wildes. Später, als ihr Bruder Apollon zum Sonnengott erhoben wurde, erscheint sie auch als Mondgöttin und Hekate*.

Dies irae: Vgl. zu 3798.

Dilettant 4217, 4364: ital., von lat. delecto, ergötze; Liebhaber einer Kunstfertigkeit, aus der er jedoch kein Gewerbe macht. Auch Scheltname für schlechte Künstler.

Dionysos 10 031: Goethe betont hier Dionýsos; siehe Bacchus*.

Dioskuren 7369, 7415, 10 600: griech. Dioskuroi, des Zeus Söhne und durch ihn Söhne der Leda*: Kastor und Polydeukes (Kastor und Pollux); Brüder von Helena* und Klytämnestra*. Auch Tyndariden genannt als Söhne des Tyndareos*, des Gatten der Leda. Sie unternahmen einen Zug nach Attika zur Befreiung ihrer von Theseus entführten Schwester Helena und begleiteten die Argonauten* auf ihrer Fahrt. Durch spätere Sage mit den Kabiren* zusammengebracht und als Zwillingsgestirne zu Schützern der Seefahrer erhoben.

Diplomat 6504: von griech. diploma; ursprünglich zweiteilige Schreibtafel; Inhaber eines Bestallungsbriefes, Ernennungsbriefes; Staatsmann, Staatsunterhändler.

Dirne 828 u. ö.: zu Goethes Zeit noch nicht durchweg in abträglicher Bedeutung, die aber schon durchscheint, z. B. 2116, 2619, 3174.

Discours 2388: frz., Diskurs; Gespräch, Unterhaltung.

Doctor Marianus 11 989 ff.: lat.; ein Gelehrter, der sich ausschließlich der Marienverehrung geweiht hat. Doctor ist ein höherer Grad als Pater (wie Goethe ursprünglich schrieb). Bei diesem verschiedenen Mystikern zugeschriebenen Ehrennamen ist hier wohl an den Zisterziensermönch Bernhard von Clairvaux (1090 bis 1153) gedacht, der durch seine innige Frömmigkeit und Christusverehrung berühmt war. Vgl. dessen Gebet an Maria im 33. Gesang in Dantes »Paradiso«.

Dogmatiker 4343: von griech. dogma; Lehrsatz, Glaubenssatz. Lehrer einer Glaubenslehre. Gemeint sind die Philosophen vor Kant, die aus dem Begriff auf die Existenz schlossen und die, als Folgerung daraus, das Dasein Gottes dadurch bewiesen glaubten, daß zu seinem vollkommenen Begriff auch das Dasein gehöre (der sog. ontologische Gottesbeweis).

D o m m e l 4334: Sumpfvogel mit großem Schnabel, der einen dumpfen, weithin schallenden Ton hervorbringt.

D o r i d e n 8137, 8385, 8391 ff.: griech.; Töchter der Nymphe Dōris (griech. Dōris), der Gattin des Meergottes Nereus*. Goethe unterscheidet Doriden und Nereïden*, was die griechische Sage nicht tut.

D r e i f u ß 6283, 6423, 8570: Im Altertum als Kohlen- und Räucherbecken, zumal in Tempeln, benutzt. Auf einem Dreifuß über einem Erdschlund in Delphi saß die Pythia, wenn sie weissagte.

D r u d e n f u ß 1395: von mhd. trûte, Unholdin; auch Alpfuß. Abdruck der ineinandergeschränkten Füße einer Drude, das ist Hexe. Gilt als Abwehrmittel gegen böse Geister und damit auch gegen Drude und Alp. Vgl. Pentagramma*.

D r y a s 7959: griech.; Mehrzahl Dryaden; von griech. drŷs, die Eiche; Baumeister, persönlich gedachte Naturkräfte. An sie wird auch 9992 ff. gedacht.

D u d e l s a c k 4341; Sackpfeife; ein Balg, aus dem die Luft in angeschlossene Pfeifen gepreßt wird, die dadurch tönen; seit dem 17. Jh. eingebürgert.

D u e n n a 6513: von span. dueña, von lat. domina. Ehrenfrau, Hofmeisterin, Gouvernante; als besonders prüde, zimperlich empfunden.

d u r c h s c h m a r u t z e n 2054: auf andrer Kosten genießen wie ein Schmarotzer; in der Studentensprache: Vorlesungen besuchen, aber sich dabei den vorgeschriebenen Geldverpflichtungen entziehen.

D u s t 1116, 6758: nddt., dust; Staub.

e c s t a t i c u s 11 854: Siehe Pater* ecstaticus.

E g o i s t 1651: von lat. ego, ich; ein Ichsüchtiger, Eigennütziger.

E l e m e n t 139, 1278: lat. elementum, Grundstoff; Feuer, Wasser, Luft, Erde.

E l e n d vor 3835, 7682: Ort im Oberharz am Wege zum Brocken, südlich von Schierke, heute an der Bahn Nordhausen–Wernigerode.

E l e u s i s 7420: griechische Stadt an der Küste von Attika, gegenüber der Insel Salamis, nahe Athen, berühmt durch antiken Mysterienkult.

E l i s 9470: westliche Landschaft des Peloponnes.

E l m s f e u e r zu 10 596: im Altertum auch ›Helenenfeuer‹; elektrische Lichtbüschel, die sich bei starker Gewitterluft und bei Schneegestöber an der Spitze von Türmen, Mastbäumen, Berggipfeln usw. zeigen. Name vielleicht nach dem hl. Elmo, dem Schutzheiligen der romanischen Seeleute.

E m p e d o k l e s aus Agrigent, um 450 v. d. Z.; glaubte an die Bewegung der Elemente durch Liebe und Haß sowie an die Seelenwanderung; soll sich in den Krater des Ätna gestürzt haben (vgl. Einführung, 1. Geschichte des Fauststoffes).

E m p h a s e vor 2540: griech. emphasis, Andeutung; Verdeutlichung zum Teil durch starke Betonung.

e m p o r g e b ü r g t 7575: zum Gebirge aufgetürmt; Goethe oft: Gebürge.

E m p u s a 7732 ff.: griech. Empusa; wandlungsfähiges, blutsaugerisches, buhlerisches Nachtgespenst, der Schreck von Kindern und Reisenden. Es hat Eselsfüße. Den Eselskopf fügte Goethe aus Shakespeares »Sommernachtstraum« hinzu. Goethes Erfindung ist auch, daß Empusa alles Schöne und Liebliche verscheucht.

E n c h e i r e s i s n a t u r a e 1940: 4. Fall encheiresin; von griech. cheir, Hand; Handhabung der Natur. Bereits in antiker Heilkunst und späterer Chemie für Handgriff, Verfahren. Erinnerung Goethes an Straßburger Vorlesungen. Sein Lehrer J. R. Spielmann, Prof. der Chemie, spricht in »Institutiones Chemiae« 1763 von der Unmöglichkeit der Wiederzusammensetzung zerlegter Substanzen, »weil die Encheiresen der Natur zur Verbindung der Natur mannigfaltig sind und weil wir sie teils gar nicht kennen, teils nicht nachzuweisen vermögen«. Bei der Zerlegung tierischer und pflanzlicher Stoffe werde das zusammenhaltende Band als flüchtiger Geist herausgetrieben, so daß aus den Rückständen der ursprüngliche Stoff nicht wieder herstellbar

sei. Die Beziehung auf die Logiker ist Erfindung Goethes.

E n d y m i o n 6509: griech. Endymiōn. Nach einer griechischen Sage Jäger in Karien, der in einer Grotte auf dem Berge Latmos in ewigem Schlummer liegt. Zu ihm steigt allnächtlich die Mondgöttin Selēnē (Luna*) vom Himmel herab, um ihn zu küssen und bei ihm zu wachen. In späterer Sage wird Selene zur Artemis und Endymion zu einem schönen Jäger oder Hirten des Gebirges.

e n n u y i e r e n 1837, 3265, 4164: von frz. ennuyer, langweilen.

E n t e l e c h i e: Vor 11 954 stand ursprünglich die Regiebemerkung »Chor der Engel (Faustens Entelechie heranbringend)«; griech. von telos, Ziel; das ein Ziel in sich Tragende, die die Vollendung des Einzeldings erzeugende Form; zwecktätige Kraft. Vgl. Aristoteles*.

E n t h u s i a s t vor 5295: griech., Begeisterter.

E p i l o g vor 10 038: griech. epilogos; Nachwort.

e r ä u g n e n 5917, 7750: von ahd. erougen; mhd. eröugen, vors Auge treten, erscheinen; bis Anfang des 19. Jh.s. Daneben seit Mitte des 17. Jh.s ›ereigen‹. 11 417 nur »*eignen*«.

e r b r ü s t e n 6588, 7302, 7649, 11 133: sich in die Brust werfen.

E r d g e i s t 460–517, 1746 f.: Quellen für die Vorstellung vom Erdgeist waren für Goethe zunächst die Naturphilosophen des 16. Jh.s. Nach ihrer Anschauung wird jedes Gestirn von einem Geist bewohnt. Das Leben der Erde z. B. wird durch den Archeus terrae hervorgebracht. Dieser verschmelzt die Metalle in ihr durch Feuer (Paracelsus*), er gibt Pflanzen und Gesteinen die Kraft zur Veränderung der irdischen Welt (Basilius Valentinus*) oder ist die anima terrae, die »Erdseele«, die die Erde von ihrem Mittelpunkt aus bewegt. Auch Swedenborg* hat Goethe beeinflußt; er rühmte sich des Verkehrs mit den Planetengeistern, auch mit dem Erdgeist, sah diese Geister als farbige, auch rote Flammen, die sich in Vögel verwandelten, oder fühlte sich von ihnen wie von feinem Regen umweht. Grumach (in Goethe XIV/XV, 1953, S. 92 ff.) wendet sich gegen die herkömmlichen Erdgeisthypothesen und findet in Georg von Wellings Opus mago-cabbalisticum, mit dem Goethe sich 1769 sehr intensiv beschäftigte, die Anregung für die älteste Faustkonzeption. Der Mythus von *Lucifer** ist dort im gleichen Sinne wie in Pfitzers Faustbuch dargestellt. Der *Makrokosmus** ist Goethe sicher zuerst bei Welling begegnet (²1760) in den dort abgebildeten Zeichen des »Großen Geheimnisses oder Mysterii Magni« nach S. 258 und S. 498. Auf S. 495 des im Goethearchiv zu Weimar erhaltenen Bandes wird auf das »Tractätlein des Helmontii*« verwiesen. Goethes *Erdgeist,* der in Paralipomenon 1 »Welt und Thatengenius« genannt

wird, ist schon in Wellings »Welt-Geiste, der Luft« nach Wesen und Wirkung dargestellt und in den *Widersprüchen* nicht sowohl *vereinigt* als *disparat gemacht* (vgl. V. 6233 f.). Über diesen Welt-Geist, die Luft, sagt Welling in Kapitel 5 § 13: »Mit denen in der Luft geschaffenen Geistern aber, hat es eine gantz andere Beschaffenheit, und ist allhier ein Geheimniß, so wie wir glauben, wenigen offenbar seyn wird [...] hat doch erstlich in dieser grausamen großen Region der Stadthalter des Lucifers, der Beelzebub, mit allen seinen Millionen Teufeln seine Behausung [vgl. V. 1126 ff., 10 091–94]. Zum andern, so geschehen alle Impressiones in diesem Element, alle Formen und Ideen der menschlichen Thaten [vgl. V. 6276–79, 6287 bis 90 ff., 6430 ff., 11 890–94], so wohl auch ihrer guten als bösen Reden, als auch der obern Gestirnen und ihrer Kräften [vgl. V. 386–401, 449], samt der Teufeln gräßlichen Gestalten, und ihr grimmiges Wüten und Toben [vgl. V. 3871–3955], werden wesentlich in dieses Element eingedrückt. Nun mag ohne Athemholung [vgl. V. 445 f., 476, 486, 491–493, 1744, 4682] keine lebendige Creatur leben noch erhalten werden; weilen dann nun durch das stete Athemholen, und wieder auslassen, dem Menschen alle solche Formen und Ideen nach Zeit und Ort, durch die Sinnen [vgl. V. 1594] zu der Phantasie, und von der Forme zu dem Gemüthe geleitet werden, so überfället den Menschen bey nächtlicher Weile oft Freude oder Traurigkeit.« [Vgl. V. 1146, 2753 ff., 5706, zu V. 7 f., zu V. 21.] Aus solcher Bestimmung des Menschen durch die *Atmosphäre**, die ihn *umwittert* (vgl. Anm. zu V. 7 f.), ist auch die passive und empfangende Haltung des Dichters der *Zueignung* zu verstehen (vgl. zu V. 21). Dichter und Magier werden bei Goethe sogar zu austauschbaren Begriffen (vgl. zu V. 6436). Weil der Erdgeist Fausts im Erderleben befangener Natur gemäß ist, vermag ihn Faust zur Erscheinung zu bringen, während er den *Makrokosmus**, das Sinnbild der gesamten, Natur- und Menschenwelt umfassenden Schöpfung, nur als *»Schauspiel«* zu erfassen imstande ist. Welling bildet zum 4. Kapitel »De Mundo Archetypo« (Von der uranfänglichen Welt) seines Opus mago-cabbalisticum in Abb. 54 eine schematische Zeichnung ab, in der die Struktur der Welten in konzentrischen Kreisen sphärisch um Lucifer* dargestellt ist [dem »die ganze Schöpfungskraft übertragen war und von dem alle Schöpfungskraft ausgehen sollte« (»Dichtung und Wahrheit«, 8. Buch)]: »Und gienge in diesem Punct der Vollkommenheit der Ausfluß und Glantz des Göttlichen Lichts und Herrlichkeit [. . .] durch alle Sphaeren und Kreyse, bis zu dem Sohn der Morgenröthe [Lucifer, . . .],

daß also der Sohn der Morgenröthe der allermächtigste, herrlichste und vollkommenste Geist war, und erstreckte sich seine ihm von dem Allmächtigen eigenthümlich verliehene Herrschaft, Macht und Gewalt, bis in den Kreiß der verständlichen Welt, oder der Söhne Gottes. [. . .]. Über die gantz unbegreifliche Weite dieses Ortes solte billig alle Vernunft erstaunen, und können aus derselben ein wenig schließen, was vor ein großmächtiger, herrlicher, auch vollkommener schöner Geist dieser Lucifer müsse gewesen sein« (Welling a. a. O. Kap. 5 § 1). Wahrscheinlich hat Goethe, als er zwanzig Jahre später Mephistos Anspielung auf »Lucifer« (Urfaust 527) und die Charakterisierung des *Erdgeistes* »in widerlicher Gestalt« tilgte und als er dreißig Jahre später V. 1746 ff. »der große Geist hat mich verschmäht« auf den *Erdgeist* bezog, die ursprünglich Lucifer zugehörigen Titel »du unendlicher Geist«, »großer, herrlicher Geist, der du mir zu erscheinen würdigtest« (Urfaust) zunehmend mit den Eigenschaften des Wellingschen Weltgeistes verbunden. Wenn es schon im »Fragment« von 1790 heißt: »Erhabner Geist, du gabst mir, gabst mir alles, Worum ich bat. Du hast mir nicht umsonst Dein Angesicht im Feuer zugewendet«, muß nicht eine fehlende Szene »Faust und Lucifer« oder eine zweite Erdgeist-Szene vorausgesetzt werden; diese Verse können als Bekenntnis des an

Erfahrung gereiften Faust aufgefaßt werden, der sich »*ins Rollen der Begebenheit*« gestürzt und »*Lebensfluten*« wie »*Tatensturm*«, also den *Geist* inzwischen *begriffen* hat. »*Eratmend*« beschwört Faust das Nahen des Erdgeists mit gesteigertem Tatentrieb und Erlebnishunger; vgl. auch 1770 bis 1775. Eine Zeichnung Goethes stellt den Erdgeist hinter dem sich wegbeugenden Faust dar: bartlos, Lichtstrahlen aus den Augen blitzend, bis zur Brust sichtbar, an Apoll erinnernd. Für die Berliner Aufführung empfahl Goethe ein Transparent mit dem Kopf des Zeus von Otricoli mit »flammendem Haar und Bart«. Man ließ aber dort aus dem Nebelwallen für einen Augenblick Goethes eigenes Kolossalbild aufleuchten. Seit 1790 soll nach Goethe »nichts Fratzenhaftes und Widerliches« erscheinen. »*Schreckliches Gesicht*« bezieht sich demnach nicht auf das Antlitz, sondern auf die Vision (520, 612), auf die Erscheinung als solche, deren Übermächtigkeit Faust erschüttert.

e r d r e u s t e n 6688: mitteld. Nebenform des 18. Jh.s für erdreisten 4662, 6299, 7287, von dreist; sich erdreisten; sich wichtig tun, sich erkühnen.

E r e b u s 8812: griech. Erebos. Tiefste Finsternis, in der Urzeit gleich der Nacht aus dem Chaos* geboren.

E r i c h t h ō 7005: griech. Erichtho, thessalische Zauberin, geschildert als Furie und blutsaugerisches Scheusal. Anfang

April 1826 las Goethe des Marcus Annäus Lucanus Epos »Pharsalia« (richtiger »De bello civili«), wo IV, 507 ff. Pompejus die als widerlich geschilderte, die Menschengesellschaft fliehende und in Gräbern sich aufhaltende Hexe über den Ausgang der bevorstehenden Schlacht befragt.

E r i t i s s i c u t usw. 2048: lat., Ihr werdet sein wie Gott, wissend Gutes und Böses.

E r o s 8479, 9675: griech. Erōs; lat. Amor; Gott der Liebe, wurde nach Hesiod in der Urzeit zugleich mit der Erde und der Unterwelt aus dem Chaos* geboren; die alles einigende Urmacht, durch die letzten Grundes alle Wesen der Welt entstehen. Bei späteren Dichtern erscheint er als der jüngste der Götter in Gestalt eines knabenhaften Jünglings mit Bogen und Pfeilen, der voll Schalkheit Götter und Menschen mit Liebesschmerzen verwundet.

e r s c h r a n z e n 4371, 6329 umschranzen; wohl von mhd. schranz; Bruch, Riß, geschlitztes Kleid; junger (mit geschlitzten Kleidern) übermäßig geputzter Mann, Geck, Hofschranze; also nach Art der Hofleute von Höhergestellten Vorteile erschmeicheln.

E r z e n g e l vor 243: aus griech. archangelos, Oberengel, 1. Thess. 4,16. In spätjüdischer Zeit entstand wohl nach dem Vorbild des persischen Hofstaats eine Rangordnung der Engel. Aus ihnen hoben sich Einzelgestalten noch besonders hervor, z. B. der Schutzengel Israels, Michael (das ist: Wer ist wie Gott?) Dan. 10,13. Offenb. 12,7; ferner Gabriel (das ist: Gott ist mein Held) Dan. 8,16 und 9,21, Luk. 1,19,26, sowie Raphael (das ist: Gott heilt), Tob. 3,25 und 12,15. Später: Raphael Krankenfürsorge, Gabriel Krieg, Michael Gebet.

E s s e n z 5027: lat. essentia von esse, sein; das Wesentliche, die Grundbestandteile.

E s t r i c h 4891, 6624: mhd. esterîch, aus mlat. astricus; Fußbodenbelag aus Steinen; Fußboden.

e t y m o l o g i s c h 7097: von Etymologie; von griech. etymon, Stammwort; Wissenschaft der Verwandtschaft und Abstammung von Sprachen und Wörtern.

E u p h o r i o n (9599 ff.) 9695–9906: Nach spätgriech. Sage führte Achilles* nach seinem irdischen Tode auf Leukē, einer Insel an der Donaumündung, mit anderen Helden und Heldinnen ein seliges Leben. Ihm gebar dort Helena*, ebenfalls als Schatten, einen geflügelten Sohn namens Euphorion, den Zeus aus verschmähter Liebe mit dem Blitz vertilgte (vgl. 7434 ff., 8876 ff.). Nach den Faustbüchern zeugte Faust mit der Buhlerin Helena einen Sohn, den er Justus Faustus nannte, der »aber nach seines Vattern […] elenden Tod zugleich mit seiner vermeinten Mutter verschwunden«. Goethes *Euphorion* hat keine Flügel 9603; auch 9897 glaubt Eu-

phorion nur irrtümlich, Flügel zu haben. Goethe erwog lange verschiedene Möglichkeiten für den Schluß der Helena-Tragödie. Die Entscheidung brachte Byrons* Tod in Missolunghi. Der Dichter Byron erhält aber hier symbolische Bedeutung. *Euphorion*-Byron geht aus dem Ehebund eines Vertreters der mittelalterlich - romantischen und einer Vertreterin der klassischen Welt hervor. Dabei kommt es jedoch zu keinem Ausgleich der Kräfte, und so erscheint er als Übergangswesen, wie die romantische Poesie zu Goethes Zeit. Goethe will die Gestalt aber in noch höherem Sinne allegorisch aufgefaßt wissen als die an keine Zeit, keinen Raum, keine Person gebundene Dichtkunst. So konnte ihn Goethe auch mit dem Knaben Lenker im Mummenschanz gleichsetzen. Vgl. Goethe zu Eckermann, 20. Dezember 1829 und Kommentar zu 5512, ferner Einführung S. 17, 54, 98, 122 f.

E u p h r o s y n e 5303: Siehe Grazien*.

E u r o s 8493: griech., Morgenwind; Südostwind, einer der vier Hauptwinde bei Homer.

E u r ō t a s 8538, 8997, 9518; griech.; Hauptstrom der Landschaft Lakonika (Laconia), mündet in den Lakonischen Meerbusen; an ihm Sparta.

e x e r z i e r e n 4167: von lat. exerceo, ich übe; üben; hier: mit jemandem etwas anfangen, ihn beherrschen.

E x e u n t 5061: lat., sie gehen hinaus. Den Ausdruck entnahm Goethe den Bühnenanweisungen bei Shakespeare.

E x u v i e n vor 9955: von lat. exuo, ich kleide aus; Gewand, Rüstung eines Toten, insbesondere des erschlagenen Feindes; hier sinnbildlich: die sinnlich irdische Erscheinungsform der ins Übersinnliche Entschwundenen.

F a k u l t ä t 1897, 1968: von lat. facultas, Tunlichkeit, Fähigkeit; später Gelehrtengemeinschaft jeder der vier Hauptrichtungen der Hochschulwissenschaften sowie diese Hauptrichtungen (Theologie, Jurisprudenz, Medizin, Philosophie) selbst.

F a m u l u s 518, vor 6620: lat., dienend, aufwartend; Diener, Bedienter; Amtsgehilfe eines Hochschullehrers.

F a r f a r e l l e vor 6592: ital. farfalla, farfaletta, farfalina; Schmetterling, uneigentlich Grille. Goethe vermengt das Wort mit dem aus Dantes »Inferno« XXI, 123 stammenden Teufelsnamen Farfarello. Goethe meint Motten und kleine Falter als Zubehör des Teufels, der ja auch der Fliegengott ist (1517 ff.).

F a u n 5819, 9397: lat. faunus; von faveo, ich bin günstig; Feld-, Waldgott, Beschützer der in Feld und Wald weidenden Herden. Dem griechischen Gott Pan gleichgesetzt. Wie dieser neckt und schreckt er in den Wäldern gern die Menschen. Auch in der Mehrzahl gebraucht.

F a u s t (Anredefall Fauste):

1. Name: lat. Faustus, der Glückliche; besonders spätlat. beliebt. Heinrich: vgl. Anm. vor 2605.
2. Alter: zu 354, vor 2337, 11 143.
3. Geschichte: Vgl. S. 13–15.
4. Faust-Bücher, -Dichtungen; S. 15–24.

f e i l s c h e n 5116: von feil, käuflich; einen Preis für etwas bieten; hier im Sinne von feilhalten, zum Kauf anbieten. Der Gegensatz zu markten« soll bedeuten, daß beim Handeln nicht versucht werden soll, in häßlicher Weise gegenseitig die Preise herauf- oder herunterzudrücken.

F e x 6199: schweiz., Kretin; wegen seiner Häßlichkeit als Teufelserzeugnis empfunden.

F i c h t e , Johann Gottlieb (1762–1814). Prof. in Jena, Erlangen, Berlin. Als Philosoph Begründer des ethischen Idealismus: Wesen der Welt ist das in einer Tathandlung setzende absolute Ich (vgl. Einführung, 7. Bedeutung und Geltung).

F i n i s nach 12 111: lat., Ende, Schluß.

F i r l e f a n z e 11 670: aus frz. virelai, Ringellied; unter Anlehnung an ›Tanz‹ entstanden, bedeutet eine Art Tanz, dann verschrobene Gestalten mit albern tänzelnden Bewegungen.

F l a n k e 10 351: frz. flanc, Seite; besonders eines Heeresteils.

F l a u s 6606: Nebenform zu Vlies, Schaffell; eigentlich Büschel Wolle, dann Wollenrock;

seit etwa 1750 als nddt. Entlehnung: Überrock.

Flederwisch 3706: leichter Degen; eigentlich ein zum Wischen gebrauchter Gänseflügel.

Flor 3622, 5637, 6153: von lat. flos, flōris, Blume, Blüte; Blütenkranz.

Flora 5156: Die göttliche Schutzherrin der Blumen.

Formalität 11 020: Rechtsförmlichkeit.

fortissimo 4251: ital., von lat. fortis; Adverb in der dritten Steigerungsform: auf das stärkste.

Fortuna 7103: lat., zufälliges Schicksal, günstiger oder ungünstiger Zufall, Glück, Glücksgunst.

Furie 5349, 5357 ff.: lat. Furia; Göttin des Zornfluchs und der rächenden Strafe. Die Dreizahl zuerst bei Euripides. Bei Apollodor die Namen: Alekto, die nie Rastende, Tisiphone, die Rächerin des Mordes, und Megära, die Feindliche. Alekto gilt auch als Erregerin des Krieges, Megära ist die Urheberin ansteckender Seuchen, Tisiphone die todbringende Rächerin. Bei Goethe erregt Alekto den Liebesstreit, Megära bewirkt Liebeslaunen und Untreue, Tisiphone übt Vergeltung um jeden Preis.

füßeln 6342: den Fuß des oder der Geliebten unterm Tisch mit dem eigenen Fuß zärtlich berühren; Zeichensprache Liebender, die sich aus Rücksicht auf die Gesellschaft nicht die Hand geben dürfen.

Futteral 721: mlat. futrale, von Futter abgeleitet, Hülle, Kapsel.

Gäa 7391: griech. Gaia, Gē, lat. Tellus; die Erde als Allmutter, Urgottheit. Nach dem Chaos* entstanden, erzeugt sie aus sich den Himmel (Uranus) und mit ihm die Titanen*; zugleich Nährende der Menschen.

Gabriel 251: Siehe Erzengel*.

Gage 120: frz., Gehalt (des Schauspielers).

Galan 2946: span., Liebhaber.

galant 4378: frz., geputzt, artig, höflich; im 17. und 18. Jh. gern im Sinne von auffallend neuartig, modern, übermodern.

Galatag 4063: von span. gala, Hoftracht, Hoffest.

Galatea, Galatee 8145 ff., 8386, 8424 ff., 8450: griech. Galateia; Tochter des Nereus* und der Doris; Meernymphe, das stille, glänzende Meer darstellend. Die schönste Göttin nach Aphrodite-Venus*. Als Verkörperung höchster körperlicher Schönheit die geeignete Überleitung zu Helena*, der reinsten irdischen Schönheit. Galatee auf dem Muschelwagen kannte Goethe z. B. aus Bildern von Raffael in der Villa Farnesina zu Rom.

Gauch 4976, 11 712: mhd. gouch, eigentlich Kuckuck; einfältiger Mensch, Narr, Betrüger, Schelm.

Gefälle 11 038: Anfall von Zöllen, Abgaben, Steuern.

Generalissimus 7644:

Dritter Steigerungsgrad von lat. generalis, allgemein: der allgemeinste, oberste Führer; hier gesteigert: der noch über den Generälen stehende alleroberste Heerführer.

G e n i e 3540: von lat. genius, (Schutz-)Geist; Schöpfergeist, Schlagwort seit Sturm-und-Drang-Zeit.

g e n i e r e n 842, 11 273: von frz. gêner, einschränken; Zwang antun.

g e n i e ß e n , G e n u ß : mehrdeutiger Wortinhalt. Negativ im Sinne von erniedrigender Lustbefriedigung V. 1696 (wie »ergetzen« V. 1442, 1602). Positiv im Sinne von gesteigerter Erlebniskraft V. 1756, 1766, 1771 (vgl. S. 63 und 111).

G e s c h l e c k 3560: von schlecken, naschen; hier: Geküsse, fortwährendes Abküssen.

G e s p e n s t 1727, 7046; 7043: Vgl. J. Hennig, Zu Goethes Gebrauch des Wortes »Gespenst«. In: DVjs 28 (1954) S. 487–496.

G h i b e l l i n e 4845, 10 772: auch Gibelline; ital. Ausdruck für das deutsche Waiblingen, Stammort der Hohenstaufen; ein der hohenstaufischen Partei Angehöriger, im Gegensatz zu den Welfen. Vgl. das Feldgeschrei: »Hie Welf – hie Waiblingen.« Von Goethe wiederholt genannt, um Parteiwesen überhaupt zu tadeln. So will sein Aufsatz »Moderne Guelfen und Ghibellinen«, 1827, Anhänger und Gegner antiker Mythologie treffen.

G i f t 10 927: Gabe.

G i l d e 9959: mittelalterliche Zwangsvereinigung von Handeltreibenden.

g l e i s n e r i s c h 11 693: von gleißen (ahd. glîzan, mhd. glîzen), glänzen, leuchten, mit dem Nebensinn des trügerischen Scheins; heuchlerisch; unter freundlichen Gebärden feindliche Gesinnung verbergend.

G l o r i e 11 676: lat. gloria, Glanz; Ruhm, Ehre, Schein, hier ausgehend von der Gottheit. Vgl. Aureole*.

G n o m 5840, 5898: zurückgehend auf das verlorene griech. gē-nomos, Erd-Bewohner; Erdmännlein.

G r a i e n 8735: von griech. graia, die Alte, alte Frau. Die zwei oder drei Schwestern der Gorgonen; Sinnbilder des Alters. Vgl. Phorkyaden* und Perseus*.

g r a n d i o s 10 160: ital., großartig.

G r a s a f f 3521: mhd. grâzen, sich anmaßend, übermütig gebärden. Vgl. Marianne Winder, A Note to Faust 3521. In: GLL 7 (1953,4) S. 296. Goethe braucht diesen Frankfurter Ausdruck gern in bezug auf das unruhig lebhafte Wesen von Kindern und jungen Mädchen. Vgl. zu 3313.

G r a u s 6551, 7802: mhd. grûz, Getreidekorn, Steinkorn, Steingeröll, Steinschutt. Ob 5422 und 7045 auch hierher gehören oder ob Goethe dort Grausen, Grauen meint, ist zweifelhaft.

g r a v i t ä t i s c h vor 6685:

von lat. gravis, schwer, gravitas, Schwere; ernsthaft, feierlich, würdevoll; hier: mit gemachter Würde.

G r a z i e n 5299 ff., 8137: lat. Gratiae (griech. Charites). Töchter des Zeus, Göttinnen der Anmut und der geselligen Freude. Hesiod in seiner Theogonie nennt drei: Euphrosyne (festliche Freude), Aglaia (festlicher Glanz) und Thalia (blühendes Leben). Hederich* unterscheidet ihr Wesen als Geben, Empfangen, Danken. Goethe nennt die zweite Hegemone, vielleicht um eine Verwechslung mit der Muse Thalia zu vermeiden.

G r e g o r VII., Hildebrand, Papst, 1020–1085; bekämpft Simonie und Priesterehe. Gegner Kaiser Heinrichs IV. (vgl. S. 11).

G r e i f 7083, 7093 ff., 7582 ff., 10 625 ff.: griech. gryps; lat. gryphus, gryps. Sagenhaftes Tier mit Löwenkörper, Adlerkopf und Flügeln, wohnend im Nordosten der Welt. Die Greife waren Hüter unermeßlicher Goldschätze, um die die benachbarten Arimaspen* zu Roß mit ihnen kämpften, und galten als altkluge, langweilige, absprechende Sonderlinge (Herodot).

G r e t c h e n : Siehe vor 2605.

G r i e ß 7540: ahd. grioz, mhd. griez; grobkörniger Sand, Schutt.

G r i l l e , g r i l l e n h a f t 1100, 4253, 4293, 4363, 4959, 5371, 10 197: Heuschrecke; Laune, launenhaft.

g r u n e l n 8266: Von Goethe gern gebraucht für den Duft des Pflanzenwuchses nach Gewitterregen. Homunkulus hofft für sich auf solches Wachstum.

G u e l f 4845, 10 772: ital Name für Welf, ein Junges wilder Tiere; Name eines altdeutschen Herrschergeschlechts; mittelalterliche Partei, die sich den Bestrebungen des Kaisers und seiner Anhänger, der Ghibellinen*, entgegenstellte.

G ü t c h e n 5848: auch Gütel, von gut, befreundet; bergmannsartig gekleidete Zwerge.

H a d e s 9121, 9971: griech.; lat. P l u t o *. Sohn des Kronos und der Rhea*, Herrscher der Unterwelt zugleich mit seiner Gemahlin Persephone*; in seiner Gewalt sind die Seelen der Verstorbenen ohne Hoffnung auf Rückkehr zum Tageslicht.

H a g e s t o l z 3092; eigentlich Hagbesitzer; im Gegensatz zum Hofbesitzer, der den ›Hof‹ geerbt hatte, unselbständig und darum meist ehelos; hier: alter Junggeselle.

h ä n s e l n 6741: wie einen Hans (Hansen*), also wie einen Tölpel behandeln.

H a n s e n 7711: Mehrzahl zu Hans, dieses allgemein im Sinne eines Tölpels. Vgl. zu 2727.

H a r p y e 8819: griech. Harpyia, von harpazo, ich raffe. Göttin des raffenden Sturms. Nach später Sage geflügelte Mißgestalten, Vögel mit Mädchenoberleib. In der Argonautensage Plagegeister des blinden thrakischen Königs Phineus, dem sie die Speisen ver unreinigten.

H e b e 7392: griech.; lat. Iuventas; Tochter von Zeus und Hera, Sinnbild der ewigen Jugend, schenkt als Dienerin den Göttern Nektar ein.

H e d e r i c h , Benjamin: Gründliches mythologisches Lexikon. 2. Aufl. von Johann Joachim Schwabe 1770. Von Goethe u. a. für die *Klassische Walpurgisnacht* viel benutzt.

H e g e m o n e 5301: Vgl. Grazien*.

H e i n r i c h 3414: Siehe vor 2605.

H e i n r i c h 7681: Ein langgestreckter, mauerähnlicher Fels auf dem Brocken heißt Heinrichshöhe.

H e k a t e 7905: lat.; griech. Hekate; Titanin mit verschieden angegebener Herkunft. Im Zusammenhang mit den orphischen Gottesdiensten teils öffentlich und teils geheim verehrt, erscheint sie als eine mystische Gottheit; vereinigt mit Demeter, Persephone*, Rhea*, Kybele; oft auch als nächtlichgespenstische Zaubergöttin. Dargestellt mit drei Gesichtern oder Köpfen, gilt sie als Mondgöttin, heißt aber in den 3 Reichen verschieden: am Himmel Luna*, auf Erden Diana*, in der Hölle Hekate oder Proserpina* (Hederich*). In Goethes Besitz befand sich P. v. Köppen, »Die dreigestaltige Hekate und ihre Rollen in den Mysterien«, 1823.

H e l e n a 2604, 6184, 6479 ff., 7196, 7405 ff., 3. Akt 8488 ff.

(Goethe betont 2604, 6197, 10 050 Hélenén), lat.; griech. Helene. Tochter des Zeus* und der Leda*, der Gemahlin des lakedämonischen Königs Tyndareos*. Als Jungfrau von Theseus* nach Aphidnä entführt, von ihren Brüdern, den Dioskuren* Kastor und Pollux, zurückgeholt; mit dem Spartanerkönig Menelaos* vermählt und durch ihn Mutter der Hermione; von Paris* nach Troja entführt und dadurch Veranlassung zum Trojanischen Kriege; nach dem Tode des Paris Gattin des Deiphobos*; kehrt nach der Zerstörung Trojas und achtjähriger Irrfahrt wieder als Gattin des Menelaos nach Sparta zurück. – Nach ihrem Tode lebte sie der Sage nach auf Leuke, der Insel der Seligen, als Gattin des gleichfalls abgeschiedenen Achill*.

In Sage und Puppenspiel begehrt Faust in seinem Übermut Helena als die schönste Frau. Goethes Plan aus der Frankfurter Zeit ließ Helena auf deutschem Boden erscheinen; so auch noch nach dem Plan der 90er Jahre. Erst im Sommer 1825 entschied er sich für Sparta. Das Bild im Zauberspiegel der Hexenküche 2429 ff. ist noch nicht Helena selbst, es ist nach 6495 nur eine sinnliche Vorstufe für Fausts Verlangen nach höchstem Genuß. In der Geisterbeschwörung 6479 ff. tritt Helena nur als Scheinbild auf. Im 3. Akt 8488 ff. dagegen haben wir sie uns als wirklich ins Leben zurückgekehrt zu denken. Hier ist sie der Inbegriff höchster Schönheit, durch die Faust von seinem Titanismus zu edelstem Maß geläutert wird und deren Erinnerung noch (9952 ff.) ihn »*über alles Gemeine*«, d. h. Alltägliche, hinaus zu erheben imstande ist. Das zu veranschaulichen, verwandte Goethe nicht mehr deutsche Rhythmen, sondern das antike Versmaß, überhaupt die Form des antiken Dramas. Diese geht erst mit der Vermählung von Faust und Helena ins Deutsch-Romantische über.

H e l i o s 8285, 10 022: griech.; lat. Sol, Sonnengott; Sohn des Titanen Hyperion und der Theia; fährt täglich in seinem von feuerschnaubendem Rossegespann gezogenen Sonnenwagen von Osten über den Himmel nach Westen und kehrt nachts zu Schiff längs der Nordhälfte der Erde nach Osten zurück, wo er einen prächtigen Palast hat.

H e l l a s 7743, 9634: ursprünglich eine angeblich von Hellen gegründete Stadt in Thessalien, später ganz Griechenland.

H e l l e b a r d e 4741: Lanze, verbunden mit Axt und Haken.

H e l m o n t , Franziskus Merkurius van (geboren 1618, gestorben 1699 bei Berlin), schrieb »Paradoxal-Discurse oder ungemeine Meinungen von dem Macrocosmo* und Microcosmo*« (deutsch Hamburg 1691); seine Weltanschauung gemischt aus medizinischen,

naturphilosophischen und mystischen Elementen. Vgl. S. 86.

H e n n i n g s 4307–18: August von (1746–1826), dän.-holst. Staatsmann, Bruder von Sophie Reimarus. Herausgeber der Zeitschrift »Genius der Zeit« (1794–1800) und »Genius des neunzehnten Jahrhunderts« (1800–02). 1798 und 1799 veröffentlichte er unter dem Titel »Der Musaget. Ein Begleiter des Genius der Zeit« in sechs Heften zeitgenössische Gedichte und Essays, in denen u. a. Dichtungen Goethes herabgesetzt werden, wie »Hermann und Dorothea« und »Wilhelm Meisters Lehrjahre«. Dazu H. Moenkemayer in: Goethe XXIII (1961) S. 299–325.

H e p h ä s t o s 9672: griech. Hēphaistos, lat. Vulcanus; Sohn des Zeus und der Hera, versinnbildlicht die Naturkraft des Feuers, zumal des vulkanischen; gilt als kunstfertiger Schmied, der nach späterer Sage seine Feueresse (den Schornstein) im Ätna hat.

H e r a k l e s 8849: griech. Hēraklēs, lat. Hercules. Als Ur- und Idealbild der Kraft und Schönheit oberster Volksheld der Griechen. Sohn des Zeus mit Alkmēnē, der Gattin des Amphitryon; vollführte die schwersten Arbeiten, reinigte, z. T. im Dienste seines Oheims (nicht Bruders 7389) Eurystheus, die Welt von Ungeheuern und wurde zuletzt in den Olympos und damit zur Unsterblichkeit erhoben. Im Dienst von Frauen (7390) hat Herakles z. B. gestanden bei Omphalē, der Königin von Lydien, wo er in weiblichen Kleidern Wolle spann, und als Gatte der Megara, der Tochter des Königs von Theben, sowie später der Deïanīra, der Tochter des Aitoler-Königs Oineus.

Heraklit aus Ephesus, griech. Philosoph um 500 v. d. Z., lehrt das ewige Werden und Vergehen aller Dinge (»Alles fließt«), das aber von der Weltvernunft beherrscht ist. Vgl. zu 8225.

Herkules 7198, 7381 ff.: Siehe Herakles.

Hermaphrodit, hermaphroditisch, 8029 8256: griech. Hermaphroditos; sagenhafter Sohn des Hermes und der Aphrodite. Auf Bitten einer ihn ohne Gegenliebe liebenden Nymphe verbanden die Götter ihren Leib so mit dem seinen, daß ein Doppelwesen entstand, das halb Mann, halb Frau war. Dann allgemein für Menschen mit männlichen und weiblichen Eigenschaften sowie für Zweigeschlechtigkeit.

Hermes 7384, 9117, 9644 bis 9678: griech. Hermēs, lat. Mercurius; Sohn des Zeus und der Maja. Götterbote, Gott der Erfindungen, der Leibesübungen, der klugen Rede, auch Herden-, Weidegott, Totenführer auf dem Weg zur Unterwelt. Bereits bei der Geburt im Vollbesitz geistiger Gaben: »Da er kaum geboren war, so stahl er dem Neptun den Dreizack, dem Mars den Degen aus der Scheide, dem Apollo Bogen und Pfeile, dem Vulkan die Zange, dem Jupiter selbst das

Zepter; und wenn er sich nicht vor dem Feuer gefürchtet hätte, so würde er ihm auch den Blitz entwendet haben. An ebendem Tage, da er geboren war, forderte er den Kupido auf die Ringkunst heraus, zog ihm die Beine unten hinweg und bezwang ihn also glücklich; und da Venus ihre Freude darüber hatte und ihn daher auf den Schoß nahm, so entführte er ihr den Gürtel« (Hederich*).

Hermīone 8859: griech. Hermionē; Tochter des Menelaos* und der Helena*.

Heroine 6202, 10 186: Weibliches Gegenbild zu Heros. Heroen waren Idealhelden der Vorzeit, die, meist aus der Verbindung von Göttern mit Menschen hervorgegangen, in ihrer übermenschlichen Kraft und ritterlichen Gesinnung eine Art Mittelwesen zwischen Göttern und Menschen darstellten.

hinräkeln 6468: in ungeziemender Weise sich hinlegen.

Hiob 11 809: wurde auf Satans Veranlassung von der Fußsohle bis zum Scheitel mit bösartigem Geschwür befallen. Vgl. Hiob 2,7.

Hippokamp vor 8275: griech.-lat. Hippo-campus. Sagenhaftes Seepferd mit Vorderhufen und Delphinschwanz. In der Zoologie das bekannte ›Seepferdchen‹, ein Fisch mit pferdeähnlichem Kopf und Wickelschwänzchen.

Hoffnung 1199: Hoffnung in der Osterstimmung aus der Sehnsucht nach religiöser Offenbarung. – 1064: Skepsis gegen Wagners flachen Optimismus: »O glücklich, wer noch hoffen kann, / Aus diesem Meer des Irrtums aufzutauchen.« – 1605: »Fluch sei der Hoffnung! Fluch dem Glauben, / Und Fluch vor allen der Geduld.« – 4704: »So ist es also, wenn ein sehnend Hoffen / Dem höchsten Wunsch sich traulich zugerungen.« Fausts Streben wird immer wieder zurückgestoßen und auf das ›Hier‹ verwiesen. – 5441 ff.: »Klugheit. Zwei der größten Menschenfeinde, / Furcht und Hoffnung, angekettet, / Halt ich ab von der Gemeinde; / Platz gemacht! ihr seid gerettet.« – 640–643: »Wenn Phantasie sich sonst mit kühnem Flug / Und hoffnungsvoll zum Ewigen erweitert.« – 10 292: »Mephistopheles. [...] der Lebende soll hoffen.«

Hokuspokus 2307: Taschenspielerwort; vielleicht absichtliche Entstellung der als Zauberformel gefaßten Wandlungsworte aus der katholischen Messe: »hoc est corpus meum« (das ist mein Leib).

Homunculus 6879 ff.: von lat. homo, Mensch; homunculus, Menschlein. Der künstliche Mensch, wie ihn die Alchimisten des 16. Jh.s zu erzeugen suchten. Paracelsus* »De generatione rerum naturalium«, 1616: Mannessame wird in verschlossenem Kolben putrefiziert (in Fäulnis gebracht), bis man ihn sich lebendig regen sieht. Es entstehen homunculi, ungefähr einem Menschen gleich, doch durchsichtig, körperlos, mit wunderbaren geheimen Kenntnissen begabt, kräftig und tätig wie Elementargeister; denn dem künstlich Erzeugten ist die Kunst eingelebt und angeboren. Dagegen J. Praetorius, »Anthropodemus Plutonicus«, 1666, im Kapitel »von Homunkulis und chimischen Menschen«. Goethe macht den Homunculus seit 1826 zum Vermittler zwischen Mephisto und den griech. Heroen, gibt ihm den Drang nach Tätigkeit und Entstehen (vgl. 8132 f., 8246), sowie die stufenmäßige Entwicklung nach morphologischen Grundsätzen (vgl. 8152 f., 8252, 8320–26). So bildet er (als reine Entelechie vor ihrer Verkörperung) mit seinem Instinkt für die Bedeutung der griech. Schönheit, die ihn erotisch anzieht, eine Parallele zu Fausts Erlösung durch die Liebe (während Fausts Entelechie nach der Entkörperung). In den V. 8320, 8468, 8473, 8479 bis 8483 ist die Hochzeit der Elemente deutlich ausgesprochen; Proteus*, der seine Gestalt gern wandelnde Gott, hat Homunculus zur Umgestaltung, zum Wagnis der Metamorphose* verführt (vgl. zu 1, 6287 f.).
Otto Höfler sieht in Homunculus eine Karikatur des Gelehrten August Wilhelm Schlegel.

honorieren 6089: von lat. honor, Ehre; Honorar, Ehrensold; Honoration, Beehrung, doch auch Annahme und Einlösung eines Wechsels; hier: durch Bargeld einlösen.

Horen 4666: von griech.

hōra, Jahreszeit, Tageszeit; Göttinnen der Naturordnung, auch Göttinnen der Jahreszeiten, deren man früher drei, später vier annahm; als Dienerinnen des Zeus öffnen und schließen sie den Himmel.

I b y k u s 7660: lat.; griech. Ibykos; griech. lyrischer Dichter aus Rhegion in Unteritalien (um 528 v. d. Z.); wurde auf dem Wege zu den Isthmischen Spielen von Räubern erschlagen; der Mord wurde aber durch Kraniche ans Licht gebracht. Vgl. Schillers Ballade »Die Kraniche des Ibykus«.

I d e a l i s t 4347: von griech. idea, Aussehen; äußere Erscheinung, Urbild, Idee, Plan. Der erkenntnistheoretische Idealismus ist eine philosophische Richtung, vertreten durch Kant, nach der die Grundformen unserer Erkenntnis, die des Anschauens und Denkens, aus unserem Geiste stammen, also nicht gleich der Empfindung von außen her aufgenommen werden. Fichte vertrat den absoluten Idealismus, der außer Anschauen und Denken auch die Empfindung für eine bloße Vorstellung (Idee) des Ichs erklärt. Nach ihm würde also die ganze Welt nur eine Vorstellung, ein willkürliches Erzeugnis des Ichs sein.

I d o l 4190, 8879: griech. eidōlon, Trugbild; Scheinkörper, seelenloses Schattenbild der Unterwelt.

I k a r u s 9901: lat.; griech. Ikaros. Sein Vater Daidalos machte sich und ihm zur Flucht aus dem Labyrinth künstliche Flügel. Entgegen der väterlichen Warnung nahm er den Flug zu nahe der Sonne. Das die Federn verbindende Wachs schmolz, und Ikarus stürzte ins Meer.

I l i o s 8119, 8630, 8700 ff.: griech. auch Ilion, lat. Troia. Hauptstadt der Landschaft Troas in Nordwestkleinasien, nahe der Küste des Hellespontes in der Ebene am Abhang des Ida. In homerischer Zeit Herrschersitz des Priamos. Dorthin entführte dessen Sohn Paris* die geraubte Helena*. Dorthin unternahm ihr Gatte Menelaos* mit griech. Helden einen Rachezug, der nach zehnjährigem Kampfe mit der Zerstörung Trojas endete.

I l s e 7680: Fluß im Harz; Person der Harzsage; siehe Ilsenstein.

I l s e n s t e i n 3968, 7680: Eine Felswand des Brockens.

I m a g i n a t i o n 3268: von lat. imago, Bild, Einbildung; hohes, die menschliche Erfahrung überschreitendes Denken, von Mephisto als etwas Krankhaftes, Sinnloses empfunden.

I m s e 7585, 7634, 7875, 7898: mundartliche aus Ämse oder Emse entstandene Nebenform für Ameise*.

I n c u b u s 1290: von lat. incubo, ich liege auf; ein Druckgeist, Alb (Alp) oder Nachtmar, der sich auf den Schlafenden wälzt und ihn drückt. Von Goethe mit dem Hausgeist Kobold gleichgesetzt.

I n i q u i t y 7123: engl., von lat. iniquus, unbillig, ungerecht; iniquitas, Unbilligkeit, Missetat, Bosheit, Laster. In den engl. Moralitäten Eigenname einer das Laster verkörpernden Frauengestalt, so noch in Shakespeares »Richard III.«, III,1. Gloster:

»Thus, like the formal Vice, Iniquity,
I moralize two meanings in one word.«
(So wie die Verkörperung der Sünde, das Laster, so deute ich in ein Wort immer zwei Meinungen.)

i n k o g n i t o 4062: ital., von lat. incognitus, unbekannt, unerkannt; Personen von hohem Rang und Stand reisen gern in anderer Kleidung und unter anderem Namen, um vom Volk nicht erkannt zu werden.

i n k o m m o d i e r e n 3081: von lat. commodus, bequem; Unbequemlichkeit machen, belästigen.

I n t e r m e z z o vor 4223: ital.; von lat. inter, zwischen, und medium, Mitte; kurzes, selbständiges Zwischenspiel in der Musik und auf der Bühne.

I n t u i t i o n 3291: von lat. intueor, ich schaue an, betrachte; Anschauung, Betrachtung, zumal das ahnende Erfassen des Übersinnlichen.

I o n i e n 9633: griech. Iōnia, lat. Ionia; Landschaft an der Westküste Kleinasiens. Von hier aus erfolgte die Einwanderung der Ionier auch nach Attika und verschiedenen Inseln, später auch nach Lydien. Die Ionier galten als die geistig empfänglichste und tätigste der griechischen Stämme.

I ō t a 2000: Der kleinste griech. Buchstabe ›i‹. Bei dem altchristlichen Streit, ob Christus Gott wesensgleich (homousios) oder wesensähnlich (homoiusios) sei, trennte tatsächlich ein Iota die Geister.

I r r l i c h t 3855 ff.: Nächtliche Lichterscheinung infolge der Selbstentzündung von Gasen, häufig in der Umgebung von Sümpfen.

i s o l i e r e n 4033: lat., vereinzeln, absondern.

J a s o n 7374: griech.; Sohn des Königs Aison von Jolkos, erzogen durch den Zentauren Chiron*, erhält von König Pelias den Auftrag, aus Kolchis das Goldene Vlies zu holen, was er als Führer der Argonauten* auch ausführt.

J o u r n a l 116: frz., Zeitschrift.

J u d e x : Siehe zu 3813.

j u d i z i e r e n 2254: von lat. iudicāre, richten; zu Gericht sitzen, urteilen, rezensieren.

J u g e n d f l o r 8392: von flos, floris, die Blume; Jugendblüte.

J u n o 7999, 10 050: lat.; griech. Hēra. Älteste Tochter des Kronos und der Rhea*, als Schwester und Gemahlin des Zeus* die erhabenste aller Göttinnen, Schützerin der Ehe.

J u p i t e r 4961, 7568: lat.; griech. Zeus*. 1. Sohn des Kronos und der Rhea*, der mächtigste und schönste Gott der Griechen bzw. Römer, Vater der Götter und Menschen. – 2. Der größte und schönste der sieben Planeten.

j u s t 7677: von lat. iustus, gerecht, behaglich; gerade.

K: Vgl. auch C und Z.
K a b b a l a : hebr., Überlieferung; angeblich von Gott an Moses gegebene, seit dem 3. Jh. aufgezeichnete und im Mittelalter als magische Geheimlehre weiterentwickelte Offenbarung über die Weltgeheimnisse.
K a b i r e n 8074 ff., 8170 bis 8226: griech. Kabeiroi, Kabiroi; wohl verwandt mit hebr. gebîrîm, die Gewaltigen, Großen. Eine Einheit von sieben oder acht phönizischen Gottheiten, dargestellt als unfertige Knaben oder als Krüge mit Menschenköpfen nach Art der ägyptischen Kruggötter (vgl. 8220). Nach Herodot (II,51) hat Samothräke die Mystik der ägyptischen Kabiren von den pelasgischen Ureinwohnern übernommen. In hellenistisch-römischer Zeit waren ihre Geheimkulte neben den eleusinischen die bedeutendsten. Sie galten als menschenfreundliche Wesen, Spender der Weinernte, Schützer der Seefahrer. Indem Goethe sie von den Nereïden* zum nächtlichen Feste herbeiholen läßt, will er andeuten, daß in dieser Nacht auch Meeresfrieden herrscht, so daß die Kabiren niemandem in Seenot beizustehen brauchen. Übrigens läßt Goethe die Kabiren nicht selbst sprechen, sondern nur von andern besprechen. – Zu Goethes Zeit wurde ihr Wesen mannigfach geheimnisvoll gedeutet, so von Creuzer, »Symbolik und Mythologie der alten

Völker«, 1811, und von Schelling, »Über die Gottheiten von Samothrake«, 1815. Bei Creuzer findet sich der Übergang von der Zweizahl, Dreizahl, Vierzahl zur Siebenzahl und Achtzahl. Er bringt sie auch mit den sieben Wandelsternen in Verbindung und gesellt ihnen in Phthas einen achten als Vater zu (vgl. 8198). Schelling sieht in den Kabiren eine Reihe aufsteigender göttlicher Wesen, die sich in Zeus als oberstem auflösten. Creuzers Untergott Kadmilos ist ihm der künftige, die drei andern überragende Weltgott (vgl. 8188). Wie mit den olympischen Göttern, so verbindet er sie auch mit Begriffen und setzt z. B. Axieros sowohl mit Ceres als auch mit der »verschmachtenden Sehnsucht« gleich (vgl. 8204).
K a l e n d e r e i 4974: Kalendermacherei, meist mit Voraussagen verknüpft, die natürlich selten eintreten.
k a n n i b a l i s c h wohl 2293: von Kannibale, Menschenfresser; so wohl, wie sich Kannibalen nach ihrer Mahlzeit befinden.
K a p i t e l 10 266: von lat. capitulum (Verkleinerungsform von caput, Haupt); Stift, Stifts- oder Domherrenversammlung.
k a r e s s i e r e n 845: frz. caresser, liebkosen; von lat. carus, lieb.
K a r f u n k e l 6826: mhd. karbunkel, von lat. carbunculus, kleine Kohle; roter Granat, Edelstein.

Karneval 5060: von Goethe sächlich gebraucht. Ursprünglich zusammengezogen aus keltisch carn, Hügel, und wales, altkeltisches Fest; ins Christentum übertragen als carnelevarium und gedeutet: »ubi carne levatur« (wo das Fleisch erleichtert wird), wo man sich des Fleischgenusses enthält, dann ›Fleischabschied‹; die besonders ausgelassen gefeierte Zeit vor Beginn der Passionsfasten.

Karyatide 7545: griech., auch Kanephoren genannt. Kopfträgerinnen; Jungfrauen, die im heiligen Festzug einen Korb mit Opfergaben usw. auf dem Kopf trugen. Wegen des dadurch bedingten aufrechten Ganges von der bildenden Kunst als Gebälkträgerinnen verwendet. Hier auf Seismos*, den Erreger des Erdbebens, angewendet, weil er mit seinen Schultern die Erdoberfläche emporwölbt.

Kaskaden 10 166: ital., stufenförmiger Wasserfall.

Kastor 8500, 8852: Siehe Dioskuren*.

Kasus 1324: lat. casus, der Fall.

katechisieren 3523: Vgl. Katechismus, ein Lehrbuch in Frage und Antwort; ausfragen; hier: abfragen nach der Kenntnis des Katechismus und damit also nach dem Glauben.

Katheder 6649: griech. kathedra, Sitz, Lager; Lehrstuhl des Hochschullehrers.

Kavalier 2511: frz. cavalier, Reiter, Edelmann.

kebsen 9057: von ahd. kebisa, mhd. kebse, Nebenfrau (Nibelungenlied 796, 3); zum Kebsweib, zur Geliebten machen; hier: heiraten, doch mit verächtlichem Nebensinn.

kielkröpfig 6200: von Kielkropf (erst nhdt., Herkunft unsicher), teuflischer Wechselbalg mit kielartig sich verschiebendem Kropf, Kinder von Teufeln und Hexen.

Kindesmörderin (vgl. Ernst Beutler: Essays um Goethe. Leipzig 1941. Sammlung Dieterich Bd. 101, S. 98–114): Susanna Margaretha Brandt, deren Vater und Bruder Soldaten waren, diente als Magd im Gasthaus zum Einhorn und wurde am 14. Januar 1772 als Kindesmörderin enthauptet. Goethe, der sich in seiner 55. Disputationsthese mit dem Strafmaß für Kindesmörderinnen auseinandergesetzt hatte, fand Frankfurt, das damals 36 000 Einwohner zählte, wegen des Kriminalfalles in großer Erregung. Seine nächste Umgebung war beruflich durch den Prozeß in Anspruch genommen. Als er sich Ende August als Rechtsanwalt in der Heimatstadt niederließ, war die 25jährige Brandt seit vier Wochen im Turm der alten Katharinenpforte eingekerkert, 200 Meter neben Goethes Wohnhaus. Sein Anwaltskollege und späterer Schwager Dr. Johann Georg Schlosser überreichte dem Magistrat die Antwort des Henkers auf die Anfrage des als Schöffe die Untersuchung mitleitenden Johann

Jost Textor (des Bruders von Goethes Mutter), ob die Exekution mit einem Streich ausgeführt werden könne. Dr. Metz, Hausarzt der Klettenberg, hatte vier Jahre zuvor den jungen Goethe geheilt und wurde jetzt – wie bald darauf auch der Hausarzt der Familie Goethe, Dr. Burggrave – zur ärztlichen Betreuung der Angeklagten gerufen. Er hatte vier Jahre zuvor den jungen Goethe in Magie und Alchimie eingeführt. Die Angeklagte wurde vom 8. bis 12. Oktober auf dem Römer verhört und gab an, ein reisender Goldschmiedegeselle habe sie verführt mit Hilfe eines Mittels, das er dem Weine beigemischt habe. Das am 1. August geborene Kind »wegen der Schande und des Vorwurfs der Leute« zu töten, habe sie der Teufel angestiftet. Joh. Henrich Thym, der von 1756–65 Goethes Hauslehrer gewesen war, hatte als Schreiber beim Kriegszeugamt den Steckbrief ausgefertigt, als die Unglückliche unmittelbar nach der Tat aus der Stadt geflohen war; am 3. August wurde sie ergriffen und am 11. Januar das Urteil verkündet, drei Tage vor der Hinrichtung, für die die Frankfurter Garnison mobilisiert war. Die Prozession durch die Stadt zum Richtplatz dauerte eine Stunde und wurde nach mittelalterlichem Zeremoniell vollzogen. Eine Teilabschrift der Prozeßakten mit einer eigenhändigen Registraturbemerkung Johann Caspar Goethes fand Beutler in dessen

Nachlaß im Goethehause. Dieser Auszug stammt von Liebhold, dem Goethe im 17. Buche von »Dichtung und Wahrheit« eine sehr schöne Handschrift nachrühmt und als nützlichem Helfer seiner Anwaltskanzlei ein schönes Denkmal setzte.

Das Thema ›Kindesmörderin‹ gehörte in dieser Zeit zu den aktuellsten Fragen, es wurde nicht nur von Juristen, sondern auch von den Dichtern der Zeit häufig behandelt. Goethe beschuldigte seinen Straßburger Bekannten Heinrich Leopold Wagner, der 1774 als Advokat nach Frankfurt kam, wegen dessen Trauerspiel »Die Kindermörderin« 1776 des Plagiats. Der Jurist Gottfried August Bürger behandelte das gleiche Motiv in seiner Ballade »Des Pfarrers Tochter von Taubenhain« und der junge Schiller in seinem Gedicht »Die Kindesmörderin«.

k l a s s i f i z i e r e n 1945: lat., nach Gruppen unter verschiedenen Gesichtspunkten einordnen.

K l a u s e 10 372: von lat. clausus, geschlossen; mhd. klûsa, Abgeschlossenheit, Einsiedelei; aber auch Felsspalte, Engpaß.

K l o t h o 5317: Siehe Parzen*.

K l u b 4035: engl., gesellige Vereinigung.

K l y t ä m n e s t r a 8499: griech. Klytaimnestra, Klytaimēstra; Tochter des Tyndareos*, später Gattin des Agamemnon, Königs von Mykēnā.

K n i e b a n d 4064: Hosen-

band; höchster engl. Orden, ge-
stiftet 1350; dunkelblaues Samt-
band, mittels goldener Schnalle
unterm linken Knie befestigt.
Kennwort: »Honi soit qui mal
y pense« (ein Hundsfott, wer
Arges dabei denkt).
K n i t t e l v e r s : Volkstümlicher Vierheber mit freier Füllung der Senkung in Auftakt
und Innentakten, wie fast alle
deutschen Volksballaden und
Volkslieder. Meist paarweise
gereimt, doch im Rhythmus
und Reim sehr frei. Im 16. Jh.
(Hans Sachs) weit verbreitet,
seit der Opitzschen Poetik aus
der Literatur der Gebildeten
verdrängt und auf volkstümliche Poesie beschränkt. Die
Entdeckung nationaler bürgerlicher Tradition im deutschen
Mittelalter führte den jungen
Goethe und seine Generation
zu einer literarischen Aufwer-
tung des Volksliedes und auch
des Knittelverses. Bei Goethe
vor allem in »Hans Sachsens
poetische Sendung« und im
»Urfaust«; neben Wieland und
Zachariae bei Schiller in »Wal-
lensteins Lager« und Gerhart
Hauptmanns »Festspiel in deutschen Reimen« (vgl. S. 141).
K o b o l d 1276 ff.: mhd. ko-
bolt, Erdgeist; auch Hausgeist,
wie die Wichtelmännchen, Pygmäen*, Gnomen* oder Inkuben
(Einzahl: Incubus*), oft hilf-
reich, oft auch bösartig.
k o h o b i e r e n 6325, 6853:
alchimistisch gebraucht vom
wiederholten Abziehen von
Flüssigkeiten; durch wiederholte Destillation klären.
K o l b e n 6852: keulenartig

geformtes Glasgefäß; der glä-
serne venter equinus (Pferde-
bauch) des Paracelsus*, der
zum Mischen und Erhitzen che-
mischer Bestandteile verwendet
wurde.
k o l o n i s i e r e n   11 274:
von lat. colonia, Ansiedlung;
in unbewohnten Gegenden
Menschen ansiedeln.
K o l o n n e vor 9446: ital.,
von lat. columna, Säule; Hee-
ressäule, -zug.
k o l o s s a l vor 7104: von
griech. kolossos, Riesenstand-
bild; riesengroß.
K o m m a n d o 4814: ital.,
Befehl, Befehlswort.
k o m m e n t i e r e n   nach
10 038: von lat. commentarius,
Denkbuch, Tagebuch; dann Er-
klärungsbuch, Auslegung; erklären, erläutern.
K o m p l i m e n t 216: frz.
compliment, Höflichkeitsbezei-
gung.
k o m p o n i e r e n 6851: lat.
componere, zusammensetzen.
k o n f u s 10 724: lat. confu-
sus, vermischt, verwirrt, ver-
stört.
K o n t r i b u t i o n   10 828:
von lat. contribuo, teile zu;
steuere bei; Beisteuer, Kriegs-
steuer. Diese ist in Wahrheit
auch eine Beraubung der Bevölkerung des Kriegsgebiets.
K o n v e n t i k e l 4330: von
lat. conventus, Zusammenkunft; conventiculum, Zusammenkunft kleineren Umfangs;
Winkelversammlung, Winkel-
verein.
K o r i n t h u s 9466: Hafen-
stadt zwischen Peloponnes und
Mittelgriechenland.

K o t h u r n nach 10 038: griech. kothornos. Ursprünglich hoher, bis zur Mitte des Beins reichender Jagdstiefel. Seit Aischylos Fußbekleidung der tragischen Schauspieler, die dadurch ein übermenschlich großes Aussehen erhalten sollten.

k r a l l 7887: mit Krallen versehen, scharf, spitz.

K r e a t u r 2882, 6289, 7004: von lat. creatura, Geschöpf.

k r e i ß e n 7534: mhd. krîzen, scharf schreien, stöhnen, kreischen; besonders in bezug auf Frauen vor und bei dem Gebären. Hier bezogen auf Leto, als sie im Begriff ist, Mutter von Artemis und Apollo zu werden.

K r e t a 8860, 9630: die größte der griech. Inseln, das Ägäische Meer im Süden abschließend. Dort herrschte Katreus (oder Kreteus). Eine seiner Töchter, Aëropē, wurde die Gattin des Atreus und durch ihn Mutter des Menelaos*. Dieser zog nach seines Großvaters Tod nach Kreta, um sich mit den Miterben ins Erbe zu teilen.

K r i b s k r a b s 3268: gebräuchlich Kribbes Krabbes, verworrenes Gerede, Ergebnis von Wahnvorstellungen; seit dem 17. Jh. gern gebraucht von gelehrtem, wie Zauberformeln klingendem Kauderwelsch.

k r i s t a l l i s i e r e n 6860: sich zum Kristalle oder nach Art der Kristalle bilden durch Ansetzen von außen her, nicht durch Entstehen von innen heraus. Vgl. organisieren*.

K r i t t e l 1559: volkssprach-

liches Hauptwort zu kritisieren (bereits 17. Jh. gritteln); zersetzendes Bezweifeln und Nörgeln.

K r o n e 6161: von lat. corōna, Kranz, Krone; ein mit einer Krone versehenes Geldstück.

K u m p a n 6311, 7136: von mlat. companio, von panis, Brot: Brotgenosse; Gefährte.

K u p i d o 2598: Siehe Cupido*.

k u r t e s i e r e n 3556: frz. courtoiser, den Hof machen; aus der volkstümlichen Sprache des 18. Jh.s.

K u s t o d 6134: lat. custos, Wächter, Hüter, Bewahrer.

K y p r i s 8146, 9677: griech.; Aphrodite–Venus*, benannt nach der in der Ecke zwischen Syrien und Kleinasien gelegenen Mittelmeerinsel Kypros (Cypern), wo die Meerschaum-Geborene ans Land gestiegen sein soll.

l a b o r i e r e n 6313: von lat. labor, Arbeit; arbeiten; dann auch: nach Art der Alchimisten im Laboratorium arbeiten.

L a b y r i n t h 5901, 9145: griech. labyrinthos, aus labrys, Doppelaxt; Kennzeichen des karischen Zeus; oder aus ägyptisch Lopa-rohun, d. i. Tempel an der Kanalmündung; ein ungeheures Gebäude mit vielerlei Gemächern; später jedes Vielerlei von Gängen und Kammern; hier Irrgang.

L a c e r t e 7774: lat. lacerta, Eidechse; so nennt Goethe in den Venezianischen Epigrammen (Nr. 68 und 69) die durch die Straßen huschenden Dirnen.

L a c h e s i s 5333: Siehe Parzen*.

L a k e d ä m o n 8547: griech. Lakedaimōn, Hauptstadt und Landschaft von Lakonika im Peloponnes, Sparta.

L a m i e n 7235, 7696 ff.: von lat. lamia, gewöhnlich in der Mehrzahl. Wandlungsfähige Gespenster der niederen Geisterwelt, »die nach Menschenfleisch und Blut sehr begierig gewesen und daher junge Leute durch allerhand Reizungen an sich zu locken gesuchet. Zu dem Ende nahmen sie dann wohl die Gestalt schöner junger Frauenspersonen an« (Hederich*). – Nach einem Entwurf Goethes vom 17. Dezember 1826 sollten sie ihre Verführungskünste nicht an Mephistopheles, sondern an Faust üben, und zwar ernsthaft, nicht wie jetzt humoristisch.

L a t w e r g e 1050: aus spätlat. electuarium, mhd. electuârje, lectquerje; dicker Saft; ›Arznei, die man im Munde zergehen läßt‹.

L a v a t e r 4323–4327: Joh. Kaspar (1741–1801), Pfarrer in Zürich. Mit seinen damals vielgelesenen schwärmerischen »Aussichten in die Ewigkeit« (1768 ff., 3, spätere Aufl. 4 Bände) setzt sich Goethe im Faust indirekt auseinander. Die pansophische* Tradition und die verschiedenen Formen christlicher Rechtgläubigkeit werden durch die Aufklärung bezweifelt. Vgl. 640/641, 765, 1660, 1747, 3217–34, besonders 11 441–447. Vgl. zu 4323 ff.

L e b e n s q u e l l 456, 563, 566 ff., 1200 f.: Dazu Robert Mühlher, »Der Lebensquell. Bildsymbole in Goethes Faust«. In: DVjs 1957 H. 1, S. 38–69. Vgl. zu 563.

L ē d a 10 050: griech.; Tochter des Thestios, Gemahlin des Tyndareos*, Königs von Sparta. Durch Zeus* (als Schwan) Mutter von Helena* sowie von Kastor und Polydeukes (Pollux).

L e g i o n 7028: von lat. legio, Heeresabteilung; etwa unserem Regiment entsprechend, dann auch allgemein Menge, Schar.

L e h n 10 306, 10 947: Lehen, Grund und Boden oder Rechte, die im Mittelalter der Lehnsherr dem Lehnsmann zur Nutznießung übergab.

L e i b n i z , Gottfried Wilhelm (geboren 1646 in Leipzig, gestorben 1716 in Hannover). Philosoph, Wissenschaftler, Staatsmann. Begründer der Monadenlehre: Die Welt ist aus unendlich vielen, in vorherbestimmtem Einklang stehenden unendlich kleinen, kraftbegabten Einheiten (Monaden*) aufgebaut (vgl. Einführung, 7. Bedeutung und Geltung).

L e i m e n w a n d 5011: von mhd. lîm, leim, leime, Leim, Kalk; viell. allgem. Klebstoff aus Erdmasse; Lehmwand.

L e m u r e n 11 512 ff.: lat. Lemures oder Larvae. Im Gegensatz zu den Laren, den freundlichen Geistern guter Verstorbener, die gequälten und andere quälenden, überhaupt ruhelosen Geister von verstorbenen bösen Menschen; als Skelett gedacht.

Als Goethe »Der Tänzerin Grab«, ein Relief bei Cumae, beschrieb, erwähnt er »die traurigen Lemuren, denen noch so viel Muskeln und Sehnen übrigbleiben, daß sie sich kümmerlich bewegen können, damit sie nicht ganz als durchsichtige Gerippe erscheinen und zusammenstürzen«.

Lernäische Schlange 7227: von griech. Lerna, einem Sumpfsee südlich von Argos. Dort hauste eine Schlange mit vielen Köpfen. Als Herkules ihr diese abhieb, wuchsen für jeden zwei neue, bis er ihr die Halsstümpfe mit glühenden Baumstämmen ausbrannte.

Lethe 4629, 6721, 8896: griech., Vergessen; Strom des Vergessens in der griech. Unterwelt. Aus ihm trinken die Seelen der Abgeschiedenen das Vergessen. Er durchströmt bei Dante das Purgatorio. Der alternde Goethe verwendet ihn gern bildlich.

Letten 7540: mhd. lette, Lehm, Ton.

Leu 1042, 8371: schon mhd. Nebenform zu Löwe.

1. Alchimistischer Ausdruck: das rötliche Quecksilberoxyd, Goldsamen; wurde als männlicher Samen betrachtet, auch als König bezeichnet.
2. Löwe als Begleiter des heiligen Markus und als solcher Wahrzeichen Venedigs.

Lilie 1043: alchimistischer Ausdruck für die weiße, aus Silber gewonnene Salzsäure.

Lilith 4119: Im hebr. Jes. 34,14 Name eines bösen Geistes; nach altrabbinischer Sage Adams erste Frau. Sie wurde erfunden zur Lösung des Widerspruchs zwischen 1. Mose 1,27, wo gleichzeitig mit dem Manne eine Frau geschaffen wird, und 1. Mose 2,21, wo Gott aus Adams Rippe eine Frau, Eva, bildet. Lilith trennt sich nach einem Streit mit Adam von ihm, gilt später als Geliebte des obersten Teufels und wird eine Buhlteufelin, die auch den Kindern nachstellt.

Litanei 11 469: von griech. litaneuo, ein bitte, von litai, Bitten, Gebet; Bittgesang, Klagelied.

Lohe 1317: ahd. loho, mhd. lohe, Flamme.

Lotto 2401: Goethe lernte in Italien die durch die Staatslotterie gesteigerte Spielwut kennen.

Löwentaler 3669: Silbermünze mit Löwenwappen böhmischer oder niederländischer Herkunft.

Lucifer 11 770: lat., Lichtbringer. Ein Engel, schön wie der Morgenstern, der aber von Gott abfiel. Dann Beiname des Teufels, des Fürsten der Finsternis. Im Urfaust 527. Vgl. Burdach in Euph 33, S. 62, und Grumach in Goethe XIV/XV (1952/53) S. 77 ff. Grumachs Zusammenfassung S. 106 f.: »Die Grundmotive von Prolog und Epilog gehören zum Bestand des ältesten Faustplans, der nach seinen Quellen bis in die Jahre 1769/70 zurückreicht. Nach diesem ältesten Plan ist

Mephistopheles, der im Prolog um die Erlaubnis bittet, Faust in Versuchung zu führen, in Übereinstimmung mit dem Volksbuch noch Lucifers Diener. Lucifer und seine Sippe nimmt damit den mit der Versuchung Adams begonnenen Kampf gegen Lucifers Rivalen, das ›Ebenbild Gottes‹, wieder auf und versucht, den Menschen von seinem himmlischen ›Urquell‹ zu trennen und ›mit sich herab‹ auf die Erde und in die Hölle zu ziehen. Der nach himmlischer Erkenntnis dürstende Faust wird von Enttäuschung zu Enttäuschung getrieben, bis er schließlich den Weg zu Lucifer findet, der ihm alles gibt, wonach er gesucht hat. Lucifer schenkt ihm das Wissen, das er einst von Gott empfangen, schenkt ihm ›die Wonne, die den Göttern nah und näher bringt‹, und besiegelt damit seinen Fall, der ebenso tief sein muß wie der eigene. (Vgl. die entscheidende Stelle bei Pfitzer, S. 612: »Solche Vermessenheit geriethe mir bald zum Bösen, und zu einem solchen Fall, der dem Lucifer widerfahren, da er aus Hoffart aus dem Himmel verstoßen worden.«) Die Versuchung Fausts setzt also die Versuchung Adams nicht nur fort, sondern bedient sich auch derselben Mittel: dort sendet Lucifer Satan als Schlange, die den Menschen verspricht (1. Moses 3,5): ›An dem Tage, da ihr davon esset, werden eure Augen aufgetan, und ihr werdet sein wie Gott.‹ Hier gibt Lucifer dem Menschen ein Wissen, das das nach Gottes Bilde geschaffene, das nur gottähnliche Wesen gottgleich macht, um damit den Sturz des Menschen zu vollenden und den letzten Rest seiner Gottähnlichkeit zu vernichten. Daß diese Analogie nicht zufällig, sondern beabsichtigt ist und Goethe Faust als ein neues Spiel von Adam geschrieben hat, beweisen nicht nur die V. 335 f. des Prologs, sondern auch die Schlüsselverse, die einmal den Schluß der Schülerszene bildeten, in der man seit langem eine Parallele zur Haupthandlung erkannt hat (vgl. Petsch zur Schülerszene, S. 650 und Krogmann, Untersuchungen, S. 55, Urfaust, S. 38): ›*Eritis sicut Deus, scientes bonum et malum. Folg nur dem alten Spruch von meiner Muhme, der Schlange, Dir wird gewiß einmal bei deiner Gottähnlichkeit bange.*‹ Die sich so aus *Prolog* und *Anfangsszenen* ergebende Linie läuft mit der noch aus der ältesten Gestalt der *Schlußszenen* erkennbaren Linie zusammen. Diese läßt Faust in der Hölle enden, aus der er durch den Sieg Christi über Lucifer befreit wird, um schließlich in einem himmlischen Gericht durch Christus begnadigt zu werden. Im Satansprozeß, der dem Himmelsgericht zugrunde liegt, klagt Satan gegen Christus, weil er die ihm verfallenen Seelen der Menschen aus der Hölle befreit hat. Das Hauptargument Satans ist, daß das Menschengeschlecht schon durch die Sünde Adams zu dauernder Verdammung in der Hölle verurteilt sei, der Haupteinwand Marias, daß der Mensch, weil Lucifer und seine Sippe von Gott zur Strafe in die Hölle gestürzt sei, nicht ebenfalls mit ewiger Höllenverdammung zu bestrafen wäre, denn Lucifer sei bei seinem Abfall im Besitz der Vollkommenheit gewesen, Adam aber schwach und verführbar und von Satan verführt worden. Der Mensch, der nach Gottes Ebenbild geschaffen, sei dadurch für Gottes Gnade bestimmt, zumal Christus seine Sünden schon gesühnt habe (vgl. die Zusammenfassung bei Burdach, a. a. O., S. 54). Das Grundmotiv der Gottebenbildlichkeit, auf dem dort die Versuchung Adams und Fausts durch Lucifer beruht, wird hier also im Munde Marias zu dem entscheidenden Argument für die Begnadigung des von Lucifer verführten Menschen: Gott läßt das nach seinem Bilde geschaffene Wesen nicht fallen. In der späten Fassung des Epilogs, die uns vorliegt, hat sich keines dieser Motive erhalten außer der Gnadenrolle Marias. Die frühen Prolog- und Epilogfragmente, die wir betrachtet haben, lassen uns wenigstens die Konturen des alten Planes ahnen: Faust sollte ein Spiel werden von der neuen Versuchung Adams, von dem letzten vernichtenden Anschlag Lucifers gegen den Menschen, der durch Christus gerettet wird.‹

Luder 7719, **ludern** 4280: mhd. luoder, Ablaut zu laden; Lockspeise, Schlemmerei; ein lockeres, ›lüderliches‹ Leben führen, possenhaft und unanständig auftreten. **Lüderlich**: Urfaust 480

Luna 4959, 6509, 7513, 7905: lat., griech. Selēnē. Mondgöttin, Tochter von Hyperion und Theia, Schwester des Helios*, später mit Artemis–Diana als Hekate* vermengt (vgl. Kerényi).

lupfen 4335: mhd. lüpfen, lupfen (nhd. verdrängt durch lüften, heben); losmachen und dann in die Höhe heben.

Lynceus 7377 f., 9218 ff., 9273–9355, 11 143–166, 11 288 bis 11 337: griech. Lynkeus, von lynx, Luchs: der Luchsäugige (9231); einer der Argonauten, dessen Sehschärfe sprichwörtlich wurde. Goethe verwendet seinen Namen in dreifacher Bedeutung: 1. wirklich als Steuermann der Argonauten (7377), 2. als Turmwächter im Helena-Drama (9218 ff.), 3. als Turmwächter im 5. Akt, der die Heimkehr der Schiffe und den Brand der Hütte meldet. Hier hat der Eigenname nur Gattungsbedeutung wie bei *Philemon**.

Lyra vor 9903: griech.; vier- oder siebensaitiges Musikinstrument.

mäandrisch 10 007: von griech. Maiandros, Mäander; Fluß in Kleinasien, bekannt durch seine vielen Windungen; vielgewunden.

Madrigalvers: Regelmäßiger Wechsel zwischen betonter und unbetonter Silbe (alternierend) bei freier Taktzahl, also beliebiger Länge des Verses.

M a g i e 377, 5986, 11 404 ff.: von griech. mageia, Zauberei, Geheimwissenschaft. Als Magier zwingt Faust den Teufel, die Pudelgestalt abzulegen (1271 ff.), ist er Schatzgräber (3664 ff.), beschwört er Feuer (5970–86), führt er die Schattenbilder von Paris und Helena herauf (6421 ff.), vernichtet er das feindliche Heer mit Wasserfluten, Feuer und Schlachtgetön (10 717 ff.), wobei allerdings Mephisto die Vermittlung übernimmt. Doch ist das Magische in Goethes Faust allenthalben veredelt, insofern sich sein Schauen zum Makrokosmus* und zum Erdgeist* erhebt und sein Suchen bis ins Reich der Mütter* vordringt.

m a g i s c h 1158: zauberisch. Vgl. Magie*.

M a g i s t e r 360, 367: lat., Vorsteher; Lehrmeister, Lehrer, akademischer Grad.

M a g n a   p e c c a t r i x 12 037 ff.: lat.; die große Sünderin, die Luk. 7,36 ff. Jesu Füße salbt und mit Tränen netzt und der viel vergeben werden soll, weil sie viel geliebt hat.

M a g n u s 7022: lat., groß. Diesen Beinamen erhielt der römische Feldherr Pompeius (106–48 v. d. Z.), der Nebenbuhler Cäsars, dem er in der Schlacht von Pharsalos* erlag.

M a j a 9644: griech., eigentlich Mütterchen; Nymphe, Tochter von Atlas und Pleione, Mutter des Hermes*.

m ä k e l n 6467: von lat. macula, Fleck (nach anderen: Wiederholungsform zu nddt. maken, machen); Flecken, Fehler suchen; in unbegründeter Weise an etwas oder jemandem herumtadeln.

M a k r o k o s m u s 429 ff.: lat., von griech. makros, groß, kosmos, Welt. Die *große Welt* im Gegensatz zur *kleinen* im Menschen verkörperten Welt (Mikrokosmus*); das Weltall mit all seinen Kräften in ihren Wechselbeziehungen und ihrer höheren Einheit (vgl. Helmont*). Den Weltgeist als den Umfasser von Natur und Menschenwelt vermag Faust nicht zu fassen: Er bannt nur den Vertreter des irdischen Bereichs und auch diesen nur vorübergehend. Trunz: »Nach pansophischem* Glauben ist der Mensch ein ›Auszug‹ des Makrokosmus, und es bestehen zwischen beiden magische Beziehungen, so daß sich Reihen solcher Bezüge ergeben, etwa: Sonne–Gold–Herz; Mond–Silber–Gehirn; Jupiter–Zinn–Leber. Die magischen Beziehungen zwischen Gestirnen, antiken Göttern, Metallen, menschlichen Organen, Menschentypen usw. oder die Beziehungen zwischen Naturelementen, Motiven der Offenbarung Johannis und den Eigenschaften des Menschen lassen sich schematisch aufzeichnen, indem man sie in einen Kreis oder Quadrat hinschreibt und mit Strichen verbindet, was aufeinander wirkt; so ergibt sich ein Zeichen der Weltharmonik. Ein solches Zeichen, und zwar eins, das die Grundzüge der gesamten Weltharmonik in sich vereinigt, sieht Faust hier. Aber es ist ein Zeichen, menschlich erdacht, nicht das Seiende selbst. Daher seine Verzweiflung. Er gibt es auf, wie das 18. Jh. den alten Traum der Pansophie aufgab, und sucht die Wirklichkeit der Natur, den Erdgeist« (Goethes Werke, Hamburger Ausgabe Bd. 3, S. 495 f.).

M a l v e 5132: lat.; hohe Staude mit rosa Blüten und handförmig-fünfteiligen Blättern.

M a m m o n 1599, 3915, 3933: griech. Mamōnās, eigentlich Geld, Vermögen; Matth. 6,24 als Person gebraucht; später, z. B. im Faustbuch, Name einer heidnischen Gottheit oder eines Teufelsfürsten. In Miltons »Verlorenem Paradies« errichtet Mammon dem Satan einen von feurigen Adern durchglühten Palast. Vgl. 3915: Gold, 3933: der höllische Fürst des Goldes.

m ä n a d i s c h 8772: von griech. mainomai, ich rase, mainas, der Rasende; nach Art tollwütiger und bei den nächtlichen Festen des Weingottes Dionysos bis zur Sinnlosigkeit begeisterter Frauen.

M a n n a 2826: von hebr. man; wunderbar vom Himmel gefallene Speise der Israeliten auf dem Wüstenzug, 2. Mose 16, 4. Mose 11.

M a n t o 7450 ff., 7471 ff.: griech.; Tochter des Sehers Teiresias (Tiresias*). Sie erbaute dem Apoll in Karien einen Tempel. Goethe, der Faust ihrer Heilkunst übergeben will, macht sie zur Tochter des Äskulap, der von dem gleichfalls heilkundigen Kentauren Chiron* erzogen wurde.

M a r i a   A e g y p t i a c a 12 053 ff.: lat., die ›ägyptische Maria‹ führte, wie nachträglich geschriebene Heiligengeschichten (acta sanctorum) erzählen, ein ausschweifendes Leben. Sie wird deswegen, als sie am Tage der Kreuzerhöhung in Jerusalem die Grabeskirche betreten will, von unsichtbarer Hand zurückgestoßen. Darauf ihre Sünde tief bereuend und zur Jungfrau Maria betend, wird sie wunderbar in die Kirche versetzt, erhält dort die Verheißung, am Jordan Frieden zu finden, und büßt freiwillig 48 Jahre in der Wüste. Angesichts des Todes schreibt sie in den Sand, der Mönch Sozinius möge sie begraben und für sie beten.

M a r i a n u s 11 989 ff.: Siehe Doctor Mariānus.

M a r k e t e n d e r i n vor 10 531: aus ital. mercatante, Händler, zu mercatan, Handel treiben; Händlerin, Krämerin im Kriegslager unter Soldaten.

m a r k t e n 5117, 5387, 6121: mhd. marketen oder marken. Waren auf den Markt bringen und verkaufen, handeln, den Preis drücken. Siehe feilschen*.

M a r l o w e,   Christopher (1564–93), englischer Dramatiker, verfaßte »Dr. Faust«, »Eduard II.«.

M a r s 4960: lat.; griech.

Arēs, Gott des Kriegs. – Außerdem einer der sieben Wandelsterne.

M a r s c h a l k 4852, 6037: aus mhd. mar-schalc, Pferde-Knecht; dann Aufseher über das Gesinde auf Reisen und Heereszügen. Haus- und Hofmarschall, der für die gesamte Hofhaltung zu sorgen hat.

M a r s e n vor 8359: griech. Marsoi, lat. Marsi. Alte tapfere Völkerschaft in Mittelitalien, bekannt als Kenner heilkräftiger Kräuter und als Schlangenzähmer. Goethe macht sie zu Hütern der Venus* Cypria. Vgl. Psyllen*.

M a s e r 3898: knorriger Auswuchs an Bäumen.

M a s k e n s t o c k 5274: Stock oder Ständer, auf den man das Maskenkleid hängt; ›mannequin‹; scheltender Vergleich für einen steifen Menschen.

m a s s i v 4383: frz., fest, derb.

m a s t i g 4387: (seit 16. Jh.) von mästen; übermästet, plump, ungeschliffen.

M a t e r   d o l o r o s a vor 3587: von lat. dolor, Schmerz, die schmerzvolle Mutter; Maria voller Schmerzen.

M a t e r   g l o r i o s a vor 12 032: von lat. gloria, Ruhm, Ehre; die ehrenvolle, verherrlichte Mutter; Mutter Maria im himmlischen Ehrenglanz. Vgl. 12 071. Gegensatz mater dolorosa.

M a t r o n e 4287: lat. matrona, die ehrbare verheiratete Frau, die auch auf guten Ruf hielt.

m a u l e n 4288: (zuerst bei Fischart) fortwährend das Maul gebrauchen; zanken oder unwirsch das Maul hängen lassen, schmollen.

M a x i m e 107, 584: frz., von lat. maximus, höchster Lebensgrundsatz, Maßregel.

M a x i m e * ,   p r a g m a t i s c h e * 584: anwendbare Weisheitssätze, mit denen die dramatischen Personen den tiefen Sinn der dargestellten Ereignisse für den Zuhörer erläuterten; sie enthielten allerdings oft nur platte Alltäglichkeiten.

M e d u s e 4194 ff.: griech. Medusa, lat. Medusa. Eine der Gorgonen, der Töchter des Phorkys* und der Keto; Schwestern der Graien* und wohnend am Westrand der Erde; geflügelte, schlangenhaarige und -gegürtete Wesen mit versteinerndem Blick. Von Perseus* enthauptet, 4208.

M e g ä r a 5369: Siehe Furien*.

m e l a n c h o l i s c h 177: griech.-lat., von melan-cholicus, schwarzgallig; schwermütig.

M e n e l a s vor 8488 ff., 8856, 8985, 9426, 9459: dorische und im 18. Jh. häufige frz. Form für griech. Menelaos, lat. Menelaus. Sohn des Atreus und jüngerer Bruder des Agamemnon; erhält als Gatte der Helena* die Herrschaft von Sparta.

M e n t ō r 7342: griech.; Sohn des Alkinos, Freund des Odysseus, der ihm die Sorge für sein Haus in Ithaka überträgt. Pallas* Athene begleitet in seiner Gestalt u. a. den Telemach auf der Suche nach seinem Vater Odysseus; dadurch Erweiterung des Begriffs im Sinne eines Erziehers überhaupt.

M e p h i s t o p h e l e s , Name 271: Diese Namensform zuerst im Faustbuch des Christlich Meynenden; vorher auch Mephistophiles; geht zurück auf die engl. Form Mephostophiles. Erklärungsversuche aus griech. mē-phōto-philḗs (der das Licht nicht liebt), mē-phausto-philḗs (der den Faust nicht liebt), hebr. Mephiztophel (Verderber-Lügner): vielleicht auch hebr. Dämonenname mit griech. veränderter Endsilbe. Verkürzt: Mephisto 4183. Goethe zu Zelter, 20. November 1829, weiß keine Deutung.
Wesen. Sein Bild im »Faust« nicht einheitlich: 271 f. der Kläger gegen Gott, Verführer; 337 *der Schalk* unter vielen anderen *verneinenden Geistern*; 1324 f. als *fahrender Skolast* nur *ein Teil von jener Kraft, die stets das Böse will und stets das Gute schafft*; 1641 vor dem Abschluß des Vertrags: *Ich bin keiner von den Großen*; 2504 in der *Hexenküche* als *Junker Satan* begrüßt, Hexen*meister*, volkstümlich: *Teufel*; 3866 während der *Walpurgisnacht* auf dem Brocken *der Herr im Haus.* Dagegen erscheint er V. 3243 in *Wald und Höhle* als Sendling des *Erdgeists,* der hier aber *Lucifer** gleichzusetzen ist; ähnlich in der Szene *Trüber Tag. Feld.*
In Goethes Darstellung des Mephistopheles läßt sich eine Entwicklung beobachten. Zunächst wird der in der Sage als wirklicher böser Teufel gefaßte Mephistopheles von Goethe großartig vergeistigt und mit Weltgewandtheit und Humor ausgestattet. Er nimmt dabei Züge von Freunden wie Merck oder Herder an. Im »Urfaust« ist er dem Faust durch den *Erdgeist** zugeteilt, hat nur beschränkte Gewalt, sucht aber Faust in wirkliche Schuld zu verstricken. Im »Fragment« will er Fausts titanenhaftes Streben vereiteln und ihn in niederen Genüssen sich selbst entfremden. Während der Vollendung des 1. Teils erhält er mildere, aber auch volkstümliche Züge (Pferdefuß; zu 2184) und wird der schalkhafte Versucher, dessen sich der Herr in seiner Weltordnung selbst bedient, so daß der günstige Ausgang der Wette unzweifelhaft wird. Im 2. Teil erscheint er mehr als spöttischer Weltbetrachter. Wenn er als *Phorkyas** den Wert der modernen gegenüber der antiken Dichtung betont (9679) oder den Sinn des Helena-Dramas erklärt (9949 f.), wird er sogar zum Verkünder der Absicht des Dichters. Abgesehen von 6228 ff., von 10 135 ff., wo er Faust zu einem Leben nach Sardanapals* Weise verlocken will, und 11 373, wo er wegen des Mordes an Philemon* und Baucis verflucht wird, erscheint er hier in fast völliger Eintracht mit Faust.
M e r k u r 4956: griech. Hermēs*, lat. Mercurius. Götterbote. Zugleich einer der 7 Wandelsterne.

M e r l i n , Zauberer der alt-
britischen Artussage, Sohn eines
Teufels und einer Jungfrau;
vielfach bedichtet (vgl. Einführung, 1. Geschichte des Faust-
Stoffes).

M e s s ē n ē 9471: südwestlich-
ste Landschaft des Peloponnes.

M e t a m o r p h o s e 7759:
von griech. morphē, Gestalt;
Umgestaltung, Verwandlung.

M e t a p h y s i k , M e t a -
p h y s i k a 1949, 2751: von
griech. physis, Natur; wörtlich:
das ›nach‹ dem Lehrbuch über
die ›Natur‹ kommende Buch
des Aristoteles, das die Wissenschaft vom Übersinnlichen,
von den letzten Dingen, behandelt.

M e t e o r 1287, 1685, 7034:
griech. met-eōros, in die Höhe
gehoben; etwas Hochschweben-
des, eine Lufterscheinung, insbesondere eine leuchtende.

M e t z e 3753: eigentlich Ko-
seform des 11. Jh.s für Mecht-
hild, Mathilde, dann seit
15. Jh. allgemein für Mädchen
niederen Standes, dann besonders in bezug auf leichtfertige
Mädchen.

M i c h a e l 259: Siehe Erzengel.

M i e d i n g 4224: Hoftischler
Johann Martin Mieding (ge-
storben 1782) war der treue
Gehilfe am herzoglichen Lieb-
habertheater zu Weimar, von
Goethe verewigt durch »Auf
Miedings Tod« 1782. *Miedings
Söhne*: Theatergehilfen.

M i k r o k o s m u s 1802:
griech., die *Kleine Welt*; ernsthafte, aber auch spöttische Be-

zeichnung des Menschen im Gegensatz zum Makrokosmus*.

M o l o c h 10 109: Ursprünglicher Name des kanaanitischen
Himmelsgottes. Nach Klop-
stock, Mess. II,352, ein kriegerischer Geist, der Gebirge auf-
türmt.

M o n a d e : von griech. mo-
nas, Einheit. Vgl. Leibniz*.
Vgl. Goethes Gespräch mit
Falk an Wielands Begräbnistag.

m o u s s i e r e n 2269: frz.
mousser, aufschäumen.

M u h m e 335, 2049, 4110:
mhd. muome, ahd. muoma,
Mutterschwester; dann weibliche Seitenverwandte überhaupt, dann auch die nur sogenannte, nicht blutsverwandte
Tante; hier: Mitangehörige der
Geisterwelt.

M ü h m i c h e n 7736: Siehe
Muhme*.

M u l i e r   S a m a r i t a n a
12 045 ff.: lat., das aus Samarien stammende Weib, das Jesus nach Joh. 4 am Jakobs-
brunnen traf und dem er
lebendiges, ewiges Leben verlei-
hendes Wasser versprach.

M u m m e n s c h a n z , m u m -
m e n s c h ä n z l i c h 4767, vor
5065, 7795: Von Goethe männlich sowie auch weiblich gebraucht. Vgl. altfrz. momer,
Mummenschanz treiben, und
ndl. mom, Maske; ferner engl.-
frz. chance (as mittellat. ca-
dentia), ›Fall‹ der Würfel,
Glückswurf, Spiel; seit Ende
16. Jh.s. Von dem Würfelspiel,
das zur Fastnacht gern von
vermummten Personen gespielt
wurde, übertragen auf ›Maskenfest‹.

M ü n z r e g a l 10 948: Siehe Regal*.

M u s a g e t 4311: griech. mu-sēgétēs, Musenführer, Freund, Gönner der Musen. Hennings* veröffentlichte 1798 f. eine Sammlung von Essays und Gedichten unter dem Titel »Der Musaget; Begleiter des Genius der Zeit« (sechs Hefte in zwei Bänden; vollständige Exemplare noch in Oldenburg und Kopenhagen).

M u s e 7567: griech.; lat. Mūsa, Göttin des Gesangs und der Dichtkunst; bald in der Mehrzahl, meist neun; Töchter des Zeus und der Mnemosyne, Begleiterinnen des Dionysos, dann auch des Apollo.

M u s e u m 530: lat.; griech. museion, Musensitz, ein der Beschäftigung mit den Musen geweihtes Studierzimmer.

M u s t e r b i l d 6185: Urbild, Ideal, Typus.

M ü t t e r 6216 ff., 6427 ff., 6558, 7060 f.: Goethe zu Eckermann, 10. Januar 1830: »Ich kann Ihnen weiter nichts verraten, als daß ich beim Plutarch gefunden, daß im griech. Altertume von Müttern als Gottheiten die Rede gewesen. Dies ist alles, was ich der Überlieferung verdanke, das Übrige ist meine eigene Erfindung.« – Plutarch, »Leben des Marcellus« Kap. 20: Engyium ist eine zwar nicht große, aber uralte Stadt in Sizilien und »wegen der Erscheinung der Göttinnen, welche die Mütter heißen«, berühmt. Nikias, ein angesehener Bürger, rettete sich vor der Auslieferung an die Karthager, indem er sich wahnsinnig stellte, als werde er »von den Müttern verfolgt«. – Nach Plutarch »Über den Verfall der Orakel« Kap. 22 spricht Platon von 183 Welten: »Diese sind nach der Figur eines Dreiecks gestellt. Jede seiner Seiten enthält sechzig Welten, die drei übrigen aber stehen an den Ecken. Die Fläche innerhalb des Dreiecks ist als ein für alle Welten gemeinschaftlicher Herd anzusehen und heißt das Feld der Wahrheit. In demselben liegen die Gründe, Gestalten und Urbilder aller Dinge, die je existieren, unbeweglich. Diese umgibt die Ewigkeit, von welcher die Zeit wie ein Ausfluß in die Welten hinübergeht.« – Obwohl Goethe den Plutarch bereits 1821 las, enthalten die Entwürfe zum ersten und zweiten Akte die *Mütter* noch nicht. Somit liegt die Gestaltung des Gedankens noch später. Inhaltlich ist er weitgehend vorbereitet (vgl. V. 6267 f.: durch Goethes Hauptquelle für den Erdgeist*, Welling: »Die Luft ist das große Buch des Gewissens, darinnen alle Menschen dermaleins alle ihre gute und böse Thaten, wesentlich werden aufbehalten finden, ja auch das geringste Wort wird allhier nicht unvergessen seyn, denn der Thon oder Schall ist eine wesentliche Geburth der Seelen; sind nun viele guthe Geburthen, aus seiner [des Menschen] Seele gegangen [vgl. V. 490], so wird er dessen Lohn und Freude haben

[. . .]. Denn wahrhaftig ist die Luft die große Zeugemutter, worinnen empfangen und aufbehalten werden, alles Thun und Würcken der Menschen, wie jetzt angeführt [. . .]. Liebe und Haß, ja alle andere Bewegungen der Seele, werden in uns also gebohren, und was noch mehr ist, so ist keine Zeugung der vernünftigen oder unvernünftigen, vegetabilischen, thierischen oder mineralischen Geschöpfen, so nicht in diesem großen W e l t - G e i s t e ,   d e r   L u f t , auch geistlicher Weise wesentlich gezeuget wären« [vgl. V. 501 bis 509]). Goethe zu Eckermann a. a. O.: »Was zu atmen aufgehört, geht als geistige Natur zu ihnen zurück, und sie bewahren es, bis es wieder Gelegenheit findet, in ein neues Leben zu treten. Alle Seelen und Formen von dem, was einst war und künftig sein wird, schweift in dem endlosen Raum ihres Aufenthaltes wolkenartig hin und her [. . .].«

M y r m i d o n e n   7873 ff.: griech., lat. Myrmidones, Volk im südlichen Thessalien. Dorthin nach der Sage von Ägina ausgewandert. Der Name angeblich von griech. myrmēx, die Ameise, weil Zeus zum Ersatz für die durch eine Pest vernichtete Bevölkerung Ameisen in Menschen verwandelte. Diese Ameisenleute, die Myrmidonen, führte Achill* im Trojanischen Kriege an.

M y s t a g o g   6249: griech. mystagōgos, Geheimnis-Führer; Einführer in die Mysterien*;

Lehrer z. B. des eleusinischen Geheimkults.

M y s t e r i e n   5032, 10 031: griech. mystēria (Mehrzahl), Geheimdienst einer Gottheit; dann auch überhaupt Geheimnisse.

M y t h o l o g i e ,   m y t h o l o g i s c h   nach 5298, 7428, 8015: von griech. mythos, Sage, Göttersage; wissenschaftliche Betrachtung der Götterlehren.

N a b o t h   11 287: aus Jesreel, besaß nach 1. Kön. 21 einen Weinberg, den König Ahab als Kohlgarten bewirtschaften und durch Kauf oder Tausch an sich bringen wollte. Als Naboth den Verzicht auf sein Vätererbe abschlug, ließ ihn die Königin Isebel durch falsche Zeugen der Gottes- und Königslästerung bezichtigen. Er wurde hingerichtet, und Ahab nahm den nunmehr herrenlosen Weinberg in Besitz, erhielt aber dafür durch Elias den Untergang seines Hauses angekündigt.

N a c h g e s i c h t : Vgl. zu 7011.

N a p e l   2982: altertümelnde Form für Neapel.

N a r r e n t e i d u n g   5798: Nebenform für Narrenteiding aus mhd. tageding, Verhandlung; noch kürzer Narretei; sinnloses Getue.

N a t u r e l l   3861, 5106: frz., von lat. naturalis, natürlich; Wesensart.

N e k r o m a n t   10 439: griech. nekromantis, Toten-Seher; einer, der die Geister von Toten beschwören kann. Im Anhang zur Cellini-Übersetzung erwähnt Goethe Meister Cecco von Arcoli, der wegen nekromantischer Schriften im Jahre 1327 zu Florenz verbrannt wurde.

N e o p h y t 6250: griech. neophytos, neu bepflanzt; dann Neugeborener, Neubekehrter (1. Tim. 3,6), Jünger.

N e p t u n 8141, 8181: lat. Neptunus; griech. Poseidōn; Sohn des Kronos und der Rhea*, Bruder des Zeus, Herrscher des Weltmeers. Wenn er mit seinen erzhufigen Rossen über das Meer stürmt, glättet sich dessen Fläche. Stößt er mit dem Dreizack ins Meer, so brausen die Wogen auf und verschlingen Schiffe und Länder.

N e p t u n i s m u s (zu Neptun*): Anschauung, daß die Bildung der Erdrinde sowie aller Gesteine durch Wirkung des Wassers entstanden sei. Hauptvertreter zu Goethes Zeit: A. W. Werner in Freiberg, dessen Lehren Goethe auch noch verteidigte, als Werners Schüler bereits zum Plutonismus* übergegangen waren. Vgl. auch Thales*.

N e r e ï d e n 6022, 8044 ff.: griech. Nereïdes, die schönen Töchter des Meergottes Nereus* und seiner Gattin Doris, hausen in der silberglänzenden Grotte des Vaters, tragen Goldschmuck (8051); reiten auf Delphinen, Meerrossen usw.; vermögen das Meer zu stillen; begleiten auch Götterwagen, z. B. den der Venus.

N e r e u s 8082, 8094 ff.: griech. Nereus; ein göttlicher Meergreis, wohnend im Ägäischen Meer, stellt mit den Nereïden*, seinen Töchtern, die freundliche Seite des Meeres dar; vermag als Vertreter des Poseidon* den Winden zu gebieten und das Meer zu stillen. Als berühmter Wahrsager kündet er dem Paris* alles Unglück voraus, das dem Raub der Helena* folgen werde (8110).

N e s t o r 9455: lat.; griech., Herrscher von Pylos* in Messene*, nahm als Greis, der bereits über das dritte Geschlecht herrschte, am Zug nach Troja teil.

N i c o l a i, Friedrich (1733 bis 1811); vgl. zu 4144–69, 4267, 4319.

N o r c i a 10 439: auch Nursia, in Italien, gilt als Spukberg, z. B. in der Tannhäusersage. Nach Goethes Cellini-Übersetzung »der geschickteste Ort zu Beschwörungen«.

N o r m 8324: von lat. norma, Richtschnur, Regel, Vorschrift.

N o r m a n n e 9472: skandinavisches Volk, drang seit dem 9. Jh. ins Mittelmeer und auch nach Griechenland vor.

N o s t r a d a m u s 420: Michel Nôtredame (geboren 1503 in St. Remy in der Provence, gestorben 1566 in Salon); frz. Wundarzt, Astrologe, Wetterkünder, Prophet. Seine Weissagungen, »Les vrayes centuries et prophéties«, 1555, in gereimten Vierzeilern erregten großes Aufsehen. Genaugenommen kann der 1540 gestorbene geschichtliche Faust das Buch nicht aufgeschlagen haben, es sei denn, daß er es als Handschrift

(»von N. eigner Hand«) vor sich gehabt hätte; doch soll man Dichters Worte nicht pressen. Goethe verwendete seinen besonders klingenden Namen für phantastische Sterndeuter überhaupt. Tatsächlich ist Goethe aber durch Welling und Helmont* angeregt worden.
N y m p h e   5872 ff., 7263 ff., 9538, 9992 ff.: von griech. Nymphē, lat. Nympha, wörtlich die verhüllte, also jungfräuliche Göttin. Die Nymphen verkörpern die Kraft der Natur auf der Erde, auf Bergen, in Hainen, an Quellen und Flüssen, auf Wiesen, in Grotten. Im besonderen wurden unterschieden z. B. die Nymphen der Gewässer, und zwar des Meeres, die Nereïden*, und der Landwässer, die Najaden; ferner die der Berge, die Oreaden*, und die der Bäume, die Dryaden*.

O b e r o n   4231 ff.: In Shakespeares »Sommernachtstraum« bildet den Abschluß die Versöhnung von Oberon und Titania. Dorther auch Puck*. Wieland macht die Versöhnung in seinem »Oberon« zur Haupthandlung. 1796 erschien eine Operette dieses Namens auf der Weimarer Bühne. Bei Goethe huldigen die Elfen dem versöhnten Herrscherpaar in einer Art Festballett oder Geisterreigen, der literarische, künstlerische, politische Gestalten verbirgt: eine romantische Dichtung nach Art der Märchenkomödien Tiecks.

Ö d i p u s   7185: griech. Oidipūs, wörtlich Schwellfuß, weil er mit durchstochenen und gebundenen und darum anschwellenden Füßen von seinen Eltern, Laios und Jokaste, ausgesetzt worden war. Das Orakel, das dadurch verhindert werden sollte, erfüllte sich trotzdem. Nachdem er viel später unwissentlich seinen Vater erschlagen hatte, gelangte er in die Nähe von Theben. Dort hauste auf einem Felsen eine Sphinx* und tötete jeden, der ihr Rätsel nicht löste: »Was hat eine Stimme, ist am Morgen vierfüßig, am Mittag zweifüßig, am Abend dreifüßig?« Erst Ödipus riet, daß der Mensch gemeint sei. Darauf stürzte sich die Sphinx vom Felsen. Ödipus erhielt nach dem Gelöbnis der Thebaner die Herrschaft von Theben und die Hand der verwitweten Königin. Als sich später offenbarte, daß er der Mörder des Vaters und der Gatte der Mutter geworden war, erhängte sich Jokaste, und Ödipus blendete sich.
O l d   I n i q u i t y : Siehe Iniquity*.
O l i v e   vor 5120: Ölfrucht; in Südländern die wichtigste Frucht.
O l y m p   156, 7466, 7491, 8138: griech. Olympos; der südöstlichste Teil des Gebirgszugs zwischen Makedonien und Thessalien*, im besonderen der äußerste längs der Küste bis zur Mündung des Peneios* reichende Teil; vom Ossa* durch den unteren Peneios, das Tal Tempe, getrennt, 2985 m hoch, bedeckt von ewigem Schnee,

darunter düstere Tannen, weiter abwärts reiche Laubwaldungen. Nach griechischer Sage Wohnsitz und Versammlungsort der Götter; in diesem Sinne von den Dichtern besungen.

O l y m p i e r , die, 8581: griechische Götter als Bewohner des Olymp*.

O p s 7989: lat.; Gattin des Saturn (Kronos), Mutter des Zeus*; röm. Name der griech. Rhea*; ursprünglich zwei verschiedene Gottheiten; die Erde als Mutter der Feldfrüchte und Sinnbild der Fruchtbarkeit.

O r e a s 7811: Bergnymphe auf Urgestein. Vgl. Nymphen*.

O r ē m u s 6635: lat., laßt uns beten; aus der Kirchensprache.

O r g a n 1115, 11 907: von griech. organon, Gerät, Werkzeug; Sinnes- und Bewegungswerkzeug des Menschen.

o r g a n i s i e r e n 6859: mit Werkzeugen versehen, einrichten; dann: beleben, befristen; hier: sich von innen heraus bilden, so wie es für die Entwicklung alles Lebendigen wesentlich ist.

O r i g i n a l 6807: von lat. origo, Ursprung; Urbild, Urkopf; ein Mensch, der nicht nach dem Muster eines andern geschaffen, der also nur er selbst ist, den es nur einmal gibt; dann aber auch Sonderling. Original zu sein, war Ziel des Strebens im Sturm und Drang, auch in der Romantik.

O r i o n 8818: griech.; ein schöner, riesenhafter Jäger, der noch als Schatten in der Unterwelt jagt. Auch als Sternbild

wurde er verehrt und damit in Urzeiten zurückversetzt.

O r k u s 8762, 8815, 8836: lat.; die Unterwelt und zugleich der Gott der Unterwelt.

O r p h e u s 4342, 7375, 7493: lat.; griech. Orpheus, thrakischer Sänger der Vorzeit, dessen Kunst des Sangs und Leierspiels Bäume und Felsen zu bewegen und Tiere zu bändigen vermochte. Die Göttin der Unterwelt, durch seine Kunst gerührt, gestattete ihm, seine verstorbene Gattin Euridike mit zur Oberwelt zurückzunehmen. Er verlor sie aber, weil er sich zu zeitig nach ihr umsah.

o r t h o d o x 4271: von griech. orthos, aufgerichtet, gerade, recht und doxa, Meinung, Glaube: rechtgläubig. Die Form »der Orthodox« ohne Beugungssilbe im 18. Jh. allgemein.

O s s a 7561: Gebirge in Nordost-Thessalien bzw. Magnesia, vom Olympos* durch das Tempetal getrennt, südöstlich fortgesetzt im Pelion*; 1953 m hoch, galt als Heimat der Kentauren.

P ä a n 8292: griech. Paian, Gesang, Preis- und Danklied.

P ä d a g o g 7337: griech. paidagögos, lat. paedagogus, Kinderführer; Erzieher.

P a d u a 2925, 3035: Stadt in Oberitalien. Darin der Dom des St. Antonius*.

P a k t 1414: lat. pactum, Vertrag.

P a l l a s 7342, 8498: griech. Pallas; Beiname der Athene, Tochter des Zeus, aus dessen

Haupt sie gewaffnet und in voller Jugendkraft entsprang. Schirmerin der Städte in Krieg und Frieden, darum ein Athene-Tempel auch bei Sparta.

P a n 5804 ff., 5875 ff., 6067, 9538, 10 002: griech.; arkadischer Wald- und Weidegott, von Geburt an gehörnt, bocksfüßig, behaart, segnet die Herde, gibt das Glück der Jagd, führt mit den Nymphen frohe Tänze auf, jagt aber auch plötzlich mit furchtbarer Stimme Schrecken ein. So ist sein Wesen sowohl die Mittagsstille der Natur (5884 ff.) wie auch das Tosen des Gewitters (5891 ff.). – In späterer Zeit irrtümlich mit griech. pān (= alles) zusammengebracht und damit zum Sinnbild des Weltalls erhoben (5873).

p a n i s c h 10 780: Eigenschaftswort zu Pan*; schreckhaft.

P a n s o p h i e: Lehre von der All-Einheit der Welt. Eine dem Neuplatonismus verpflichtete philosophische Anschauung, die alle Gegensätze in Natur und Geist zurückführt auf das Prinzip göttlicher Selbstentfaltung. Sie erkennt in den Spannungen der Polarität, im Spiel der aufeinander abgestimmten und sich immer wieder neuabstimmenden Energien die großartige Harmonie kosmischer Ordnung, die sie in symbolischen Analogien formelhaft darzustellen, z. T. auch magisch praktikabel zu machen sucht (vgl. Paracelsus*, Helmont*, Welling, *Erdgeist**, *Makrokosmus**, *Lucifer**, *Mütter**).

»Dichtung und Wahrheit«: Indessen beschäftigte mich die Bearbeitung solcher gestaltlosen Vorstellungen einige Zeit lang, indem ich sie durch eine Art mathematischer Symbolik nach Weise meiner Vorgänger zu versinnlichen strebte und die unorganischen Wesen, mit denen ich mich mehr alchymisch als chymisch beschäftigte, dadurch zu begeisten trachtete [...]« (WA Bd. 27, S. 396). Am 19. Juli 1810 an Sartorius: »Wahrscheinlich komm' ich [...] weiter in meinem alten Wunsch, der Tonlehre auch von meiner Seite etwas abzugewinnen, um sie unmittelbar mit dem übrigen Physischen und auch mit der Farbenlehre zusammenzuknüpfen. Wenn ein paar große Formeln glücken, so muß das alles Eines werden, alles aus Einem entspringen und zu Einem zurückkehren.« Vgl. W.-E. Peuckert, Pansophie. Ein Versuch zur Geschichte der weißen und schwarzen Magie. Berlin ²1956. – E. Trunz, Pansophie. In: Goethes Werke, Hamburger Ausgabe Bd. 3, S. 496 f.

P a n t h a l i s vor 8488, 8638 ff., 9962 ff.: Im Entwurf von 1800 trug die Chorführerin diesen Namen noch nicht, hatte auch noch keine Sonderstellung gegenüber Elementargeistern. Pausanias (ein Reiseschriftsteller des Altertums) sagt in seiner Beschreibung von Polygnots Gemälden in der Leschē (Hotel und öffentlicher Kulturpalast) zu Delphi: »Helena hat ihre Frauen neben sich, Panthalis und Elektra.«

p a n t o m i m i s c h 5778: von griech. panto-mimos, alles nachahmend; davon Pantomime: theatralische, statt der Sprache sich der Gebärden bedienende Darstellung. Hier: mit Hilfe von Gebärden.

P a p h o s 8147, 8343: Stadt an der Südwestküste von Zypern; Lieblingsaufenthalt und dadurch Hauptverehrungsstätte der hier dem Meere entstiegenen Venus*, dann der Galatee*.

P a r a c e l s u s , Aureolus Bombastus; eigentlich Philipp Theophrast von Hohenheim; geboren 1493 zu Mariä Einsiedeln in der Schweiz, gestorben 1541 in Salzburg. Arzt, Chemiker, genialische Lebensweise, Wissenschaftsverächter. Versuchte menschliche Wesen künstlich in der Retorte herzustellen. – Goethe beschäftigte sich mit ihm in der Frankfurter Krankenzeit sowie in Straßburg. Ihm hat er vielleicht entnommen die alchimistischen Bezeichnungen wie roter Leu*, Lilie*, junge Königin (1042 ff.), Salamander*, Undine*, Sylphe*, Kobold* (1273 ff.), auch das Bemühen, in der Retorte menschliche Wesen herzustellen. Vielleicht mit Bezug auf ihn erscheint Fausts Vater (gegen die Geschichte) als Arzt (677, 998, 1034 ff.).

P a r a g r a p h o s 1959: Wenfall, Mehrzahl zu lat. paragraphus; griech. paragraphos, Beischreiber; Einteilungszeichen in Schriften; dann die einzelnen Abschnitte selbst.

p a r a l y s i e r e n 6568: von griech. paralyō, ich mache los, befreie; dann auch: lähmen.

P a r a s i t 5237: von griech. parasitos, Mit-Esser; Schmarotzer, der andern schmeichelt, um an ihrem Tische umsonst mit essen zu dürfen; beliebte Figur der antiken Komödie.

p a r a t 6075: lat. paratus, bereit.

p a r i e r e n 3707: Abgleitenlassen von Stoß oder Hieb des Gegners an der eigenen Waffe.

P a r i s 6184, 6452, 8110, 9046, 9055: griech.; zweiter Sohn des Königs Priamos und der Hekabe; Bruder des Deiphobus*. Durch den Raub der Helena* Anstifter des Trojanischen Krieges; fiel im Kampfe durch einen Pfeilschuß.

P a r n a ß 4317, 7564: griech. Parnāsos; Gebirgskette in Mittelgriechenland, etwa 2520 m hoch, durch die Landschaften Doris und Phokis bis zum Korinthischen Meerbusen reichend; auf dem Gipfel ewiger Schnee; auf ihn türmten der Sage nach die Titanen* im Übermut den Pelion* und Ossa*.

P a r t e r r e vor 6772: Zuschauerraum, der im Verhältnis zur Bühne ursprünglich ›zu ebener Erde‹ (frz. parterre) lag.

P a r v e n ü 4084: von frz. parvenir, anlangen, emporkommen; Emporkömmling.

P a r z e n 5305 ff., 7990, 8957: lat. Parcae, griech. Moirai. Uralte Göttinnen, die das Menschenschicksal spinnen und nach Vollendung des Lebens den Lebensfaden auch wieder

abschneiden. Homer spricht
von dem Schicksal (Moira) in
der Einzahl. Erst Hesiod bringt
die Dreizahl; die Namen sind
Klotho, die Spinnerin, Lachesis, die das Los Zuteilende,
Atropos, die Unabwendbare. –
Goethe (5305 ff.) läßt Atropos
spinnen, also den Lebensfaden
anfangen; Klotho verfügt über
die Schere und somit über das
Recht, die Dauer des Lebens zu
entscheiden, wovon sie jedoch
heute keinen Gebrauch machen
will; Lachesis bringt Ordnung
in den Lauf des Menschen-
lebens. Vgl. zu 5305.

P a t e r   e c s t a t i c u s
11 854 ff.: lat., von griech. ek-
stasis, Staunen, Verzückung;
der verzückte Vater, d. h. ein
Kirchenvater, der in völliger
Entrücktheit und Hingabe seiner Persönlichkeit Vereinigung
mit Gott, höchste Gottesliebe
sucht, wie es z. B. der hl. Antonius* getan hat.

P a t e r   p r o f u n d u s
11 866 ff.: lat., der tiefe, aus
der Tiefe (de profundis) rufen-
de Vater.

P a t e r   s e r a p h i c u s
11 890 ff.: der dem Grad seiner Läuterung nach ›zu den
Seraphen gehörige‹ Kirchenvater (Seraphe sind besonders
hohe Engel), Beiname z. B. von
Franz v. Assisi.

p a t h e t i s c h vor 10 977:
von Pathos* erfüllt; leidenschaftlich, erhaben, feierlich,
würdig.

P a t h o s 277: griech., Leid,
Leidenschaft; feierliche Würde
in Ausdruck und Verhalten.

P a t r o k l u s 8855: lat.;

griech. Patroklos, Jugend- und
Lebensgefährte des Achill*.

P a t r o n 2195, 6593, 11 170:
lat. patronus, Schutzherr, Brot-
geber, Arbeitgeber, auch Schiffs-
besitzer; Herr.

P a t s c h e   5827:   Hand,
Pfote.

P a u l II., Papst, 1464–71
(vgl. Einführung, 1. Geschichte
des Faust-Stoffes).

P a u s e n 4626: Die Nacht
von sechs Uhr abends bis sechs
Uhr morgens war im Altertum
eingeteilt in vier Nachtwachen
(vigiliae) zu je drei Stunden.
Dem   Naturvorgang   nach:
Abend, Nacht, Morgendämme-
rung,   Sonnenaufgang.   Nach
Ariels Worten: Einschlafen,
Vergessen, Erlösung, Stärkung.
Goethe hat in der ersten Hand-
schrift die Bezeichnungen Sere-
nada, Notturno, Matutino, Ré-
veille (Formen musikalischer
Kompositionen: Abendmusik,
Nachtgesang,   Morgenlied,
Weckruf). Die vier Strophen
V. 4634 ff. nehmen diese Ge-
danken wieder auf.

P e d a n t 1716: frz. pédant,
von griech. paideuo, erziehe;
Lehrer, Schulmeister; Mensch,
der peinlichst auf Unwesent-
liches achtet.

P ē l e u s   6026:   Sohn   des
Αιακος, Königs von Aigina,
Herrscher von Phthia in Thessalien, vermählte sich dem am
Pelion* mit der Nereïde* Thetis; an der Vermählungsfeier
nahmen auch die Götter teil. –
Der Kaiser würde, meint Mephistopheles, selbst im Mee-
resgrunde zum Herrscher mit
göttlichen   Ehren   werden;

durch Vermählung mit Thetis würde er ein zweiter Peleus werden.

P e l i d e 8855: Beiname des Achill*, weil er Sohn des Königs Peleus* war.

P e l i o n 7561: griech.; Waldgebirge in der thessalischen Landschaft Magnesia südöstlich vom Ossa*.

P e l o p s 9825: griech.; Enkel des Zeus*, Sohn des Tantalos, wurde durch Vermählung mit Hippodameia, der Tochter des Königs von Pisa in Elis*, von hier aus ein gewaltiger Herrscher auf der ganzen Halbinsel, die später nach ihm Pelops-Insel, griech. Peloponnesos, genannt wurde.

P e n e i o s 6952, vor 7080, 7249 ff., 7495 ff.: Hauptstrom Thessaliens*, entspringt auf dem Pindus*, fließt ostwärts und zuletzt nordostwärts und mündet, das enge Tal Tempe zwischen Ossa* und Pelion* durchfließend, in den Thermaïschen Meerbusen.

P e n t a g r a m m a ☆ 1396: von griech. pente, fünf, und gramma, Geschriebenes, Schriftzeichen; ein mit einem Zug herzustellendes und von allen Seiten her gleich ausschauendes Fünfwinkelzeichen, das fünfmal den Buchstaben A darstellt; orientalischen Ursprungs, dann pythagoreisch, dann auch Sinnbild für Jesus, darum also den Teufel bannend. Hier dem Drudenfuß* gleichgesetzt.

P e r g a m e n, P e r g a m e n t 566, 1108, 6611: lat. charta Pergamena; nach der Stadt Pergamon in Kleinasien

benanntes Schreibleder, Vorstufe des Papiers. ›Pergamen‹ im 18. Jh. gelegentlich gebraucht neben der bereits im Mittelhochdeutschen üblichen Form ›Pergament‹.

P e r s e p h o n e, P e r s e p h o n e i a 7490, 9944, 9973: lat. Proserpina, griech. Persephone, Persephoneia; Tochter des Zeus* und der Demeter*, wurde, als sie mit Gespielinnen Blumen pflückte, durch Hades* auf rossebespanntem Wagen zur Unterwelt entführt und durch ihn zur Gemahlin und Mitherrscherin in der Unterwelt gemacht.

P e r s e u s 4208: Sohn des Zeus* und der Danaë, zog aus, um das Haupt der Gorgo bzw. Medusa* zu holen. Er zwang zunächst die drei Graien* durch Wegnahme ihres einen Auges und einen Zahnes, ihm den Weg zu den Nymphen* zu zeigen, die ihm Tasche, Flügelschuhe und den unsichtbar machenden Helm gaben. Weiter ausgerüstet mit der Sichel des Hermes* und dem Spiegel der Athene, schlug er bei Tartesos am Ozean der schlafenden Gorgo (Medusa*), die er, um nicht versteinert zu werden, nur im Spiegel betrachtete, das Haupt ab und barg es in der von den Nymphen empfangenen Tasche. Perseus begründete in der Landschaft Argolis die Herrschaft der Perseïden durch seine Söhne Alkaios von Tiryns, Elektryon von Mykenä und Sthenelos von Argos. Des Alkaios Sohn Amphitryon vermählte sich mit Elektryons

Tochter Alkmene, die durch Zeus zur Mutter des Herakles wurde, des eigentlichen Erben von Mykenä und Tiryns. Aber Hera soll das aus Eifersucht verhindert haben: nachdem Elektryon in einem Streit durch Amphitryon zu Tode kam und Sthenelos daraufhin Amphitryon und Alkmene vertrieb, hat Hera dafür gesorgt, daß des Sthenelos Sohn Eurystheus früher als Herakles zur Welt kam und von Zeus als Erbe der Argolis und als Dienstherr des Herakles anerkannt werden mußte.

Peter Squenz 10 321: Drama von Gryphius, in dem eine Bauerngesellschaft das Stück »Pyramus und Thisbe« aufführt, sich aber als der Ausbund *(Quintessenz**) aller schlechten Schauspieler erweist.

Pfalz vor 4728: lat. palatium, kaiserlicher Palast.

Pfifferling 2844: Pfefferschwamm; häufig anzutreffender, darum gering geachteter Pilz; Nichtigkeit, Wertloses.

Pfirsche 5163, 6454: Umgangssprachlich im Mittel- und Oberdeutschen gebrauchte Nebenform zu Pfirsich, von lat. malum persicum, persischer Apfel.

Pfuhl 11 561: mhd. pfuol; Teich, Sumpfland.

Pfühl 4792, 4874, 9176, 10 048: mhd. pfülwe, ahd. pfuliwi aus lat. pulvinus; Federkissen, auch Sitzkissen, Polster.

Phalanx 10 360, 10 519, 10 530, 10 595, 10 646: griech.

weiblich, von Goethe männlich gebraucht; die Schlachtordnung, Aufstellung des schwerbewaffneten Fußvolks in geschlossener Linie, mehrere Glieder hintereinander.

Phantasmagorie von griech. phantasma (siehe Phantom*); ein Reden in Trugbildern, eine Art Traumdrama. So bezeichnete Goethe bei der ersten Veröffentlichung das Helena-Drama.

Phantast 4952: wirklichkeitsfremder Schwärmer.

Phantom 2497: von griech. phantasma, Vorstellung, Bild, Erscheinung.

Pharsalus 6955: lat.; griech. Pharsálos; bedeutende Stadt in Thessalien* am Apidanos-Flusse, mit hoher Akropolis. Hier fand am 6. Juni 48 v. d. Z. die Entscheidungsschlacht zwischen Cäsar* und Pompejus Magnus* statt, die der Freiheit den Untergang brachte.

Pherä 7435: griech. Pherai; Stadt in Thessalien nahe dem Zusammentreffen von Ossa* und Pelion*; dort befand sich auch ein Eingang in den Hades*; Goethe meint aber wohl die Insel Leuke, wo sich der Schatten des Achill* dem Schatten der Helena* vermählte.

Philemon 11 069 ff.: lat.; ein schlichtfrommer Greis in Phrygien, der mit seiner gleichfalls hochbetagten Gattin Baukis *(Baucis)* Zeus* und Hermes* bewirtete, ohne sie zu kennen; als das im übrigen ungastliche Dorf zur Strafe durch eine Wasserflut unterging, verwandelte sich ihre Hütte in einen Tempel, zu dessen Hütern sie bestellt wurden. Ihr sehnlichster Wunsch, miteinander sterben zu dürfen, wurde erfüllt, indem später beide in Bäume verwandelt wurden. – Goethe verwendet beider Namen auch in »Was wir bringen« 1802 sowie in den »Wahlverwandtschaften« allgemein zur Bezeichnung Hochbetagter.

P h i l i s t e r , p h i l i s t e r -
h a f t 6802: ursprünglich Bewohner des südwestlichen Palästina, Erbfeinde Israels; in der Studentensprache jeder Nichtstudent; Spießbürger; engherzig. Die Philister verspottet Goethe in seinen Jugend- und Alterswerken.

P h i l o l o g 7426: griech. philologos, von philos, Freund, und logos, Wort, Rede; Sprachkundiger, -gelehrter, -forscher. Vgl. auch zu 7426.

P h i l y r a 7329: griech.; Tochter des Okeanus, durch Kronos Mutter des Chiron*.

P h i o l e 690, 6824: griech. phialē, Schale, Urne. Bauchiges, langhalsiges Fläschchen, von den Alchimisten gebraucht.

P h ö b u s 4670, 7383, 8696, 8739, 9620, 9671: lat.; griech. Phoibos, der Strahlende, Reine; Beiname des Apoll* als des Trägers alles Lichten, Guten, Schönen. Später auch mit dem Sonnengott Helios* gleichgesetzt. Deshalb sind Phöbus' Räder (4670) die vom Wagen des Sonnengotts; als Musenführer mit der goldenen Leier dargestellt.

P h o r k y a d e n   7967 ff.,

8728 ff.: griech. Phorkydes; Töchter des Meergottes Phorkys*, drei alte graue Schwestern, Sinnbilder höchsten Alters; Wächterinnen ihrer Schwestern, der Gorgonen (siehe Medusa*), wohnten in deren Nähe an einem einsamen libyschen Orte, den weder Sonne noch Mond beschien (7966), und besaßen gemeinschaftlich nur e i n Auge und e i n e n Zahn, die sie, um sehen und essen zu können, einander abwechselnd liehen.

P h o r k y a s 8026, 8697 ff., 9419 ff., 9574 ff., 9945 ff.: Mephisto in der Gestalt der Phorkyaden*.

P h o r k y s 8728: griech.; lat. Phorcus, Meergreis; zeugte mit Keto die Graien* und Gorgonen*, die darum Phorkydes (siehe Phorkyaden*) genannt wurden.

P h r a s e 5243: griech. phrasis, Ausdrucksweise; Redensart.

p h r y g i s c h 8491, 8512: von Phrygien, Phrygia, Landschaft im Innern der Westhälfte Kleinasiens; außerdem später noch die Landschaft am Hellespont; infolgedessen phrygisch auch gebraucht für trojanisch.

P h y s i o g n o m i e 3537: von griech. physis, Natur, Körperbeschaffenheit, und gnōmē, Erkenntnis; im 18. Jh. Gesichtsforschung, dann das Äußere eines Menschen, sofern aus ihm sein Wesen erschlossen werden kann. – Johann Kaspar Lavater* (»Physiognomische Fragmente zur Beförderung der Menschenkenntnis und

Menschenliebe«. 4 Bde. Leipzig u. Winterthur 1775–78) wollte die Eigenschaften des Menschen aus seinen Gesichtszügen, am besten aus dem Schattenriß erkennen. Goethe arbeitete an diesem Werke längere Zeit mit, lehnte später aber Lavaters Bemühen ab.

P i k e 10 361: frz. pique, Lanze, Spieß.

P i n d u s 7814, 8121: lat.; griech. Pindos; bewaldeter, bis 2700 m hoher südlich verlaufender Gebirgszug, der Thessalien* von Epeiros trennt.

P i n i e n a p f e l 7778: mandelartige Frucht des Pinienbaumes; Zirbelnuß. – **P i n i e :** Kiefer der Mittelmeerländer.

P i r a t e r i e 11 187: von lat. pirata, Seeräuber; Seeräuberei.

P l a n 4635: von lat. planus, eben; ebener Platz, Fläche.

P l a s t r o n 7135: frz. plastron, Brustharnisch, Schutzhemd gegen Stiche oder Schläge des Degens bei Fechtübungen, studentisches Paukzeug.

P l a t o n , griech. Philosoph, Athen (427–347 v. d. Z.). Schüler des Sokrates, Lehrer des Aristoteles*. Begründer der Ideenlehre: Im Gegensatz zur unbeständigen sinnlichen Erscheinungswelt sind dauernd und wirklich nur die Ideen, d. h. die Allgemeinbegriffe, die, als Formen an den rohen Stoff herangebracht, erst die Dinge erzeugen (vgl. Einführung, 7. Bedeutung und Geltung).

p l a t t 2150: flach, oberflächlich.

P l u t o 5990, 7865: lat.;

griech. Plutōn = Hades*. Herr der Erdtiefe. Plutonisches Feuer, weil es aus der Erdtiefe kommt, wie das der feuerspeienden Berge.

P l u t o n i s m u s , von Pluto*: Anschauung, daß die Erdoberfläche durch feurige Vorgänge im Erdinnern gestaltet sei. Hauptvertreter damals: Leopold von Buch, Alexander von Humboldt, J. K. W. Voigt. Von Goethe zugunsten des Neptunismus* bekämpft. Vgl. Anaxagoras*.

P l u t u s 5552 ff., 5569 ff.: griech. Plutos, der Reichtum.

P ö b e l ,   P ö b e l s i n n 4909: von frz. peuple; Volk im niederen Sinne.

P o e t 220, 2464, 5295: lat. poeta, Dichter.

P o l l u x 8500, 8852: Siehe Dioskuren*.

P o l y p e n f a s e r n 3899: von griech. poly-püs, Viel-Fuß; die Füße oder Fangarme des Tintenfisches.

P o m p e j u s 7816: Vgl. Magnus*.

P o r t 11 100 u. ö.: lat. portus, Hafen.

P o s e i d o n 8492: Siehe Neptun*.

P o s t o 6685: ital., Stand, feste Stellung; Posto fassen: sich festsetzen, Platz nehmen.

p r a g m a t i s c h 584: von griech. pragma, das Handeln; zum Handeln nützlich. Vgl. Maxime*.

p r ä l u d i e r e n vor 7152: von lat. praeludium, Vorspiel; vorspielen.

P r a ß 10 322: Wust, Plunder, Bettel, schlechter Haufe.

P r a t e r 4211: von span. pra-
do, lat. pratum, Wiese. Der
Vergnügungspark bei Wien,
von Joseph II. (1765–90) der
»Menschheit« gewidmet, wird
kraft dichterischer Freiheit in
Fausts Zeit verlegt.
P r i n z i p a l 6617: von lat.
princeps, Erster, Führer, Ge-
bieter; Hausherr.
p r o d u z i e r e n 4061: lat.
produco, führe vor; zeigen.
p r o f a n 2820: lat. profanus,
v o r dem Heiligtum befindlich; unheilig, weltlich.
P r o f i l 8024: frz. profil,
Seitenbild, Seitenansicht.
p r o f i t i e r e n 524: von frz.
profit, Nutzen; Nutzen ziehen.
P r o j e k t 4888: von lat.
proiectum, vor-geworfen; Entwurf, Vorhaben, Plan.
P r o k t o p h a n t a s m i s t
4144 ff.: Ausdruck mit Hilfe
des Griechischen von Goethe
selbst gebildet: After-, Steiß-
geisterseher. Friedrich Nicolai,
weitbekannt als Herausgeber
der »Allgemeinen deutschen
Bibliothek«, war ein Aufklärer, vor dem nichts galt, was
nicht mit der simplen Vernunft
begreifbar war, und dem darum Fichtes und andrer Speku-
lierer Jenseitsdrang zuwider
war. Am 9. Februar 1799 hielt
er in der Berliner Akademie
einen Vortrag: »Beispiel einer
Erscheinung mehrerer Phanta-
smen nebst einigen erläuternden
Anmerkungen« und empfahl,
gegen unerwünschte Erscheinungen Lebender und Toter,
Blutegel am After (V. 4174 f.)
anzusetzen. Der 1799 in der
»Neuen Berliner Monats-

schrift« (hrsg. v. Biester) gedruckte Vortrag wurde besonders von den Romantikern viel
verspottet, so durch die Brüder
Schlegel im »Athenäum« und
durch Tieck in seiner Vision
»Das Jüngste Gericht«. Vgl.
auch Tegel*.
P r o s p e k t 234: lat. pro-
spectus, Vor-Schau; Ansicht,
Aussicht; die Seiten- und Hintergründe auf der Bühne, zumal wenn sie einen Ausblick in
die Ferne eröffnen.
P r o s z e n i u m 6398, vor
6421, vor 6772, vor 9955, vor
11 780: von griech. skēnē, Zelt;
dann Raum, aus dem die
Schauspieler zu ihrem Spiel
hervortraten, dann Raum davor: Bühne; proskēnion, Vorbühne, Vorderbühne.
P r o t e u s , 8152 ff., 8225 ff.:
griech. Prōteus; ein dem Poseidon* unterstellter Meergreis,
der die Robben der Amphitrite,
seiner dem Poseidon vermähl-
ten Tochter, weidete. Nach Hederich* war er »einer der vornehmsten Meergötter. Doch gab
er insonderheit einen guten
Wahrsager mit ab. Er ließ sich
aber nicht leicht dazu bringen,
sondern verwandelte sich lieber
in allerhand Gestalten als
Feuer, Wasser, Bäume, Löwen,
Drachen usw. [. . .]. Einige deuten ihn auf die Materie der
Dinge, die sich so oft verändert, als Arten der Tiere, Gewächse und andere Kreaturen
sind.« – Unter dieser Deutung,
die auch Voß in seinen »Mytho-
logischen Briefen« annimmt,
hat Goethe ihn als entscheidenden Ratgeber des *Homunku-*

lus* gewählt. Vgl. auch zu 8225.

P r o t o k o l l 5919: eigentlich das erste Blatt; schriftliche Aufzeichnung einer Verhandlung, amtliche Niederschrift.

P s y c h e 11 660: griech. psychē, Seele; in der bildenden Kunst dargestellt als zarte Jungfrau mit Schmetterlingsflügeln oder als Schmetterling. Dessen Gestalt, nach Entfernung der Flügel, wird hier dem Wurm gleichgesetzt.

P s y l l e 8359 ff., griech. Psylloi, lat. Psylli; ein libysches Volk, an der Großen Syrte wohnhaft, als Schlangenbeschwörer berühmt. Goethe fand sie zusammen mit den Marsen* erwähnt in »Joannis Meursii Creta, Cyprus, Rhodus. Amsterdam 1675«. Hüter der Galatee* sind sie nach Goethes Erfindung.

P u c k 4235, 4387: Derber Kobold aus Shakespeares »Sommernachtstraum«. Siehe Oberon*.

P u l c i n e l l a 5215: ital., von lat. pullus, Hühnchen, Hahn; Spaßmacher auf dem italienischen Theater, Hans Wurst, von Goethe geschildert in seinem Römischen Karneval; dort auch abgebildet mit weißwollener Hose, Jacke, Mütze mit rotem Büschel, weißen Pantoffeln. In der Italienischen Reise (19. März 1787) erscheint er als ein »wahrhaft gelassener, ruhiger, bis auf einen gewissen Grad gleichgültiger, beinahe fauler und doch humoristischer Knecht«.

P u r i s t 4279: von lat. purus, rein; Reiniger; Spottname für solche, die aus engherziger Vorstellung von Sittlichkeit und Anstand die Welt, insbesondere die Werke der Dichter, reinigen wollen.

P ü s t r i c h 11 716: von nddt. pusten, niesen, schnauben; einer, der pustet; Götze mit aufgeblasener Backe, der Feuer an- und ausbläst.

P y g m ä e 7606, 7875, 7895, 7936: griech. pygmaios, lat. pygmaeus, Fäustling; vgl. unser ›Däumling‹. Sagenhaftes Zwergvolk am Ufer des südlichen Okeanos, gegen das im Herbst südwärts ziehende Kraniche zum Krieg ausrücken (Homers »Ilias« III,6).

P y l o s 9454: Stadt im südwestl. Messenien mit einem der schönsten Häfen des Peloponnes, Stadt des Nestor*.

P y t h a g o r a s , griech. Philosoph aus Samos, um 580–500 v. d. Z.; erklärt die Zahlen für die Grundbegriffe des Seins, lehrt Sphärenharmonie, Seelenwanderung, Eingottglauben, gründet Bund zur Läuterung des sittlich-religiösen Lebens (vgl. Einführung, 1. Geschichte des Faust-Stoffes).

P y t h o n i s s a 9135: Pythios hieß Apoll*, weil er, nach Erlegung des Drachen Python, Pytho oder Delphoi zu seinem Besitz und vornehmsten Weissagungsort gemacht hatte. Danach bedeutet Pythonissa Zauberin, Wahrsagerin, Seherin. Das Wort findet sich griech. nur im Titel einer Schrift des Methodius von Olympos (gest. 311), dann aber mlat. und frz.

q u a m m i g , q u a p p i g
7782: fettmassig, feist, wampig; absichtlich häßliche Lautmalerei zur Kennzeichnung
orientalischer Haremsschönheiten.
Q u e n t c h e n 8130: von lat.
quantum, wieviel; Anteil,
Maß; eine kleine Menge, ein
kleiner Betrag.
Q u i d s u m [. . .] 3825 ff.:
lat., was werde ich Elender
dann sagen, welchen unter den
Schutzgeistern anflehen, da
doch kaum der Gerechte sicher
ist.
Q u i n t e s s e n z 10 322: von
lat. quintus, fünft, und essentia, Sein, Wesen; bei Aristoteles der Äther als fünftes Element, bei Paracelsus der Extrakt der Elemente; bei den
mittelalterlichen Alchimisten
der ›Spiritus‹ im Sinne des Leben stiftenden Prinzips Geist.
Hier spottend: der Ausbund
aller Lumpen. Vgl. Essenz*.

R a b e n s t e i n 4399: Von
Raben umflogener Fels, dann
gemauerter Richtplatz mit Rad
und Galgen, an dem es nächtlich spukt.
R a g o u t 100, 539: frz. ragoût; wieder schmeckendes,
wieder schmackhaft gemachtes,
aufgewärmtes Gericht, meist
aus mehreren Speisen gemischt.
R a p h a e l 243: Siehe Erzengel*.
r a p i e r e n 7135: von frz.
rapière, Fechtdegen; mit dem
Stoßdegen fechten.
R a t t e n f ä n g e r 3699:
Der Rattenfänger von Hameln
war nach Goethes Ballade (ge

druckt 1806) »gelegentlich ein
Mädchenfänger«.
R e a l i s t 4351: von lat. res,
Ding, realis, dinglich; Anhänger einer philosophischen Lehre, die von den Dingen, also
von der greifbaren Wirklichkeit ausgeht und, vielfach, das
nicht sinnliche Wahrnehmbare
als nicht vorhanden ableugnet.
Hier, angesichts des Walpurgistreibens, wird der Realist sogar
an der Wirklichkeit selbst irre.
R e c h e n p f e n n i g 5732:
An sich wertloses Geld zur Berechnung von Spielgewinn.
r e d u z i e r e n 1944: lat.
reduco, führe zurück; auf
Grundbegriffe zurückführen.
R e g a l 10 948: von lat. rex,
König, regalis, königlich; Hoheitsrecht, z. B. das Recht,
Münzgeld zu prägen oder
Bergwerke auszubeuten.
R e g i o n 9540, vor 11 866,
11 890: lat. regio, Gegend, Bereich.
R e g u m 11 287: Wesfall der
Mehrzahl von rex, König, reges, Könige; bibl. Buch der Könige.
R e q u i e m 2942: Wenfall zu
lat. requies, Ruhe; Bittgebet
für die Ruhe eines Toten.
r e s o l u t 6735: lat. resolutus, entschlossen; keck.
r e s p e k t i e r e n 7243: von
lat. respectus, Zurückschauen,
Rücksicht; berücksichtigen, ehrerbietig beachten.
r e ü s s i e r e n 2674: frz. réussir, sein Glück machen, Erfolg haben.
r e v i d i e r e n 2677: von lat.
revideo, ich sehe nach; nachforschen.

Revier 914, 4998: Bereich, Gelände.

Rhea 7989, 8969: lat., griech.; Tochter des Uranos und der Gaia, Gemahlin des Kronos, die große Göttermutter, z. B. von Zeus*, Hades*, Hera. Verschmolzen mit der asiatischen Göttermutter Kybele, und später, als Saturn* mit Kronos gleichgesetzt wurde, auch mit der römischen Ops* gleichgesetzt.

Rhodus vor 8275, 8291: lat.; griech. Rhodos; Insel gegenüber der Südwestküste Kleinasiens. Hier befand sich ein Heiligtum des Phöbus* Apoll, des Bruders der Luna* (8289 f.). Auch soll hier der Nebel nie länger als eine Stunde gewährt haben (8297).

rhythmisch 147: von griech. rhythmos, Takt; in geregelter Bewegung; besonders vom Versmaß. »Rhythmus ist die Ordnung im Verlauf gegliederter Gestalten, die durch regelmäßige Wiederkehr wesentlicher Züge ein Einschwingungsstreben weckt und befriedigt« (Jost Trier). 8116 allgemeiner: dichterisch, in Gedichtform.

Rippach 2189: Dorf zwischen Leipzig und Weißenfels. »Hans Arsch von Rippach«, ein Leipziger Spottname.

Robert II. genannt der Teufel, 1028–35 Herzog der Normandie; seine Heldentaten und Bußwerke erst seit 15. Jh. behandelt (vgl. Einführung, 1. Geschichte des Faust-Stoffes).

Rubin 5021, 9311: roter Edelstein.

rümpfen 5272: mhd. rümphen, vgl. auch ahd. rimpfan, zusammenziehen, runzeln; eine Sache rümpfen: ihretwegen die Stirn runzeln, sie tadeln.

Sabiner 10 439: lat. Sabini; ackerbautreibendes, schlichtes Volk in Mittelitalien, bereits im Altertum bekannt durch seine Wahrsagerinnen.

Sakristei 3650: Raum in der Kirche für den Geistlichen und die heiligen Geräte.

Salamander 1273, 6002: Der Feuersalamander, ein geschwänzter Lurch, galt als unverbrennlich und ist darum Sinnbild der Feuergeister.

Salomo 1258: Davids Sohn, wegen seiner Pracht und Weisheit berühmt, galt in der orientalischen und mittelalterlichen Sage als der größte Zauberer und Geisterbeschwörer. Nach ihm genannt der »Schlüssel Salomos«, clavigula Salomonis, ein Zauberbuch nach Art des Höllenzwangs, das aus dem Hebräischen ins Lateinische und daraus in alle Kultursprachen des 16. bis 18. Jh.s übersetzt worden ist und das bei aller Zauberei immer wieder seine Frömmigkeit betont. Doch verwendete Goethe bei der Beschwörung der Naturgeister 1271 ff. nicht die verworrene Art der clavigula, sondern in eigener Erfindung klare Worte.

salutieren 1325: von lat. salus, Heil, Gruß; hier: ehrerbietigst grüßen.

Samothrace 8071: lat.; griech. Samothrakē, Insel im

Ägäischen Meer, südlich von der thrakischen Küste.

Sancta simplicitas 3037: lat., Heilige Einfalt; angeblich zuerst von Johann Hus auf dem Scheiterhaufen gesprochen.

Sankt Peter 6650: Apostel Petrus übt die ihm von Jesus verliehene Schlüsselgewalt aus: Matth. 16,19.

Sanssouci 4367: frz., Ohnesorge; sorglos; hier von Menschen, die leicht ihre Gesinnung wechseln und sich anpassen. Vgl. zu 4367–86.

Sardanapal 10 176: griech. Sardanapālos; angeblich der letzte assyrische König, führte ein weichlich üppiges Leben, historisches Vorbild dieser Sagenfigur ist Assurbanipal (669 bis um 630 v. u. Z.). In Byrons* Dichtung Urbild eines schwelgerischen Fürsten. Übrigens konnte Goethe wohl auch an europäische Fürstenhöfe seiner Zeit denken.

Satan 2504, 4305, 10 119: von hebr. satan, anfeinden; Widersacher, auch Ankläger vor Gericht; Sach. 3,1 als himmlisches Wesen Ankläger des Hohenpriesters Josua; Hiob 1,6 ff. noch unter den göttlichen Wesen, doch bereits Verdächtiger der Menschen; erst 1. Chron. 21,1 Eigenname, gottwidriger Anstifter zum Bösen; im Neuen Testament Widersacher Gottes selbst, zugleich Herr der gottwidrigen bösen Geister und somit der Führer der widergöttlichen gegenüber der göttlichen Welt. – V. 2504 ist Mephisto der Satan selbst;

10 119, 10 982 sind Satan und Teufel etwa gleichgesetzt. In der Walpurgisnacht dagegen sollte nach ursprünglichem Plan Mephistopheles mit Faust den Satan auf dem obersten Brockengipfel thronend finden als teuflisches Gegenbild des obersten Weltenrichters Gott. – Satane (Mehrzahl): vor 11 709, 11 736.

Satanas 10 982: griech. satanās; siehe Satan*.

Satiriker 5295: von lat. satira, Spottgedicht; Verfasser von Spottschriften.

Saturn 4962: lat. Saturnus, griech. Kronos, Sohn des Uranos und der Gaia, eignete sich die Weltherrschaft an, später durch seinen Sohn Zeus* gestürzt. – Einer der sieben Wandelsterne.

Satyr 5829, 7237: griech. Satyros. So hießen die das üppig ausgelassene Naturleben verkörpernden Begleiter des Dionysos*, ausgestattet mit Musikwerkzeugen, Weinschläuchen usw., in den Wäldern mit den Nymphen* schweifend und tanzend, aber auch den Wanderer erschreckend.

Sauertopf 8085: eigentlich ein Topf, in dem etwas, z. B. Obst oder Gemüse, gesäuert werden soll; dann ein Mensch, der sauer drein sieht; Griesgram.

Schaffnerin 8551: Aufseherin, Verwalterin; von schaffen, bewirken, in Ordnung bringen.

Scharade 7131: frz. charade, Silbenrätsel.

Scharlatan 5641: frz.

charlatan; Scheinarzt, Quacksalber, Marktschreier, Windbeutel.

Schedel 6100: von lat. scheda, Streifen, Blatt Papier, schĕdula, Streifchen; Zettel, Banknote.

Scheherazade 6033: Scheherazade erzählt mit unerschöpflicher Erfindungsgabe dem Sultan die Märchen aus Tausendundeiner Nacht.

Schelling, Friedrich Wilhelm Joseph (1775–1854). Prof. in Jena, Würzburg, München, Berlin. Pantheistischer Naturphilosoph. Identitätsphilosophie: Alle Gegensätze, z. B. Stoff und Geist, sind aus dem gleichen Urgrunde, dem Absoluten*, entsprungen. Naturentwicklung im Sinne eines Bewußtwerdens des Geistes (vgl. Einführung, 7. Bedeutung und Geltung).

Schemen 6290: hebr., Schattenbild (z. B. Psalm 39,7).

Schierke vor 3835: Ort auf dem Weg zum Brocken.

Schimpf 2654: mhd. schimpf, ahd. scimpf, Scherz, Spaß, Kurzweil.

Schlappe 5670: oberdt., für Schelle, Ohrfeige, Schlag aufs Maul.

Schmeißen 10 140: Schmeißfliegen legen ihre Eier an Fleisch ab.

Schnack 6706: erst nhdt., nach nddt. snakken, schwatzen, plappern; Geschwätz.

Schnaken 6583: zunächst Mücken, dann übertragen: Späße.

Schnarcher 3880, 7682: Felsen bei Schierke im Harz.

Schönbart 4767: mhd. schëmebart, zu schëme, Schatten, Larve, Maske; eigentlich bärtige Maske. Volkstümliche Umbildung des nicht mehr verstandenen Wortes.

Schuhu 3273: erst nhdt., lautmalende Fortbildung von Uhu.

Schwaden 3920: mhd. suaden, Dunst; sichtbar ziehende Dünste; vgl. Gase 10 430. Vgl. zu 6,8.

schwadronieren 3627: von frz. escadron, Reiterschar; wie ein Reiter mit dem Säbel fuchteln; übertragen: viel und vor allem selbstrühmerisch schwätzen.

schwärzen 3581, 4914:
1. 3581: schwarz machen, etwas bereits als schwarz Empfundenes nochmals schwärzen;
2. 4914: im Dunkeln, geheim, verbotswidrig einführen, schmuggeln.

Scylla 8813: lat.; griech. Skylla, Seeungeheuer, das vom gleichnamigen, steil ins Meer ragenden Felsen herab den Schiffen Verderben droht.

Seismos 7519, 8361: griech. Seismos, Erdbeben. Beiname des Erderschütterers Poseidon*. Er hob die Insel Delos aus dem Meer, damit Latona (Leto) auf ihrer Flucht eine Ruhestatt zur Geburt von Apollo* und Diana* hätte (7534). Bei Goethe Dämon des Erdbebens. Nach Raffaels Vorbild (Befreiung des Paulus aus dem Gefängnis: dort eine halb sichtbare, mit ihren Schultern die Erde durchbrechende Gestalt) zeichnete

Goethe 1805 eine mit ihren Schultern die Erde hinanwölbende Gestalt für ein Diplom der Jenaer mineralogischen Gesellschaft.

S e r v i b i l i s 4214: von lat. servus, Diener; dienstfertig; der Dienstbeflissene, mit seinem Dienst Aufdringliche. Man hat hierbei an den vielgeschäftigen Weimarer Rektor Böttiger denken wollen.

S i b y l l e 2577, 7455, 8957: griech. Sibylla, lat. Sibylla. Ursprünglich kannte man nur eine Sibylle. Später Gattungsname für weissagende, gottbegeisterte Frauen überhaupt. In diesem Sinne rechnet Goethe zu den Sibyllen auch Manto* und Phorkyas*. – 3546 Mädchenname.

S i g n a t u r 10 974: von lat. signum, Zeichen, signatura, Zeichnung; Unterzeichnung, Namensunterschrift, auch Siegel.

S i l ē n u s 10 033: lat.; griech. Seilēnos, Sohn des Hermes* und einer Nymphe, Begleiter und Erzieher des Bakchos (Bacchus*), wein- und sangesfreudig, immer trunken, auf einem Esel reitend.

s i m u l i e r e n 10 425: von lat. simulo, mache ähnlich, stelle mich, als ob; hier: nachdenken, grübeln (thür.).

S i r e n e n 7152 ff., 7495 ff., 8034 ff.: griech. Seirēnes, lat. Sirenes; Jungfrauen auf einer Insel im Westmeer, die singend die Seefahrer anlocken und ins Verderben ziehen. In der antiken Kunst dargestellt als Vögel mit Mädchenköpfen.

S k e p t i k e r 4359: von griech. skepsis, Betrachtung, Nachdenken, Untersuchung; dann Zweifel. Anhänger einer philosophischen Richtung, die, indem sie alles auf seinen Wahrheitsgehalt untersuchen, bald alles in Zweifel ziehen und schließlich alle Möglichkeit wirklicher Erkenntnis leugnen.

S k o l a r 1177: ital. scolare, von lat. schola, Schule, scholaris, zur Schule gehörig; wie Skolast 1324 altertümliche Bezeichnung der Studenten als Angehörige einer hohen Schule.

S k r u p e l 368: lat. scrupulus, das stechende Gefühl der Angst, Bedenklichkeit, beunruhigender Zweifel.

S m a r a g d 9307: grüner Edelstein.

S o c k e n 1808: lat. soccus, der leichte Schuh, wie ihn die römischen Komödienspieler trugen; Goethe meint aber den hohen Schuh (Kothurn*) des tragischen Schauspielers.

S o l 4965: lat., Sonne.

s o l i d 5602: von lat. solidus, echt, gediegen.

s o l o 11 604: ital., von lat. solus.

s o l u s 6172: lat., allein.

S o p h i s t 3050: von griech. sophia, Weisheit, sophistēs, Meister im Wissen, Gelehrter; später, weil die Sophisten mit ihrer Denk- und Redekunst an sich zu glänzen suchen, ohne sich ernstlich um Denkergebnisse zu mühen: Klügler, Vernünftler, der um jeden Preis recht behalten will.

S o u f f l e u r vor 6399: von frz. souffler, blasen, einblasen;

Einbläser, der den Schauspielern von einem verdeckten Raum am vordern Bühnenrand heimlich vorsagt, einhilft.

s o u l a g i e r e n 4173: frz. soulager, erleichtern, trösten, Linderung verschaffen.

S p e c t a t o r e s : Vgl. ad* spectatores.

s p e k u l i e r e n 1830: von lat. speculor, spähe umher; hier: denken, Erkenntnisse suchen durch Nachdenken (nicht durch Erfahrung).

s p e n d i e r e n 6373: vielleicht von griech. spendö, gieße aus; medial: gewähre; schenken, in reicher Fülle anbringen; doch erst im barbarischen Latein. Vielleicht auch abgeleitet von lat. suspendere, aufhängen.

S p e z e r e i e n 749: ital. speziari; Gewürze; auch zum Einsalben Toter (Mark. 16,1).

S p h ä r e 244, 258, 484, 705, 5690, 5989: griech. sphaira, Kugel, Kreis; Wirkungsbereich. – Brudersphäre 244: ein dem andern Gestirn verwandter Bereich. Symbol für kosmische Harmonie, wichtiger Ausdruck des pansophischen* Weltbildes.

S p h i n x 7083, 7114 ff.: griech., lat., die Würgerin; menschlich-weiblicher Oberkörper mit Löwenunterleib und -tatzen. Goethe vereinigt die männlichen Sphinxe Ägyptens mit den männlichen und weiblichen Sphinxen Griechenlands. 7244 erhalten sie astronomische Bedeutung. Löwe, Jungfrau sind die Sternbilder für August, September.

S p i n o z a , Baruch (1632 bis 1677) Amsterdam. Philosoph. Pantheismus: Es gibt nur eine unendliche Substanz; Gott gleich Natur; die Erkenntnis der Notwendigkeit ist zugleich Erkenntnis Gottes (Amor dei = *Liebe Gottes*; 1185). Vgl. Einführung, 7. Bedeutung und Geltung.

s p o n s i e r e n 5774: Liebesabenteuer treiben, liebeln. Vgl. Sponsierer*.

S p o n s i e r e r 5187, 5539, 5663: von lat. spondeo, gelobe, sponsus, Verlobter, Bräutigam; einer, der sich, auch ohne ernste Absicht, wie ein Verlobter verhält; Freier, Galan*, Kurmacher, Verführer; bereits zu Goethes Zeit nicht mehr gebräuchlich.

S q u e n z 10 321: Siehe Peter* Squenz.

S t a n d a r t e 10 567: Fahne, insbesondere Reichsbanner.

S t a n z e n 1 ff.: Mehrstrophiges Gebilde zu je acht in fünffüßigen Jamben gehaltenen Reihen, von denen die ersten sechs durch dreimal wiederholte Kreuzreime, die letzten beiden durch Paarreime gebunden sind: a-b – a-b – a-b – c-c. Von Goethe gern zu Selbstbekenntnissen verwendet.

S t a t u t 10 972: von lat. statuo, setze fest, statutum, Festgestelltes, Satzung, Gesetz.

s t y g i s c h 8653: von griech., lat. Styx, Fluß der Unterwelt. Die Stygischen sind demnach die unterirdischen Götter.

S t y m p h a l i d e n 7220: Vögel vom See Stymphalis oder Stymphelis in Arkadien*, aus dem der Fluß Stymphalos abfließt; mit eisernen Flügeln, Schnäbeln, Krallen; sie konnten ihre Federn wie Pfeile abschießen; ihre Vernichtung war eine der zwölf Arbeiten des Herakles*.

S u b s i d i e n 4832: von lat. subsidium, die im Rücken des Heeres verbleibende Hilfe, Hilfstruppen; dann auch Hilfsgelder.

S u d 5741, 5925: von sieden; das Wallen der kochenden und überkochenden Flüssigkeit.

S u d e l k ö c h e r e i 2341: Vgl. Sud*.

S u p e r n a t u r a l i s t 4355: von lat. supra, oberhalb, und natura; ein Philosoph, der ober- bzw. außerhalb der Sinnenwelt eine zweite, artverschiedene und vollkommene Wirklichkeit annimmt. Vor allem Religionsphilosophen schlossen, statt auf den Verstand sich auf innere Erfahrung und Glauben stützend, auf eine übersinnliche Welt, eben auf die Welt Gottes und der göttlichen Wesen; so zu Goethes Zeit Friedrich Heinrich Jacobi (1743–1819).

S w e d e n b o r g , Emanuel, geboren 1688 in Stockholm, gestorben 1772 in London; schwedischer Mineraloge, Mathematiker, Theosoph, Spiritist; überzeugt von der Verknüpfung der menschlichen Seele mit der höhern Welt; schrieb »Arcana coelestia« (Himmlische Geheimnisse) 1749 ff., und als Auszug daraus »De telluribus« (Über die Erdgeister) 1758. Goethe lernte ihn bereits im Klettenbergschen

Kreis kennen und verwendete seine Schriften auch später. An ihn haben wir bei Nostradamus* zu denken. Nach Swedenborg besteht der ganze Himmel aus Geistern, die miteinander in Wechselbeziehung stehen. Diese, darunter auch die Planetengeister, haben alle ihre eigene Sphäre, sie steigen auf und nieder und antworten nur dem, dessen Sinn dafür aufgetan wird. Vgl. 420 bis 514; zu 11 898, 11 918.

S y l p h e 1275: nach Paracelsus* Luftgeist, der einerseits in der unsichtbaren Luft verschwinden, andererseits wie ein Meteor leuchten kann.

S y l v e s t e r II., gelehrter Papst, 999–1003 (vgl. Einführung, 1. Geschichte des Faust-Stoffes).

s y m m e t r i s c h 5101: von griech. symmetria, Ebenmaß, ebenmäßig.

S y m p t o m 8470: griech. symptoma, Lage; Anzeichen, Vorbote, Begleiterscheinung, Merkmal.

T a n d 5547: eigentlich Geschwätz; Spielwerk.

T a y g e t o s 8996, zu 9527: griech.; nordsüdlich verlaufendes, hohes und rauhes Gebirge in Lakonien.

T e g e l 4161: Ort bei Berlin am Havelsee. Schloßgut in Humboldts Besitz. Von einem dort 1793 vorgefallenen Spuk berichtet Nicolai (vgl. Proktophantasmist*) und zog sich dadurch neuen Spott zu.

T e l c h i n e n 8275 ff.: griech.; lat. Telchines. Sagenhafte Ureinwohner von Rhodus. Hederich*: »Sie errichteten zuerst den Göttern Bildsäulen und wußten hiernächst Wolken, Hagel, Regen, Schnee zu machen. Andere sagen, sie wären gute Künstler gewesen. Wenigstens sollen sie zuerst das Bearbeiten von Erz und Eisen erfunden und dem Saturn* seine Sichel verfertigt haben.«

Terrain 10 352: frz., Gelände.

Terzine 4679 ff.: ital. terza rima, Versgebilde, bestehend aus dreizeiligen Strophen von jambischem Rhythmus, die durch dreimaligen überschlagenden Reim untereinander verkettet sind: a-b-a – b-c-b – c-d-c. Vgl. Goethes Anfrage an Schiller am 21. Januar 1798.

Tetrameter: griech. Vers aus vier Versfüßen, von denen jeder ein Doppelfuß ist, wodurch sich im ganzen acht Hebungen ergeben.

Thalamos 8685: griech., Lager; Schlafgemach mit dem meist prächtigen Ehebett.

Thales 7851 ff., 8082 ff.: griech.; Thalēs aus Milet, einer der sieben Weisen Griechenlands (639–546 v. d. Z.). Seine Naturphilosophie erklärt das Wasser für den Urgrund aller Dinge, insbesondere alles Lebendigen; aus Wasser entsteht alles, ins Wasser kehrt alles zurück. Vgl. Neptunismus*.

Theben 9032: Hauptstadt von Böotien in Mittelgriechenland, gegen die sich der Sage nach der Zug der sieben Fürsten richtete.

Theophrastus 5137: lat.; griech. Theophrastos von Lesbos. Um 372–287 v. d. Z., Schüler des Plato* und Aristoteles*, griech. Botaniker, schrieb eine »Geschichte der Gewächse«. Vgl. zu 5136 f.

Theorbe vor 5158, 5178: frz. théorbe, Art tiefgestimmter Laute, Baßlaute; tiefer z. B. als die Mandolinen der Gärtnerinnen (vor 5088).

Theorie 2038: von griech. theōria, Betrachtung; hier: rein wissenschaftliche Betrachtungsweise im Gegensatz zur unmittelbaren Erfahrung.

Thersites 5457: von griech. tharsos, Frechling; Eigenname eines häßlich gestalteten Lästerers, den Odysseus (Ulyß*) zur allgemeinen Genugtuung vor Ilion mit seinem Herrscherstab züchtigte.

Thēseus 8848: lat.; griech. Thēseus; Sohn des athenischen Königs Aigeus, u. a. von Cheiron (siehe Chiron*) erzogen, vollbrachte viele Großtaten; raubte die im Dianatempel tanzende Helena* und führte sie nach Aphidnai.

Thessalien 6977: griech. Thessalia, lat. Thessalia, das östliche Stück Nordgriechenlands.

thessalisch 6977 ff., 7920, 8035, 9963: Vgl. Thessalien*.

Thetis 6025: griech.; Tochter des Nereus* und der Doris, Gemahlin des Peleus*, Mutter des Achilleus*, wohnt als hilfreiche Göttin bei dem greisen Vater in der Meerestiefe.

Thule 2759: lat. Ultima

Thule, das nach römischer Sage ›äußerste‹ nördlichste Land; in Goethes Lied gedacht als germanischer Hochsitz.

Thyrsus 7777: lat.; griech. thyrsos; Stab aus Esche oder Weinrebe, von Efeu umwunden, oben ein Pinienapfel*; Hauptzeichen beim Dienst des Bacchus*.

Tiresias 8817: lat.; griech. Teiresias, blinder Seher aus Theben, dem Zeus* die Gabe der Weissagung und sieben bis neun Menschenalter verlieh; daher Beispiel höchsten Alters. Vater der Manto*.

Tisiphone 5381: Siehe Furien*.

Titanen 7560: Mehrzahl von griech. Titan, Söhne und Töchter des Uranos und der Gaia. Sie brachten ihren Vater um die Weltherrschaft und setzten ihren Bruder Kronos ein, wurden aber selbst nach langem Kampf mit den Olympiern durch Zeus* in den Tartaros geworfen.

Titania vor 4223, 4247: Siehe Oberon*.

Titel 11 613: Urkunde mit Rechtskraft, Vertrag.

toasten 5292: von engl. toast (sprich: tōst), Trinkspruch; unter Gläserklang eine Gesundheit ausbringen.

Tokaier 2276: von Tokaj, Ort in Ungarn, berühmt durch Weinbau.

Trabant vor 10 345: ital. und span., Begleiter, Leibwächter eines Fürsten.

transpirieren 2594: von lat. transpiro, atme durch; schwitzen.

Trident 9669: lat. tridens, Dreizahn; Dreizack, wie ihn Neptun* trug.

Triglyph 6447: griech. tri-glyphos, lat. triglyphus, Dreischlitz. Verzierung am dorischen Tempelfries, wobei jeder der auf dem Querbalken liegenden Balken am Kopfe drei senkrechte Schlitze erhielt.

Trimeter: griech. Versmaß, bestehend aus drei Versfüßen, von denen jeder ein Doppeljambus ist, so daß sich im ganzen sechs Hebungen ergeben:

$$\smile\,\_\,\smile\,\_\,/\,\smile\,\_\,\smile\,\_\,/\,\smile\,\_\,\smile\,\_\,$$

Trithemius, Johannes, eigentlich Heidenheim; geboren 1462 in Trittenheim bei Trier, gestorben 1516 als gelehrter Abt in Würzburg (vgl. Einführung, 1. Geschichte des Faust-Stoffes).

Triton 8044 ff.: lat., griech., der Rauscher; Meergott, Sohn des Poseidon (Neptun*) und der Amphitrite. Dann in der Mehrzahl: Doppelwesen aus Mensch und Fisch mit Pferdehufen und Muscheltrompeten, die den andern Gottheiten beim Reiten und Fahren dienten.

troglodytisch 5903: von Troglodyt, griech. Mehrzahl: trōglodytai, Höhlen-Schlüpfer; Höhlenbewohner; nach Art von Höhlenbewohnern.

Troja 6538, 8116, 8597: Hauptstadt der Landschaft Troas in der Nordwestecke Kleinasiens, auch Ilion (siehe Ilios*) genannt. Schauplatz des Kampfes der Griechen um die entführte Helena*, in dem Troja selbst vernichtet wurde.

t r o m m e t e n   4672: altertümlich und dichterisch, von
Drommete: Trompete; trompe-
ten.
T u r b a n   5565: Kopftracht
und Kennzeichen der morgen-
ländischen, sagenhaft reichen
Fürsten.
t u t t i   4251: ital., alle; All-
spiel oder Allgesang, Fachaus-
druck in der Tonkunst.
T y n d a r e o s   8497, 8990:
griech. auch Tyndareōs. Goethe
verwendet die griech. Form mit
langer Schlußsilbe. Herrscher
von Sparta, Gatte der Leda
und durch sie Vater der Helena*. Vgl. zu 8497 ff.

Ü b e r m e n s c h   490: Von
Goethe weitergebildet aus
»übermenschlich«. Auch in der
»Zueignung« zu Goethes Werken: »So dünkst du dich schon
Übermensch genug.« Vgl. Lessing: »ein mehr als Mensch«.
Vorgebildet bereits in der
Theosophie des 17. Jh.s: Ange-
lus Silesius spricht von »Über-
engelheit«. Hierzu vgl. 618:
»*mehr als Cherub*«. Das Wort
galt zunächst als Lob, besonders in bezug auf einen Menschen, der sich den Engeln
annähert. Dann spottend gebraucht. Goethes Erdgeist verbindet das Wort mit einem
Tadel der menschlichen Selbst-
überhebung. Bei Nietzsche positiv bewertet.
U l y ß ,   U l y s s e s   7186,
1822: im 18. Jh. gebräuchliche
fehlerhafte Schreibart für Uli-
xes, griech. Odysseus, König
von Ithaka; kam nach Trojas*
Zerstörung auf seiner zehnjäh-

rigen Irrfahrt auch zu den Sirenen*. Um ihren Gesang hören
zu können, ohne ihnen anheimzufallen, verklebte er seinen
rudernden Gefährten die Ohren mit Wachs; er selbst ließ
sich mit offenen Ohren an den
Mastbaum binden.
u m s c h r a n z e n   6329: lie-
bedienern, umschmeicheln, vgl.
erschranzen*.
u m w i t t e r n   8: Vgl. Wittern*.
u m z i r k e n   4074: umringen.
Vgl. zirken*.
u n a   p o e n i t e n t i u m
12 069 ff.: lat., von poeniteo,
ich empfinde Reue; eine der
Bereuenden, eine der Büßerinnen.
U n d ē n e   1274 ff., U n -
d i n e   10 712 u. folg.: von lat.
unda, die Welle; Paracelsus*
faßt Undine als Wassergeist
wie auch die Nixen und Nymphen*. Faust nennt bei der Beschwörung des Pudels den Namen Undene für den Fall, daß
das Element Wasser in ihm verkörpert wäre. Mephisto ruft im
4. Akt (10 712) die Wasserfrauen, damit sie das Feind-
heer durch vorgetäuschte Über-
schwemmungen schädigen.
U n g e s e t z   4785: Ein Gesetz, das eigentlich keins ist
oder keins sein dürfte.
u n i s o n   4334: ital. unisono,
eintönig; einstimmig, im Gegensatz zum mehr- und all-
stimmigen Gesang; auch von
solchen gesagt, die nur eine einzige Melodie oder Weise zu
singen oder zu spielen wissen.
u n t e r s c h w o r e n   8829:
von schwären (nicht von schwö-

ren); der Hader der Dienerschaft als ein unter der Haut sich verbreitendes Geschwür.

U r i a n 3959: nddt.; Name des Teufels. Vielleicht verwandt mit uren: es wild treiben. Volkstümlicher: Auerhahn.

V a m p i r nach 5298, 7981, 8823: altdt., von byren, beiren, heftig begehren; Blutsauger, Name einer angeblich, tatsächlich aber nicht blutdürstigen Fledermaus Südamerikas; Bezeichnung des blutsaugerisch umherwandelnden Leichnams eines im Kirchenbann Gestorbenen. Byrons* Freund, der Engländer Polidori, ließ 1819 den Roman »The Vampyr« erscheinen, der in Deutschland ähnliche Dichtungen veranlaßte.

V a s a l l 10 296: Lehnsmann, Lehnsträger; Gefolgsmann.

V e h i k e l 4328: von lat. vehiculum, Fahrzeug; Beförderungsmittel, Fahrgelegenheit; hier ganz allgemein: benutzbare Gelegenheit.

V e n e r a b i l e 1021: von lat. venerabilis, verehrungswürdig; die Hostie, das in den Leib Christi verwandelte Brot des katholischen Meßopfers, vor dem alles auf die Knie fällt.

V e n u s 4957, 7999, 8144: lat.; 1. griech. Aphroditē, Tochter des Zeus* und der Dionē oder, nach Hesiod, die aus dem Schaum des Meeres geborene und an der Insel Kypros (Zypern) bei Paphos* ans Land gestiegene, daher Kypris* oder Paphia genannte Göttin der Liebe und der Schönheit. 2. 4957: einer der sieben Wandelsterne.

v e r l u t i e r e n 6852: von lat. lutum, Lehm; mit Lehm luftdicht verschließen, einschließen.

v e r m a l e d e i t 3699: von lat. male dico, schmähen; verwünscht, verflucht.

v e r n i c h t i g e n 4800: Verstärkung von vernichten.

v e r t r a c k t 7793: von vertrecken, verwirren; verschroben.

V e t t e l 9963: spätmhd. vêtel aus vetula, eine Ältliche; auch ziemlich Alte; später im wegwerfenden Sinn.

V i k t o r i a 5455, 5460: lat. victoria, Sieg, Siegesgöttin.

v i s i e r e n 2991: von lat. viso, ich besichtige; nach etwas Umschau halten.

V l i e s 6629, 6716, 8215, 8888: mhd. vlies, Schaffell. Vgl. nhdt. Nebenform Flaus*; dann auch ein mit Schafpelz gefütterter Rock, Obergewand. Das Goldene Vlies holten aus Kolchis die Argonauten*.

V o l a n d 4023: mhd. vâlant, Verführer; alter Teufelsname.

V o l u m vor 1224: lat. volumen, etwas Rollbares, ›Wälzer‹; Schriftrolle, Buch, besonders von schwer zu handhabendem Umfang.

V o r w e r k 10 900: Eine vor dem eigentlichen Festungswerk errichtete Befestigungsanlage; später ein weiter außen liegender herrschaftlicher Gutshof.

V u l k a n i s m u s. Vgl. Plutonismus*.

Walpurgis 2590, vor 3835, vor 7005, auch Walpurga: Äbtissin des Klosters Heidenheim bei Eichstätt (gestorben 779), Schutzheilige gegen Hexenkünste. Gedächtnistag 1. Mai. In der Nacht zuvor, der Walpurgisnacht, Ritt der Hexen auf den Blocksberg (Brokken).

Weife, weifen 5335, 5337: bereits mhd. weifen, schwingen, haspeln, Garn abbinden. Weife: Gerät zum Weifen.

welsch 2652: mhd. wälisch aus Walch, Romane: frz., ital.

Welschhühner 4858: ital. Hühner von besonders gutem Geschmack.

Wildernis 6236: engl. wilderness, auch bei Gryphius, Schiller: Wildnis.

Windsbraut 3936: mhd. windesbrût; brût vielleicht verwandt mit mhd. brûs, Braus; Sturmgebraus, das den Hexenzug ankündigt und begleitet. Dagegen 5612: das wie der Wind dahinbrausende, aus vier Rossen bestehende Gespann des Sonnenwagens.

Wittern 6623: wetterleuchtend Wittern: ein mit Blitzen, aber nicht mit hörbarem Donner verbundenes Gewitter. Vgl. zu 8.

wuseln 5846: bayr., hess.; sich schnell bewegen, nach Insektenart.

Xenien 4303: von griech. xenios, gastlich; xenion, Gastgeschenk. Als Gastgeschenke bezeichneten Schiller und Goethe spottend die Stachelverse, die sie ihren Gegnern widmeten.

Z: Vgl. auch C und K.

Zenit 6413, vor 8034: arab., Scheitelpunkt, Gipfelpunkt. 1. die Decke des gotischen Doms; 2. der höchste Punkt, den der Mond senkrecht über uns am Himmel erreichen kann.

Zeremonie vor 2583: von lat. ceremōnia, der heilige, religiöse Brauch; hier: feierliche Umständlichkeit.

Zeus 7137, 8411: griech.; lat. Iupiter; Sohn des Kronos und der Rhea*, der höchste Gott der Griechen, Weltherrscher und Vater der Götter und Menschen.

Zikade 288, 8779: lat. cicada, Grille, den Heuschrecken verwandtes Insekt.

Zimbel 10 030: griech. kymbalon, lat. cymbalum; Schallbecken, von denen immer je zwei klingend gegeneinander geschlagen wurden. Da Goethe die Becken noch daneben nennt, denkt er wohl an Schellen oder Glöckchen.

zirken 4074, 9567: von lat. circus, Kreis; kreisen, einen Umkreis bilden.

Zoïlus 5457: griech. Zoïlos, griechischer Redekünstler aus Amphipolis in Makedonien, Mitte des 3. Jh.s v. u. Z., bekannt durch seinen kleinlichen Tadel des Homer; nach ihm allgemein: kleinlicher Kritiker, hämischer Tadler.

Zwinger vor 3587: aus mhd. twingaere von twingen, zwingen; Bedränger. – Raum zwischen der äußeren und inneren Stadtmauer oder zwischen der Stadtmauer und den letzten Häusern.

Zwitterkind 4902: von Zwitter, doppelgeschlechtiges Wesen; hier: der Zweifel hat die Eigenschaft seines Elternpaares: Natur–Sünde und Geist–Teufel.

Zyklop 8123, 9020: griech. kyklōps, gewaltiger Riese mit einem einzigen Auge. In der Mehrzahl ein Riesenvolk; zu ihnen gehört Polyphem, der sechs Gefährten des Odysseus (Ulyß*) verschlang und dann von diesem geblendet wurde. – Als Werk der Zyklopen galten später die aus gewaltigen Natursteinen errichteten Bauwerke, insbesondere Mauern der griechischen Vorzeit (9020).

Zypern 8359: griech. Kypros; siehe Kypris*.

Zyprie 8365: Siehe Kypris*.

FAUST-LITERATUR

Abkürzungen

AfdA = Anzeiger für deutsches Altertum.
Chronik = Chronik des Wiener Goethe-Vereins.
DDU = Der Deutschunterricht [Stuttgart].
DU = Deutschunterricht [Berlin].
DVjs = Deutsche Vierteljahrsschrift für Literaturwissenschaft und Geistesgeschichte.
Euph = Euphorion. Zeitschrift für Literaturgeschichte.
Faust-Bll. = Faust-Blätter. Archiv Nachrichten. Halbjahresschrift der Faust-Gesellschaft. N. F.
GJb = Goethe-Jahrbuch.
GK = Goethe-Kalender.
GLL = German Life and Letters.
Goethe = Goethe. N. F. des Jahrbuchs der Goethe-Gesellschaft.
GR = The Germanic Review.
GRM = Germanisch-Romanische Monatsschrift.
Hochstift = Berichte [seit 1902: Jahrbuch] des Freien Deutschen Hochstifts.
JbGG = Jahrbuch der Goethe-Gesellschaft.
JbSK = Jahrbuch der Sammlung Kippenberg.
JEGPh = Journal of English and Germanic Philology.
Knittl. Bll. = Blätter der Knittlinger Faust-Gedenkstätte und des Faust-Museums. (Fortgesetzt als »Knittlinger Blätter«.)
MDU = Monatshefte für deutschen Unterricht, deutsche Sprache und Literatur.
MLR = The Modern Language Review.
Neoph = Neophilologus.
PEGS = Publications of the English Goethe Society.
PMLA = Publications of the Modern Language Association of America.
SchrGGes = Schriften der Goethe-Gesellschaft.
WB = Weimarer Beiträge.
ZfDke = Zeitschrift für Deutschkunde.
ZDU = Zeitschrift für den deutschen Unterricht [seit Jg. 34 (1920): für Deutschkunde].
ZfdA = Zeitschrift für deutsches Altertum.
ZfdPh = Zeitschrift für deutsche Philologie.

1. Bibliographien,
Wörterbücher und andere Hilfsmittel

Bibliographien

Die Gesamt- und Einzeldrucke von Goethes Werken. Bearb. v. W. Hagen. Berlin 1956 [hekt.], ²1957 [Buchausg.]. Neuausg.: Die Drucke von Goethes Werken. Ebd. 1971.

Grundriß zur Geschichte der deutschen Dichtung, begr. v. K. Goedeke. 3. Aufl. Bd. 4, Abt. 2–4: Goethe-Bibliographie bis 1911. Bearb. v. E. Goetze. Dresden 1910–16. Neuausg. Berlin 1955. Nachdr. Nendeln 1975. – Ergänzung durch Bd. 4, Abt. 5: Goethe-Bibliographie 1912–1950. Bearb. v. C. D. Diesch u. R. Schlager. Hrsg. v. H. Jacob. Berlin 1960. – Im Anschluß daran:

Goethe-Bibliographie. Jährl. in: Goethe 14/15 ff. (1952/53 ff.) bzw. GJb 89 ff. (1972 ff.). Bearb. bis 1971 v. H. Nicolai, ab 1972 v. H. Henning.

Goethe-Bibliographie. [Auswahl bis 1964.] Begr. v. H. Pyritz. Fortgef. v. H. Nicolai u. G. Burkhardt. 2 Bde. Heidelberg 1965 bis 1968.

Engel, K.: Zusammenstellung der Faustschriften vom 16. Jh. bis Mitte 1884. Der Bibliotheca Faustiana 2. Auflage. Oldenburg 1885. Reprogr. Hildesheim 1963. 764 S.

Faust-Bibliographie. Bearb. v. H. Henning. 3 Tle. in 4 Bdn. Berlin 1966–76. [Goethes Faust: Teil II, Bde. 1–2; T. II, Bd. 2 in 2 Halbbdn.]

Jahresbericht über die wissenschaftlichen Erscheinungen auf dem Gebiet der neueren deutschen Literatur. Berichtjahre 1921 ff. Berlin 1924 ff.

Germanistik. Internationales Referatenorgan mit bibliographischen Hinweisen, 1 ff. (1966 ff.).

Bibliographie der deutschen Literaturwissenschaft. Hrsg. v. H. W. Eppelsheimer u. C. Köttelwesch (Berichtsbeginn ab 1945). Frankfurt a. M.: Klostermann, 1957 ff.

Internationale Bibliographie zur deutschen Klassik 1750–1850. Hrsg. v. H. Henning [u. a.]. Folgen 1–10 (1959–64) in WB; Folgen 11 ff. (1964 ff.) selbständig in Jahresbänden. Weimar 1970 ff.

Sammlungen

Stumme, G.: Meine Faustsammlung. Bearb. v. H. Henning. Weimar 1957. 110 S.

Gesamtkatalog der Preußischen Bibliotheken, Goethe. Hrsg. v. d. Preußischen Staatsbibliothek. Berlin 1932.

Götting, F.: Die Bibliothek von Goethes Vater. In: Nassauische Annalen 64 (1953) S. 23–69. [Mit Katalog.]

Kendell, E. v.: Goethe als Benutzer der Weimarer Bibliothek. Ein Verzeichnis der von ihm entliehenen Werke. Weimar: Böhlau, 1931. 19 S.

Holtzhauer, H.: Goethe-Museum. Weimar 1969. 718 S.

Goethes Bibliothek. Katalog. Hrsg. v. H. Ruppert. Weimar 1958. XVI, 825 S.

Goethe- und Schiller-Archiv. Bestandsverzeichnis. Hrsg. v. K.-H. Hahn. Weimar 1961. 333 S.

Schiller-Nationalmuseum Marbach/Neckar. Bestandsverzeichnis des Cotta-Archivs. (Veröffentlichungen der Deutschen Schillergesellschaft 25.) Bd. 1: Dichter und Schriftsteller [Goethe: S. 97–105]. Stuttgart 1963.

Katalog der Sammlung Kippenberg. Leipzig: Insel-Verlag, 1913. 408 S. [Faust: S. 101–180]. Leipzig: Insel-Verlag, ²1928 [3 Bde.; Faust: Bd. 1. S. 163–253]. – Die Sammlung wird jetzt in Düsseldorf betreut; s. dazu A. Bergmann in: JbSK Bd. 2 (1970) S. 10 bis 27.

Wörterbücher und andere Hilfsmittel

Wortindex zu Goethes »Faust«. Hrsg. v. A. R. Hohlfeld, M. Joos u. W. F. Twaddell. Madison: Department of German, University of Wisconsin (USA), 1940. 161 S. – Ergänzend: Der Wortschatz der Bühnenprosa in Goethes Faust. Ein Nachtrag. Hrsg. v. P. M. Kittel, A. R. Hohlfeld u. N. Fuerst. Madison ²1946. 31 S.

Goethes Faust. A complete German English vocabulary. Hrsg. v. R. M. S. Heffner, H. Rehder u. W. F. Twaddell. Boston: Heath, 1950. 177 S.

Goethe-Wörterbuch. Hrsg. v. d. Dt. Akad. d. Wiss. zu Berlin, d. Akad. d. Wiss. in Göttingen u. d. Heidelberger Akad. d. Wiss. (W. Hartke, W. Schadewaldt, W. Simon, W. Wissmann). Lieferung 1 ff. Stuttgart 1966 ff.

Lexikon der Goethe-Zitate. Hrsg. v. R. Dobel. Zürich 1968. VIII S., 1308 Sp. Neuausg. München 1972.

Goethe-Handbuch. [. . .] hrsg. v. J. Zeitler. 3 Bde. Stuttgart 1916 bis 1918.

Goethe-Taschenlexikon. Begr. v. H. Schmidt. Neu bearb. v. K. J. Obenauer. Stuttgart 1955. IX, 412 S. (Kröners Taschenausgabe 227.)

Goethe-Wortschatz. Ein sprachgeschichtliches Wörterbuch. Hrsg. v. P. Fischer. Leipzig: Rohmkopf, 1929. Nachdr. Leipzig 1968.

Zeugnisse

Quellen und Zeugnisse zur Druckgeschichte von Goethes Werken. Berlin 1966. T. 1: Gesamtausgaben bis 1822. Bearb. v. W. Hagen u. E. Nahler. XXIII, 668 S. (Werke Goethes. Erg.-Bd. 2,1.)

Goethe über seine Dichtungen. Hrsg. v. H. G. Gräf. Frankfurt a. M. 1904. [Faust: T. 2. Bd. 2. S. 1–608.] Nachdr. Darmstadt 1967.

Goethe über seinen Faust. Ausgew., zusgest. u. erl. v. O. A. Bergelt. Berlin 1955. 268 S. (Kleine Bibliothek.)

Goethe über seinen Faust. Hrsg. v. A. Dieck. Nachwort v. K. Schreinert. Göttingen 1958, ²1963. 83 S. (Kleine Vandenhoeck-Reihe 56.)

Goethe und die Antike. Eine Sammlung. Hrsg. v. E. Grumach. 2 Bde. Berlin 1949.

Goethes Gespräche. Gesamtausgabe. Begr. v. F. Frh. v. Biedermann. Neu hrsg. v. F. Frh. v. Biedermann mit M. Morris [u. a.]. 5 Bde. Leipzig 1909–11. – Dass. In 4 Bdn. hrsg. v. W. Herwig. Zürich 1965 ff.

Begegnungen und Gespräche. Hrsg. v. E. u. R. Grumach. Bd. 1 ff. Berlin 1965 ff.

Bildsammlungen

Dr. Faust im Bild von den ersten Anfängen bis zum Erscheinen des Goethischen Fragments. Mit 22 Tafeln in Folio. Hrsg. v. R. Payer von Thurn. Wien: Goethe-Verein, 1919. 16 S. Text und 22 Tafeln. (Chronik 30–32.)

Vom Doctor Faustus zu Goethes Faust. Mit 595 Abb. Hrsg. v. F. Neubert. Leipzig: Weber, 1932.

Wegner, W.: Die Faustdarstellung vom 16. Jahrhundert bis zur Gegenwart. Mit 90 Abb. Amsterdam: Verlag der Erasmus-Buchhandlung/Hamburg: Hauswedell, 1962. 135 S.

2. Textausgaben

Originalausgaben

Goethes Schriften. 8 Bde. Leipzig: Göschen, 1787–90. Bd. 7 (1790) S. 1–168: Faust, ein Fragment [Sigle S].

Goethes Werke. 13 Bde. Tübingen: Cotta, 1806–10. Bd. 8 (1808) S. 1–234: Faust, eine Tragödie, I. Teil. – Dasselbe auch als selbständige Veröffentlichung [Sigle A]. Reprod. Leipzig: Insel-Verlag, 1968.

Goethes Werke. 20 Bde. Stuttgart u. Tübingen: Cotta, 1815–19. Bd. 9 (1817) S. 1–234: Faust, I. Teil [Sigle B].

Goethes Werke: Ausgabe letzter Hand. 61 Bde. Stuttgart u. Tübingen: Cotta, 1827–42. Bd. 12 (1828) S. 1–247: Faust I; S. 249 bis 313: Faust II, Vers 4613–6036. Bd. 4 (1827) S. 229–307: Helena, klassisch romantische Phantasmagorie. Zwischenspiel zu Faust (3. Akt) [Sigle C¹].

Goethes Nachgelassene Werke. Stuttgart u. Tübingen: Cotta, Bd. 1 (1832): Faust, der Tragödie zweiter Teil (Ausgabe letzter Hand Bd. 41). 344 S. [Sigle C¹.] Reprod. Leipzig: Insel-Verlag, 1968. C¹ = sog. Taschenausgabe; C³ = sog. Oktavausgabe, früher C genannt, folgte (mit anderer Seitenzahl) den Ausgaben C¹ jeweils ein Jahr darauf.

Historisch-kritische Ausgaben und Paralleldrucke

Weimarer oder Sophienausgabe: Goethes Werke. Hrsg. im Auftrage der Großherzogin Sophie von Sachsen. 133 in 143 Bdn. Weimar 1887–1919. Faust hrsg. v. E. Schmidt. Bd. 14 (1888): Faust I. Lesarten. Bd. 15, Abt. 1–2 (1888): Faust II. Lesarten. Bd. 39 (1897): Faust. In ursprünglicher Gestalt. Lesarten. S. 217 bis 319; 441–448.

Faust I. Synoptisch hrsg. v. H. Lebede. Berlin 1912. (Urfaust, Fragment u. Faust I 1808 nebeneinander.)

Goethes Faust in ursprünglicher Gestalt. Nach der Göchhausenschen Abschrift. Hrsg. v. E. Schmidt. Weimar ¹1887, ⁸1915.

Akademie-Ausgabe: Werke Goethes. Hrsg. v. d. Dt. Akad. d. Wiss. z. Berlin unter Leitung v. E. Grumach. Berlin 1954 ff. Bd. 1 (1954): Urfaust und Fragment (Paralleldruck). VI, 96 Lichtdruckseiten, 2 × 149 S. Bd. 2 (1958): Faust. Der Tragödie erster Teil. Bearb. v. E. Grumach u. I. Jensen. Erg.-Bd. 3: Urfaust – Faust. Ein Fragment-Faust. Der Tragödie Erster Teil (Paralleldruck). Bearb. v. E. Grumach u. I. Jensen. 1958. IV, 261 S.

Kritisch-revidierte Ausgaben

Cotta-Ausgabe: 1. Auflage s. Originalausgaben ab 1808.

Jubiläumsausgabe. Sämtliche Werke: Bd. 13–14: Faust, Teil 1–2. Mit Einl. u. Anm. hrsg. v. E. Schmidt. Stuttgart: Cotta, 1903 bis 1906. Nachdr. Bern 1969.

Neue Cotta Gesamtausgabe: Poetische Werke. Bd. 5: Faust. (Der Urfaust. Faust. Ein Fragment. Faust. Eine Tragödie. Paralipomena.) Textrev.: L. Lohrer. Stuttgart 1951 u. ö.

Reclam-Ausgaben: Faust. Eine Tragödie. Th. 1–2. Leipzig 1867

u. ö. (Universal-Bibliothek. Nr. 1–2.) – Faust. Der Tragödie erster
[und] zweiter Teil. Hrsg. v. L. J. Scheithauer. Stuttgart 1971/72
u. ö. (Universal-Bibliothek. Nr. 1 u. 2 [2].) – Der Urfaust. Hrsg.
u. eingel. v. R. Petsch. Leipzig 1910 u. ö. Neuausg. Stuttgart
1959 u. ö. (Universal-Bibliothek. Nr. 5273.)
Leidener Ausgabe: 2 Bde. Leipzig: Hesse, [1]1906; Leiden: Brill,
[9]1936. Bd. 1: Faust I u. II, Urfaust, Fragment, Helena, Nachlaß. Bd. 2: Kommentar u. Erläuterungen, Literatur, Bilderan-
hang, Faustwörterbuch. (Textrevision u. Kommentar v. G. Wit-
kowski.)
Insel-Ausgabe: Großherzog-Wilhelm-Ernst-Ausgabe. Dramatische
Dichtungen. Bd. 1. Leipzig [1]1909. S. 7–572. (Textrevision H. G.
Gräf.)
Festausgabe: Leipzig: Bibliographisches Institut, [1]1925. Bd. 5.
2. Ausg. 727 S. (Urfaust, Faust I u. II u. Paralipomena). Durchges., eingel. u. erl. v. R. Petsch.
Welt-Goethe-Ausgabe: Im Auftrage des Goethe- und Schiller-Ar-
chivs hrsg. v. A. Kippenberg, J. Petersen u. H. Wahl. Bd. 12 u.
13. Leipzig: Insel-Verlag, 1937. S. 9–420 u. S. 9–363. [Urfaust
– Fragment – Faust I. u. II. Textrevision M. Hecker.]
Neue Insel-Gesamtausgabe: Ab 159. Tsd. Leipzig 1941. 646 S.
(Textrevision M. Hecker); ab 211. Tsd. Leipzig u. Wiesbaden
1951. 647 S. Hrsg. in Gemeinschaft mit H.-J. Weitz u. W. Zie-
semer durch A. Kippenberg.
Hamburger Ausgabe: Hamburg: Wegner, [1]1949. München: Beck,
[9]1972. Bd. 3: Faust I u. II, Urfaust. 664 S. (Textrevision u.
Kommentar v. E. Trunz.)
Artemis-Ausgabe: Gedenkausgabe der Werke, Briefe und Gesprä-
che. Zürich: Artemis-Verlag, [1]1950. Bd. 5: Die Faustdichtungen.
Urfaust – Faust. Ein Fragment. – Faust. Eine Tragödie. – Paralipomena. – Goethe über Faust. (Einführung u. Textüberwa-
chung v. E. Beutler.)
Berliner Ausgabe: Berlin: Aufbau-Verlag, [1]1965. Bd. 8: Faust. In
ursprünglicher Gestalt. – Faust. Ein Fragment. – Faust. Eine
Tragödie. – Paralipomena. – Goethe über Faust. – Anmerkungen. 987 S. (Textrevision u. Anmerkungen v. G. Erler.)

3. Geschichte der Faustforschung

Atkins, St.: Faustforschung und Faustdeutung seit 1945. In:
Euph 53 (1959) S. 422–440.
Atkins, St.: The Interpretation of Goethe's Faust since 1958. In:
Orbis litterarum 20 (1965) S. 239–267.
Atkins, St.: Studies of Goethes »Faust« since 1959. In: The Ger-
man Quarterly 49 (1966) S. 303–310.

Baumgart, W.: Karl Ernst Schubarth. Aus der Frühzeit schlesischer Goetheforschung. In: Goethe 5 (1940) S. 198–217.

Beutler, E.: Der Kampf um die Faustdichtung. In: E. B.: Essays um Goethe. Leipzig 1941. (Sammlung Dieterich 101.) S. 300 bis 318. – ³1946. S. 364–386.

Bruford, W. H.: Friedrich Theodor Vischer and his Faust Criticism. In: PEGS N. S. 37 (1967) S. 1–30.

Ehrenteich, A.: Neuere Faustprobleme seit 1940. In: Bildung und Erziehung 5 (1952) S. 847–868.

Hohlfeld, A. R.: K. E. Schubarth und die Anfänge der Fausterklärung. In: Internationale Forschungen z. dt. Literaturgeschichte. J. Petersen zum 60. Geburtstag. Leipzig 1938. S. 101–126. Jetzt auch in: A. R. H.: Fifty Years with Goethe. Madison 1953. S. 29–60.

Kindermann, H.: Das Goethebild des 20. Jahrhunderts. Wien u. Stuttgart: Humboldt, 1952. 729 S. Nachdr. Darmstadt 1966.

Klett, A. M.: Der Streit um Faust II seit 1900. Jena 1939. (Jenaer Germanistische Forschungen 33.) [Mit kommentierter Bibliographie.]

Milch, W.: Wandlungen der Faustdeutung. In: ZfdPh 71 (1951/52) S. 23–38.

Nicolai, H.: Neuere Goetheforschung. Probleme und Ergebnisse. In: Wirkendes Wort 1 (1950/51) S. 288–301; 2 (1951/52) S. 359 bis 368; 3 (1952/53) S. 91–107.

Otto, R.: Kolloquium über Goethes Faust in Weimar (Nov. 1969). In: WB 16 (1970) S. 193–196.

Peschken, B.: Literatur zum späten Goethe. 1965–67. Ein Forschungsbericht. Stuttgart: Klett, 1970. 16 S. (DDU Jg. 22. H. 2. Beilage.)

Pfeiffer, J.: Zum Faust-Bild der Gegenwart. In: Die Sammlung 3 (1948) S. 687–694.

Rilla, P.: Goethe in der Literaturgeschichte. Berlin: Henschel, 1949. 88 S.

Schulz, B.: Faustdeutungen nach dem zweiten Weltkrieg. In: Gestalt – Gedanke – Geheimnis. Festschrift f. J. Pfeiffer. Hrsg. v. R. Bohnsack [u. a.] Berlin 1967. S. 327–344.

Titze, H.: Die philosophische Periode der deutschen Faustforschung (1817–39). Phil. Diss. Greifswald 1916. Nachdr. Leipzig 1973.

Willoughby, L. A.: Die Goethe-Forschung in England seit 1949. In: Euph 51 (1957) S. 61–77.

4. Faust vor Goethe

[Abk. HI = Henning, H.: Faust-Bibliographie Teil I (verzeichnet sind 3338 Titel bis 1962).]

Primärliteratur: Splitter- und Textsammlungen

Die Faustsplitter in der Literatur des 16. bis 18. Jh.s nach den ältesten Quellen. Hrsg. v. A. Tille. Berlin 1900. XXXXVIII, 1152 S. [HI Titel-Nr. 688.]

Kippenberg, A., u. Stumme, G.: Neue Faustsplitter. T. 1–4. In: JbSK 1 (1921) S. 321–330; 4 (1924) S. 282–300; 8 (1930) S. 249 bis 281; 9 (1931) S. 198–246.

Hohlfeld, A. R.: Eine Reihe Faustsplitter. In: MDU 47 (1955) S. 371–386. [Nicht bei Henning.]

Schreinert, K.: Neue Faustsplitter. In: Beiträge zur deutschen und nordischen Literatur. Festschrift f. L. Magon. Berlin: Akademie-Verlag, 1958. S. 69–95.

Henning, H.: [Neue Faustsplitter] Knittl. Bll., Folgen 5, 8–12 (1957–61). [HI 703.]
[Weitere Funde zwischen 1890 u. 1960 bei HI 687–705.]

Das Kloster. Weltlich und geistlich. Meist aus der älteren deutschen Volks-, Wunder-, Curiositäten- und vorzugsweise komischen Literatur. Zur Kultur- und Sittengeschichte in Wort und Bild. Hrsg. v. J. Scheible. Stuttgart: Verlag des Herausgebers. Bd. 2: Doctor Johann Faust. Mit 105 Abb. auf 49 Tafeln und mit 50 Holzschnitten. 1846. X, 1074 S. Bd. 3: Christoph Wagner, Faust's Famulus [. . .]. Mit 94 Abb. auf 38 Tafeln und mit 86 Holzschnitten. 1846. VI, 1065 S. Bd. 5: Die Sage vom Faust bis zum Erscheinen des ersten Volksbuches, mit Literatur und Vergleichung aller folgenden; Faust auf der Volksbühne, in den Puppen- oder Marionettenspielen; Zauberbibliothek des Magiers: Höllenzwang [. . .] Mit 46 lithographischen Blättern und mit Holzschnitten. 1847. XIV, 1216 S. Bd. 11: Die Geschichte vom Faust in Reimen [. . .]. Die deutschen Volksbücher von Faust und Wagner [. . .]. 1849. VI, 1222 S. [HI 36. Die Sammlung enthält auch die wichtigste Sekundärliteratur der Zeit.]

Gestaltungen des Faust. Hrsg. v. H. W. Geißler. 3 Bde. München: Parcus 1927. Bd. 1: Die vorgoethesche Zeit. 631 S. [HI 40. – Faustbuch 1587, Marlowe, Lessing, Maler Müller, Klinger u. a.]

Palmer, Ph. M., u. More, R. P.: The sources of the Faust tradition from Simon Magus to Lessing. New York: Oxford University Press, 1936. VI, 300 S.

Primärliteratur: Textzeugen und wissenschaftliche Neuausgaben

[vor 1587?] Historia D. Johannis Fausti des Zauberers nach der Wolfenbüttler Handschrift nebst dem Nachweis eines Teils ihrer Quellen hrsg. v. G. Milchsack. Wolfenbüttel 1892. CCCXCIV, 124 S. [HI 1009.]

Das Faustbuch nach der Wolfenbüttler Handschrift. Hrsg. v. H. G. Haile. Berlin 1963. 180 S. (Philologische Studien und Quellen. H. 14.) [HI 1009 a.]

[1587 Sigle A[1]] Historia / Von D. Johann / Fausten, dem weitbeschreyten / Zauberer und Schwartzkünstler, / [...]. Frankfurt am Mayn: Spies 1587. 227 S. [HI 1010.]

[1587 Sigle B] Historia / Von D. Johann / Fausten, dem weitbeschreyten / Zauberer vnd Schwartzkünstler, / [...]. Franckfurt am Mayn, / durch Johann Spies. 1587. [Tatsächlicher Drucker und Druckort unbekannt.] 249 S. [HI 1016. 8 zusätzliche Kapitel, veränderte Kapitelfolge ab Kap. 36; sonst auf A[1] beruhend.]

[1587 Sigle C[1]] Historia / Von Doct. Jo-/hann Fausten, dem weitbe-/schreyten Zauberer vnd Schwartz-/künstler / [...]. o. O. 1587. [Drucker unbekannt.] 228 S. [HI 1017. Auf A[1] beruhend, erweitert um 5 Erfurter und 1 Leipziger Kapitel.]

[1587 Sigle V] Ein warhaffte vnd erschröck-/liche Geschicht:/ Von D. Johann / Fausten, [...] in rey-/men verfasset. / [...]. o. O. 1587. [Drucker unbekannt.] 288 S. [HI 1030. Auf A[1] beruhende Verarbeitung.]

Das Volksbuch vom Doctor Faust. Nach der 1. Ausgabe von 1587. Hrsg. v. R. Petsch. Halle a. d. S. 1911. LVI, 246 S. (Neudrucke deutscher Literaturwerke des 16. u. 17. Jh.s. Nr. 7–8 und 8 a/b [d. i. 2. Aufl. d. Nr. 7–8 von 1878].) [Neudruck A[1] mit Ergänzungen durch Wolfenbütteler Handschrift, A[2], B, C[2].]

Historia von D. Johann Fausten. Neudruck des Faust-Buches von 1587. Hrsg. u. eingel. v. H. Henning. Halle a. d. S. 1963. LXXVII, 188 S. (Literarisches Erbe 1.) [Druck A[1]. Im Anhang Textergänzungen der Drucke A[2], B, C[1] und C[2] sowie der Wolfenbütteler Handschrift 1582/6.]

Historia von D. Johann Fausten. Mit einem Nachwort. Hrsg. v. R. Benz. Stuttgart: Reclam, 1964 u. ö. 165 S. (Universal-Bibliothek. Nr. 1515 [2].) [Neudruck A[1] mit Ergänzungen durch Wolfenbütteler Handschrift, B, C[3b]; zuerst Jena 1911.]

Ander theil D. Johan Fausti Historien, von seinem Famulo Christoff Wagner 1593. Hrsg. u. eingel. v. J. Fritz. Halle a. d. S., 1910. LXXIV, 123 S.

[Sigle A[1]] The Tragicall History of D. Faustus ... Written by Ch. Marl[owe]. London: Bushell 1604. 23 Bl.

[Sigle B[1]] The Tragicall History of the Life and Death of Doctor

Faustus. Written by Chr. Mar[lowe]. London: Wright, 1616. 31 Bl. 4°.

[Marlowe's] Doctor Faustus 1604–1616. Parallel texts ed. by W. W. Greg. Oxford: Clarendon Press, 1950. XIV, 407 S.

Doktor Faustus. Tragödie von Christoph Marlowe. Aus dem Engl. übers. v. W. Müller. Mit einer Vorrede v. Ludwig Achim von Arnim. Berlin 1818. Neuausg. Hrsg. u. eingel. v. B. Badt. München 1911. (Pandora. Bd. 2.)

Marlowe, Chr.: Die tragische Historie vom Doktor Faustus. Deutsche Fassung, Nachw. u. Anm. v. Adolf Seebass. Stuttgart: Reclam, 1964 u. ö. 88 S. (Reclams Universal-Bibliothek. Nr. 1128.)

Widmann, G. R.: Der wahrhafftigen Historien von den grewlichen und abschewlichen Sünden und Lastern [...] so D. Johannes Faustus [...] getrieben. Hamburg: Möller, 1599. Neudr. in: Das Kloster. Hrsg. v. J. Scheible. Bd. 2. Stuttgart 1864. S. 273–804.

Widmann, G. R.: Das ärgerliche Leben und schreckliche Ende deß vielberüchtigten Ertz-Schwarzkünstlers Johannis Faustis [...] aufs neue übersehen [...] durch Ch. Nicolaum Pfitzertum. Nürnberg: Endters Erben, 1674. Neudr. hrsg. v. A. v. Keller. Tübingen 1880. (Bibliothek des Literarischen Vereins Stuttgart 146.)

Des durch die gantze Welt beruffenen Ertz Schwartzkünstlers und Zauberers Doctor Johann Fausts, Mit dem Teufel aufgerichtetes Bündnis [...]. In eine beliebte Kürtze zusammengezogen [...] von einem Christlich-Meynenden. Franckfurt u. Leipzig [1725]. Das Faustbuch des Christlich Meynenden (1725). Hrsg. v. S. Szamatolski. Leipzig 1892. (Dt. Literaturdenkmale des 18. u. 19. Jh.s 39.)

Doctor Johannes Faust. Puppenspiel in Vier Aufzügen. Hergestellt v. K. Simrock. Frankfurt a. M. 1846. Auch in: Faust. Das Volksbuch und das Puppenspiel. Hrsg. v. K. Simrock. Frankfurt a. M. 1872. – Neuausg. Nach der Ausg. von 1872 hrsg., eingel. und um weitere Puppenspieltexte verm. v. R. Petsch. Leipzig: Reclam, o. J. [1923.] (Universal-Bibliothek. Nr. 6378–79.)

Lessings Faustdichtung. Hrsg. v. R. Petsch. Heidelberg 1911. 57 S. (Germanische Bibliothek. Abt. 2. Bd. 4.)

Lessing, G. E.: D. Faust. Die Matrone von Ephesus. Mit einem Nachw. v. K. S. Guthke. Stuttgart 1968. 80 S. (Reclams Universal-Bibliothek. Nr. 6719.)

Sekundärliteratur

Bianquis, G.: Faust à travers quatre siècles. Paris 1935, ²1955.

Birven, H.: Der historische Faust. Maske und Antlitz. Gelnhausen 1963. 21 Taf., 235 S.

Butler, E. M.: The Fortunes of Faust. Cambridge [Engl.] 1952. 365 S.

Castle, E.: Faust im Wandel der Jahrhunderte. In: Chronik 55 (1951) S. 1–8.

Dédéyan, Ch.: Le Thème de Faust dans la littérature européenne. Bd. 1: Humanisme et Classicisme: XVIᵉ, XVIIᵉ et XVIIIᵉ siècles. Bd. 2: Préromantisme. Paris: Lettres Modernes, 1954/55.

Gaertner, I.: Volksbücher und Faustbücher. Eine Abgrenzung. Phil. Diss. Göttingen 1951. VIII, 221 Bl. [masch.].

Guthke, K. S.: Problem und Problematik von Lessings Faustdichtung. In: ZfdPh 79 (1960) S. 141–149.

Haile, H. G.: Die bedeutenderen Varianten in den beiden ältesten Texten des Volksbuchs vom Dr. Faustus. In: ZfdPh 79 (1960) S. 383–409.

Haile, H. G.: Reconstruction of the Faust Book: The Disputations. In: PMLA 78 (1963) S. 175–189.

Haile, H. G.: Widman's Wahrhafftige Historia. Its Relevance to the Faust Book. In: PMLA 75 (1960) S. 350–358.

Hendel, G.: Von der deutschen Volkssage zu Goethes »Faust«. Weimar 1967. Mit 56 Taf., 80 S.

Henning, H.: Beiträge zur Druckgeschichte der Faust- und Wagner-Bücher des 16. und 18. Jahrhunderts. Weimar 1963. 113 S.

Henning, H.: Faust als historische Gestalt. In: Goethe 21 (1959) S. 107–139.

Henning, H.: Faust in fünf Jahrhunderten. Halle a. d. S. 1963. 128 S.

Henning, H.: Das Faustbuch von 1587. In: WB 6 (1960) S. 26–57.

Henning, H.: Die Fausttradition im 17. und 18. Jahrhundert. Vortrag. In: Goethe-Almanach auf das Jahr 1967. Berlin 1966. S. 164–202. Mit 4 Taf.

Henning, H.: Zur Geschichte eines Faust-Motivs. In: Festschrift f. Wolfgang Vulpius. Weimar 1957. S. 53–62.

Hennings, E.: Unsterblicher Faust. Eine Genealogie von S. Magus bis zum »Faust«-Roman Thomas Manns. Vortrag. Als Manuskript gedr. Hamburg 1953. 25 S. (Veröffentlichungen der Universitäts-Gesellschaft Hamburg 5.)

Kiesewetter, C.: Faust in der Geschichte und Tradition. Leipzig 1893. XXIII, 567 S. Nachdr. Hildesheim 1963.

Kippenberg, A.: Die Faustsage und ihr Übergang in die Dichtung. In: JbSK 6 (1926) S. 240–262.

Kippenberg, A.: Der Wandel der Faustgestalt bis zu Goethe. In: A. K.: Reden und Schriften. Wiesbaden 1952. S. 267–291.

Laschitz, H.: Marlowe und Goethe – ein Vergleich ihrer Faustdramen. Phil. Diss. Wien 1951. 107 Bl. [masch.].

Müller, G.: Geschichte der deutschen Seele. Vom Faustbuch zu Goethes Faust. Freiburg i. Br. 1939. Darmstadt ²1962.

Petsch, R.: Magussage und Faustdichtung. – Der mittellateinische Militarius. – Magierszenen aus einem lateinischen Schuldrama. – Das holländische Faustdrama. In: R. P.: Gehalt und Form. Dortmund: Ruhfus, 1925. S. 225–306. Nachdr.: Faustsage und Faustdichtung. Dortmund 1966. S. 5–86.

Peuckert, W.-E.: Dr. Johannes Faust. In: ZfdPh 70 (1947/48) S. 55–74.

Peuckert, W.-E.: Pansophie. Ein Versuch zur Geschichte der weißen und schwarzen Magie. Kohlhammer, 1936. Berlin: Schmidt, ²1956.

Pniower, O.: Pfitzers Faustbuch als Quelle Goethes. In: ZfdA 57 (1920) S. 248–266.

Politzer, H.: Of Time and Doctor Faustus. In: MDU 51 (1959) S. 145–155.

Schmidt, F.: Die Historia vom Doctor Faust. Stufen und Wandlungen. Diss. Göttingen 1950. XXIV. 253 S.

Schwerte, H.: Faust und das Faustische. Ein Kapitel deutscher Ideologie. Stuttgart: Klett, 1962. 359 S.

Theens, K.: Doktor Johann Faust. Geschichte der Faustgestalt vom 16. Jahrhundert bis zur Gegenwart. Meisenheim 1948.

5. Entstehung

Motive und Anregungen für Goethes »Faust«

Bartscherer, A.: Paracelsus, Paracelsisten und Goethes Faust. Dortmund 1911.

Binder, W.: Goethes klassische Faust-Konzeption. In: DVjs 42 (1968) S. 55–88.

Bräuning-Oktavio, H.: Goethe und Joh. Heinrich Merck. In: Goethe 12 (1950) S. 177–217; Goethe 14/15 (1952/53) S. 209–244. Auch in: Hochstift (1962) S. 9–57.

Burdach, K.: Faust und Moses. In: Sitzungsberichte d. Preuß. Akad. d. Wiss., Phil.-hist. Kl. (1912) S. 358–403, 627–659, 736–789.

Burger, H. O.: Motiv, Konzeption, Idee – das Kräftespiel in der Entwicklung von Goethes Faust. In: DVjs 20 (1942) S. 17–64. Jetzt in: H. O. B.: Dasein heißt eine Rolle spielen. Studien zur deutschen Literaturgeschichte. München 1963. S. 144–193.

Busch-Zantner, R.: Faust-Stätten in Hellas. Weimar: Böhlau, 1932. 67 S.

Dehio, G.: Altitalienische Gemälde als Quelle zum Faust. In: GJb 7 (1886) S. 251–266.

Doke, T.: Faustdichtungen des Sturm und Drang. In: Goethe 32 (1970) S. 29–49.

Fischer-Lamberg, H.: Zur Datierung der ältesten Szenen des Urfaust. In: ZfdPh 76 (1957) S. 379–406.

Francke, K.: Mantegna's Triumph of Caesar in the second part of Faust. In: [Harvard] Studies and Notes in Philology and Literature 1 (1892) S. 125–128. [Mit Abb.]

Gleichen-Rußwurm, A. v.: Das Schema im Faust. In: JbGG 16 (1930) S. 209–223. (Vgl. dagegen Grumach in: Goethe 14/15 [1952/53] S. 66, Anm. 15.)

Goethe-Studien. [Von S. Scheibe u. a.] Berlin: Akademie-Verlag, 1965. – Darin: Scheibe, S.: Zur Entstehungsgeschichte der Walpurgisnacht in Faust I. (S. 7–61.) – Jensen, I.: Zu acht Versen aus dem Walpurgisnachtstraum. Entstehung und Datierung. (S. 63–78.) – Hagen, W.: Goethes Maßnahmen zur Sicherung seines literarischen Nachlasses und die Vorbereitung der Ausgabe letzter Hand. (S. 79–96.)

Grumach, E.: Prolog und Epilog im Faust-Plan von 1797. In: Goethe 14/15 (1952/53) S. 63–107. Dazu H. Schulze u. S. Scheibe in: Goethe 32 (1970) S. 71–90; Goethe 33 (1971) S. 217; GJb 89 (1972) S. 235–260.

Grumach, E.: Zum Urfaust. In: Goethe 16 (1954) S. 135–142.

Hartlaub, G. F.: Goethe als Alchemist. In: Euph 48 (1954) S. 19 bis 40.

Hederich, B.: Gründliches mythologisches Lexikon [. . .], verbessert v. J. J. Schwabe. Leipzig 1770.

Hennig, J.: Zu Goethes Gebrauch des Wortes »Gespenst«. In: DVJs 28 (1954) S. 487–496.

Hertz, W.: Zu Goethes römischem Faust-Plan. In: Euph 31 (1930) S. 383–427.

Jacobi, G.: Herder als Faust. Leipzig: Meiner, 1911. 485 S. Dazu R. Otto: Herder-Wirkungen im Urfaust. In: Goethe 32 (1970) S. 50–54.

Jantz, H.: Goethes Faust as a Renaissance man: parallels and prototypes. Princeton: Princeton University Press 1951. 197 S. Dazu W. Emrich in: AfdA 67 (1954/55) S. 18–23.

Jantz, H.: Die Grundstruktur des Goetheschen Denkens. Ihre Vorformen in Antike und Renaissance. In: Euph 48 (1954) S. 153 bis 170.

Leben und Sterben der Kindsmörderin Margaretha Brandt. Nach den Prozeßakten d. Kaiserl. Freien Reichsstadt Frankfurt a. M., d. sogenannten Criminalia 1771, dargestellt von Siegfried Birkner. Frankfurt a. M.: Insel-Verlag, 1973.

Mason, E. C.: Goethe's Faust. Its Genesis and Purport. Berkeley and Los Angeles: University of California Press, 1967. 423 S.

Mommsen, M.: Der »Schalk« in den guten Weibern und im Faust. In: Goethe 14/15 (1952/53) S. 171–202. [Vgl. dagegen Grumach über die Datierung des Prologs ebd., S. 63–107.]

Mommsen, M.: Zum Faustparalipomenon 10. In: Goethe 14/15 (1952/53) S. 342 f. [Dagegen Grumach, ebd., S. 71, Anm. 24.]

Mommsen, M.: Zur Entstehung und Datierung einiger Faustszenen um 1800. In: Euph 47 (1953) S. 295–330.

Morris, M.: Die Faust-Paralipomena. In: M. M.: Goethe-Studien. Bd. 1. Berlin ²1902. S. 153–232.

Morris, M.: Swedenborg im Faust. In: M. M.: Goethe-Studien. Bd. 1. Berlin ²1902. S. 13–41.

Petsch, R.: Zur Chronologie des Faust. In: Euph 27 (1926) S. 207 bis 222.

Pniower, O.: Goethes Faust. Zeugnisse und Exkurse zu seiner Entstehungsgeschichte. Berlin: Weidmannsche Buchhandlung, 1899. 308 S.

Roethe, G.: Die Entstehung des Urfaust. In: G. R.: Goethe. Gesammelte Vorträge und Aufsätze. Berlin 1932. S. 49–92.

Rotermund, H.-M.: Zur Kosmogonie des jungen Goethe. In: DVjs 28 (1954) S. 472–486.

Sarauw, Ch.: Zur Faust-Chronologie. Kopenhagen 1925. 89 S.

Scheibe, S.: Bemerkungen zur Entstehungsgeschichte des frühen »Faust«. In: Goethe 32 (1970) S. 61–71.

Scheibe, S.: »Un sac, rempli de petits chiffons de papier.« Zu den Papiertaschen von »Dichtung und Wahrheit« und dem frühen »Faust«. In: Goethe 29 (1967) S. 166–190.

Schmidt, E.: Danteskes im Faust. In: Archiv für das Studium der neueren Sprachen 107 (1901) S. 241–252.

Schulze, H.: Das bezifferte Faustschema von 1797. In: Goethe 32 (1970) S. 72–90.

Stockmeyer, Cl.: Soziale Probleme im Drama des Sturmes und Dranges. Frankfurt a. M. 1922. 244 S.

Storck, W. F.: Goethes Faust und die bildende Kunst. Leipzig 1912.

Struve, K.: Goethe und August von Hennings. In: Die Heimat 61 (1954) S. 318–320.

Wachsmuth, A. B.: Goethe und die Magie. In: Goethe 8 (1943) S. 98–114, 215–231.

Wachsmuth, A. B.: Die Magia naturalis im Weltbilde Goethes. In: Goethe 19 (1957) S. 1–27.

Woods, B. A.: The Devil in Dog Form. In: Western Folklore 13 (1954) S. 229–235.

6. Zur Kunstform

Bernheim, R.: Die Terzine in der deutschen Dichtung von Goethe bis Hofmannsthal. Diss. Bern 1954. 141 S.

Buchwald, R.: Bühnengestalt und dramatische Kunstform der deutschen Klassiker. In: Goethe 17 (1955) S. 1–18.

Busch, B.: Zum architektonischen Aufbau des Faust. In: ZfDke 39 (1925) S. 609–616.

Frankenberger, J.: Walpurgis. Zur Kunstgestalt von Goethes Faust. Leipzig: Wiegandt, 1926. 118 S. (Staat und Geist. Bd. 2.)

Heusler, A.: Goethes Verskunst. In: DVjs 3 (1925) S. 75–93. Wiederholt in: A. H.: Kleine Schriften. Berlin 1943. S. 462–482.

Hübner, A.: Goethe und die deutsche Sprache. In: Goethe 2 (1937) S. 109–124. Wiederholt in: A. H.: Kleine Schriften. Berlin 1940. S. 254–267.

Jantz, H.: The forms of »Faust«. The work of art and its intrinsic structures. Baltimore 1978.

Jurgensen, M.: Symbol als Idee. Studien zu Goethes Ästhetik. Bern 1968. 151 S.

Kayser, W.: Goethes Dichtungen in Stanzen. In: »doitsu bungaku« (Die Deutsche Literatur. Hrsg. v. der Japanischen Ges. f. Germanistik) H. 22 (1959) S. 1–16. Auch in: Euph 54 (1960) S. 229 bis 241.

Keller, W.: Goethes dichterische Bildlichkeit. Eine Grundlegung. München: Fink, 1972. 315 S.

Mohr, W.: Zu Goethes Verskunst. In: Wirkendes Wort 4 (1954) H. 3. S. 151–163.

Mühlher, R.: Der Lebensquell. Bildsymbole in Goethes »Faust«. In: DVjs 31 (1957) S. 38–69.

Petsch, R.: Die dramatische Kunstform des Faust. In: Euph 33 (1932) S. 211–244.

Schröder, R. A.: Zur Formenwelt des Faust. In: R. A. Sch.: Ges. Werke in 5 Bdn. Bd. 2, Frankfurt a. M. u. Berlin: Suhrkamp, 1952. S. 513–560.

7. Zur Deutung

Kommentare

Buchwald, R.: Führer durch Goethes Faustdichtung. Erklärung des Werkes und Geschichte seiner Entstehung. Stuttgart: Kröner, 1942, [7]1972.

Düntzer, H.: Goethe's Faust. Erster und zweiter Teil. Zum erstenmal vollständig erläutert. Leipzig 1850. 2 Bde. 390 u. 413 S. [7]1909 besorgt v. S. M. Prem u. A. Heil. 240 u. 288 S.

Fischer, K.: Goethes Faust. 4 Bde. Heidelberg: Winter, 1902/03 u. ö.

Ibel, R.: Goethe, Faust I. Grundlagen und Gedanken zum Verständnis klassischer Dramen. Frankfurt a. M. 1965. 84 S.

Kobligk, H.: Goethe, Faust II. Grundlage und Gedanken zum Verständnis des Dramas. Frankfurt a. M. 1972. 184 S.

Minor, J.: Goethes Faust. Entstehungsgeschichte und Erklärung. 2 Bde. Stuttgart: Cotta, 1901. [Urfaust und Faust I.]

Reske, H.: Faust. Eine Einführung. Stuttgart: Kohlhammer, 1971.

Steiner, J.: Erläuterungen zu Goethes Faust I. Bokförlaget Natur och Kultur. Uddevalle 1959. 187 S.

Traumann, E.: Goethes Faust. Nach Entstehung und Inhalt erklärt. 2 Bde. München: Beck, 1912–14, ³1924.

Trendelenburg, A.: Goethes Faust erklärt. 2 Bde. Berlin: Gruyter, 1921/22.

Vischer, Fr. Th.: Göthe's Faust. Stuttgart 1875. 368 S. Neudr. Osnabrück 1969.

Allgemein

Ackerknecht, E.: Die Gegengestalten im Faust. In: Goethe 11 (1949) S. 117–133.

Ackermann, I.: Vergebung und Gnade im klassischen deutschen Drama. München 1968. [Faust: S. 126–178.]

Atkins, S.: Goethe's Faust. A literary analysis. Cambridge, Mass.: Harvard Univ. Press, 1958. 290 S.

Atkins, S.: The Evaluation of Romanticism in Goethe's Faust. In: JEGPh 54 (1955) S. 9–38.

Bertram, J.: Goethes Faust im Blickfeld des 20. Jahrhunderts. Eine weltanschauliche Deutung. Hamburg: Dreizack-Verlag, 1939; ebd.: Kulturverlag, ⁵1963.

Beutler, E.: Goethes Faust, ein deutsches Gedicht. In: Von deutscher Art in Sprache und Dichtung. Hrsg. v. G. Fricke, F. Koch u. K. Lugowski. Bd. 4. Stuttgart u. Berlin 1941. S. 251–280.

Bloch, E.: Das Faustmotiv in der Phänomenologie des Geistes. In: Zu neuen Ufern. Essays über Goethe. Berlin: Verlag Tägl. Rundschau, 1949. S. 161–178. Auch in: E. B.: Hegel-Studien Bd. 1. Bonn 1961. S. 155–171.

Böckmann, P.: Die zyklische Einheit der Faustdichtung. In: P. B.: Formensprache. Hamburg 1966. S. 193–209.

Böhm, W.: Faust, der Nichtfaustische. Halle a. d. S.: Niemeyer, 1933. 135 S.

Braemer, E., W. Dietze u. G. Scholz: Über die nationalliterarische und weltliterarische Bedeutung von Goethes Faust. In: WB 12 (1966) S. 237–260.

Buchwald, E., u. Kayser, W.: Natur und Kunst. Zwei Goethe-Reden. Wiesbaden: Insel-Verlag, 1954. 49 S. [Enthält: E. B.: Farbenlehre als Geistesgeschichte. W. K.: Goethes Auffassung von der Bedeutung der Kunst.]

Burdach, K.: Das religiöse Problem in Goethes Faust. In: Euph 33 (1932) S. 1–83.

Burdach, K.: Vorspiel. Bd. 2. Halle a. d. S. 1926. (DVjs, Buchreihe. Bd. 3.) Auch als Einzelveröffentlichung u. d. T.: Goethe und sein Zeitalter. Halle a. d. S.: Niemeyer, 1926. 585 S.

Busch, E.: Goethes Religion. Die Faustdichtung in christlicher Sicht. Tübingen: Furche-Verlag, 1949. 337 S.

Carus, C. G.: Briefe über Goethes Faust. Leipzig: Fleischer, 1835. Neudr. hrsg. u. eingel. v. H. Kern. Hamburg: Saucke, 1937.

Citati, P.: Goethe. Milano 1970.

Daur, A.: Faust und der Teufel. Heidelberg: Winter, 1950. 500 S.

Fairley, B.: Goethe's Faust. Six Essays. Oxford 1953, new ed. 1965.

Fischer, Fr.: Faust. Der Mensch des ewigen Strebens. In: F. Fr.: Der abendländische Mensch in der Entscheidung. Wien: Literaria 1954. S. 21–48.

Flatter, R.: Mephistopheles und die Handlungsfreiheit. In: Chronik 60 (1956) S. 37–40.

Franz, E.: Mensch und Dämon. Goethes Faust als menschliche Tragödie, ironische Weltschau und religiöses Mysterienspiel. Tübingen: Niemeyer, 1953. 246 S. Dazu A. Henkel in: GRM N. F. 7 (1957) S. 300–303.

Friedenthal, R.: Goethe. Sein Leben und seine Zeit. München: Piper, 1963 u. ö. [Faust: S. 677–709.]

Fuchs, A.: Le »Faust« de Goethe. Paris 1973.

Fuerst, N.: The Pentalogy of Goethes »Faust«. In: Goethe Bicentennial Studies. Bloomington: Indiana University, 1950. S. 237–325.

Geïman, B. J.: »Faust«. Gete v svete istoričeskogo pereloma na rubeže XVIII i XIX vv. [Goethes »Faust« im Lichte der historischen Wandlung in der Wende vom 18. zum 19. Jahrhundert.] In: Učenye zapiski Leningradskogo gosud. ped. inst. T. 121 (1955) S. 43–94.

Gillies, A.: Goethe's Faust. An Interpretation. Oxford: Blackwell, 1957. 225 S.

Goldstein, M.: Allein mit Goethes Faust. In: Deutsche Rundschau 81 (1955) S. 924–936.

Gundolf, F.: Goethe. Berlin: Bondi, 1916, [13]1930. Nachdr. Darmstadt 1963; New York 1971. [Insbes. S. 129–151, 747–786.]

Guttmann, B.: Der politische Goethe. In: B. G.: Das alte Ohr. Frankfurt a. M.: Societäts-Verlag, 1955. S. 196–205.

Hamm, H.: Goethes Faust. Werkgeschichte und Textanalyse. Berlin 1978.

Hankamer, E. T.: Faust's Redemption in the Light of Goethe's Own Myth of the Creation. In: The German Quarterly 26 (1953) S. 143–149.

Hartlaub, G. F.: Prospero und Faust. Ein Beitrag zum Problem der schwarzen und weißen Magie. Dortmund: Schwalvenberg, 1948. 32 S. (Shakespeare-Schriften 3.)

Hartmann, F.: Die Mystik in Goethes »Faust«. Leipzig: Theosoph. Verlagshaus, 1918. 172 S.

Heller, E.: Fausts Verdammnis. Die Ethik des Wissens. In: E. H.: Die Reise der Kunst ins Innere und andere Essays. Frankfurt a. M.: Suhrkamp, 1966. S. 13–54.

Heller, E.: Die Zweideutigkeit von Goethes »Faust«. In: Hamburger Akademische Rundschau 3 (1948/49) S. 617–632. Zugleich engl.: The ambiguity of Goethe's Faust. In: The Cambridge Journal 2 (1949) S. 579–597.

Hering, R.: Wilhelm Meister und Faust und ihre Gestaltung im Zeichen der Gottesidee. Frankfurt a. M.: Schulte-Bulmke, 1952. 478 S.

Hertz, G. W.: Goethes Naturphilosophie im Faust. Berlin: Mittler, 1913. 162 S. Dazu M. Morris in: Euph 20 (1913) S. 585.

Hertz, G. W.: Natur und Geist in Goethes Faust. Frankfurt a. M.: Diesterweg, 1931. 235 S. (Deutsche Forschungen 25.)

Hoelzel, A.: Faust, the Plague, and Theodicy. In: The German Quarterly 52 (1979) S. 1–17.

Holtzhauer, H.: Faust. Signatur des Jahrhunderts. Eine Analyse der Welt- und Menschenansicht Goethes in seinem Hauptwerk. In: Goethe 32 (1970) S. 1–28.

Husfeldt, P.: Schuld und Tragik in Goethes Faust. In: Euph 44 (1944) S. 19–52.

Kalmbach, H.: Bildung und Dramenform in Goethes »Faust«. Göppingen 1974.

Karl, G.: Goethes Faust. Berlin: Verl. Volk und Wissen, 1957. 128 S.

Kayser, W.: Goethes Auffassung von der Bedeutung der Kunst. Vortrag. In: Goethe 16 (1954) S. 14–35. Auch abgedr. in: W. K.: Kunst und Spiel. Fünf Goethe-Studien. Göttingen 1961. S. 64 bis 85.

Koch, F.: Christliches und Scheinchristliches in Goethes Faust. In: GRM N. F. 16 (1966) S. 244–263.

Kollektiv im Volkseigenen Verlag Volk und Wissen: Erläuterungen zur deutschen Literatur. Klassik. Berlin: Verl. Volk und Wissen, 1956. S. 467–502.

Korff, H. A.: Faustischer Glaube. Leipzig: Weber, 1938. 167 S.

Korff, H. A.: Der faustische Sinn des »Ewig-Weiblichen«. In: Festgabe f. Th. Frings. Berlin: Akademie-Verlag, 1956. S. 378 bis 398.

Korff, H. A.: Geist der Goethezeit. 5 Bde. Leipzig 1923–57 u. ö. Photomech. Nachdr. Darmstadt 1966, 1977. [Insbes.: Bd. 1, S. 244 bis 252, 268–271, 274–276, 287–297, Bd. 2, S. 393–423; Bd. 4, S. 657–699.]

Korff, H. A.: Die Lebensidee Goethes. Leipzig: Weber, 1925. S. 109–140: Die Entwicklung der Faustidee.

Kraemer, H.-A.: Goethes »Faust« im Deutschunterricht der 12. Klassen. [Eine Interpretation.] In: DU 8 (1955) S. 495–499; S. 545–581.

Kretzenbacher, L.: Magier, Teufelsbündner und »faustischer Mensch« im Abendlande. Eine vergleichend volkskundliche Umschau. In: Antaios 10 (1969) S. 258–273.

Kühnemann, E.: Goethe. 2 Bde. Leipzig: Insel-Verlag, 1930.

Levinstein, K.: Die Bedeutung von Goethes »Faust« für unsere Zeit. In: Die Pädagogische Provinz 8 (1954) S. 281–300.

Levinstein, K.: Goethes Faust und die Vollendung des Menschen. Berlin: Gruyter, 1948. 132 S.

Lichtenberger, E.: Le Faust de Goethe. Paris 1911.

Lorentz, P.: Die Idee der Liebe in Goethes Faust. In: Goethe 5 (1940) S. 286–296.

Lukács, G.: Fauststudien [1940 abgeschlossen]. In: Goethe und seine Zeit. Berlin: Aufbau-Verlag, 1953. S. 168–260. ³1955. S. 165 bis 254.

Mahal, G.: Mephistos Metamorphosen. Fausts Partner als Repräsentant literarischer Teufelsgestaltung. Göppingen 1972.

Malsch, W.: Die Einheit der »Faust«-Dichtung Goethes in der Spiegelung ihrer Teile. In: Festschrift f. K. Ziegler. Tübingen 1968. S. 113–131.

Mann, Th.: Über Goethes Faust. (1938.) In: Th. M.: Adel des Geistes. Frankfurt a. M.: S. Fischer, 1955. S. 575–616.

Martini, F.: Die Goethezeit. Stuttgart: Schwab, 1949. [Faust: S. 155–169.]

Matthaei, R.: Die Farbenlehre im »Faust«. In: Goethe 10 (1947) S. 59–148.

Mayer, H.: Goethe und Hegel. Antrittsvorlesung gehalten am 20. Juli 1949 in der Universität Leipzig. In: H. M.: Unendliche Kette. Goethestudien. Dresden: Dresdener Verlagsges., o. J. [1949]. S. 44–59.

Mohr, W.: Mephistopheles und Loki. In: DVjs 18 (1940) S. 173 bis 200.

Morris, M.: Mephistopheles. In: GJb 22 (1901) S. 150–191; 23 (1902) S. 139–176.

Müller, G.: Goethes Faust heute? In: G. M.: Goethe und die deutsche Gegenwart. Witten a. d. Ruhr 1955. S. 115–139.

Müller, G.: Goethes Lehre vom Dämonischen. In: G. M.: Goethe und die deutsche Gegenwart. Witten a. d. Ruhr 1955. S. 89 bis 114.

Müller, G.: Die organische Seele im Faust. In: Euph 34 (1933) S. 154–194.

Müller, J.: Goethes »Faust«-Dichtung. In: J. M.: Wirklichkeit und Klassik. Berlin: Verlag der Nation, 1955. S. 245–348.

Müller, J.: Goethes »Faust« und Hölderlins »Empedokles«. Vision und Utopie in der Dichtung. In: Goethe 20 (1958) S. 118–139. Wiederholt in: J. M.: Der Augenblick ist Ewigkeit. Leipzig: Koehler & Amelang, 1960. S. 193–228 u. 254–256.

Müller, J.: Prolog und Epilog zu Goethes Faustdichtung. In: J. M.: Gesammelte Studien. Bd. 1. Halle a. d. S. 1969. S. 153 bis 166.

Müller, J.: Die tragische Grundstruktur von Goethes Faustdichtung. In: Zs. f. dt. Geisteswiss. 6 (1943/44) S. 190–203.

Müller-Seidel, W.: Komik und Komödie in Goethes Faust. In: H. Steffen (Hrsg.): Das deutsche Lustspiel. T. 1. Göttingen 1968. S. 94–119.

Obenauer, K. J.: Goethe in seinem Verhältnis zur Religion. Jena: Diederichs, 1921. 231 S.

Petersen, O. v.: Goethes Faust (I. und II. Teil) in seinem inneren Zusammenhang. In: Zs. f. dt. Geisteswiss. 5 (1942/43) S. 33 bis 54.

Petsch, R.: Die Geisterwelt in Goethes Faust. In: Hochstift (1926) S. 145–173.

Pfeiffer, J.: Goethes Faust. Eine Einführung. Bremen: Storm, 1946. 63 S.; 4., stark umgearb. u. erw. Aufl. Hamburg: Meiner, 1956. 64 S.

Pfeiffer, K.: Zum höchsten Dasein. Goethes Faust im Lichte der Schopenhauerschen Philosophie. Berlin: Gruyter, 1938, ³1949. 109 S.

Resenhöfft, W.: Existenzerhellung des Hexentums in Goethes »Faust«. Grundlinien axiomatisch-psychologischer Deutung. Bern 1970. 128 S. (Europ. Hochschulschriften. Reihe I: Dt. Literatur und Germanistik 24.)

Rickert, H.: Goethes Faust. Die dramatische Einheit der Dichtung. Tübingen 1932.

Schaeder, G.: Gott und die Welt. Drei Kapitel Goethescher Weltanschauung. Hameln: Seifert, 1947. 423 S.

Schaeder, H. H.: Goethes Erlebnis des Ostens. Leipzig 1938. 181 S.

Schaeder, H. H.: Das religiöse Problem in Goethes Faust. In: Euph 33 (1932) S. 1–81.

Schaginian, M.: Goethe. Berlin: Verlag Kultur und Fortschritt, ²1954. [Faust: S. 209–259.]

Schmitz, H.: Goethes Altersdenken in Begriff und Symbol. Diss. Bonn 1955. XXVI, 1295 Bl. [masch.].

Schneider, W.: Mephistos Erlösung. In: Christengemeinschaft 26 (1954) S. 303–306.

Scholz, G.: Faust-Gespräche. Berlin 1967. 261 S., 19 S. Abb.

Schultz, W.: Die Bedeutung des Dämonischen für Goethes Faust. In: Dichtung und Volkstum [d. i. Euphorion] 41 (1941) S. 387 bis 405.

Spranger, E.: Goethes Weltanschauung. Wiesbaden: Insel-Verlag, 1949. 255 S.

Steiner, R.: Geisteswissenschaftliche Erläuterungen zu Goethes Faust. 2 Bde. Dornach 1931.

Streicher, W.: Die dramatische Einheit von Goethes »Faust«. Tübingen 1966. 216 S. (Studien z. dt. Lit. 4.)

Türck, H.: Faust–Hamlet–Christus. Berlin: Borngräber, o. J. [1917]. [Faust: S. 1–137.]

Türck, H.: Goethe und sein Faust. Leipzig: Borngräber, 1921; Weimar: Verus-Verlag, ⁹1932.

Trunz, E.: Das Vergängliche als Gleichnis in Goethes Dichtung. In: Goethe 16 (1954) S. 36–56.

Unger, R.: Von Nathan zu Faust. Basel 1916. Wiederholt in: R. U.: Gesammelte Studien. Bd. 2. Berlin: Junker & Dünnhaupt, 1929. S. 67–103.

Vermeil, E.: Revolutionäre Hintergründe in Goethes Faust. In: Spiegelungen Goethes in unserer Zeit. Hrsg. v. H. Mayer. Wiesbaden: Limes-Verlag, 1949. S. 237–323. Separatdr. Düsseldorf 1957.

Viëtor, K.: Goethe. Dichtung, Wissenschaft, Weltbild. Bern: Francke, 1949. 600 S.

Vischer, F. Th.: Göthe's Faust. Stuttgart 1875. Neudr. Osnabrück 1969. XIV, 368 S.

Vogel, H.: Goethes Menschheitsidee in Naturschau und Dichtung, dargestellt an Faust II. Erlangen: Palm u. Enke, 1937. (Erlanger Arbeiten zur Dt. Lit. 8.)

Walheim, A.: Noten und Abhandlungen zu Goethes »Faust«. I. Der Rahmen. In: Chronik 58 (1954) S. 32–41. II. Die Tragödie Erster Teil. In: Chronik 59 (1955) S. 25–37. Fortgesetzt in Chronik 60 (1956) S. 21–36.

Weber, A.: Wege zu Goethes »Faust«. Frankfurt a. M.: Diesterweg, 1958 u. ö.

Weinhandl, F.: Die Metaphysik Goethes. Berlin: Junker & Dünnhaupt, 1932. 400 S.

Wiese, B. v.: Faust als Tragödie. Stuttgart: Kohlhammer, 1946. 62 S. Auch in: B. v. W.: Die deutsche Tragödie von Lessing bis Hebbel. Bd. 1. Hamburg: Hoffmann u. Campe, 1948. S. 143 bis 201; Hamburg ²1952. S. 119–167.

Wilkinson, E. M.: The theological basis of Faust's credo. In: GLL 10 (1956/57) S. 229–239.

Willoughby, L. A.: Einheit und Zusammenhang bei Goethe. In: Goethe 10 (1947) S. 149–167.

Willoughby, L. A.: Faust als Lebensorganisation. In: Goethe und die Wissenschaft. Vortrag August 1949 anläßlich des Intern. Gelehrtenkongresses zu Frankfurt a. M. Frankfurt a. M. 1951. S. 35 bis 51.

Wolff, K.: Fausts Erlösung. Nürnberg: Nest-Verlag, 1949. 242 S.

Zum ersten Teil und Urfaust

Aufsätze zu Goethes Faust I. Hrsg. v. Werner Keller. Darmstadt 1974.

Goethe's Faust Part One. Essays in criticism. Ed. by J. B. Vickery a. J. Sellery. Belmont, California 1969. VII, 183 S. [Auszüge aus Aufsätzen v. R. Pascal, Th. Mann, H. Rehder, L. A. Willoughby, R. Kroner, R. Peacock, B. Fairly, D. J. Erwight, A. Gillies, H. Steinhauer, R. Gray, E. C. Mason, St. Atkins, H. Jantz, A. Bergstraesser, E. D. Heller, F. E. Hagen u. U. Mahlendorf.]

Atkins, S.: The Prologues to Goethe's »Faust«, and the Question of Unity: A Partial Reply. In: MLR 48 (1953) S. 193 f.

Banerjee, N.: Die »Faust«-Prologe. In: N. B.: Der Prolog im Drama der deutschen Klassik. München 1970. S. 122–148.

Beutler, E.: Der Frankfurter Faust. In: Hochstift (1936–40) S. 594 bis 686.

Beutler, E.: Die Kindsmörderin. In: E. B.: Essays um Goethe. Bd. 1. Leipzig 1941; Wiesbaden ³1946. S. 100–116.

Binder, A.: Das Vorspiel auf dem Theater. Poetol. u. geschichtsphilos. Aspekte in Goethes Faust-Vorspiel. Bonn 1969. 200 S.

Binder, W.: Goethes Faust. Die Szene »Und was der ganzen Menschheit zugeteilt ist«. Gießen: v. Münchow, 1944. 115 S.

Bruns, F.: Die Hexenküche. In: MDU 46 (1954) S. 260–266.

Bruns, F.: Der Prolog im Himmel in Goethes »Faust«. In: MDU 45 (1953) S. 171–180.

Bub, D. F.: The true prologue to Goethe's »Faust«. In: Modern Language Notes 84 (1969) S. 791–796.

Carrière, L.: Satan, Mephisto und die »Wetten« bei Hiob und im »Faust«. In: Goethe 20 (1958) S. 285–287.

Dietze, W.: Der Walpurgisnachtstraum in Goethes »Faust«. Entwurf, Gestaltung, Funktion. In: PMLA 84 (1969) S. 476–491.

Dornseiff, F.: Der Prolog im Himmel. In: Wiss. Zs. der Ernst-Moritz-Arndt-Universität Greifswald 5 (1955/56) S. 143 f.

Emmel, H.: Weltklage und Bild der Welt in der Dichtung Goethes. Weimar: Böhlau, 1957. 352 S. [Zum Urfaust: S. 41–63; zu Faust I: S. 237–240.]

Enright, D. J.: The Prologues to Goethe's »Faust«, and the Question of Unity. In: MLR 48 (1953) S. 189–193.

Fischer-Lamberg, H.: Zur Datierung der ältesten Szenen des Urfaust. In: ZfdPh 76 (1957) S. 379–406.

Frankenberger, J.: Walpurgis. Zur Kunstgestalt von Goethes Faust. Leipzig: Wiegandt, 1926. 118 S. (Staat und Geist. Bd. 2.)

Grumach, E.: Zum Urfaust. In: Goethe 16 (1954) S. 135–142.

Hennig, J.: The Auerbachs Keller Scene and She Stoops to Conquer. In: Comparative Literature 7 (1955) S. 193–202.

Hippe, R.: Der »Walpurgisnachtstraum« in Goethes Faust. Versuch einer Deutung. In: Goethe 28 (1966) S. 67–75.

Karsten, G. E.: Faust-Studien. (Vorspiel auf dem Theater V. 67 bis 74, 193; V. 447–453; 1742/43; 1744–47; Paralipom. 54; V. 5441 ff.) In: Philologische Studien. Festschrift f. Sievers. Halle a. d. S. 1896. S. 294–313.

Kippenberg, A.: Zur Erklärung einer Faust-Stelle. In: JbSK 2 (1922) S. 332.

Kollektiv im Volkseigenen Verlag Volk und Wissen: Erläuterungen zur deutschen Literatur. Klassik. Berlin: Verl. Volk und Wissen, 1956. (Urfaust: S. 104–114.)

Krogmann, W.: Goethes Urfaust. Berlin: Ebering, 1933. Nachdr. Nendeln 1967. 163 S. (Germanische Studien. H. 143.)

Kuhn, D.: »Ihr naht euch wieder, schwankende Gestalten«. In: Goethe 14/15 (1952/53) S. 347 ff.

Levedahl, K. S.: The Witch's One-Time-One: Sense or Nonsense? In: Modern Language Notes 85 (1970), S. 380–383.

Lukács, G.: Die Gretchen-Tragödie. In: Aufbau 2 (1946) S. 904 bis 916.

Maché, U.: Zu Goethes »Faust«. Studierzimmer I und Geisterchor. In: Euph 65 (1971) S. 200–205.

Maier, H. A.: Goethes Gretchen-Mythos. In: MDU 45 (1953) S. 401–418.

Maier, H. A.: Goethes Phantasiearbeit im Fauststoff im Jahre 1771. In: PMLA 67 (1952) S. 125–147.

Maurer, O.: Der »Walpurgisnachtstraum« als Gehalt- und Gestaltteil der Faustdichtung. In: ZfDke 43 (1929) S. 138–156.

Mayer, H.: Der Famulus Wagner und die moderne Wissenschaft. In: Gestaltungsgeschichte u. Gesellschaftsgeschichte. Hrsg. v. H. Kreuzer. Stuttgart 1969. S. 176–200.

Meyer-Benfey, H.: Die Kerkerszene in Goethes Faust. In: ZfDke 38 (1924) S. 364–370.

Nollendorfs, V.: Der Streit um den Urfaust. The Hague: Mouton, 1967.

Pascal, R.: The German Sturm und Drang. Manchester 1953. Dt. Ausg. Stuttgart 1963, ²1977.

Petriconi, H.: Die verführte Unschuld. Bemerkungen über ein literarisches Thema. Hamburg 1953. 137 S. (Hamburger Romanistische Studien. Bd. 38.) Vgl. dagegen H. Fischer-Lamberg in: ZfdPh 76 (1957) S. 384 f.

Petsch, R.: Beiträge zur Erklärung des Urfaust. In: R. P.: Gehalt und Form. Dortmund: Ruhfus, 1925. S. 307–332.

Petsch, R.: Die Disputationsszene in Faust. Ebd. S. 333–344.

Petsch, R.: Das erste Gespräch Fausts mit dem Famulus Wagner. Ebd. S. 345–365.

Petsch, R.: Die Walpurgisnacht in Goethes Faust. Ebd. S. 366–387.

Petzsch, H.: Über Hufeland als Modell für V. 1030 ff. In: Wiss. Zs. der Martin-Luther Universität Halle-Wittenberg. Mathematisch-naturwiss. Reihe 2 (1952/53) S. 49–58.

Peuckert, W.-E.: Ostermorgen. In: ZfdPh 71 (1951) S. 38–47.

Reich, H.: Die Entstehung der ersten fünf Szenen des Goetheschen »Urfaust«. München: Fink, 1968.

Requadt, P.: Goethes Faust I. Leitmotivik und Architektur. München 1972. 394 S.

Resenhöfft, W.: Die Widerspruchslosigkeit der Zeitrechnung von Faust I. In: Goethe 32 (1970) S. 55–60.

Richter, W.: Urfaust und Ururfaust. In: MDU 41 (1949) S. 329 bis 349.

Rickert, H.: Der Erdgeist in Goethes Faust und die Erdgeisthypothese. In: Hochstift (1930) S. 91–130.

Roos, C.: Faust und die Zikade. In: Euph 46 (1952) S. 31–47.

Rotermund, H. M.: Zur Kosmogonie des jungen Goethe. In: DVjs 28 (1954) S. 472–486.

Salomon, R. G.: The grape trick. In: Culture in history. Ed. by St. Diamond. New York 1960. S. 531–540.

Schmid, G.: Irrlicht und Sternschnuppe. In: Goethe 8 (1951) S. 268–289.

Schneider, F. J.: Goethes Satyros und der Urfaust. Halle a. d. S.: Niemeyer, 1949. 33 S.

Schneider, H.: Urfaust? Eine Studie. Tübingen: Laupp, 1949. 110 S. Dazu H. Schwerte in: GRM N. F. 1 (1950/51) S. 74–77.

Staiger, E.: Goethe. Bd. 1: 1749–86. Bd. 2: 1786–1814. Zürich: Atlantis-Verlag, 1952–56. [Bes. Bd. 2, S. 316–365.]

Steffensen, St.: Makrokosmoszeichen und Erdgeist in Goethes Faust. In: Kopenhagener germanistische Studien 1 (1969) S. 186 bis 197.

Stöcklein, P.: Fausts zweiter Monolog und der Gedanke der Sorge. Interpretation der Verse 634–651. In: GRM 31 (1943) S. 219 bis 234. Wiederholt in: P. St.: Wege zum späten Goethe. Hamburg: von Schröder, 1949. S. 67–87.

Storz, G.: Einführung in Goethes Faust, beschränkt auf den ersten Teil von Faust I. In: G. St.: Goethe-Vigilien oder Versuche in der Kunst, Dichtung zu verstehen. Stuttgart 1953. S. 149 bis 195.

Twaddell, W. F.: The Kerker Lexikon and the Gretchen Episode. In: MDU 45 (1953) S. 355–370.

Walheim, A.: Studien zum Urfaust. In: Chronik 45 (1940) S. 1–10; 46 (1941) S. 21–29; 47 (1942) S. 18–35; 48/50 (1946) S. 3–46; 51 (1947) S. 31–58; 54 (1950) S. 14–23; 55 (1951) S. 8–27.

Wertheim, U.: Klassisches in »Faust – der Tragödie erster Teil«. In: Goethe 95 (1978) S. 112–149.

Winkler, M.: Zur Bedeutung der verschiedenen Versmaße von Faust I. In: Symposium 18 (1964) S. 5–21.

Wolff, H. M.: Goethes Weg zur Humanität. München: Lehnen 1951. [Kap. 2, S. 138–157: Urfaust.]

Zum zweiten Teil

Allgemein

Atkins, S.: Goethe, Calderon, and Faust: Der Tragödie zweiter Teil. In: GR 28 (1953) S. 83–98.

Bödeker, J. D.: Chaos und Elemente in Goethes Naturwissenschaft und Dichtung. Studien über die kosmologischen Grundlagen des Faust II. Diss. Göttingen 1950. 158 Bl. [masch.].

Bressem, M.: Der metrische Aufbau des Faust II und seine innere Notwendigkeit. Berlin 1931. Nachdr. Nendeln 1967. 55 S. (Germanische Studien 105.)

Dietrich, M. (Hrsg.): Faust. Theater der Jahrhunderte. 2 Bde. München: Langen-Müller, 1970–72.

Emrich, W.: Das Rätsel der Faust II-Dichtung. Versuch einer Lösung. In: W. E.: Geist und Widergeist. Wahrheit und Lüge der Literatur. Frankfurt a. M. 1965. S. 211–235.

Emrich, W.: Die Symbolik von Faust II. Sinn und Vorformen. Berlin: Junker & Dünnhaupt, 1943. 560 S. 2., durchges. Aufl. Bonn: Athenäum Verlag, 1957; Wiesbaden: Athenaion, [4]1978.

Emrich, W.: Symbolinterpretation und Mythenforschung. In: Euph 47 (1953) S. 38 ff.

Flitner, W.: Goethe im Spätwerk. Glaube, Weltsicht, Ethos. Hamburg: Claassen u. Goverts, 1947. 323 S. [Insbes. Teil VIII, S. 241 bis 304: »Auslegung des Spätwerkes: Die Tragödie: Faust.«]

Franz, E.: Die verlorene Hades-Szene in Goethes Faust II. In: GRM N. F. 7 (1957) S. 343–349.

Friedländer, P.: Rhythmen und Landschaften im zweiten Teil des Faust. Weimar: Böhlau, 1953. 114 S. Wiederabdr. in: P. F.: Studien zur antiken Literatur und Kunst. Berlin 1969. S. 572 bis 652.

Hamm, H.: Zum Symbolbegriff im zweiten Teil des Faust. In: Goethe 32 (1970) S. 142–150.

Herrmann, H.: Faust, 2. Teil. Studien zur inneren Form. In: Zs. f. Ästhetik und allgemeine Kunstwissenschaft 12 (1916/17) S. 86 bis 137, 161–178, 311–351.

Kommerell, M.: Faust, 2. Teil. Zum Verständnis der Form. In: Corona 7 (1937) S. 207–232 u. 366–395. Wiederholt in: M. K.: Geist und Buchstabe der Dichtung. Frankfurt a. M.: Klostermann, 1940, [3]1944. S. 9–74.

Lohmeyer, D.: Faust und die Welt. Zur Deutung des 2. Teils der Dichtung. Potsdam: Athenaion, 1940. Neuausg. München: Beck, 1975.

May, K.: Faust, 2. Teil, in der Sprachform gedeutet. Berlin: Junker u. Dünnhaupt, 1936. 279 S. München: Hanser, 1962. 310 S.

May, K.: Zur Einheit im Faust II. In: GRM 18 (1930) S. 98–112.

Meyer, H.: Diese sehr ernsten Scherze. Eine Studie zu Faust II. Heidelberg 1970. 55 S. (Poesie und Wissenschaft 19.)

Mommsen, K.: Natur- und Fabelreich im Faust II. Berlin 1968. VII, 225 S.

Obenauer, K. J.: Der faustische Mensch. 14 Betrachtungen zum II. Teil von Goethes Faust. Jena: Diederichs, 1922. 253 S.

Petsch, R.: Goethes »Faust«. Der Tragödie zweiter Teil. In: R. P.: Gehalt und Form. Dortmund: Ruhfus, 1925. S. 388–405.

Powell, J.: The Incarnation of Imagery in »Faust Part II«. In: PEGS 40 (1970) S. 95–116.

Schünemann-Heinke, E.: Die Lichtsymbolik in Faust II. In: E. Trunz (Hrsg.): Studien zu Goethes Alterswerken. Frankfurt a. M.: Athenäum, 1971. S. 251–321. (Goethezeit. Bd. 2.)

Staiger, E.: Goethe. Bd. 3: 1814–1832. Zürich: Atlantis-Verlag, 1959. S. 261–472.

Erster Akt

Bach, R.: Die Kronratszene im Faust II. In: Neue dt. Hefte 1 (1954) S. 263–273.

Bach, R.: Der Mummenschanz in Goethes Faust. In: Deutsche Beiträge 2 (1948) S. 439–453.

Borcherdt, H. H.: Die Mummenschanz im 2. Teil des Faust. In: Goethe 1 ((1936) S. 289–306.

Bruns, P.: »Die Mütter« in Goethes Faust. In: MDU 43 (1951) S. 365–389.

Enders, C.: Faust-Studien. Müttermythos und Homunkulus-Allegorie in Goethes Faust. Bonn: Bouvier, 1948. 124 S.

Hohlfeld, A. R.: Faust am Kaiserhof. In: Euph 50 (1956) S. 249 bis 270.

Jantz, H.: The Mothers in »Faust«. The myth of time and creativity. Baltimore 1969. III, 96 S. Mit Abb., 1 Taf.

Koch, F.: Fausts Gang zu den Müttern. In: Festschrift der Nationalbibliothek Wien (1927) S. 509–528. Wiederholt in: F. K.: Geist und Leben. Hamburg: Hanseat. Verlags-Anstalt, 1939. S. 62–81.

Petsch, R.: Fausts Gang zu den Müttern. In: Vom Geiste neuerer Literaturforschung. Festschrift f. Walzel. Potsdam 1924. S. 49–57. Wiederholt in: R. P.: Gehalt und Form. Dortmund: Ruhfus, 1925. S. 446–459.

Schadewaldt, W.: Zur Entstehung der Elfenszene im 2. Teil des Faust. In: DVjs 29 (1955) S. 227–236.

Staiger, E.: Fausts Heilschlaf. Hamburger Akademische Rundschau 2 (1947/48) S. 251–257.

Willoughby, L. A.: The Image of the Horse and the Charioteer in Goethe's Poetry. In: PEGS N. S. 15 (1946) S. 47–70.

Wittkowsky, W.: Faust und der Kaiser. Goethes letztes Wort zum »Faust«. In: DVjs 43 (1969) S. 631–651.

Zweiter und dritter Akt

Alewyn, R.: Goethe und die Antike. In: Das humanistische Gymnasium 43 (1932) S. 114–124.

Alsberg, P.: Homunculus in Goethes Faust. In: JbGG 5 (1918) S. 108–134.

Atkins, S.: Goethe, Aristophanes and the Classical Walpurgisnight. In: Comparative Literature 6 (1954) S. 64–78.

Atkins, S.: The Mothers, the Phorcides and the Cabiri in Goethe's »Faust«. In: MDU 45 (1953) S. 289–296.

Busch, E.: Die klassische Walpurgisnacht. In: GRM 31 (1943) S. 77 bis 89.

Butler, E. M.: Byron, Goethe and Professor Benecke. In: PEGS 24 (1955) S. 77–100.

Dshinoria, O.: Die Beschwörung der Helena in Goethes Faust. In: Goethe 32 (1970) S. 91–114.

Falk, H. G.: Goethes griechische Visionen. In: Merkur 10 (1956) S. 733–745.

Fester, R.: Eros in Goethes Faust. München: Verlag d. Bayr. Akad. d. Wissenschaften, 1933.

Frankenberger, J.: Faust und der Baccalaureus. In: Hochstift (1927) S. 151–160.

Frederking, A.: Goethes Euphorion. In: Euph 15 (1908) S. 697 bis 713.

Grumach, E.: Aus Goethes Vorarbeiten zu den Helenaszenen. In: Goethe 20 (1958) S. 45–71.

Hagen, B. v.: Fausts Hellasfahrt. In: Goethe 5 (1940) S. 24 ff.

Hahn, K.-H.: Faust und Helena oder die Aufhebung des Zwiespaltes zwischen Klassikern und Romantikern. In: Goethe 32 (1970) S. 115–141.

Hertz, W.: Entstehungsgeschichte und Gehalt von Faust II, Akt II. In: Euph 25 (1924) S. 389–406 u. 609–629.

Kerényi, K.: Das ägäische Fest. Die Meeresgötterszene in Goethes Faust II. Amsterdam u. Leipzig: Pantheon, 1941. 72 S. (Albae vigiliae. H. 11.) Wiederholt in: H. Mayer (Hrsg.): Spiegelungen Goethes in unserer Zeit. Wiesbaden: Limes-Verlag, 1949. S. 115 bis 146.

Kohlschmidt, W.: Klassische Walpurgisnacht und Erlösungsmysterium. Zum Verhältnis von Antike und Christentum in »Faust II«. In: Zeitwende 20 (1948/49) S. 502–520. Erw. in: W. K.: Form und Innerlichkeit. Bern: Francke, 1955. S. 97–119.

Meissinger, K. A.: Helena. Schillers Anteil am Faust. Frankfurt a. M.: Schulte-Bulmke, 1935. 156 S.

Möbius, H.: Die griechischen Landschaften in Goethes Faust. In: Antike und Abendland 4 (1954) S. 204–215.

Mühlher, R.: Goethes »Helena« und die klassisch-romantische Synthese. Vortrag. In: Chronik 61 (1957) S. 21–30.

Müller, J.: Die Figur des Homunculus in der Faustdichtung. In: J. M.: Gesammelte Studien. Bd. 1. Halle a. d. S. 1969. S. 189 bis 207.

Müller, J.: »Meiner Wolke Tragewerk«. Fausts Abschied von Helena. In: J. M.: Gesammelte Studien. Bd. 1. Halle a. d. S. 1969. S. 209–224.

Ost, H.: Goethes Helena als plastische Gestalt. In: Arcadia 4 (1969) S. 16–42. Mit 4 Taf.

Pannwitz, R.: Die Vereinigung des Klassischen und Romantischen in Goethes Helena. In: R. P.: Der Nihilismus und die werdende Welt. Aufsätze und Vorträge. Nürnberg: Carl, 1951. S. 217–237.

Petersen, J.: Helena und der Teufelspakt. In: Hochstift (1936 bis 1940) S. 199–236.

Petsch, R.: Goethes Faust und das griechische Altertum. In: R. P.: Gehalt und Form. Dortmund: Ruhfus, 1925. S. 406–421.

Petsch, R.: Helena und Euphorion. Ebd. S. 422–445.

Polak, L.: Die Homunculus-Figur in Goethes Faust. In: Neoph 13 (1928) S. 16–32.

Rehder, H.: The Classical Walpurgis Night in Goethe's Faust. In: JEGPh 54 (1955) S. 591–611.

Rehm, W.: Griechentum und Goethezeit. Leipzig: Dieterich, 1936; Bern: Francke, [4]1969.

Reinhardt, K.: Die klassische Walpurgisnacht. Entstehung und Bedeutung. In: Antike und Abendland 1 (1945) S. 133–162. U. a. auch in: K. R.: Tradition und Geist. Göttingen 1960. S. 309–356.

Resenhöfft, W.: Goethes Euphorion: August von Goethe. In: Dichtung und Volkstum [d. i. Euphorion] 41 (1941) S. 78–87.

Rickert, H.: Helena in Goethes Faust. Erlangen: Palm und Enke, 1931. 62 S.

Schadewaldt, W.: Faust und Helena. Zu Goethes Auffassung vom Schönen und der Realität des Realen im 2. Teil des Faust. In: DVjs 30 (1956) S. 1–40.

Scheu, W.: Der Baccalaureus im 2. Teile des Goetheschen Faust. Diss. Leipzig 1931; Goslar: Lattmann, 1931. 123 S.

Schmidt, J.: Sparta – Mistra. Forschungen über Goethes Faustburg. In: Goethe 18 (1956) S. 132–157.

Seidler, H.: Die klassische Walpurgisnacht. In: Chronik 73 (1969) S. 18–38.

Staiger, E.: Die Klassische Walpurgisnacht in Goethes Faust. In: Die Neue Rundschau 70 (1959) S. 286–316.

Stockum, Th. C. v.: Goethes Versuch der Neubelebung der antiken Tragödie: Der Helena-Akt im Faust II. In: Th. C. v. St.: Von Friedrich Nicolai bis Thomas Mann. Groningen 1962. S. 136 bis 151.

Trevelyan, H.: Goethe and the Greeks. Cambridge 1941. – Goethe und die Griechen. Übertr. v. W. Löw. Hamburg: von Schröder, 1949. [Insbes. S. 226–291 u. 302–314.]

Volkmann, E.: Gestalt und Wandel der Kentauren-Idee bei Goethe. In: Lebendiges Erbe. Festschrift f. Ernst Reclam. Leipzig 1936. S. 123–138.

Weidel, K.: Faust und Helena. In: Die Antike 19 (1943) S. 307 bis 322.

Weiß, W.: Der Helena-Akt des zweiten Teiles von Goethes »Faust« und Mephisto. In: Innsbrucker Beiträge z. Kulturwiss. 4 (1956) S. 75–85.

Weitz, H.-J.: Des Pindus Adler. In: ZfdPh 88 (1969) S. 260 f.

Wieruszowski, H.: Das Mittelalter in Goethes »Helena«. In: MDU 36 (1944) S. 65–81.

Vierter und fünfter Akt

Adorno, Th. W.: Zur Schlußszene des Faust. In: Akzente 6 (1959) S. 567–575. Wiederabdr. in: Th. W. A.: Noten zur Literatur II. Frankfurt a. M.: Suhrkamp, 1961. S. 7–18.

Atkins, S.: Irony and ambiguity in the final scene of Goethe's Faust. In: On Romanticism and the art of translation. Studies in honor of E. H. Zeydel. Ed. by G. Merkel. Princeton 1956. S. 7–27.

Bloch, E.: Figuren der Grenzüberschreitung; Faust und die Wette um den erfüllten Augenblick. In: Sinn und Form 8 (1956) S. 177 bis 212.

Bluhm, H.: Die Entwicklung von Fausts erstem Monolog in der Szene »Mitternacht«. In: Forschen und Bilden 2 (1966) S. 8–26.

Burdach, K.: Faust und die Sorge. In: DVjs 1 (1923) S. 1–60.

Burdach, K.: Die Schlußszene in Goethes Faust. In: Sitzungsber. d. Preuß. Akad. d. Wiss., Phil.-hist. Kl. 22 (1931) S. 585–604. Dasselbe als Schlußabschnitt von: K. B.: Das religiöse Problem in Goethes Faust. In: Euph 33 (1932) S. 46–83.

Faust II Vers 11091 bis 11116. [Faks. u. Typendr.] Hrsg. v. J. Göres. Düsseldorf: Goethe-Museum [1969].

Flitner, W.: Fausts Läuterung und Rettung. In: Geistige Gestalten und Probleme. Eduard Spranger zum 60. Geburtstag. Leipzig 1942. S. 63–91.

Forster, L.: Lynkeus' masque in »Faust II«. In: GLL 23 (1969/70) S. 62–71.

Frandsen, I.: Die Alexandrinerszene in »Faust II«. Diss. Kiel 1968. II, 240 S.

Gaiser, K.: Faust und die Sorge. In: ZfDke 54 (1940) S. 177–184.

Gaiser, K.: Die Rolle der Liebe im Schlußakt der Faust-Dichtung. In: ZfDke 54 (1940) S. 225–236.

Herrmann, H.: Faust und die Sorge. In: Zs. f. Ästhetik und allg. Kunstwiss. 31 (1937) S. 321–337.

Hertz, G. W.: Fausts letzter Erdentag. In: GRM 20 (1932) S. 106 bis 122.

Hertz, W.: Zur Entstehungsgeschichte von Faust II, Akt 5 (1825. 1826. 1830). In: Euph 33 (1932) S. 244–277.

Hof, W.: Fausts Ende. In: GRM 27 (1939) S. 1–24.

Hohlfeld, A. R.: Die Entstehung des Faust-Manuskripts von 1825 bis 1826 (V H2). In: Euph 49 (1955) S. 283–304.

Hohlfeld, A. R.: Zum irdischen Ausgang von Goethes Faustdichtung. In: Goethe 1 (1936) S. 263–289.

Jaeger, H.: The Problem of Faust's Salvation. In: Goethe Bicentenniel Studies. Bloomington: Indiana University, 1950. S. 109 bis 152. Wiederabdruck in: H. J.: Essays on German literature 1935–1962. Bloomington 1968. S. 41–98.

Jantz, H.: The Place of the »Eternal Womanly« in Goethe's Faust Drama. In: PMLA 68 (1953) S. 791–805.

Kommerell, M.: Faust und die Sorge. In: Goethe-Kalender auf das Jahr 1939. S. 89–130. Wiederholt in: M. K.: Geist und Buchstabe der Dichtung. Frankfurt a. M.: Klostermann, 1940. ³1944. S. 75 bis 111.

Kommerell, M.: Die letzte Szene der Faustdichtung. In: ZfdA 77 (1940) S. 175–188. Wiederholt in: M. K.: Geist und Buchstabe der Dichtung. ³1944. S. 112–131.

Lohmeyer, K.: Goethes letztes lyrisches Gedicht (Lynkeus der Türmer). In: JbGG 19 (1933) S. 94–97.

Lohmeyer, K.: Das Meer und die Wolken in den beiden letzten Akten des Faust. In: JbGG 13 (1927) S. 106–133.

Michelsen, P.: Fausts Erblindung. In: DVjs 36 (1962) S. 26–35.

Moenkemeyer, H.: Erscheinungsformen der Sorge bei Goethe. Gießen: Schmitz, 1954.

Müller, J.: Fausts Tat und Tod. Umriß einer Motivanalyse. In: J. M.: Ges. Studien. Bd. 1. Halle a. d. S. 1969. S. 167–188.

Müller, J.: Sorge und Gnade. In: Die Pforte 3 (1951/52) S. 348 bis 360.

Paul, F.: Gebirge und Meer in der Szenerie des 4. Aktes von Faust II. In: Orbis litterarum 25 (1970) S. 230–243.

Petsch, R.: Goethes Stellung zur Unsterblichkeitsfrage. In: R. P.: Gehalt und Form. Dortmund: Ruhfus, 1925. S. 513–545.

Polak, L.: Zu Fausts Tod und Verklärung. In: Neoph 35 (1951) S. 108–110.

Pollak, H.: Some Thoughts on the Death and Salvation of Goethe's Faust. In: PEGS N. S. 21 (1952) S. 107–131.

Rackow, F.: Doctor Marianus Faust. In: Dichtung und Volkstum [d. i. Euphorion] 44 (1944) S. 105–110.

Schneider, R.: Fausts Rettung. Baden-Baden: Bühler, 1946. 45 S.

Schuchard, G. C. L.: Julirevolution, St. Simonismus und die Faust-Partien von 1831. In: ZfdPh 60 (1935) S. 240–274.

Stöcklein, P.: Fausts Kampf mit der Sorge. In: Dichtung und Volkstum [d. i. Euphorion] 44 (1944) S. 52–58. Wiederholt in: P. St.: Wege zum späten Goethe. Hamburg: von Schröder, [1]1949, [3]1970. S. 88–124.

Trunz, E.: Das Vergängliche als Gleichnis in Goethes Dichtung. In: Goethe 16 (1954) S. 36–56.

Faust, der Tragödie letzter Akt. In Faksimile-Nachbildung. Hrsg. v. H. Wahl. Weimar 1929. (SchrGGes 42.)

Westra, P.: Versuch zur Deutung der Figur »Sorge« in Goethes Faust II. In: Levende Talen (1956) S. 160–171.

Zieglschmid, A. J. F.: Zur Quelle von Goethes Faust II, Akt 5, »Bergschluchten«. In: JEGPh 40 (1941) S. 229–256.

8. Zur Bühnen- und Filmgeschichte

Creizenach, W.: Die Bühnengeschichte des Goethe'schen Faust. Frankfurt a. M.: Rütten & Loening, 1881.

Görne, D.: »Faust« auf der Bühne unserer Zeit. In: Goethe 32 (1970) S. 151–176.

Gründgens Faust. Zum 60. Geburtstag von Gustaf Gründgens [. . .]. Frankfurt a. M.: Suhrkamp, 1959. [2]1961.

Hattensen, B.: Literatur- und theatergeschichtliche Beiträge zur Auffassung der Faust-Rolle. Diss. Kiel 1939.

Kalde, W.: Die dramaturgischen Bearbeitungen des Faust II im Bereich des deutschsprachigen Theaters von 1834 bis zur Gegenwart. Diss. München 1966.

Leisler, E., u. Prossnitz, G.: Max Reinhardts »Faust«-Inszenierung in Salzburg 1933–1937. In: Maske und Kothurn 16 (1970) S. 105–175.

Passow, W.: Max Reinhardts Regiebuch zu Faust I. Untersuchungen zum Inszenierungsstil auf der Grundlage einer kritischen Edition. 2 Bde. München: Kitzinger, 1971.

Petersen, J.: Goethes Faust auf der deutschen Bühne. Leipzig: Quelle & Meyer, 1929.

Theens, K.: Geschichte des Faust-Motivs im Film. In: Knittl. Bll. 11 (1960) S. 425–447.

Ulbrich, F.: Das Inszenierungsproblem des Faust II. Teil. In: Goethe 11 (1949) S. 81–116. Separatdr., als Jahresgabe d. Goethe-Gesellschaft Kassel. Kassel 1960.

INHALT

Johann Wolfgang Goethe

IN RECLAMS UNIVERSAL-BIBLIOTHEK

Texte

Kommentare, Erläuterungen und Dokumente

Philipp Reclam jun. Stuttgart

Erläuterungen und Dokumente

Philipp Reclam jun. Stuttgart

Faust-Dichtungen

IN RECLAMS UNIVERSAL-BIBLIOTHEK

Philipp Reclam jun. Stuttgart